W0256970

Beiträge zur Graphischen Datenverarbeitung

Herausgeber:
Zentrum für Graphische Datenverarbeitung e.V., Darmstadt (ZGDV)

Beiträge zur Graphischen Datenverarbeitung

J. Encarnação (Hrsg.): Aktuelle Themen der Graphischen Datenverarbeitung. IX, 361 Seiten, 84 Abbildungen, 1986

G. Mazzola, D. Krömker, G.R. Hofmann: Rasterbild – Bildraster. Anwendung der Graphischen Datenverarbeitung zur geometrischen Analyse eines Meisterwerks der Renaissance: Raffaels „Schule von Athen". XV, 80 Seiten, 60 Abbildungen, 1987

W. Hübner, G. Lux-Mülders, M. Muth: THESEUS. Die Benutzungsoberfläche der UNIBASE-Softwareentwicklungsumgebung.
X, 391 Seiten, 28 Abbildungen, 1987

M.H. Ungerer (Hrsg.): CAD-Schnittstellen und Datentransferformate im Elektronik-Bereich. VII, 120 Seiten, 77 Abbildungen, 1987

H.R. Weber (Hrsg.): CAD-Datenaustausch und -Datenverwaltung. Schnittstellen in Architektur, Bauwesen und Maschinenbau.
VII, 232 Seiten, 112 Abbildungen, 1988

J. Encarnação, H. Kuhlmann (Hrsg.): Graphik in Industrie und Technik.
Ca. 352 Seiten, 217 Abbildungen, 1989

D. Krömker, H. Steusloff, H.-P. Subel (Hrsg.): PRODIA und PRODAT. Dialog- und Datenbankschnittstellen für Systementwurfswerkzeuge.
XII, 426 Seiten, 45 Abbildungen, 1989

D. Krömker H. Steusloff H.-P. Subel (Hrsg.)

PRODIA und PRODAT

Dialog- und Datenbankschnittstellen für Systementwurfswerkzeuge

Mit 45 Abbildungen

Springer-Verlag Berlin Heidelberg GmbH

Reihenherausgeber:

ZGDV, Zentrum für Graphische Datenverarbeitung e.V.
Wilhelminenstraße 7, D-6100 Darmstadt

Bandherausgeber:

Detlef Krömker
Fraunhofer-Arbeitsgruppe Graphische Datenverarbeitung
Wilhelminenstraße 7, D-6100 Darmstadt

Hartwig Steusloff
Fraunhofer-Institut für Informations- und
Datenverarbeitung (IITB)
Seb. Kneipp-Straße 12–14, D-7500 Karlsruhe 1

Hans-Peter Subel
WERUM Datenverarbeitungssysteme GmbH
Erbstorfer Landstraße 14, D-2120 Lüneburg

CIP-Titelaufnahme der Deutschen Bibliothek.
PRODIA und PRODAT : Dialog- und Datenbankschnittstellen für Systementwurfswerkzeuge /
D. Krömker ... (Hrsg.). – Berlin ; Heidelberg ; New York ; London ; Paris ; Tokyo : Springer, 1989
(Beiträge zur graphischen Datenverarbeitung)

ISBN 978-3-540-19398-2 ISBN 978-3-642-73793-0 (eBook)
DOI 10.1007/978-3-642-73793-0

NE: Krömker, Detlef [Hrsg.]

2145/3140-543210 – Gedruckt auf säurefreiem Papier

Vorwort

Dieses Buch dokumentiert Arbeiten der Gruppe des Verbundprojekts "Integriertes Entwurfs- und Software-Produktionssystem für verteilbare Realzeit-Rechnersysteme in der Technik" (*PROSYT*) *, die für die Erarbeitung des Rahmensystems zur Werkzeugintegration zuständig war. An dem Vorhaben wirkten 18 Partner aus Wissenschaft und Industrie mit, die die hier beschriebenen Schnittstellen als Grundlage der von ihnen erstellten Gesamtsysteme nutzen. Diese Konzeption bedingte eine Beteiligung vieler Personen, die durch engagierte Kommentare, Nutzungserfahrungen und Kritik wesentlich zum Inhalt dieses Buches beigetragen haben. Stellvertretend für ihre Mitarbeiter sei den beteiligten Firmen herzlich gedankt:

- AEG Aktiengesellschaft, Forschungsinstitut Ulm und Automatisierungssysteme, Seligenstadt;
- ABB ASEA BROWN BOVERI AG Mannheim;
- Robert Bosch GmbH, Stuttgart;
- Contraves GmbH, Stockach;
- Dornier-System GmbH, Friedrichshafen;
- ESG Elektronik-System GmbH, München;
- Forschungszentrum Informatik (FZI), Karlsruhe, FB Mikrorechnertechnik;
- Fraunhofer-Arbeitsgruppe Graphische Datenverarbeitung (AGD) und Zentrum für Graphische Datenverarbeitung e.V. (ZGDV), Darmstadt;
- Fraunhofer-Institut für Informations- und Datenverarbeitung (IITB), Karlsruhe;
- GPP Gesellschaft für Prozeßrechnerprogrammierung mbH, Oberhaching;
- 2i Biomatic GmbH, Freiburg;
- Krupp Atlas Elektronik GmbH;
- MBB Unternehmensgruppe Wehrtechnik Apparate, München;
- Universität Karlsruhe, Institut für Prozeßrechentechnik und Robotik, Karlsruhe;
- Universität Stuttgart, Institut für Informatik und Institut für Regelungstechnik und Prozeßautomatisierung, Stuttgart;
- Werum Datenverarbeitungssysteme GmbH, Lüneburg.

---

* gefördert vom Bundesministerium für Forschung und Technologie unter Förderkennzeichen ITS8306-/-.

Die beiden Hauptteile *PRODAT* und *PRODIA* des *PROSYT*-Rahmensystems wurden in zwei Arbeitsgruppen entwickelt. Grundlage war jeweils ein Initialworkshop, auf dem die Vorgehensweise und die Arbeitsteilung vereinbart wurden.

In der Rückschau erscheint den Beteiligten die in dieser Projektphase geleistete Arbeit als ein fruchtbares Ringen, in dessen Mittelpunkt oft Begriffsbildungen standen. So ist der Objektbegriff zusammen mit dem Begriff der Beziehung zwischen Objekten sowohl für die Modellierung eines Datenhaltungssystems als auch eines Dialogsystems grundlegend, wenngleich beide Begriffe in der Computer-Wissenschaft noch nicht als vollständig abgeklärt gelten können. Die gefundenen Modellbildungen sind sicherlich als "auf gutem Wege" zu bezeichnen, nicht zuletzt weil sie gleichermaßen auf die Belange von Soft- und Hardware-Entwurfsumgebungen ausgerichtet sind.

Die Ergebnisse der Arbeitsgruppen wurden mehrfach dem Lenkungskreis des Verbundvorhabens vorgestellt, angepaßt, verfeinert und erweitert, bis schließlich im Mai 1987 eine erste *PRODAT*-Version und im März 1988 eine erste *PRODIA*-Version unter UNIX implementiert waren. Auf der Basis erster Anwendungen und Erfahrungen führte eine weitere Überarbeitung zu der hier vorliegenden Schnittstellen-Version. Für *PRODAT* ist zwischenzeitlich eine VMS-Portierung durchgeführt worden. Ab Ende 1988 wird eine Mehrbenutzer-Version vorliegen.

Es sei betont, daß diese Anwendungserfahrungen zum Reifungsprozeß der vorliegenden Schnittstellenspezifikation wesentlich beigetragen haben. Die Eigenschaften der heute an vielen Stellen erarbeiteten Schnittstellendefinitionen für Werkzeugrahmensysteme, die sich teilweise schon in einem internationalen Normungsprozeß befinden, lassen sich nur durch eine möglichst breit angelegte Palette von Anwendungen evaluieren – ein Vorgehen, das Zeit und Aufwand erfordert, um eine stabile und akzeptierte Norm sicherzustellen.

Zusätzlich zu den Schnittstellenbeschreibungen sind die Konzepte und grundlegenden Entwurfsentscheidungen zum Teil anhand ausführlicher Beispiele erläutert. Dies ermöglicht die Nutzung des Buches in vielen Bereichen der Forschung und Lehre, Entwicklung und Anwendung.

Neben den Autoren haben bei der Werum GmbH, Lüneburg, die Herren R. Blumenthal, F. Helms, K. Landwehr und Frau G. Stumm, beim Fraunhofer-Institut für Informations- und Datenverarbeitung (IITB) Frau S. Preuß, beim Zentrum für Graphische Datenverarbeitung (ZGDV) und der Fraunhofer-Arbeitsgruppe Graphische Datenverarbeitung (AGD) Herr Loseries sowie mehrere Studenten (D. Ahlmann, A. Bolloni, U. Jasnoch, V. Jung, U. Just, P. Karlitschek, C. Mohr, C. Neuss, E. Schmidt, R. Schmidt, U. Schneider, R. Tönder) an der Implementierung mitgearbeitet. Allen Beteiligten sei hiermit unser aufrichtiger Dank ausgesprochen, Frau Preuß gilt für die vielen Anregungen im Zuge der *PRODIA*-Implementierung unser besonderer Dank.

Anfänglich haben an den Schnittstellendefinitionen Herr T. Riedel-Heine und Herr K.-H. Meisel mitgewirkt. Auch ihnen gilt unser Dank.

Für die Durchführung der redaktionellen Arbeit im Fraunhofer-Institut für Informations- und Datenverarbeitung (IITB) danken wir Herrn W. Hinderer, Frau U. Brosch, Frau I. Urban und Herrn J. Zimmermann.

Dem Springer-Verlag, Heidelberg, und dem Zentrum für Graphische Datenverarbeitung e.V. (ZGDV), Darmstadt, unter der Leitung von Prof. Dr.-Ing. J. Encarnacao sei für die Besorgung der Buchveröffentlichung in der Reihe "Beiträge zur Graphischen Datenverarbeitung" gedankt.

Darmstadt,

Karlsruhe,

Lüneburg, im Oktober 1988

Detlef Krömker, Hartwig Steusloff, Hans-Peter Subel

Inhaltsverzeichnis

Einführung

Rechnerunterstützung bei Entwicklung und Betrieb von Realzeitsystemen in der Technik

Hartwig Steusloff

Die heute vorliegenden Erfahrungen in Entwicklung und Betrieb komplexer Realzeitsysteme für Anwendungen in technischen Problemstellungen haben die Erkenntnis gefördert, daß bei einer abzusehenden weiteren Komplexitätssteigerung die korrekte, effiziente und wirtschaftliche Durchführung aller notwendigen Teilaktionen von der Anforderungsdefinition bis zum Betriebsende eines solchen Systems zunehmend nur noch rechnergestützt durchführbar ist [Steu-83]. Aufgeschreckt durch erhebliche und weiterhin ansteigende Kosten- und Terminüberschreitungen in großen Softwareprojekten, insbesondere in den USA [LHG-80], sind daher seit Beginn der 80er Jahre weltweit Arbeiten angelaufen, um Werkzeuge für die Unterstützung von Erstellung und Betrieb rechnerautomatisierter Systeme in integrierter Form bereitzustellen. Diese Integration bedeutet, daß dem Konstrukteur und Betreiber rechnerautomatisierter Systeme nicht nur eine Sammlung heterogener Werkzeuge ("Werkzeugkasten") zur Verfügung steht, für deren korrekten Einsatz er selbst verantwortlich ist. Ein integrierter "Werkzeugsatz" verbessert diese Situation und bietet darüber hinaus eine rechnergestützte syntaktische und – soweit möglich – semantische Verbindung zwischen den die verschiedenen Dimensionen und Phasen von Systemkonstruktion und -betrieb möglichst vollständig abdeckenden Werkzeugen.

Eine umfassende Zusammenstellung der für die Konstruktion und den Betrieb rechnerautomatisierter Systeme erforderlichen Aktivitäten zeigt, daß neben dem üblicherweise zuerst betrachteten Systemlebenszyklus weitere "Dimensionen" zu berücksichtigen sind, wie etwa das Projektmanagement, die Qualitätskontrolle und die Dokumentation (Abb. 0). Ein solches Modell läßt erkennen, daß die Verschiedenheit der Aktivitäten Werkzeuge sehr unterschiedlicher Funktionalität und Benutzungseigenschaften hervorbringen muß. Dies ist bedingt durch die jeweils verfügbaren Methoden für die Durchführung der

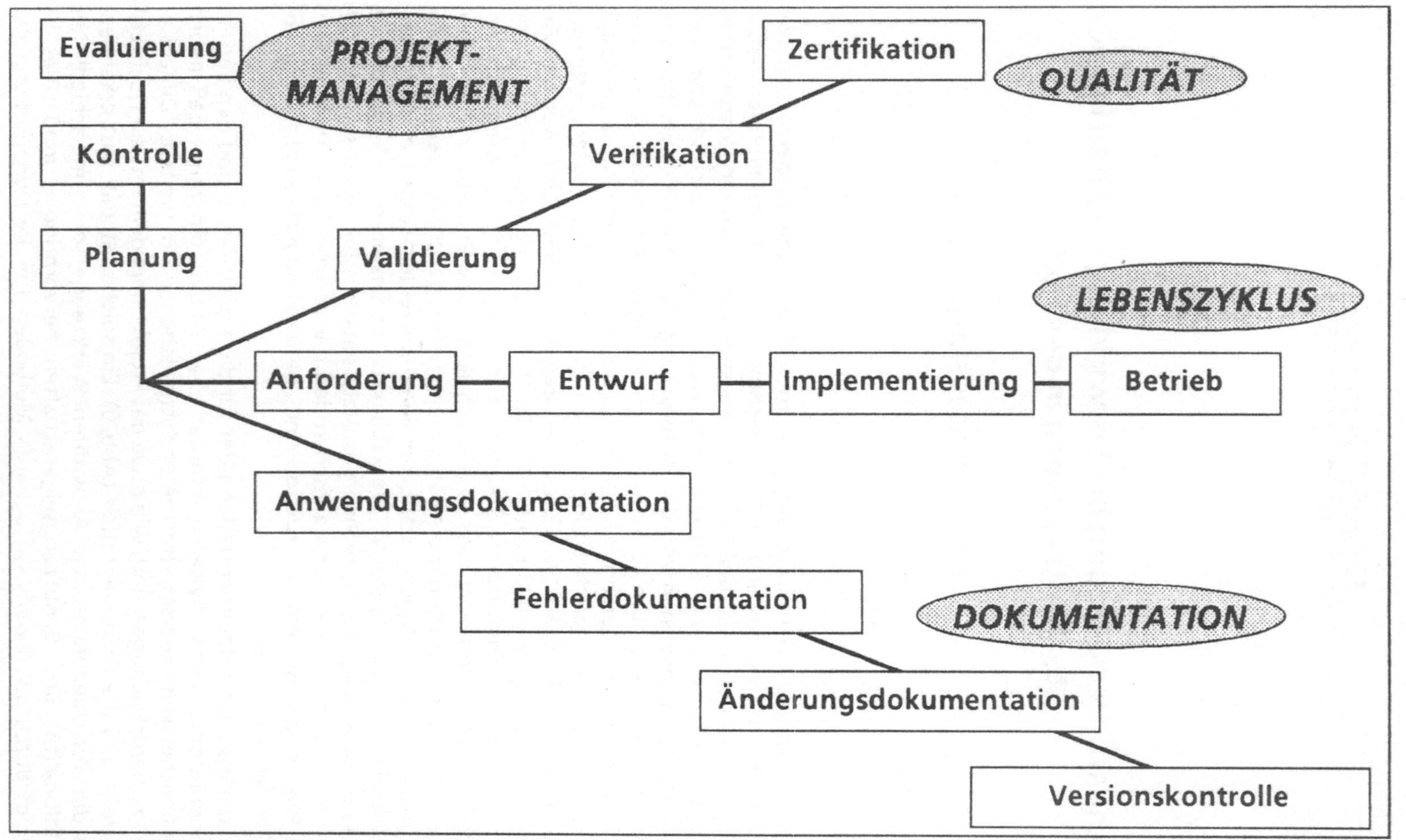

Abb. 0. "Dimensionen" bei Konstruktion und Betrieb von rechnergestützten Anwendungssystemen

einzelnen Systemkonstruktions- bzw. -betriebsschritte, für die als rechnergestützte Hilfsmittel Werkzeuge existieren. Diese Verschiedenheit der Werkzeuge macht ihre Integration, insbesondere auch im Sinne einer einheitlichen Benutzerschnittstelle, schwierig. Grundsätzlich ist zu bemerken, daß eine vollständige Werkzeugintegration die Verbindung unterschiedlicher "Denkwelten" bedeutet. Damit ist die an sich erwünschte Integration auf semantischer Ebene, d. h. ein Austausch von Information zwischen Werkzeugen mit Kenntnis der Bedeutung der ausgetauschten Eingangs-/Ausgangsdaten, sehr schwierig und, nach dem heutigen Stand des Wissens auf diesem Gebiet, nur sehr begrenzt möglich. Es bleibt auch in absehbarer Zukunft Aufgabe des Menschen, eine durchgehende semantische Verbindung der Werkzeuge in umfassenden Werkzeugsätzen herzustellen.

Wenn auch die semantische Integration von Werkzeugen für alle Aktionen gemäß Abb. 0 nicht kurzfristig erreichbar ist, so sind einfachere Werkzeugintegrations-Formen möglich und als Vorstufe erforderlich. Hier ist die *syntaktische Integration* von Werkzeugen zu nennen, d. h. eine syntaktische Angleichung der Eingangs-/Ausgangsdaten mit dem Ziel eines unmittelbaren Datenaustausches zwischen verschiedenen Werkzeugen. Diese syntaktische Integration eliminiert zumindest menschliche Fehler bei einer notwendigen Syntaxumformung und erleichtert damit die Nutzung von Werkzeugsätzen. Die syntaktische Werkzeugintegration ist dann besonders einfach, wenn bereits semantische Affinitäten zwischen Werkzeugen bestehen. Will man in existierende Werkzeuge nicht eingreifen, so wird die syntaktische Umformung der zwischen zwei Werkzeugen ausgetauschten Information zweckmäßig durch ein zusätzliches Transformationswerkzeug durchgeführt.

Die bislang diskutierte semantische und syntaktische Integration bezieht sich auf die Eingangs-/Ausgangsinformation heterogener Werkzeuge. Dabei ist nicht berücksichtigt, daß die von den Werkzeugen erzeugten oder bearbeiteten Informationsobjekte in ihrer Gesamtheit eine Beschreibung oder ein Modell des in Entwicklung bzw. Betrieb befindlichen rechnerautomatisierten Anwendungssystems darstellen. Eine reine Eingangs-/Ausgangsbetrachtung bei der Integration heterogener Werkzeuge läßt außer acht, daß semantisch gleichartige Informationsobjekte in den internen Datenbasen der Werkzeuge in unterschiedlicher Form gespeichert sein können. Das Gesamtmodell des bearbeiteten rechnerautomatisierten Anwendungssystems ist damit in Form mehrerer redundanzbehafteter Datenbanken abgelegt. Die Konsistenzsicherung und Zugänglichkeit einzelner Informationsobjekte in einer solchen verteilten Datenbank sind insbesondere wegen der Heterogenität von Werkzeugsätzen aus bestehenden Werkzeugen schwierig zu gewährleisten. Diese Probleme löst eine Integration der Werkzeuge über einer *einheitlichen Objekt-Datenbank*. In einer solchen Datenbank sind alle Informationsobjekte, die im Verlaufe der Entwicklung und des Betriebes rechnerautomatisierter Anwendungssysteme entstehen, in vordefinierter Weise abgelegt. Die Konsistenzsicherung ist durch die von den Werkzeugen getrennte Ablage der Informationsobjekte möglich und seitens der Werkzeuge als Dienstleistung einer u. U. auch verteilten Datenbank beanspruchbar. Zusätzliche Verwaltungs- und Visualisierungswerkzeuge erleichtern dem Systemkonstrukteur und -betreiber den Umgang mit den Informationsobjekten (z. B. Versionskontrolle, Konfigurationskontrolle). Schließlich ist das Einfügen weiterer Werkzeuge auf der Basis einer solchen vereinbarten Datenhaltungsschnittstelle in geordneter Weise durchführbar. Diese Werkzeugintegration über einer Datenhaltungsschnittstelle als werkzeugseitige Erscheinungsform eines verteilten, objektorientierten Datenbanksystems ist unabhängig von den Möglichkeiten einer semantischen oder syntaktischen Werkzeugintegration.

Schließlich bedeutet die effiziente Nutzung integrierter Werkzeugsätze die *Schaffung einer Benutzungsoberfläche*, die verschiedene, sich teilweise widersprechende Eigenschaften aufweisen soll. So muß einerseits die Individualität der bereits eingangs erwähnten "Denkwelt" einzelner Werkzeuge erhalten bleiben. Andererseits soll die Benutzung der verschiedenen Werkzeuge aus Gründen einer einfachen Bedienung und einer wirtschaftlichen Benutzerausbildung möglichst einheitlich sein. Weiterhin soll die Anwendung verschiedener Werkzeuge während des Konstruktions- und Betriebsablaufes rechnergestützter Anwendungssysteme den jeweiligen Benutzeranforderungen möglichst flexibel anpaßbar sein, während häufig eine strikte Führung des Konstruktionsprozesses durch die Ablaufsteuerung von Werkzeugsätzen erwünscht ist. Aus ergonomischer Sicht ist die Nutzung textueller und graphischer Informations-Ein-/Ausgabe vorzusehen. Dialogsysteme für integrierte Werkzeugsätze mit den genannten Eigenschaften müssen werkzeugseitig wiederum eine festgelegte, standardisierte Schnittstelle aufweisen, um für die Anpassung existierender Werkzeuge und die Entwicklung neuer Werkzeuge einen wirtschaftlichen Zugang bereitzustellen.

Während die semantische und syntaktische Werkzeugintegration heute werkzeugspezifisch durchgeführt werden muß, ist die Werkzeugintegration zwischen den erwähnten Datenhaltungs- und Dialogschnittstellen weitgehend unabhängig von der Funktionalität einzelner Werkzeuge und Werkzeugsätze möglich. Bei Datenhaltungsschnittstellen hat dies seinen Grund in der werkzeugunabhängig definierbaren Modellierung von rechnergestützten Anwendungssystemen durch Objekte und deren Relationen sowie bei Dialogschnittstellen in den bekannten funktionalen Anforderungen von Konstruktionsprozessen. In verschiedenen Projekten ist daher seit einigen Jahren die Entwicklung von sogenannten Rahmensystemen gemäß Abb. 1 in Arbeit. Ein solcher Rahmen besteht aus einer Dialog- und einer Datenhaltungsschicht mit ihren jeweiligen Schnittstellen zu den Werkzeugen, aus einem Satz spezieller Werkzeuge für Zugang zu und Verwaltung von Objekten und Relationen, sowie allgemeiner Funktionen und Dienste an der Benutzungsoberfläche und schließlich einem Basissystem, auf dem ein solches Rahmensystem implementiert ist. Dieses Basissystem ist gekennzeichnet durch seine Architektur, z. B. durch das verwendete Hardware- und Betriebssystem (heute weitgehend UNIX in seinen verschiedenen Ausprägungen).

In das Rahmensystem können nun Werkzeuge, ggf. unter Anpassung an die festgelegten Schnittstellen für die Datenhaltung und den Dialog "eingehängt" werden. Da diese Schnittstellen werkzeugunabhängig definiert sind, ist eine Vielfalt von Einzelwerkzeugen und Werkzeugsätzen möglich; so kann neben einem Werkzeugsatz für Konstruktion und Betrieb von Realzeitsystemen für

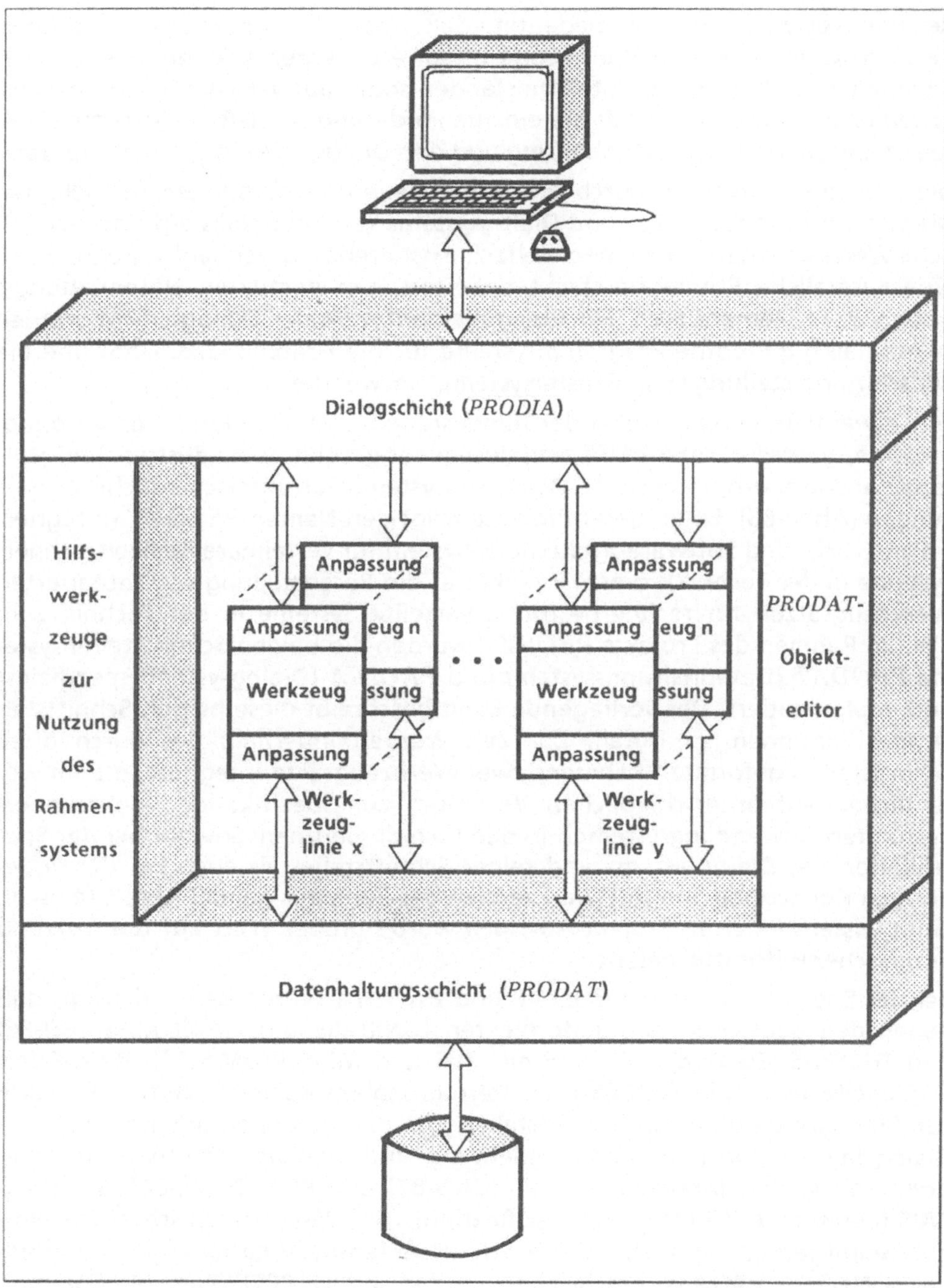

Abb. 1. Rahmensystem zur Werkzeugintegration

technische Anwendungen auch ein Werkzeugsatz für das Projektmanagement sowie ein Werkzeugsatz für die Entwicklung kommerzieller Softwaresysteme in demselben Rahmen existieren. Da die Schnittstellen zudem rein funktional spezifiziert sind, ohne spezielle Architekturen des zugrundeliegenden Basissystems vorauszusetzen, kann ein solches Rahmensystem auch über mehrere

Rechner verteilt sein. Dies bedeutet, daß über eine unterlagerte Rechner-Rechner-Kommunikation Werkzeuge integriert werden können, die auf verschiedenen Rechnern und unter Umständen sogar auf verschiedenen Betriebssystemen implementiert sind; die einzige Forderung ist, daß die Schnittstellenspezifikationen für die Datenhaltung und den Dialog korrekt genutzt werden.

Die Implementation der durch die Schnittstellenspezifikationen festgelegten Dienste des Datenhaltungs- und Dialogsystems kann ebenfalls auf unterschiedliche Weise erfolgen. So werden vielfach existierende Datenbanksysteme durch eine zusätzliche Programmschicht erweitert, um damit ein Datenhaltungssystem zu implementieren. Für die Implementation der Dialogschicht werden zweckmäßig genormte Programmsysteme für die Graphik (z. B. GKS) und die Bildschirmdarstellung (z. B. Fenstersysteme) verwendet.

Seit etwa 1984 entwickeln in der Bundesrepublik Deutschland vier Verbundprojekte, gefördert vom BMFT und zusammengesetzt aus Industrie- und Wissenschaftspartnern, integrierte Werkzeugsysteme für unterschiedliche Zielsetzungen [Abbe-86]. Eines dieser Projekte trägt den Namen *PROSYT* (Integriertes Entwurfs- und Softwareproduktions-System für verteilbare Realzeitrechnersysteme in der Technik); dieses Projekt hat die Bereitstellung von integrierten Werkzeugsätzen für rechnergestützte verteilte Systeme in der Technik zum Ziel. Im Rahmen des Projekts *PROSYT* wurden die beiden Schnittstellensysteme *PRODAT* (Datenhaltungssystem) und *PRODIA* (Dialogsystem) spezifiziert und implementiert. Der vorliegende Band beschreibt diese beiden Schnittstellenspezifikationen im Detail. Zur Zeit werden innerhalb des durch diese Schnittstellen geformten Rahmens zwei Werkzeugsätze integriert, die im wesentlichen auf unterschiedlichen Verfahren zur Spezifikation von rechnergestützten Anwendungsystemen in der Technik beruhen. Sowohl bei der Spezifikation des Dialogsystems und seiner Schnittstelle, als auch bei der zugehörigen Konzeption von Hilfswerkzeugen des Rahmens gemäß Abb. 1 (einschl. eines wissensbasierten Projekt-Advisors) wurde großer Wert auf die Nutzung graphischer Hilfsmittel gelegt.

Bei der Spezifikation von *PRODAT* und *PRODIA* wurde berücksichtigt, daß neben den deutschen Verbundprojekten (UNIBASE mit DAMOKLES [FZI-86] und THESEUS [ZGDV-87], POINTE mit PVS und MMS [VDMA-85], RASOP mit OBER/ROM und RUIn [VDI-88]) in internationalem Rahmen weitere Projekte zur Standardisierung von Schnittstellen für die Datenhaltung und für den Dialog laufen. Von besonderer Bedeutung sind hier die Schnittstellendefinitionen unter der Bezeichnung CAIS [CAIS-87] und PCTE [PCTE-86]. Während CAIS (Common APSE Interface Specification) vom US-amerikanischen Verteidigungsministerium als verbindliche Schnittstellenspezifikation für Ada-orientierte Werkzeugsätze vorgeschrieben werden soll, ist PCTE (Portable Common Tool Environment) eine von der europäischen Gemeinschaft vorangetriebene Schnittstellenspezifikation, die für die europäische Industrie verbindlich werden soll. Abgeleitet aus CAIS und PCTE entstehen z. Zt. im Rahmen der NATO weitere Spezifikationen [NRAC-87]. Weitere Projekte sind GPI (German PCTE Initiative) und ESF (European Software Factory, ein EURECA-Projekt), in denen ebenfalls Schnittstellen spezifiziert werden sollen.

Die intensive Arbeit an all diesen Schnittstellenspezifikationen zeigt, daß die Integration von Werkzeugsätzen in Rahmensystemen mit verbindlichen, standardisierten Schnittstellenspezifikationen als ein vielversprechender Ausweg aus den Problemen der wirtschaftlichen, zeit- und kostentreuen sowie sicheren und zuverlässigen Erstellung und Betriebsunterstützung rechnergestützter Anwendungssysteme angesehen wird. Die Vielfalt der Schnittstellenspezifikationen zeigt aber auch, daß der Stand des Wissens auf diesem Gebiet eine einheitliche, wissenschaftlich abgesicherte Spezifikation der notwendigen Schnittstelleneigenschaften noch nicht gestattet. Ob unter diesem Aspekt eine Standardisierung von Schnittstellen heute schon sinnvoll ist, sei dahingestellt. Es ist jedoch sicher sinnvoll, aus der Implementation und Erprobung verschiedener Schnittstellenspezifikationen Erfahrungen zu sammeln, die den Wert und die Beständigkeit eines zukünftigen Standards unterstützen. Diese Erfahrungen müssen sich sowohl auf die Funktionalität als auch auf die Effizienz und Benutzbarkeit von Schnittstellenspezifikationen erstrecken.

Die in den folgenden Teilen A und B detailliert wiedergegebenen Schnittstellenspezifikationen für *PRODIA* und *PRODAT*, den Rahmenschnittstellen des Projekts *PROSYT*, sind als Implementationsgrundlage für ein Rahmensystem gemäß Abb. 1 gedacht und geeignet. Die Partner des Projekts *PROSYT* und die Autoren des vorliegenden Buches hoffen auf intensive Resonanz, möglichst aufgrund von weiteren Erprobungen und Implementationen außerhalb des Projekts *PROSYT*. Die dabei gewonnenen Erfahrungen sollten dazu beitragen, zukünftige internationale Schnittstellen-Standards bezüglich ihrer technischen Anwendungsbreite und Lebensdauer besser abzusichern.

Teil A
PRODIA – Das *PROSYT*-Dialogsystem

Spezifikation einer einheitlichen Dialogschicht für das *PROSYT*-Verbundvorhaben

Dierk Ehmke [1]
Wolfgang Hinderer [2]
Marion Kreiter [1]
Detlef Krömker [3]

[1]) Zentrum für Graphische Datenverarbeitung e.V. (ZGDV), Darmstadt

[2]) Fraunhofer-Institut für Informations- und Datenverarbeitung (IITB), Karlsruhe

[3]) Fraunhofer-Arbeitsgruppe Graphische Datenverarbeitung (AGD), Darmstadt

0 Einleitung

In der Entwicklungsphase eines komplexen technischen Systems werden viele spezialisierte Werkzeuge, wie z.B. syntaxgesteuerte Editoren, Werkzeuge zur Projektplanung, zur Dokumentation, zur Simulation und zum Test, eingesetzt. In der Vergangenheit wurden die Software-Werkzeuge gewöhnlich so entwickelt, daß die Erfüllung der technischen Anforderungen im Vordergrund stand. Die Anforderungen, die sich daraus ergeben, daß Menschen die Werkzeuge benutzen, wurden jedoch nur als zweitrangig behandelt. Erst in den letzten Jahren wurde der Gestaltung der Interaktion zwischen Mensch und Computer größere Aufmerksamkeit gewidmet. Die Benutzungsoberflächen von vielen heute erhältlichen Text/Graphik-Systemen oder von Systemen zum Computer-gestützten Konstruieren, Publizieren, Dokumentieren sind mittlerweile richtungsweisend.

Der Aufwand bei der Programmierung des Dialogs von Werkzeugen, die dem heutigen Wissensstand der Software Ergonomie entsprechen, übersteigt gewöhnlich den für die eigentliche Problemlösung nötigen Aufwand beträchtlich. Selbst wenn die software-ergonomischen Anforderungen Berücksichtigung finden, bleibt für den Benutzer ein Problem bestehen: Jedes Werkzeug hat seine eigene Problemlösung für die Mensch-Computer-Interaktion. Ein Software-Ingenieur – das ist der häufigste ins Auge gefaßte Benutzer von *PRODIA* – arbeitet bei der System-Entwicklung mit teilweise sehr unterschiedlichen Werkzeugen, wobei der effektive Einsatz jedes einzelnen Werkzeugs vom Benutzer ein hohes Maß an Vertrautheit und Erfahrung erfordert.

Um so weit wie möglich eine Einheitlichkeit der unterschiedlichen Werkzeugoberflächen zu erreichen, sind breit einsetzbare Methoden, Funktionen und auch Entwicklungswerkzeuge zum Design und zur Konstruktion von Benutzungsoberflächen erforderlich. Ein Weg ist die Entwicklung von Standardschnittstellen, mit denen, unabhängig von der Semantik des Werkzeugs, Funktionen zum Aufbau von Benutzungsoberflächen bereitgestellt werden [Herc-86]. Dies bietet folgende Vorteile:

- Standardisierte Interaktionstechniken erleichtern dem Benutzer den Umgang mit unterschiedlichen Werkzeugen.
- Interaktionstechniken werden austauschbar. Die Werkzeugoberflächen können auf verschiedene Benutzergruppen zugeschnitten werden.
- Es kann eine getrennte Entwicklung der Mensch-Computer-Interaktion sowie der durch das Werkzeug bezweckten technischen Lösung jeweils durch Experten erfolgen.
- Der Einsatz von Standardfunktionen verringert den Programmieraufwand, so daß die Entwicklung von prototypischen Benutzungsoberflächen der Werkzeuge eher möglich wird.

- Die Weiterentwicklung solcher Standard-Software wird zu leistungsfähigen Systemen führen.

PRODIA, das Dialogsystem von *PROSYT*, kann mit seinem Haupt-Teil als eine Schicht in einem mehrere Schalen umfassenden Maschinen-Modell aufgefaßt werden (Abb. 0-0.).

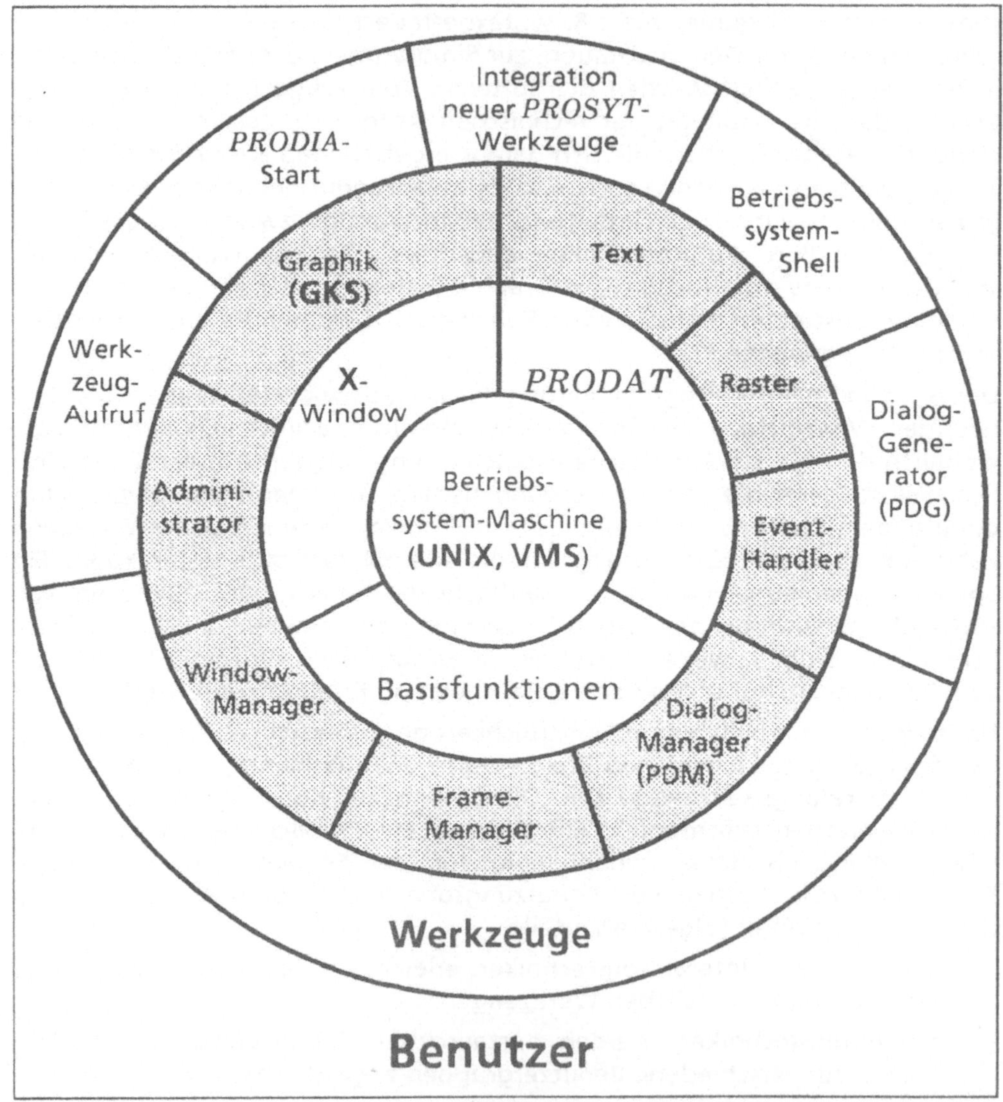

Abb. 0-0. Schalenmodell des *PRODIA*-Systems

In einer inneren Schale wird die bloße Betriebssystem-Maschine durch das Windowsystem X, das Datenhaltungssystem *PRODAT* und einen Satz von Basisfunktionen zu einem Grundsystem erweitert. Auf dieses Grundsystem setzen die zentralen Komponenten von *PRODIA* (Graphik, Text, Raster, Event-

Handler, Dialog-Manager, Frame-Manager, Window-Manager, Administrator) auf. Hierauf wiederum setzen einzelne periphere *PRODIA*-Komponenten (Werkzeug-Aufruf, Start, Integration neuer Werkzeuge, Betriebssystem-Shell, Dialog-Generator) und die Werkzeuge auf.

PRODIA kommt dem dargelegten Wunsch nach Standardschnittstellen durch die Entwicklung von Konzepten für die Dialoggestaltung, sowie durch die Definition und Implementierung der dazu gehörigen Funktionen entgegen. Mit ihnen wird die Integration unterschiedlicher Werkzeuge in das *PROSYT*-System mit dem Ziel der Vereinheitlichung ihrer Werkzeug-Oberflächen ermöglicht. *PRODIA* bietet moderne Interaktionstechniken auf Windows, Masken und Menüs, direkte Objektauswahl und -manipulation an. In Windows sind Graphik, Raster und Text, sowie eine alphanumerische Terminal-Emulation integriert. Die Implementierung von *PRODIA* realisiert die Abwicklung der Mensch-Werkzeug-Interaktion für das Gesamtsystem.

PRODIA soll durch sein Angebot an Interaktionstechniken einschließlich komfortabler Dialogbeschreibungs- und -ablauffähigkeiten soweit dialogvereinheitlichend wirken, daß dem Benutzer der Gesamteindruck eines integrierten Systems im Gegensatz zu einer losen Sammlung von Werkzeugen offensichtlich und hierdurch die Bedienung erleichtert wird.

Auch für bereits existierende Werkzeuge, welche nicht an die Window-Technik angepaßt sind, soll die Integration in *PRODIA* möglich sein. Dies wird durch das Konzept der Frames erreicht, die die Werkzeuge von der Aufgabe entbinden, Darstellungen direkt auf dem Bildschirm bzw. dem Window auszugeben und zu verwalten. Die Frames bieten sich dem Werkzeug als virtuelle Bildschirmflächen dar und werden vom Windowmanager auf den Bildschirm abgebildet.

Die vorliegende *PRODIA*-Beschreibung ist folgendermaßen aufgebaut: In Kapitel 1 werden zunächst allgemein die Anforderungen aus Benutzersicht an die Dialogschicht von Entwicklungssystemen dargestellt, dann auf *PRODIA* bezogen. Ebenso werden zunächst allgemein die aus den Benutzeranforderungen resultierenden Struktureigenschaften von Dialogsystemen entwickelt, dann die für *PRODIA* getroffenen Entscheidungen benannt.

In den nachfolgenden Kapiteln werden die Konzepte von *PRODIA* erläutert. Zunächst werden die Konzepte für die Bereiche Windowing, Frames, Aus- und Eingabe auf Frames bzw. Windows beschrieben. Die Werkzeugschnittstelle für diese Bereiche ist prozedural. Die einzelnen Funktionen werden im Anhang in der Form einer C-Schnittstelle aufgeführt. Dort wird auf die Wirkungsweise der einzelnen Funktionen näher eingegangen. Die Werkzeugschnittstelle für das *PRODIA*-Dialogkonzept ist einmal für die Beschreibung des Dialoges eine C-Spracherweiterung, daneben gibt es für die Abwicklung des Dialoges zur Laufzeit Funktionen, die zur C-Schnittstelle gehören.

1 Die Dialogschicht in Entwicklungssystemen

1.0 Anforderungen an ein benutzerorientiertes Entwurfssystem

1.0.0 Benutzerschnittstelle und Werkzeugschnittstelle

Das für *PRODIA* verwendete Schnittstellenmodell geht von der Benutzungsoberfläche der Dialogschicht aus, die als zweigeteilt angenommen wird (siehe Abb. 1-0).

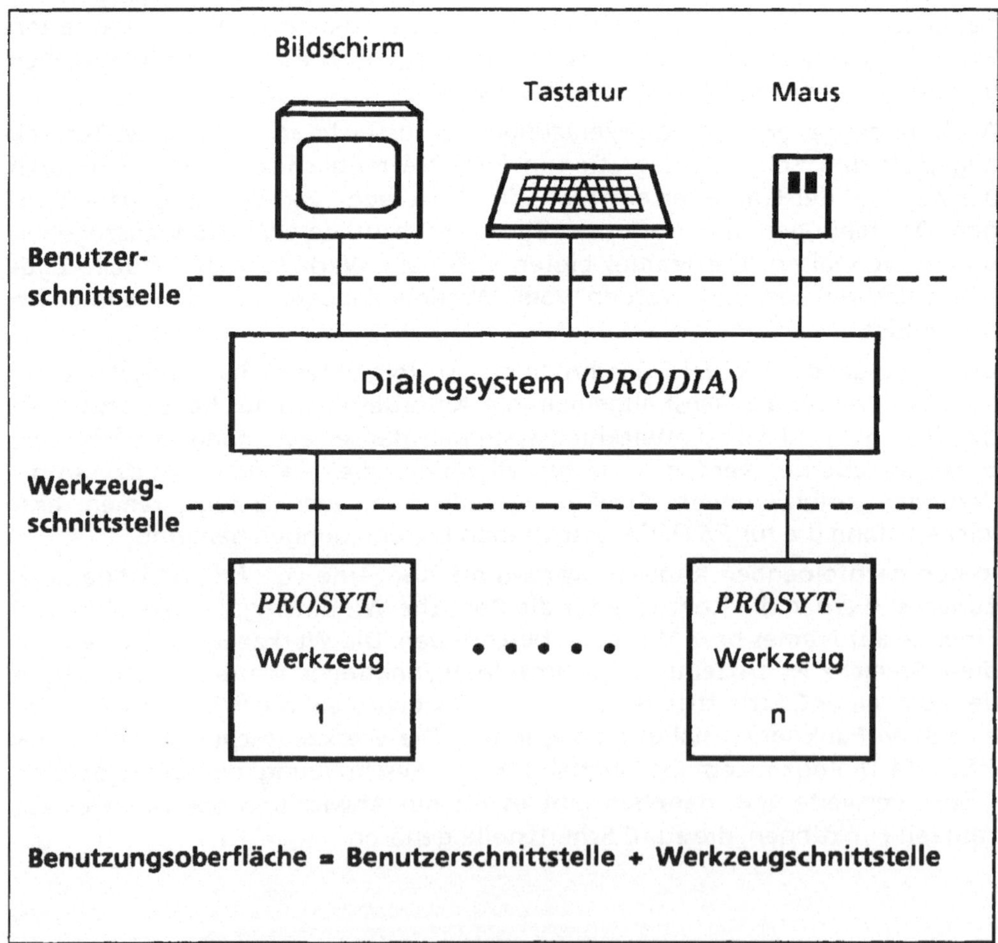

Abb. 1-0. Schnittstellen des Dialogsystems *PRODIA*

Auf der dem Benutzer zugekehrten Seite befindet sich die ***Benutzerschnittstelle*** (engl. user interface). Sie ist die Gesamtheit der dem Benutzer für den Dialog zur Verfügung stehenden Hardware eines interaktiven Systems und dessen Verhalten in Abhängigkeit von den Benutzereingaben, festgelegt durch Software. Auf der anderen Seite liegt die Schnittstelle zu den Werkzeugen, die ***Werkzeugschnittstelle***.

Die Benutzungsoberfläche der Dialogschicht *PRODIA* ist wohl zu unterscheiden von der Benutzungsoberfläche der Werkzeuge. Diese setzen ihrerseits auf der Benutzungsoberfläche von *PRODIA* (und von anderen Teilsystemen) auf und bringen durch den Einsatz von *PRODIA*-Dialogfunktionen die *PRODIA*-Benutzungsoberfläche in ihre eigene Oberfläche mit ein.

Aus der Sicht der *PROSYT*-Benutzer ist die *PRODIA*-Benutzerschnittstelle mit ihrem Ein-/Ausgabeverhalten und den von ihr realisierten Interaktionstechniken der Repräsentant des Systems, somit auch der eines jeden *PROSYT*-Werkzeugs. Die Gestaltung dieser Schnittstelle hat erhebliche Auswirkungen auf die Erlernbarkeit des Systems, die Leistung des Benutzers bei der Anwendung der Werkzeuge, sowie seine Zufriedenheit, Belastung und Beanspruchung. Aus der Sicht der Werkzeugprogrammierer ist die *PRODIA*-Werkzeugschnittstelle Repräsentant der Ein-/Ausgabeschnittstelle. Unter Berücksichtigung der Erfahrung, daß für interaktive Programme etwa 30-60% des Codes auf den Dialogteil entfallen, entscheidet die Qualität der Werkzeugschnittstelle über die Kosten der Werkzeugprogrammierung und deren Flexibilität.

Im Folgenden sollen Anforderungen an diese Schnittstellen untersucht und die Konsequenzen für *PRODIA* vorgestellt werden.

1.0.1 Anforderungen an die Benutzerschnittstelle

Die Notwendigkeit, den Benutzer beim Systementwurf zu berücksichtigen, wurde erst spät erkannt. Zu Beginn des Computerzeitalters entstammten Benutzer dem mathematisch-naturwissenschaftlichen Bereich und es war für sie lohnend, sich das für die Bedienung der Computer erforderliche Spezialwissen anzueignen. Durch die darauffolgende weite Verbreitung der Computer müssen die Entwickler der Systeme heute auch Laien als prospektive Benutzer berücksichtigen.

Benutzerschnittstellen haben im Gegensatz zu Schnittstellen zwischen Programmen den Eigenschaften zweier grundlegend verschiedener Systeme Rechnung zu tragen: denen des Menschen und denen des Computers. Dies macht sie zu dem am schlechtesten spezifizierbaren Teil eines Computersystems. Die Benutzerschnittstelle muß sowohl den technischen Gegebenheiten des Computers als auch den psychologischen und physiologischen Anforderungen des Menschen gerecht werden.

Die Benutzerschnittstelle ist der Zugang zum Werkzeug Computer. Diese wichtige Stellung, die Komplexität der Schnittstelle und die zunehmende Bedeutung des Werkzeugs Computer für das Arbeits- und Privatleben fordert eine neue Wissenschaft, die sich mit dieser Schnittstelle unter ergonomischer

Sichtweise befaßt, die Software-Ergonomie. Sie ist eine integrative wissenschaftspraktische Disziplin mit dem Ziel, das Arbeitsmittel Computer an den Menschen anzupassen. Zumindest die Erkenntnisse der Physiologie, Psychologie, Informatik und Arbeitswissenschaften finden in ihr Anwendung [Ober-79], [Herc-86].

Die Hauptanforderungen der Software-Ergonomie an ein interaktives System finden ihren Niederschlag in der DIN 66 234 [DIN-86]. Sie enthält fünf Kriterien:

- **Aufgabenangemessenheit:**
  Ein Dialog muß den Benutzer bei der Erledigung seiner eigentlichen Arbeitsaufgabe unterstützen, ohne ihn zusätzlich zu belasten.
- **Selbsterklärungsfähigkeit:**
  Ein Dialog soll unmittelbar verständlich sein oder das System soll dem Benutzer auf Verlangen Einsatzzweck sowie Einsatzweise des Dialoges erläutern können. Soweit der Dialog nicht unmittelbar verständlich ist, sollen auch der Leistungsumfang der Arbeitsmittel und die Voraussetzungen für die Anwendung erklärt werden können.
- **Steuerbarkeit:**
  Die Geschwindigkeit des Ablaufs, Auswahl und Reihenfolge von Arbeitsmitteln oder Art und Umfang von Ausgaben können vom Benutzer beeinflußt werden.
- **Verläßlichkeit:**
  Das Dialogverhalten des Systems soll den aufgrund seiner Erfahrungen aus Arbeitsweisen und Umgang mit dem System gebildeten Erwartungen des Benutzers entsprechen.
- **Fehlertoleranz und Fehlertransparenz:**
  Ein Dialog ist fehlertolerant, wenn trotz fehlerhafter Eingabedaten das beabsichtigte Arbeitsergebnis erreicht wird. Ein Dialog ist fehlertransparent, wenn dem Benutzer der Fehler zum Zwecke der Behebung transparent gemacht wird.

Der heutige Wissensstand der Software-Ergonomie läßt sich aus der Tatsache ersehen, daß in DIN 66 234 lediglich vage Zielvorgaben für die Gestaltung von Benutzerschnittstellen genannt werden, ohne daß Vorschriften hinzugefügt werden, wie diese erreicht bzw. überprüft werden können.

Neben den ergonomischen Betrachtungen ist die Erstellung von Benutzerschnittstellen auch eine ingenieurwissenschaftliche Aufgabe. Die Anforderungen an Softwaresysteme, die Benutzerschnittstellen realisieren, werden in Zukunft weiter ansteigen. Man benötigt allgemeine Methoden und Werkzeuge zum Design und zur Konstruktion von Benutzerschnittstellen, um zu möglichst guten und wirtschaftlich vertretbaren Lösungen zu kommen.

1.0.2 Anforderungen an die Werkzeugschnittstelle

Aus der Sicht der Werkzeugprogrammierung sind die im Folgenden aufgeführten Anforderungen an die Werkzeugschnittstelle bei deren Entwurf und Gestaltung zu beachten. Es muß berücksichtigt werden, daß die Ziele sich zum Teil widersprechen. Bei der Realisierung der Schnittstelle müssen die Forderungen gegeneinander abgewogen werden.

- **Funktional hohes Niveau:**
  Dies trägt wesentlich zur Lösung der gestellten Werkzeugaufgaben bei. Einerseits wird hierdurch der Aufwand bei der Realisierung bzw. der Integration von Werkzeugen klein gehalten, andererseits wird die Anzahl der Aufrufe zwischen Werkzeug und Dialogsystem minimiert. Zudem wird durch ein funktional hohes Niveau an der Werkzeugschnittstelle die Einheitlichkeit der Werkzeugoberflächen gefördert.

  An einigen Stellen werden in *PRODIA* die Funktionen zusätzlich auf niedrigerer Ebene angeboten, um der Werkzeugprogrammierung in speziellen Fällen die notwendige Flexibilität zu erhalten (z.B. *PRODIA*-Windowing).
- **Konsistenz:**
  Die der Werkzeugschnittstelle zugrunde liegenden Konzepte sind durchgängig. Dies soll sich in der Benutzung der Schnittstelle wiederspiegeln, z.B. in der Art der Parametrierung (den verwendeten Typen und Datenstrukturen) und der Wirkung der Funktionen. Hier kann auch die Forderung nach Orthogonalität, d.h. nach Entkopplung der einzelnen Grundkonzepte und Funktionen untereinander, eingeordnet werden.
- **Einfachheit:**
  Die Funktionen sollen einfach anzuwenden sein. Dies wird möglich, wenn die Konzepte für den Werkzeug-Programmierer klar verständlich sind und konsistent umgesetzt sind. Die Aufrufe der Funktionen sollten nur für die Problemlösung notwendige Schritte bedeuten und keine unnötigen Details über die interne Realisierung mit in die Aufrufschnittstelle bringen.

  Wird vom Werkzeug nicht die volle Funktionalität benötigt, können Standardeinstellungen, z.B. für Attribut-Werte, die Anzahl der Funktionsaufrufe reduzieren.
- **Robustheit, Zuverlässigkeit:**
  Selbstverständlich sollen die Funktionen immer das gewünschte Resultat liefern. Auch unzulässige Werte, Wertekombinationen und Aufrufreihenfolgen bringen *PRODIA* in keinen undefinierten Zustand. In *PRODIA* werden die Werte der Eingabeparameter überprüft, bevor die Ausführung der Funktion erfolgt.
- **Fehlerbehandlung:**
  Ein Konzept zur Entdeckung und Behebung von Fehlern, wie z.B. die eben angesprochene Überprüfung von Parametern, sollte vorhanden sein. *PRODIA* überprüft die Zuverlässigkeit der Werte von Eingabeparametern und zeigt Fehler im Returncode der Funktionen an. Fehlerbehebung kann jedoch nur im Werkzeug durch konsequentes Nutzen der Anzeige der Returncodes erreicht werden. Die Langtexte zu den *PRODIA*-Returncodes können über die Programmierschnittstelle angefordert werden.
- **Effizienz:**
  Die Funktionen sollen die Werkzeugprogrammierung vereinfachen. Im *PROSYT*-Projekt spielt auch der Aspekt der Integration bestehender

Werkzeuge eine große Rolle. Wenn ein Werkzeug bereits modularisierte Bausteine zur Dialogrealisierung und Ausgabe benutzt, so können bereits bestehende Funktionen, die in der Funktionalität vergleichbar sind, ausgetauscht werden. Nicht zuletzt deshalb wurde die *PRODIA*-Werkzeugschnittstelle als funktionale C-Schnittstelle realisiert.

- **Performanz:**
  Die Funktionen sollen laufzeiteffizient programmiert sein, damit an der Benutzerschnittstelle ein akzeptables Antwortzeitverhalten erreicht wird. Zunächst stehen dem andere Anforderungen an die Werkzeugschnittstelle entgegen. Der daraus resultierende hohe Programmieraufwand für eine Optimierung von *PRODIA* wäre für einzelne Werkzeuge sicherlich nicht zu rechtfertigen, wohl aber für ein Dialogsystem, das vielen Werkzeugen zugrunde liegt.
- **Änderbarkeit, Erweiterbarkeit:**
  Diese Forderungen betreffen die Werkzeugprogrammierung nicht direkt, sie sollten aber bei der Realisierung des Dialogsystems durchaus beachtet werden, vor allem dann, wenn das Dialogsystem portiert oder das Anwendungsspektrum erweitert werden soll. Hier klingt allerdings der Wunsch nach Allgemeingültigkeit an, der auf einem hohen funktionalen Niveau sicher nur eingeschränkt erreichbar ist.

1.1 Folgerungen für PRODIA

Die in Kap. 1.0 dargestellten Anforderungen führen zu Konsequenzen im Aufbau und der Realisierung der Werkzeuge. *PRODIA* kann Funktionen bereitstellen, mit denen die Erreichung dieser Ziele aus Sicht der Werkzeugprogrammierung unterstützt und vereinfacht werden kann. Im Gegensatz zur Programmierung von Interaktionstechniken im Werkzeug, gemäß allgemeinen Gestaltungsrichtlinien – was zwar auch zu einem einheitlichen Verhalten der Werkzeuge im Gesamtsystem führen kann – werden hier Interaktionstechniken von *PRODIA* bereitgestellt und verwaltet. Dies legt zum einen die Einheitlichkeit nahe, zum anderen wird der Aufwand bei Änderungen an der Benutzerschnittstelle reduziert, da diese Änderungen nur in *PRODIA* durchgeführt werden.

Neben dem einheitlichen Verhalten ist auch der Einsatz von modernen Techniken, sowohl bei der Interaktion als auch bei der Programmierung, ein Ziel von *PRODIA*. Ansatzpunkte für *PRODIA* sind die Bereiche Windowing, Ein-/Ausgabe und Dialogspezifikation.

Durch den Einsatz der Mehrfenstertechnik kann der Benutzer seine Arbeitsumgebung selbst flexibel und übersichtlich gestalten und mit mehreren Werkzeugen parallel arbeiten. Windows bieten den Werkzeugherstellern die Möglichkeit, verschiedene Aspekte des Werkzeugs gleichzeitig zu präsentieren. So können z.B. Zusatzinformationen oder Detailgraphiken in weiteren Windows dem Benutzer angezeigt werden.

PRODIA unterstützt die Werkzeugprogrammierung in der Graphikausgabe (mit GKS), in Textausgabe und und der Ausgabe auf Raster-Ebene. Die hohe Funktionalität dieser Schnittstellen, sowie die Abstraktion von physikalischen Geräten auf virtuelle Ausgabeflächen (Frames) vereinfacht die Werkzeugprogrammierung und bietet gleichzeitig die Möglichkeit, die Darstellung mit Hilfe aller Informationsarten an die Aufgabenstellung anzupassen und Informationen (Text, Graphik, Bild) entsprechend zu repräsentieren ([Pfaf-85], [Hopg-86]).

Mit der Vorgabe moderner Interaktionstechniken durch ein Dialogsystem kann auch bei Anwendung von allgemeinen Gestaltungsrichtlinien, wie sie z.B. in der DIN 66 234 beschrieben werden, im Werkzeugverbund nicht eine einheitliche Dialogführung erzwungen werden. Die Semantik eines Werkzeuges und das mentale Modell des Benutzers über dieses können nicht von *PRODIA* beeinflußt werden. Dies bedeutet für das Gesamtsystem, daß Konsistenz und Qualität von Werkzeugen letztlich nur durch Absprache der Werkzeughersteller zu erzielen ist.

Die Einheitlichkeit eines Dialoges, der mit *PRODIA*-Hilfsmitteln erzeugt bzw. gestaltet wurde, liegt eher auf der Ebene der Umsetzung des funktionalen Modells in Interaktionstechniken. Vergleichen wir dazu den IFIP-Modellvorschlag für Benutzerschnittstellen [Dzid-83] in seiner geschichteten Form [FäZi-85] und versuchen, *PRODIA* dort einzuordnen (Abb. 1-1).

BENUTZER		RECHNER
Aufgaben-repräsentation	Pragmatische Ebene Konzeptionelles Modell	Applikations- und Ablaufmodell
Funktionales Modell	Semantische Ebene Objekte, Funktionen	Werkzeuge
Dialogmethoden	Syntaktische Ebene Dialogstruktur	Dialogsystem
Interaktions-ausführung	Physikalische Ebene Interaktionen	Ein-/Ausgabe-System

Abb. 1-1. Schichtenmodell der Mensch-Computer-Interaktion

Auf der Rechnerseite braucht der Werkzeughersteller seinen Dialog nicht auf der unteren Ebene mit Hilfe von E/A-Funktionen zu programmieren, sondern es steht ihm auf höherer Ebene eine Sprache zur Beschreibung des Dialoges zur Verfügung, und das Dialogsystem realisiert dann den Dialog mit dem Benutzer. (Die noch höheren Schichten in Abb. 1-1 beziehen sich nicht auf die Dialogorganisation, sondern auf die Problemlösungs-Ebene der Werkzeuge und das Gesamtkonzept des Werkzeugsystems.)

Die Anhebung des funktionalen Niveaus durch die Abstraktion vom Aufruf von E/A-Funktionen zu Dialogaufgaben schlägt sich auch auf der Benutzerseite nieder. So hat sicherlich auch der Benutzer ein Modell davon, wie ein Werkzeug unter *PRODIA* "funktioniert" (mentales Modell). D.h. er weiß, wie das System auf eine bestimmte Folge von physikalischen Eingabeaktivitäten reagiert. *PRODIA* ordnet Dialogaufgaben Interaktionstechniken zu und verwaltet diese. Eine solche Entkopplung der Werkzeuge von der Realisierung der Interaktionstechniken trägt zum einheitlichen Verhalten der Werkzeuge bei. Ein weiterer Vorteil liegt in der flexibleren Programmierung der Benutzerschnittstelle. Interaktionstechniken können ausprobiert und ausgetauscht werden, ohne daß Werkzeuge umprogrammiert werden müssen.

1.2. Kontrollstrukturen von Dialogsystemen

Bei der Überlegung, wie Werkzeuge mit dem Dialogsystem zusammenarbeiten, gibt es im wesentlichen zwei Konzepte [HSL-85]. Historisch bedeutsam ist die *interne Kontrolle*, bei der das Dialogsystem eine Sammlung von Unterprogrammen ist, die den Werkzeugen zur Durchführung des Dialoges zur Verfügung stehen. Typische Realisierungen unter interner Kontrolle sind Programme mit Ein-/Ausgabeanweisungen, die in der Form von Laufzeitroutinen zur Verfügung stehen. Diese Organisationsform ist weit verbreitet, hat jedoch den erheblichen Nachteil, daß die Dialogablaufsteuerung völlig in das Werkzeug integriert ist und z.T. dem Benutzer nur sehr restriktive Möglichkeiten läßt, den Dialogablauf zu beeinflussen. Soll das Werkzeug dem Benutzer die Freiheit lassen zu bestimmen, mit welcher Eingabe bzw. mit welchem Schritt zur Problemlösung fortgefahren werden soll (User Driven Interface), so müssen in der Programmierung dem Benutzer jederzeit alle Alternativen angeboten werden. Die Programmstruktur muß darauf zurechtgeschnitten sein, etwa in folgender Weise: Das Werkzeug erwartet an einer zentralen Stelle des Programms die Benutzereingabe und verzweigt dann in den entsprechenden Ausführungsteil.

Will man die Anwendung von der Dialogprogrammierung trennen, so empfiehlt sich das Konzept der *externen Kontrolle.* Dabei ist das Dialogsystem das "Hauptprogramm", die Werkzeuge sind in viele (meist kleine) Unterprogramme zerlegt, die in Abhängigkeit von der jeweiligen Benutzereingabe oder Werkzeugausgabe vom Dialogsystem aufgerufen werden. Die Ablaufsteuerung des Dialoges wird in das Dialogsystem hineinverlegt.

Bei der Organisation mit externer Kontrolle muß dem Dialogsystem ein Schema des Werkzeug-Dialoges mitgeteilt werden, so daß es den Dialog durchführen kann. Dabei müssen dem Dialogsystem die Bedingungen im Dialogzustand, unter denen ein Programmstück aufgerufen werden soll, bekannt gemacht werden. Im einfachsten Fall sind diese Bedingungen Ereignisse, die durch Benutzeraktionen mit Maus und Tastatur ausgelöst werden. Will man jedoch auch die Abhängigkeiten von Dialogschritten (die Logik) eines Dialoges mit einbringen, braucht man eine Möglichkeit zur Dialogspezifikation. Als Modell, das der

Dialogspezifikation zugrunde liegt, bieten sich die Petri-Netze an, die es gestatten, bzgl. der kausalen Struktur sowohl Abhängigkeit als auch Unabhängigkeit zwischen einzelnen Dialogschritten auszudrücken.

Das Schichtenmodell von Abb. 1-1 legt es nahe, interne und externe Kontrolle nicht nebeneinander, sondern *übereinander* zu stellen. Die Entwicklung ist analog zu derjenigen am Anfang des Computerzeitalters: In den Frühformen der Programmiersprache ALGOL wurde die Programmierung der Ein-/Ausgabe noch nicht durchgängig durch Sprachkonstrukte erleichtert. Erst später gab es Ein-/Ausgabeanweisungen, denen einheitliche Routinen in den Laufzeitroutinen des Betriebssystems entsprachen. Diese Entwicklung bedeutete eine allgemeine Anhebung der Sprachebene bei der Programmierung. Heute kann man den Schritt von der internen zur externen Kontrolle ebenfalls als Anhebung der Sprachebene betrachten. Die Routinen, in die das Werkzeug – wie oben dargestellt – bei der externen Kontrolle zerlegt wird, können als "Laufzeitroutinen" in einem erweiterten Betriebssystem gelten. So betrachtet wäre dann das genannte Schema des Werkzeug-Dialoges, das dem Dialogsystem mitgeteilt wird, das eigentliche Werkzeug.

Auch die externe Kontrolle hat jedoch gewisse Nachteile:

- Die Werkzeuge müssen in kleine Unterprogramme zerlegt werden, was in vielen Fällen eine völlig neue, auf diese Art der Kontrolle zugeschnittene Programmstruktur voraussetzt.
- Das Dialog-Schema muß den Dialog ausreichend beschreiben, z.B. auch gewisse Fehler-Möglichkeiten oder Hilfeanforderungen berücksichtigen. Allerdings, das ist der Stand der Technik, könnte ein sehr feines Netz-Modell, das alle Eventualitäten berücksichtigt, leicht an die Grenze der beherrschbaren Komplexität stoßen.

Da beide Konzepte Schwächen besitzen, wird oftmals das Konzept der *gemischten Kontrolle* vorgeschlagen. Bei diesem Konzept ist ein Werkzeug zwar ebenfalls als eine Sammlung von Unterprogrammen anzusehen, welche vom Dialogsystem aufgerufen werden. Die gemischte Kontrolle erlaubt den Werkzeugen aber auch umgekehrt, Dialog-Funktionen aufzurufen, wie z.B. bei Ausgaben. In *PRODIA* wird das Konzept der gemischten Kontrolle so eingesetzt, daß *PRODIA* die Eingaben und das Werkzeug die Ausgaben kontrolliert.

Eng verbunden mit der Wahl der Kontrollarchitektur und des funktionalen Niveaus der Funktionen des Dialogsystems ist die Granularität der jeweils vom Werkzeug eigenständig durchgeführten Aktivitäten. Mit elementaren Funktionen, z.B. zur Ein-/Ausgabe, eine vollständige Dialogspezifikation zu erstellen, ist äußerst aufwendig. Hier sind eher Funktionen mit sehr anwendungsnaher Semantik geeignet, welche den Bereich der Realisierung von Benutzerschnittstellen abdeckt. Die einzelnen Funktionen sind dann mächtig genug, um größere Teile in der Dialogabwicklung durchzuführen.

Bei einer Implementierung, in der die Werkzeuge nicht notwendig auf einem Arbeitsplatz-Rechner, sondern auch im Hintergrund auf einem anderen Rechner laufen, kann durch eine Verringerung der Anzahl der Aufrufe zwischen Dialogsystem und Werkzeug das Antwortzeitverhalten von Dialogen günstig beeinflußt werden.

1.3 Entwurfs- und Implementationsentscheidungen

Die interne Modulstruktur von *PRODIA* wird wesentlich durch die Konzepte für Frames, Windows und Dialog geprägt (Abb. 1-2). *PRODIA* basiert auf dem Windowsystem X und integriert den Graphikstandard GKS. Die Implementierung erfolgte in der Programmiersprache C.

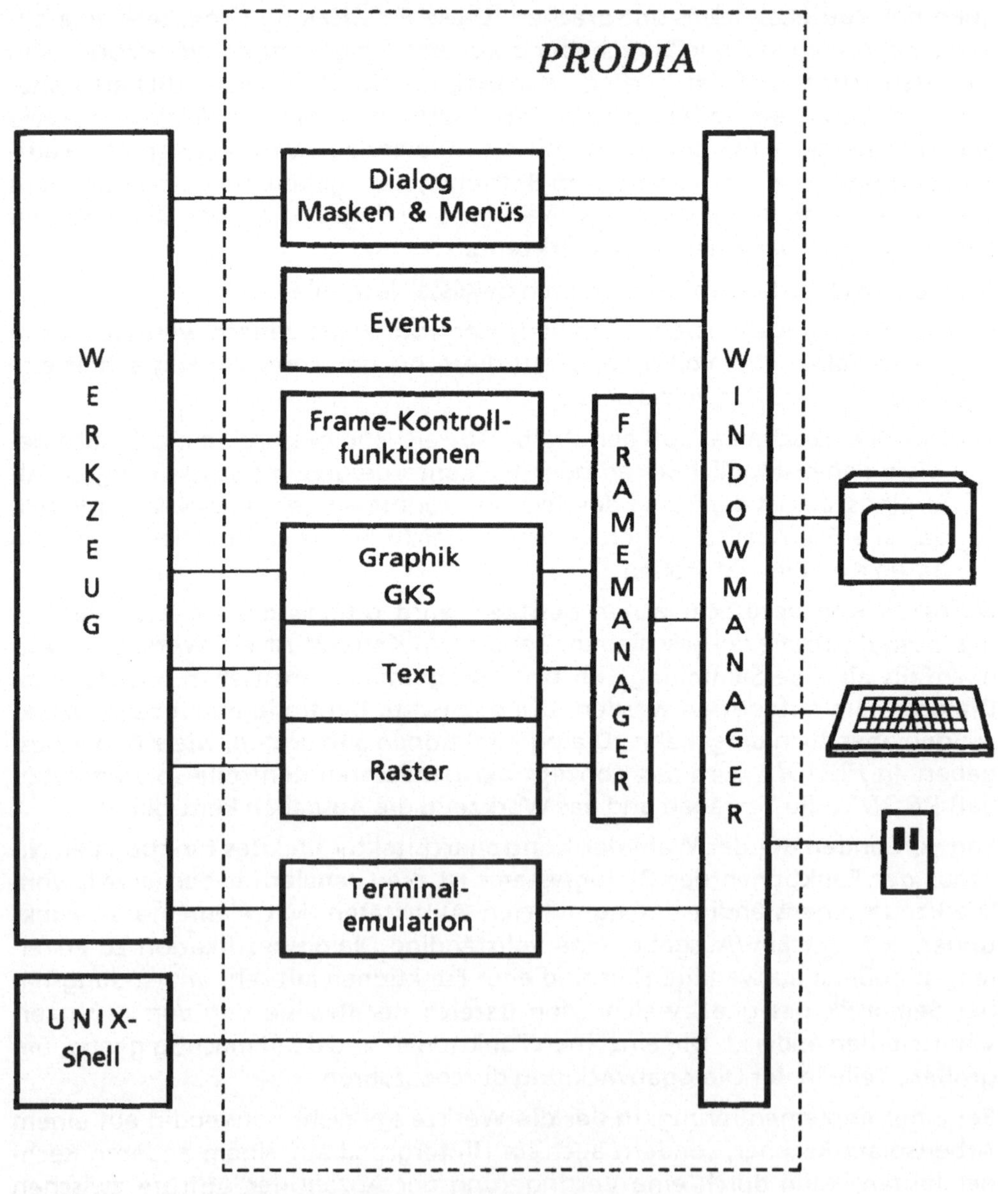

Abb. 1-2. Modulstruktur des *PRODIA*-Systems

Eine Grundanforderung an *PROSYT* ist Portabilität. Im Bereich der Graphik bot sich hierzu die Verwendung des graphischen Kernsystems GKS [GKS-86] an. Als Basissystem für Windowing wurde das *X-Window-System* des MIT eingesetzt ([GNF-86], [SchG-86]), das die als Implementierungsgrundlage erforderlichen funktionalen Eigenschaften im wesentlichen erfüllt, und das zudem auf dem Wege ist, ein "Quasi-Standard" zu werden.

Zur Laufzeit ist *PRODIA* ein nur einmal geladener Prozeß, mit dem die Werkzeugprozesse Daten austauschen und der Werkzeugaufträge entgegennimmt. Dafür wurde eine interne Kommunikation spezifiziert, basierend auf Funktionen, unabhängig von den Kommunikationskonzepten des Betriebssystems. Jede *PRODIA*-Funktion, die der Werkzeugprozeß aufruft, wird über diese interne Kommunikationsschnittstelle geleitet. Zu den Werkzeugen muß *PRODIA* also nicht komplett hinzugebunden werden, sondern lediglich die Komponente, die die Schnittstellenumsetzung durchführt. Aus der Sicht der Werkzeugprogrammierung ist es jedoch nicht relevant zu wissen, ob *PRODIA* komplett dazugebunden wird oder nur ein kleiner Teil davon.

2 Windowing und Ausgabe

2.0 Konzepte

PRODIA ermöglicht durch Windows den Ablauf verschiedener Dialogwerkzeuge auf einem Terminal (Multitasking). Gleichzeitig werden einer Anwendung mehrere virtuelle Ausgabegeräte zur Verfügung gestellt (Multiwindowing).

PRODIA unterstützt gängige Windowing-Verfahren wie:

- Überlappende Windows
- Listener-Konzept
- Manipulation von Lage und Größe der Windows
- Wechsel zwischen Ikonen und Windows
- Scrollbars
- Subwindowing

Zum Start der Werkzeuge und der Gestaltung des Bildschirm-Layouts wird dem Benutzer eine Desktop-Umgebung angeboten. Der Benutzer kann Lage und Größe von Windows manipulieren, verdeckte Windows hervorholen, ein eingabeaktives Window bestimmen und horizontal bzw. vertikal scrollen. Diese Operationen werden von *PRODIA* verwaltet, Werkzeuge (Anwendungsprogramme) werden von der Notwendigkeit der Bildschirm- und Window-Verwaltung entbunden. So wird etwa das Update von Window-Inhalten, das durch Benutzeroperationen häufig erforderlich wird, von *PRODIA* durchgeführt.

Aus diesem Grund werden Frames als virtuelle Darstellungsflächen eingeführt.

2.1 *PRODIA-Frames*

Frames sind aus der Sicht der Werkzeuge virtuelle speichernde Darstellungsflächen, deren Größe zum Zeitpunkt des Öffnens festgelegt wird. Diese wird wie bei Rasterdarstellungsflächen in Pixeln angegeben. Frames haben ein diskretes Koordinatensystem mit beliebigem Nullpunkt.

Werkzeuge geben in Frames aus, die wiederum von *PRODIA* ausschnittweise in Windows dargestellt werden. Das Update der Fensterinhalte bei benutzergesteuerten Änderungen wird von *PRODIA*, ohne das Werkzeug zu involvieren, durchgeführt. Die Werkzeuge benutzen nur die Operationen der Ausgabeschnittstelle zu den Frames (Abb. 2-0).

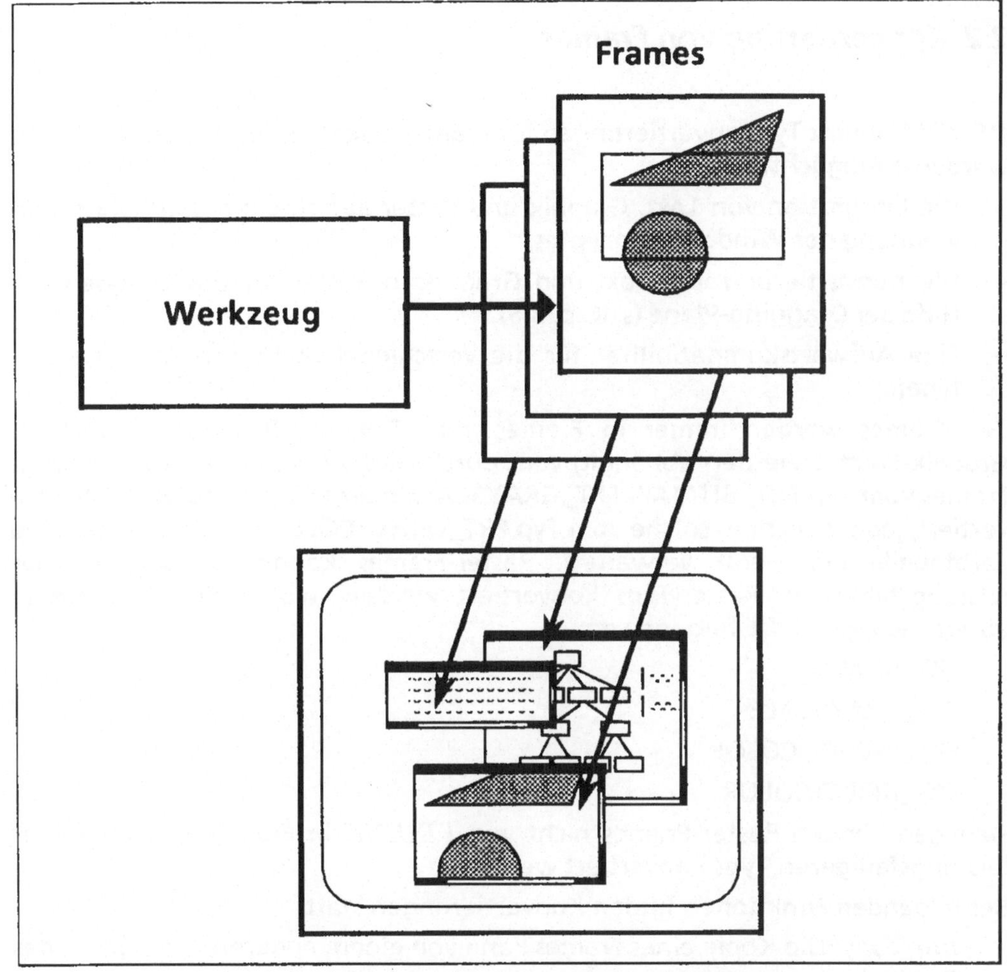

Abb. 2-0. Frame-Benutzung durch Werkzeuge und Frame-Abbildung auf den Bildschirm

Frames sind vom Typ Graphik, Text oder Raster, entsprechend den drei Informationsarten Graphik, Text und Bild. Für Graphik-Frames wird die GKS-Schnittstelle gemäß DIN 66 252 und ISO/IS 7942 bereitgestellt. Somit ist die Integration GKS benutzender Werkzeuge, sogar für bereits existierende, in *PRODIA* gewährleistet. Auf einem entsprechend hohen Niveau befinden sich die Schnittstellen für Text- und Raster-Frames.

Außer diesen ausgabespezifischen Funktionen stehen Kontrollfunktionen zur Verfügung, die bei allen Frame-Typen angewendet werden können. Diese Funktionen betreffen das Eröffnen, Löschen, Schließen, Sichern, Laden und Kopieren von Frames sowie deren Konvertierung in Raster-Frames.

2.2 Konvertierung von Frames

PRODIA nimmt Typkonvertierungen für Frames oder Frame-Inhalte vor. Damit werden ermöglicht:

- Die Integration von Text, Graphik und Raster auf einem Frame, ohne Verwendung des Window-Konzeptes.
- Die Konvertierung von Text und Graphik in Raster für das Draggen mit Hilfe der Dragging-Plane (s. Kap. 3.5).
- Eine Aufwärtskompatibilität für die verschiedenen Raster- bzw. Gerätetypen.

Text-Frames werden immer in Frames vom Typ FRT_BITMAP konvertiert. Graphik-Frames werden abhängig vom durch GKS verwendeten Gerätetyp in Frames vom Typ FRT_BITMAP, FRT_GRAYSCALE oder FRT_PSEUDOCOLOR konvertiert, jedoch nicht in solche vom Typ FRT_DIRECTCOLOR (da GKS genau eine Farbtabeile pro Gerät verwaltet). Raster-Frames können in solche eines leistungsfähigeren Raster-Typs konvertiert werden, wobei die Reihenfolge aufwärtssteigend die folgende ist:

FRT_BITMAP

FRT_GRAYSCALE

FRT_PSEUDOCOLOR

FRT_DIRECTCOLOR.

Dagegen können Raster-Frames nicht von *PRODIA* in Frames eines weniger leistungsfähigeren Typs konvertiert werden.

Bei folgenden Funktionen finden Konvertierungen statt:

- *frm_copy*: Die Kopie eines Frames kann von einem anderen Typ sein als das Original.
- *rst_makeraster*: Ein Frame wird in ein Raster-Frame konvertiert.
- *rst_copyrectangle*, rst*_copyrectanglemasked*: Der rechteckige Ausschnitt eines Frames wird in ein Raster-Frame kopiert und dabei konvertiert.

2.3 PRODIA-Windows

Üblicherweise stellen Window-Management-Systeme Basisfunktionen für die Window-Verwaltung zur Verfügung. Benutzeroperationen auf Windows und die Verwaltung der Window-Inhalte werden mehr oder weniger unterstützt, jedoch nicht vollständig durchgeführt. Hierauf aufgebaute Werkzeuge realisieren nicht notwendig eine einheitliche Benutzerschnittstelle für Windowing.

In *PRODIA* wird eine entsprechende Vereinheitlichung dadurch erreicht, daß Benutzeroperationen auf Windows intern realisiert und vor Werkzeugen verborgen werden.

Die dem Benutzer zur Verfügung stehenden Manipulationsmöglichkeiten für Windows werden als Window-Attribute bezeichnet. Sie beziehen sich auf Größenveränderungen, Verschieben, Ikonisieren, Scrollen, Listener-Auswahl und die Existenz einer Titelzeile. Auf vier Ebenen können Werkzeuge Windows benutzen bzw. kontrollieren. Die Schichtung berücksichtigt, in welchem Maße Windows einerseits vom Benutzer (unterstützt durch *PRODIA*) und andererseits vom Werkzeug kontrolliert werden. Auf der höchsten Ebene kontrolliert der Benutzer Windows, das Werkzeug öffnet und schließt sie lediglich. Alle Window-Attribute werden von *PRODIA* dem Benutzer zur Verfügung gestellt und verwaltet. Auf der darunterliegenden Ebene definieren Werkzeuge für bestimmte Window-Attribute Funktionen, die aufgerufen werden, wenn der Benutzer das Window entsprechend manipuliert hat. Auf der dritten Ebene kann ein Werkzeug Window-Attribute sperren und auf der untersten schließlich auch Lage und Größe eines Windows festlegen. Hier haben Werkzeuge die größte Einflußmöglichkeit, gleichwohl werden nicht gesperrte Window-Attribute immer noch von *PRODIA* verwaltet. Je nach Notwendigkeit können Windows auf verschiedenen Ebenen gleichzeitig benutzt werden, meist jedoch auf der komfortabelsten, nämlich der ersten.

Wie oben beschrieben, werden in Frames die drei Typen Graphik, Text und Raster angeboten. Innerhalb eines Frames stehen nur die typgebundenen Funktionen zur Verfügung. Für Dokumente, die aus mehr als einer der drei Informationstypen bestehen, etwa Text und Graphik, wurde das *rekursive Windowkonzept* entwickelt. Es leistet die Text/Graphik/Raster-Integration, indem Frame-Ausschnitte in Windows gemischt werden können (Abb. 2-1).

Ein *PRODIA*-Window definiert eine partielle eineindeutige Abbildung zwischen zwei Frames: Das Urbild ist ein rechteckiger Bereich eines Frames C, dem als Bild ein Ausschnitt aus einem Frame P, Window genannt, zugeordnet ist. In dem Window wird also ein rechteckiger Ausschnitt von C dargestellt, es verbindet das Frame C mit dem Frame P, wobei folgende Benennung vereinbart wird:

- P heißt *Parentframe* von C,
- C heißt *Childframe* von P,
- das Window ist *auf P eröffnet*.

Das Frame C wird in genau einem Window dargestellt. Ist ein Window kleiner als das darin dargestellte Frame, so kann der Benutzer auswählen, welcher Ausschnitt des Frames dargestellt wird (Scrolling, Panning). Eine Skalierung erfolgt nicht.

Das Werkzeug kann für seine Ausgabe den gesamten Bereich von P verwenden. Verschiebt der Benutzer das Window, so wird der nun sichtbare Teil des Frames dargestellt (sofern er nicht von weiteren Windows verdeckt wird). Auf einem Frame können mehrere Windows liegen. Sie können sich überlappen, ein als Listener ausgezeichnetes Window wird jedoch immer als zuoberst liegendes Window dargestellt.

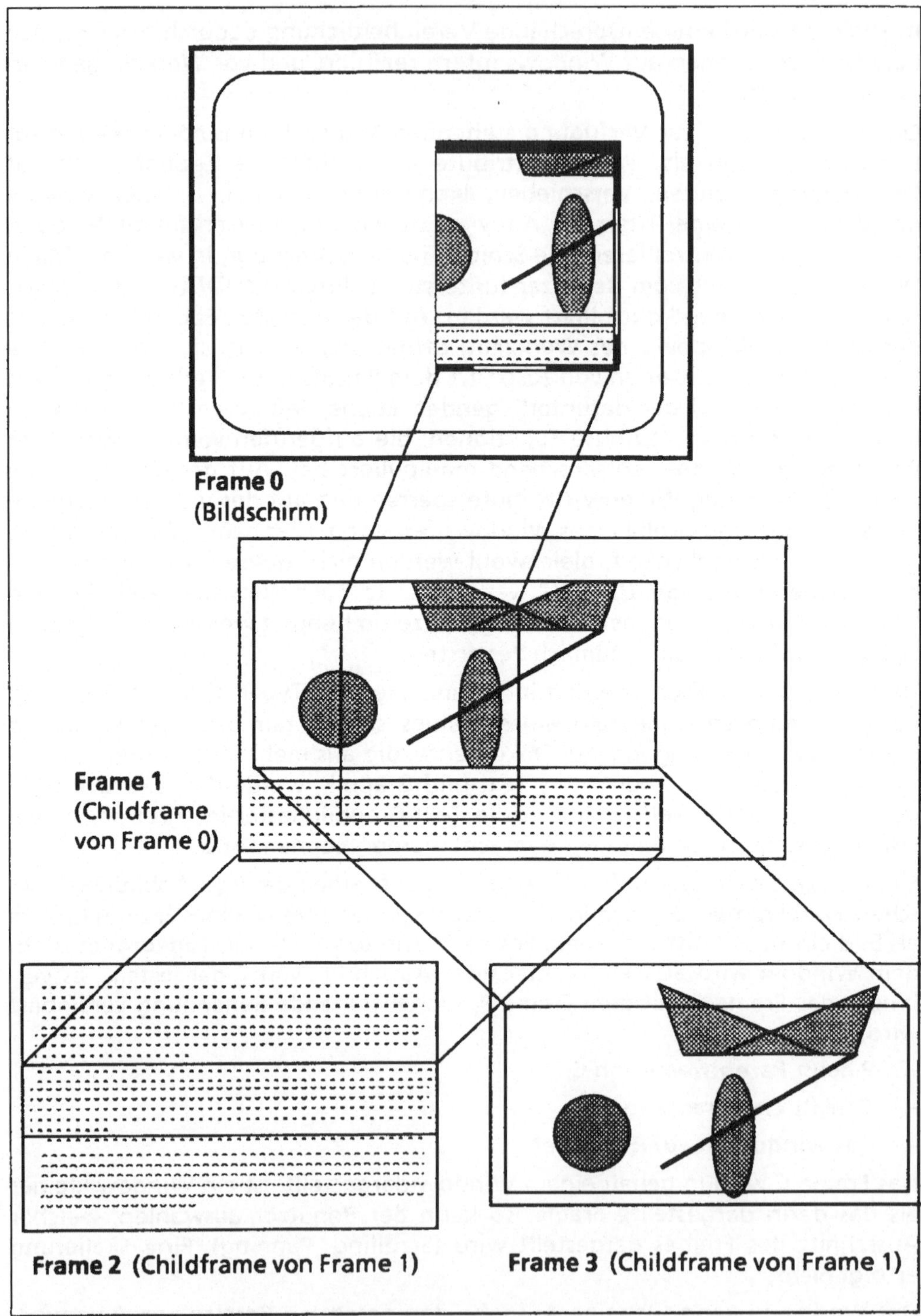

Abb. 2-1. Parent-Frame und Child-Frame

Da das Frame C seinerseits Parentframe sein kann, ist auf diesem die Eröffnung weiterer Windows, sog. Subwindows, möglich. Hierdurch ergibt sich ein rekursives Window-Konzept, bei dem bzgl. Datenstrukturen und Werkzeugschnittstelle nicht mehr zwischen Window und Subwindow unterschieden wird. Die Darstellungsfläche (der Bildschirm) bildet das Root-Frame, d.h. das einzige Frame, das selbst nicht mehr als Childframe eines anderen Frames auftritt.

Werkzeuge können dieses Konzept für eine beliebige Mischung von Text und Graphik nutzen.

3 Eingabe und Events

3.0 Event-Klassen

Das *PRODIA*-Event-Konzept liefert eine Abstraktion von physikalischen Eingaben zu Events, die dem Werkzeug übergeben werden. Event-Klassentypen beschreiben Dialogaufgaben mit einer bestimmten semantischen Bedeutung und einer spezifischen Datenstruktur. Die Ausprägung an der Benutzungsoberfläche entspricht Interaktionstechniken, die von *PRODIA* bereitgestellt werden und vom Werkzeug nicht verwaltet werden müssen. Dadurch ist die Werkzeugschnittstelle klein aber effizient und gleichzeitig wird den Forderungen nach Einheitlichkeit der Eingabetechniken Rechnung getragen.

Durch das Einrichten von Event-Klassen beschreibt ein Werkzeug die zulässigen Events bezüglich eines Windows. Die Menge aller einem Window zugeordneten Event-Klassen heißt Windowevent-Klassenmenge des Windows. Beim Auftreten von Ereignissen an der Benutzungsoberfläche (physikalische Benutzereingaben) wird die Windowevent-Klassenmenge des Listenerwindows daraufhin untersucht, ob sie eine Event-Klasse enthält, der diese Eingabe zuzuordnen ist. Trifft dies zu, so wird diese Eingabe als ein Event in die Eventqueue eingetragen. Den Event-Klassen sind Zeiger auf Werkzeugfunktionen zugeordnet, die von *PRODIA* aufgerufen werden, wenn ein Event der jeweiligen Event-Klasse auftritt. Ein Event wird dann durch den Aufruf dieser Funktion an das Werkzeug gereicht, wenn es das älteste in der Eventqueue ist.

In *PRODIA* werden Frame-bezogene und Window-bezogene Event-Klassentypen unterschieden. Frame-bezogene Event-Klassentypen stehen Werkzeugen für die Realisierung von Eingaben zur Verfügung. Window-bezogene Event-Klassentypen stehen zunächst dem Benutzer für die Manipulation von Windows zur Verfügung. Werkzeuge können diese auch über Funktionen für Events beeinflussen, dies sollten jedoch nur wenige sein, für die das *PRODIA*-Windowing aus werkzeugspezifischen Gründen einzuschränken bzw. zu modifizieren ist.

3.1 Das Kontrollkonzept für das Event-Handling

Allgemein wird in Event-Konzepten eine Architektur angestrebt, die dem Benutzer die Initiative für Eingaben ermöglicht (User Driven Interface), wobei das Anwendungsprogramm möglichst einfach aufgebaut sein soll. Dabei sind Events z.B. in Window-Management-Systemen auf der Ebene physikalischer

Eingaben angesiedelt. Anwendungsprogramme setzen eine Maske für diejenigen Event-Typen, die sie mitgeteilt bekommen möchten. Anschließend wird eine Funktion (in X z.B. *XNextEvent*) aufgerufen, die erst dann terminiert, wenn z.B. eine Benutzereingabe erfolgte. Üblicherweise wird danach in ein mehr oder weniger großes case-Statement verzweigt, in dem die Eingaben weiterverarbeitet bzw. entsprechende Funktionen des Anwendungsprogrammes aufgerufen werden. Diese Struktur ist in allen Anwendungsprogrammen gleich oder zumindest ähnlich anzutreffen und muß immer wieder neu implementiert werden. Dazu ist es der Kern eines interaktiven Programmes, dessen Struktur nicht aus der Anwendungssemantik heraus notwenig ist und somit den Kriterien Einfachheit, funktional hohes Niveau, Vollständigkeit und Erweiterbarkeit (s.o.) unnötig entgegensteht. Durch die Kombination von externer und interner Kontrolle (Kap 1.2) zu einer gemischten Kontrolle entfällt dieser Teil komplett für Werkzeuge, die *PRODIA* benutzen.

Folgende drei Phasen des Zusammenwirkens von *PRODIA* und einem Werkzeug können gefunden werden:

- Initialisierung: Nachdem ein Werkzeug ein Window über einem Frame eröffnet hat, richtet es Event-Klassen durch Aufrufe von *evn_create* ein. Dabei werden insbesondere Adressen der Werkzeugfunktionen übergeben, die entsprechende Eingaben verarbeiten.
- Übergabe der Kontrolle an *PRODIA*: Anstelle des üblicherweise anzutreffenden case-Statements (s.o.) steht im Werkzeugprogramm lediglich der Aufruf des Eventhandlers: *evn_starthandler*. Jetzt hat *PRODIA* die Kontrolle über das System *PRODIA*/Werkzeug. Physikalische Eingaben werden Event-Klassentypen zugeordnet, Event-Klassen darauf untersucht, ob sie diese Eingaben enthalten, und wenn dies zutrifft werden Events erzeugt und in die Eventqueue eingetragen. Das jeweils älteste Event wird durch Aufruf der den Event-Klassen zugeordneten Werkzeugfunktionen an das Werkzeug gereicht. Terminieren diese Funktionen, so ist die Kontrolle wieder bei *PRODIA*. Innerhalb dieser Werkzeugfunktionen können auch *PRODIA*-Funktionen aufgerufen werden.
- Übergabe der Kontrolle an das Werkzeug: Das Werkzeug übernimmt die Kontrolle, indem es in einer von *PRODIA* aufgerufenen Funktion für die Behandlung einer Eventklasse *evn_stophandler* aufruft. Terminiert diese Werkzeugfunktion, so terminiert anschließend auch der Eventhandler: an der Stelle hinter dem *evn_starthandler*-Aufruf wird der Werkzeugprogrammlauf fortgesetzt. In der Regel wird danach das Werkzeugprogramm terminieren.

3.2 Die Werkzeugfunktionen für PRODIA-Event-Klassen

Jeder Event-Klasse ist die Adresse einer Werkzeugfunktion zugeordnet, die aufgerufen wird, wenn ihr eine Benutzereingabe zugeordnet werden konnte und das in die Eventqueue eingetragene Event das älteste darin ist. Diese Funktion verarbeitet das Event.

Die Werkzeugfunktionen müssen folgende Struktur haben:

void tool_func (window_id, event_class_id, event_type, event_data, tool_data)

```
    FRAME_ID            window_id;
    EVENT_CLASS_ID      event_class_id;
    EVENT_CLASS_TYPE    event_type;
    EVENT_DATA          *event_data;
    VOID                *tool_data;
```

- *window_id* ist der Bezeicher desjenigen Windows, auf das sich die Benutzereingabe bezieht. D.h. zum Eingabezeitpunkt war das Window Listener, und die Eingabe konnte der in seiner Windowevent-Klassenmenge enthaltenen Event-Klasse mit der Adresse dieser Funktion als aufzurufende Werkzeugfunktion zugeordnet werden.
- *event_class_id* ist der Bezeichner dieser Event-Klasse.
- Im Parameter *event_type* wird der Event-Klassentyp dieser Event-Klasse übergeben.
- Der Zeiger *event_data* zeigt auf eine von *PRODIA* angelegte Datenstruktur vom Typ EVENT_DATA. Sie enthält den Event-Klassentyp *event_type* und Event-Klassentyp-spezifische Daten.
- *tool_data* ist der Zeiger auf Werkzeugdaten, der zu einer Event-Klasse gehört. Er zeigt auf den Typ VOID, da *PRODIA* keine Kenntnis von den Werkzeugtypen haben kann. Wird er verwendet, so muß mit dem Cast-Operator, entsprechend dem intern verwendeten Datentyp, explizit sein Typ konvertiert werden.

Herausgestellt sei hier, daß die Parameter von *PRODIA* den Werkzeugen zwecks einfacher und effizienter Implementierung zur Verfügung gestellt werden. Je nach Struktur des Werkzeugprogrammes können diese Parameter benutzt werden, müssen aber nicht. Ist die Beziehung Event-Klasse zur Funktion unter Umständen eindeutig, so wird z.B. der Parameter *event_class_id* nicht benötigt. Mit dem Parameter *tool_data* können globale Datenstrukturen vermieden werden. Es können aber auch alle von *PRODIA* verwalteten Ressourcen erfragt werden.

3.3 Frame-bezogene Event-Klassentypen

Folgende fünf Event-Klassentypen beziehen sich auf Window-Inhalte:

- EVENT_CLASS_KEY,
- EVENT_CLASS_POSITION,
- EVENT_CLASS_PICK,

- EVENT_CLASS_DRAG_START,
- EVENT_CLASS_DRAG_END.

Der Event-Klassentyp EVENT_CLASS_KEY realisiert Dialogaufgaben vom Typ "Texteingabe". Event-Klassen dieses Typs sind auf einem im erweiterten ASCII-Code liegenden Intervall definiert (s. Anh. 11). Enthält eine Benutzereingabe (üblicherweise die Betätigung einer Taste) einen Code innerhalb dieses Intervalls, so wird für diese Event-Klasse ein Event in die *PRODIA*-Eventqueue eingetragen.

Bei den folgenden Event-Klassentypen werden Event-Klassen auf Frame-Bereichen definiert, die an *PRODIA* als Polygonzüge übergeben werden. Zum Beispiel können sie genau die Frame-Grenzen beschreiben, wodurch das entsprechende Event auf dem gesamten Frame definiert ist. Sie können aber auch die Kontur eines Objektes beschreiben, so daß die Event-Klasse aus der Sicht der Anwendung genau diesem Objekt zugeordnet ist. So können Werkzeuge Anzahl und Form von "eingabesensitiven" Bereichen selber festlegen. Sind vom Benutzer eingegebene Frame-Koordinaten in mehreren Event-Klassen enthalten, so wird für jede einzelne von ihnen ein Event erzeugt. Eine bestimmte Event-Abarbeitungsreihenfolge wird in diesem Fall nicht garantiert.

Der Event-Klassentyp EVENT_CLASS_POSITION realisiert Dialogaufgaben vom Typ "Positionseingabe". Positionseingaben können Werkzeugen z.B. beim Erzeugen von Objekten als geometrische Parameter dienen.

Der Event-Klassentyp EVENT_CLASS_PICK realisiert Dialogaufgaben vom Typ "Objektauswahl" (engl. Picken). Je nach Frame-Typ wird bei Text-Frames eine Textzelle, bei Graphik-Frames ein Pickidentifier und bei Raster-Frames eine Frame-Position beim Aufruf der den Event-Klassen zugeordneten Werkzeugfunktionen übergeben.

Die Event-Klassentypen EVENT_CLASS_DRAG_START und EVENT_CLASS_-DRAG_END realisieren Dialogaufgaben vom Typ "Objektbewegung" (engl. Draggen). Benutzereingaben, die sich auf Event-Klassen vom Typ "Objektbewegung" beziehen, bewirken den Aufruf der Werkzeugfunktionen mit der Übergabe des gepickten Objektes wie bei dem Event-Klassentyp EVENT_-CLASS_PICK. Speziell für das Draggen gibt es ausgabeseitig die Funktion *rst_maptodragplane,* mit deren Hilfe Ausgabe der Dragging-Plane (siehe Kap. 3.5) zugeordnet wird. Nachdem die bei einem Event einer Event-Klasse vom Typ EVENT_CLASS_PICK aufgerufene Funktion terminiert, verwaltet *PRODIA* die Objektbewegung auf der Dragging-Plane, bis der Benutzer durch eine entsprechende Eingabe das Ende des Dragging-Vorganges bestimmt. Befindet sich die Mausposition innerhalb eines Frame-Gebietes, auf dem eine Event-Klasse vom Typ EVENT_CLASS_DRAG_END definiert ist, so wird deren Werkzeugfunktion aufgerufen. Es ist zulässig, daß diese Position auf einem anderen Frame als demjenigen liegt, auf dem das Event für den Beginn des Dragging-Vorgangs lag. Der Bereich, über den gedragt werden kann, wird beim Aufruf von *rst_maptodragplane* vom Werkzeug festgelegt, so daß Objekte von einem Window in ein anderes bewegt werden können.

3.4 Window-bezogene Event-Klassentypen

Die *PRODIA*-Window-Attribute werden, sofern es der Werkzeugprogrammierer nicht ausdrücklich anders verlangt, von *PRODIA* eingerichtet, verwaltet und verarbeitet, ohne das Werkzeug zu involvieren. Es sind jedoch Spezialwerkzeuge denkbar, die aus werkzeugabhängigen Gründen den Leistungsumfang einschränken wollen. Für diesen Fall werden *Window-bezogene* Event-Klassen ebenfalls vom Eventhandler verwaltet und können vom Werkzeug beeinflußt werden, mit einigen Abweichungen von den Frame-bezogenen Event-Klassen.

Die Window-bezogenen Event-Klassentypen von *PRODIA* mit den Attributen, denen sie zugeordnet sind, sind in der Tabelle Abb. 3-0 wiedergegeben.

Window-Attribut	Event-Klassentyp	Bezeichner
move	EVENT_CLASS_WINDOW_MOVE	WINDOW_MOVE
size	EVENT_CLASS_WINDOW_SIZE	WINDOW_SIZE
vertscroll	EVENT_CLASS_VERT_SCROLLBAR	WINDOW_SCROLLVERT
horzscroll	EVENT_CLASS_HORZ_SCROLLBAR	WINDOW_SCROLLHORZ
listener	EVENT_CLASS_WINDOW_LISTENER	WINDOW_LISTENER
nolistener	EVENT_CLASS_WINDOW_NOLISTENER	WINDOW_NOLISTENER
iconize	EVENT_CLASS_WINDOW_ICONIZE	WINDOW_ICONIZE
deiconize	EVENT_CLASS_WINDOW_DEICONIZE	WINDOW_DEICONIZE

Abb. 3-0. Window-bezogene Event-Klassentypen von *PRODIA*

Dem Window-Attribut *title* ist kein Event-Klassentyp zugeordnet, da es sich nicht auf Benutzereingaben bezieht. Die Existenz eines Window-Titels kann vom Werkzeug durch die Übergabe einer leeren Zeichenkette an *PRODIA* als Window-Titel aufgehoben werden.

Damit Window-bezogene Event-Klassentypen über ihre Bezeichner gezielt angesprochen werden können, anstatt mit *evn_getfirstclass* bzw. *evn_getnextclass* solange Event-Klassen erfragt werden zu müssen, bis diejenige mit dem gesuchten Typ zurückgeliefert wird, wurden ihre Bezeichner festgelegt. Dies ist möglich, da im Gegensatz zu den anderen Event-Klassentypen je Typ nur eine Event-Klasse sinnvoll ist. Die Bezeichner sind in der Tabelle aufgeführt.

Die Window-bezogenen Event-Klassen werden in der Regel beim Öffnen von Windows mit *win_openinteractive* und *win_openpredefined* eingerichtet und von *PRODIA* verwaltet. Für spezielle Anwendungen wurde die Möglichkeit geschaffen, diese Event-Klassen zu manipulieren. Wie für Frame-bezogene Event-Klassentypen stehen die Funktionen, die mit *evn_* beginnen, zur Verfügung. Werden dabei werkzeugeigene Funktionen den Window-bezogenen Event-Klassen zugeordnet, so werden diese beim Auftreten der entsprechenden Events aufgerufen, zuvor wird aber immer die von *PRODIA* vorgesehene Behandlung durchgeführt.

Im Folgenden wird auf die verschiedenen Event-Klassentypen näher eingegangen. Dabei bedeuten:

- **Event-Klassentyp**: Name des Event-Klassentyps
- **Window-Attribut**: das diesem Event-Klassentyp zugeordnete Window-Attribut
- **Bezeichner**: Der für diesen Event-Klassentyp festgelegte Event-Klassenbezeichner
- **Benutzeroperation**: Die dem Event-Klassentyp zugeordnete Benutzeroperation.
- **Spezifikation**: Beschreibung der Datenstruktur *class_spec*, die bei *evn_create* die Event-Klasse dieses Typs beschreibt.
- **Event-Beschreibung**: Beschreibung der Datenstruktur *event_data*, die an das Werkzeug übergeben wird, falls für diesen Event-Klassentyp eine Werkzeugfunktion an *PRODIA* übergeben wurde.

Event-Klassentyp: EVENT_CLASS_WINDOW_MOVE

Window-Attribut: *move*

Bezeichner: WINDOW_MOVE

Benutzeroperation: Verschieben eines Windows auf dessen Parent-Frame

Spezifikation: Die Datenstruktur *event_class_spec.window_move_class_spec* vom Typ WINDOW_MOVE_SPEC spezifiziert ein Rechteck auf dem Parent-Frame, innerhalb dessen das Window bewegt werden kann.

Event-Beschreibung: Im *event_data.window_move_event* wird der neue Wert der linken oberen Ecke des Windows übergeben.

Event-Klassentyp: EVENT_CLASS_SIZE

Window-Attribut: *size*

Bezeichner: WINDOW_SIZE

Benutzeroperation: Manipulation der Größe eines Windows

Spezifikation: Die Datenstruktur *event_class_spec.window_size_class_spec* vom Typ WINDOW_SIZE_SPEC spezifiziert ein Rechteck auf dem Parent-Frame, das die maximale Ausdehnung des Windows festlegt.

Event-Beschreibung: In *event_data.window_size_event* werden die neuen Abmessungen des Windows übergeben.

Event-Klassentyp: EVENT_CLASS_VERT_SCROLLBAR, EVENT_CLASS_HORZ_SCROLLBAR

Window-Attribut: *vertscroll, horzscroll*

Bezeichner: WINDOW_SCROLLVERT, WINDOW_SCROLLHORZ

Benutzeroperation: Verschieben des vertikalen bzw. horizontalen Scrollbars für die Auswahl eines neuen Ausschnittes

Spezifikation: Die Datenstruktur *event_class_spec.scrollbar_class_spec* spezifiziert den jeweiligen Scrollbar

Event-Beschreibung: In *event_data.scrollbar_event* wird der Scrollbetrag relativ zur Gesamtgröße übergeben.

Event-Klassentyp: EVENT_CLASS_WINDOW_LISTENER, EVENT_CLASS_WINDOW_NOLISTENER

Window-Attribut: *listener, nolistener*

Bezeichner: WINDOW_LISTENER, WINDOW_NOLISTENER

Benutzeroperation: Existiert WINDOW_LISTENER, so kann das betreffende Window zum Listenerwindow vom Benutzer bestimmt werden. Ist ein Window Listener und es existiert WINDOW_NOLISTENER, so kann ein anderes Window zum Listenerwindow bestimmt werden.

Spezifikation: Event-Klassen dieses Typs werden nicht näher spezifiziert.

Event-Beschreibung: Events, beschrieben durch Event-Klassen dieses Typs, werden nicht näher spezifiziert.

Event-Klassentyp: EVENT_CLASS_WINDOW_ICONIZE

Window-Attribut: *iconize*

Bezeichner: WINDOW_ICONIZE

Benutzeroperation: Ikonisieren eines Windows: Ein Window wird in eine kleine Ikone verwandelt und diese auf dem Parent-Frame plaziert.

Spezifikation: Die Datenstruktur *event_class_spec.window_iconize_class_spec* vom Typ WINDOW_ICONIZE_SPEC spezifiziert ein Rechteck auf dem Parent-Frame, innerhalb dessen die Ikone plaziert werden kann.

Event-Beschreibung: In *event_data.window_iconize_event* wird der Wert der linken oberen Ecke der Ikone übergeben.

Event-Klassentyp: EVNT_CLASS_WINDOW_DEICONIZE

Window-Attribut: *deiconize*

Bezeichner: WINDOW_DEICONIZE

Benutzeroperation: Deikonisieren eines Windows: Eine Ikone wird in das Window, das sie repräsentiert, verwandelt und auf dem Parent-Frame plaziert.

Spezifikation: Die Datenstruktur *event_class_spec.window_deiconize_class_spec* vom Typ WINDOW_DEICONIZE_SPEC spezifiziert ein Rechteck auf dem Parent-Frame, innerhalb dessen die Ikone plaziert werden kann.

Event-Beschreibung: In *event_data.window_deiconize_event* wird der neue Wert der linken oberen Ecke des deikonisierten Windows übergeben.

3.5 Die Dragging-Plane

Draggen ist eine bei modernen Dialogsystemen oft unterstützte Interaktionstechnik. Ein Objekt wird hierbei kontinuierlich auf der Darstellungsfläche bewegt. Dies macht es erforderlich, vorhandene Geräteeigenschaften auszunutzen. In *PRODIA* steht hierfür Werkzeugen je Gerät eine Dragging-Plane zur Verfügung. Wurde einem Werkzeug ein Event, beschrieben durch eine Event-Klasse vom Typ EVENT_CLASS_DRAG_START, mitgeteilt, so wird es mit *rst_maptodragplane* den Ausschnitt eines Frames der Dragging-Plane zuordnen. Zusätzlich kann der Ausschnitt eines Frames als Maske übergeben werden, damit außer rechteckigen Frame-Ausschnitten auch beliebige Objektgeometrien gedragt werden können.

Die Dragging-Plane kann zu einem Zeitpunkt nur von einem einzelnen Werkzeug verwendet werden. Dies stellt eine zulässige Beschränkung dar, weil vor einem erneuten Event, beschrieben durch eine Event-Klasse vom Typ EVENT_CLASS_DRAG_START, notwendig eine vom Typ EVENT_CLASS_DRAG_END stattfindet. Ein Window-Bezeichner gibt an, welchem Window die Darstellung des zu draggenden Objektes zugeordnet werden soll. So kann das Bewegen innerhalb eines Windows realisiert werden, aber auch das Verschieben eines Objektes auf der gesamten Darstellungfläche (ROOT_FRAME). Der Parameter *ref_point* schließlich legt den Referenzpunkt des zu draggenden Objektes fest und seine Lage zu Beginn des Draggens. Nach Aufruf von *rst_maptodragplane* ist der Inhalt der Dragging-Plane dem Maus-Cursor zugeordnet, bis das Draggen eines Objektes durch den Benutzer beendet wird. Dieses Ereignis wird dem Werkzeug ebenfalls über den Event-Mechanismus mitgeteilt. Gleichzeitig wird die Dragging-Plane gelöscht, anschließend kann sie erneut verwendet werden.

4 Frame-Inhalte: Typen und Konzepte

4.0 *Text-Frames*

4.0.0 Funktionsumfang der Textbehandlung in *PRODIA*

Die *PRODIA*-Text-Funktionen decken den Bereich der alphanumerischen Ein- und Ausgabe zur Interaktion und Dokumentation in *PROSYT* ab und ersetzen die Terminal-Emulation (Kap. 6.3). Mit der Möglichkeit, Texte in verschiedenen Fonts, in beliebiger Größe und in Proportionalschrift auszugeben, wird nicht nur die Lesbarkeit von Hilfs- und Erklärungstexten erhöht, sondern auch die Grundlage für Dokumentenverarbeitung nach dem WYSIWYG-Prinzip (What You See Is What You Get) geschaffen.

Das funktionale Niveau der Werkzeugschnittstelle wird angehoben; die Funktionen auf Textframes sind als Bausteine für Funktionen von komplexeren Werkzeugen, wie z.B. Dokumenteneditoren, zu sehen. Der Funktionensatz beinhaltet Funktionen für:

- einfache Textausgabe in Proportionalschrift
- das Einstellen von Schriftattributen
- das Einstellen von Randmarken, Tabulatoren und Zeilenabstand
- das Edieren von Texten (z.B. Einfügen, Löschen)

4.0.1 Das Textmodell

Die geometrische Ausdehnung des Text-Frames wird vom Werkzeug durch die Angabe der linken oberen Ecke und des rechten Randes in Frame-Koordinaten festgelegt. Zur Laufzeit kann das Frame durch Einfügen von Zeilen nach unten wachsen.

Im Gegensatz zu einer graphikorientierten Sicht der Textausgabe, wie etwa in GKS, liegt den Textfunktionen ein zeilenorientiertes Modell zugrunde. Das Modell des Text-Frames aus der Sicht eines Werkzeugs ist eine speichernde Datenstruktur mit Textzellen in einer Zeilen- und Spalteneinteilung. Ein *Text-Cursor* zeigt die aktuelle Textposition im Frame nach Zeilen und Spalten, beginnend mit Spalte 0 und Zeile 0, an. An der Text-Cursor-Position kann Text eingefügt, gelöscht oder überschrieben werden. Der Text-Cursor wird entweder implizit durch die Edierfunktionen bewegt oder explizit durch den Aufruf der Funktion *txt_movecursor*. Mit ihr kann der Text-Cursor relativ oder absolut zu seiner Position auf die nächste Textposition vor oder zurück bewegt werden. Relativ heißt hierbei eine Positionierung des Text-Cursors auf Zeilenanfang oder

-ende, auf Anfang oder Ende des Frames oder auf den nächsten Buchstaben. Bei absoluter Positionierung wird die Textposition als Textzelle, d.h. in Zeile und Spalte angegeben. Die Struktur des Text-Frames wird durch Einfügen und Löschen von Zeilen, sowie durch das Einfügen und Löschen von Text aufgebaut und modifiziert. Mit Abfragefunktionen kann das Werkzeug die Position im Frame, die Anzahl der Zeichen in einer Zeile und die Anzahl der Zeilen im Frame erfahren.

4.0.2 Textattribute

Die Text-Frame-Operationen sind Layout-orientiert, d.h. die Semantik des Textes, die Struktur nach Worten, Sätzen, Abschnitten, Kapiteln etc., muß das Werkzeug selbst verwalten. Bei der Ausgabe mit Proportionalschrift kann das Schriftbild durch zahlreiche Attribute beeinflußt werden. Das Schriftbild kann in *italic* (Kursivschrift), in *bold* (Halbfettschrift) oder *normal* gewählt werden. Die Größe der Buchstaben und die Schriftart wird durch den *PRODIA*-Font bestimmt.

Die Werte der Textattribute, die beim Schreiben an den Text gebunden werden, sind mit Schaltern einzustellen. Jedes Zeichen erhält die Textattribute für Font, Schriftbild, Abstand zum nachfolgenden Zeichen und Breite eines nachfolgenden Leerzeichens. Jede Zeile erhält die Attribute für linken und rechten Rand sowie den Abstand zur Vorgängerzeile.

Die Textattribute, die einzelnen Zeichen oder Zeilen zugeordnet wurden, können erfragt und nachträglich verändert werden. Ebenfalls können die Werte der Schalter für die Textattribute einzeln gesetzt und erfragt werden. Die Werte, die in den Schaltern gesetzt sind, beeinflussen nicht den Text, der bereits in das Frame geschrieben wurde. Erst bei Schreiboperationen, die neuen Text erzeugen, erhält dieser Text die in den Schaltern festgehaltenen Attributwerte zugeordnet.

Die Verwendung von Schaltern hat den Vorteil, daß Attributwerte global einstellbar sind und so nicht bei jedem Funktionsaufruf übergeben werden müssen. Das Werkzeug braucht damit keine Verwaltung für den aktuellen Attributszustand.

4.0.3 Satzformatierung

Zur Formatierung des Textes innerhalb einer Zeile wird die Funktion *txt-align* bereitgestellt, die den Text links-, rechtsbündig oder zentriert ausrichtet oder den Randausgleich (Ausschluß) für Blocksatz durchführt. Die Funktion kann aufgerufen werden, nachdem Text in eine Zeile geschrieben wurde. Der Aufruf bewirkt nur die Ausrichtung der Zeile, in der sich der Text-Cursor befindet. Dabei werden die Längen der Leerzeichen (Blanks) verändert. Das Werkzeug muß dies beachten, wenn der Text in der Zeile noch verändert wird. Dann muß mit der Formatieroption FOP_COMPRESS die Veränderung der Längen der

Leerzeichen zurückgenommen werden, bevor wieder neu formatiert wird. Lediglich beim linksbündigen Satz braucht dies nicht beachtet zu werden.

Der Satzrand wird durch die Angabe für den linken und rechten Rand in Frame-Koordinaten eingestellt. Der linke Rand legt die Position der ersten Spalte einer Zeile fest. Der Zeilenabstand (Durchschuß) ist variabel, er paßt sich automatisch an den ausgewählten Font an. Er kann auch vom Werkzeug verändert werden.

4.0.4 Zeilenumbruch

Die Randbegrenzungen legen den Satzrand fest. Es kann auch über den Rand hinweg geschrieben werden. Ist jedoch ein Zeilenumbruch erwünscht, muß das Werkzeug eine Umbruchroutine spezifizieren. Mit dem Aufruf der Funktion *txt_setbreakfunc* wird an *PRODIA* die Adresse der Umbruchroutine des Werkzeugs übergeben. Bei allen Schreiboperationen in das Text-Frame wird ein Überlauf, der auftritt, wenn der Text mehr Platz einnimmt als zwischen den Randbegrenzungen zur Verfügung steht, angezeigt (siehe unten). Wenn das Werkzeug eine Umbruchroutine spezifiziert hat, wird diese von *PRODIA* aufgerufen.

Die Umbruchfunktionen müssen eine vorgegebene Struktur haben (siehe Anh. 4.37). Wurde keine Umbruchfunktion vom Werkzeug angegeben, so kann der Rückgabeparameter *cut_cond*, der bei jeder Schreiboperation vorhanden ist, vom Werkzeug ausgewertet werden. Neben der Anzeige, daß ein Überlauf eingetreten ist, wird die Textzelle übergeben, ab der die Ausgabe am Rand abgeschnitten wird.

4.0.5 Interaktion

Für ein interaktives Werkzeug, wie es etwa ein Editor ist, sind Funktionen, die Eingaben von Positionen, Buchstaben, das Markieren von Textbereichen und die Auswahl von Edierfunktionen realisieren, wichtig. Edierfunktionen, wie das Setzen von Randmarken und Tabulatoren und das Wiederherstellen von gelöschten Texten, werden von *PRODIA* unterstützt. Dazu werden im Window des Text-Frames eine Tabulatorzeile und ein Papierkorb angezeigt. Der Papierkorbmechanismus wird vollständig von *PRODIA* verwaltet. Er ermöglicht dem Benutzer, Texte im Frame zu markieren und diese dann zu löschen, sowie das Wiederherstellen von gelöschten Texten durch Kopieren aus dem Papierkorb.

Papierkorb und Tabulatorzeile sind als spezielle Anwendungen von *PRODIA* zu sehen. Der Papierkorb verwaltet die durch die Aufrufe der Funktion *txt_deletelines* und *txt_deletestring* gelöschten Texte in einem Text-Frame. Das Setzen von Randmarken und Tabulatoren durch den Benutzer wirkt wie der entsprechende Aufruf der Funktionen *txt_setmargins* und *txt_settab* durch das Werkzeug.

Zur Eingabe von Texten, zum Markieren und Picken, sowie zum Bewegen des Text-Cursors durch den Benutzer stehen die Funktionen des *PRODIA*-Eventhandlers dem Werkzeug zur Verfügung. Ein Punkt in Frame-Koordinaten, der bei einer Positionseingabe übergeben wird, kann mit einer Funktion zur Konvertierung in die entsprechende Textzelle umgewandelt werden.

Einen Seiteneffekt auf die Benutzerschnittstelle hat die Funktion *txt_movecursor*. Der Text-Cursor ist im Window, das auf einem Text-Frame liegt, immer sichtbar. Dies wird ggf. durch implizites Scrolling des Window-Inhaltes erreicht. Wird der Text-Cursor an den Rand des Windows bewegt, erfolgt automatisch ein Scrolling, so daß er stets im Window bleibt. Bei Proportionalschrift bedeuten die Cursor-Bewegungen nach rechts, bzw. nach links, die Bewegung um eine Zeichenposition in der Breite des Zeichens. Bewegungen nach oben und nach unten werden auf das Zeichen, das geometrisch möglichst nah an der Senkrechten ist, ausgeführt.

4.0.6 Textblöcke

Als Basisoperationen für einen interaktiven Editor dienen die Operationen auf Textblöcken. Durch die Eingabe von zwei Textpositionen kann der Text, der zwischen diesen Positionen liegt, als Textblock markiert werden. Textblöcke werden dem Benutzer durch die Veränderung der Anzeigeart hervorgehoben angezeigt. Auf Textblöcken können Lösch- und Kopieroperationen ausgeführt werden. Über die Identifikatoren kann das Werkzeug Textblöcke auch zur Verwaltung von semantischen Einheiten benutzen, insbesondere dann, wenn die automatische Hervorhebung abgeschaltet ist.

4.0.7 Integration von Graphik

Das *PRODIA*-Subwindow-Konzept erlaubt die Überlagerung von Frames mit Windows von anderen Frames. Graphik oder Raster können so mit in das Frame einbezogen werden. Auf Text-Frames wird das Werkzeug durch eine Funktion unterstützt, die Platz für die Graphik (bzw. die Subwindows) im Text freihält, auch wenn Text eingefügt oder gelöscht wird und das Frame dadurch wächst bzw. schrumpft. Nach dem Erzeugen des Platzhalters (Box), kann das Werkzeug die Position der Box erfragen und das Graphik-Window an diese Stelle positionieren. Dadurch, daß *PRODIA* die Windows, die auf einem Text-Frame liegen, entsprechend mit dem Text verschiebt, bleibt die Zuordnung des Windows, d.h. seine Lage auf der Box, bestehen.

4.0.8 Standardeinstellungen

Die hier angedeuteten Möglichkeiten werden unter Umständen bei einer einfachen Textausgabe nicht benötigt, daher werden bei allen Attributen Standardwerte unterstützt. Das Werkzeug muß dann keine Funktionen zur Einstellung von Attributwerten aufrufen und kann sich auf die Ausgabefunktionen beschränken. Damit reduziert sich die umfangreiche Schnittstelle bei einer einfachen Ausgabe auf wenige Funktionen.

4.0.9 Fonts und Font-Informationen

Unter einem *PRODIA*-Font werden die Fonts in einer bestimmten Größe für die Schriftarten *italics, bold, bolditalics* und *normal* einer Font-Familie unter einem *PRODIA*-eigenen Bezeichner zusammengefaßt. Ein bestimmter Font wird dann über das Textattribut für die Schriftart ausgewählt (Abb. 4-0).

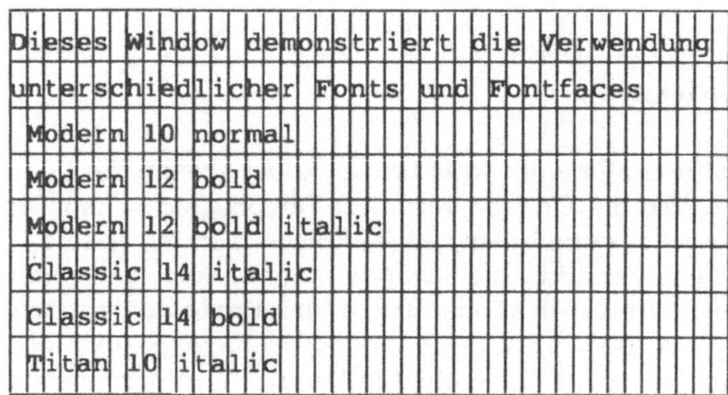

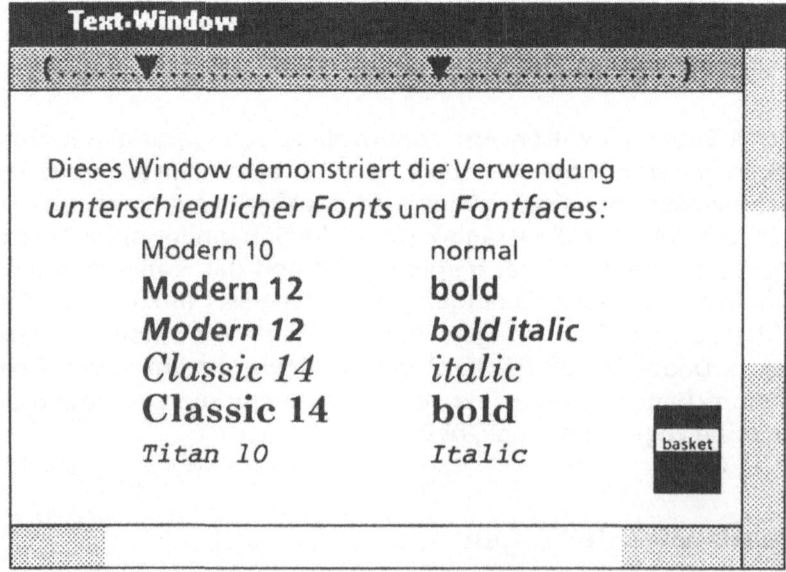

Abb. 4-0. Textmodell und Textwindow

Werkzeuge laden *PRODIA*-Fonts und geben sie frei. Ein Standard-Font ist immer geladen. Um das Layout in den Text-Frames planen zu können, werden Abfragefunktionen bezüglich der Eigenschaften der Fonts bereitgestellt. Sie beziehen sich auf Informationen über Buchstabenhöhe, die durchschnittliche Breite, Grundlinie, Äquidistanzanzeiger und Anzahl der Zeichen im Font.

4.1 Graphik-Frames

An der Werkzeugschnittstelle zu Graphik-Frames stehen die Funktionen des graphischen Kernsystems GKS. Damit können auch Anwendungen, die GKS bereits als genormte Schnittstelle für die Graphikprogrammierung verwenden, in *PROSYT* integriert werden.

Ein Graphik-Frame stellt sich dem GKS-Programmierer als ein Ausgabegerät dar, das er beliebig groß einrichten kann (siehe Kap. 2.1). Das GKS-Programm benutzt das Frame als Gerät: beim Aufruf "Öffne Arbeitsplatz" wird als Arbeitsplatztyp und als Verbindungskennzeichnung der Identifikator des Frames übergeben.

Das *PRODIA*-Window-Konzept stellt an GKS-Programme einige Voraussetzungen, die beim Entwurf berücksichtigt werden müssen. Es dürfen von der Werkzeugseite her keine Anforderungen an die Sichtbarkeit der Ausgabe gemacht werden. Das Frame ist ein virtuelles Gerät, die Ausgabe, die ein Benutzer tatsächlich sieht, wird im Window dargestellt. Dies ist eine zusätzliche Transformation, die jedoch nicht von GKS sondern von *PRODIA* verwaltet wird.

In Bezug auf die Eingabe stellt das Graphik-Frame einen Spezialfall dar, da im Gegensatz zu den anderen Frame-Typen nicht nur Ausgabefunktionen sondern auch Eingabefunktionen (GKS-Eingabe) zur Verfügung stehen. Damit ist die Integration bereits existierender Werkzeuge auch eingabeseitig sichergestellt. Bei Neuprogrammierung ist auf Voraussetzungen im Dialog zu achten, da vor einer Interaktion nicht sicher ist, daß der Benutzer die gesamte Ausgabe gesehen hat. Den Dialog selbst betreffende Ausgaben, z.B. die Ausgabe eines Menüs, sollten aus Gründen der größeren Flexibilität und des einheitlichen Dialogverhaltens im *PROSYT*-Systemrahmen mit Hilfe des MM-Systems (Kap. 5) erfolgen. Werden Programme integriert, die die oben genannten Bedingungen nicht erfüllen, muß das Window in der gleichen Größe wie das Frame erzeugt werden und so parametrisiert sein, daß keine Benutzeraktionen (Scrolling und Resize) erlaubt sind.

Wenn bei der Eingabe die Funktionen des GKS benutzt werden, sollte aus Gründen des einheitlichen Verhaltens darauf geachtet werden, daß die GKS-Anwendung auf Benutzereingaben genauso flexibel reagiert, wie der Eventhandler bei Raster und Text. Das Eventhandling muß mit Hilfe der GKS-Eingabe und werkzeugeigenen Routinen durchgeführt werden. Dies erfordert großen Aufwand bei der Werkzeugprogrammierung und führt bei jeder einzelnen Anwendung zu Einzellösungen. Sinnvoller erscheint es, so weit wie möglich die Angebote des Eventhandling durch *PRODIA* (s. Kap. 3) zu nutzen.

4.2 Raster-Frames

Den in Dokumenten enthaltenen drei Informationstypen entsprechend werden in *PRODIA* die Frame-Typen Text, Graphik und Raster unterstützt. Ein Raster-Frame ist eine (virtuelle) rechteckige Fläche, bestehend aus Punkten – Pixel genannt – deren jeder einen Farbwert repräsentiert. Abgebildet in *PRODIA*-Windows entspricht einem Pixel eines Raster-Frames genau ein Pixel des Bildschirmgerätes. Das heißt, daß keine Skalierungen stattfinden – diese werden im Cell-Array-Konzept von GKS angeboten.

Raster-Frames unterstützen verschiedene Rastertypen. Zum einen wird damit die Integration bestehender Werkzeuge unterstützt, sofern sie Raster bearbeiten, da alle üblichen Rastertypen abgedeckt werden. Zum anderen können Werkzeuge Fähigkeiten existierender Geräte ausnutzen, ohne einer erstrebenswerten Portabilität auf zukünftige Rastergeräte verlustig zu gehen. Schließlich dürften S/W-Geräte auch in nächster Zeit eine ernstzunehmende Rolle spielen, da Farbe in vielen Anwendungen eher eine untergeordnete Bedeutung zukommt.

Es gibt vier Rastertypen (siehe Abb. 4-1 bis 4-4):

- **Bitmap,** Frame-Typ FRT_BITMAP:
  Es gibt die Farben Schwarz und Weiß, ein Pixel entspricht einem Bit. Auf Bitmaps wird eine Schreibfunktion angeboten, dies gilt für die Funktionen *rst_copyrectangle, rst_copyrectanglemasked, rst_setpixel* und *rst_drawimage*. Bei anderen Rastertypen wird der entsprechende Parameter nicht ausgewertet. Bitmaps werden auch als Masken angewendet. Da Text kein Farbattribut hat, werden Text-Frames bei einer Konvertierung in Raster-Frames immer in Bitmap-Frames umgewandelt.

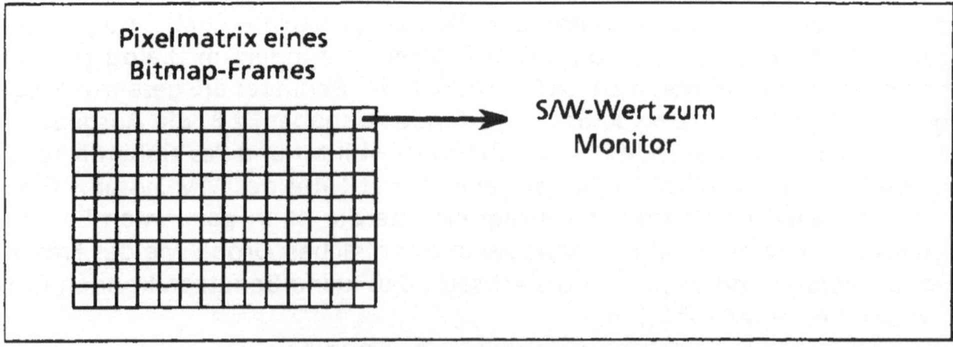

Abb. 4-1. Der Rastertyp Bitmap

- **Grayscale,** Frame-Typ FRT_GRAYSCALE:
  Es gibt Grauwerte zwischen Weiß und Schwarz. Der Wert eines Pixels ist ein Index einer Farbtabelle, deren Einträgen Grauwerte zugeordnet sind. Die Pixeltiefe ist implementierungsabhängig. Die Einträge einer Tabelle wer-

den üblicherweise nicht umgesetzt, dies wird jedoch, sofern von der Hardware unterstützt, für spezielle Anwendungen möglich sein.

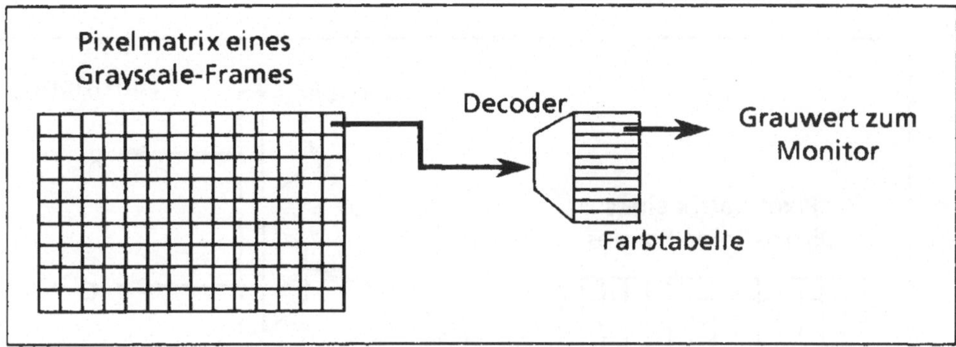

Abb. 4-2. Der Rastertyp Grayscale

- **Pseudo-Color**, Frame-Typ FRT_PSEUDOCOLOR:
  Jeder Pixelwert ist ein Index einer Farbtabelle, in die RGB-Werte eingetragen sind. Üblicherweise werden Einträge dieser Tabelle von Werkzeugen geändert. Dies führt jedoch dazu, daß es am Bildschirmgerät zu Falschfarbendarstellungen kommt. Der Grund ist, daß heute Bildschirmgeräte nur eine Farbtabelle haben. Divergieren die Farbtabellen von Windows, bzw. in *PRODIA* von Frames, dargestellt in Windows, so kann die Farbtabelle jeweils nur so belegt werden, daß ein Window resp. Frame-Ausschnitt farblich korrekt dargestellt wird, die anderen werden entsprechend falsch dargestellt.

  Wenn möglich, sollte dies vermieden und nur die Defaultwerte der *PRODIA*-Farbtabellen verwendet werden. Die Größe der Farbtabellen ist implementierungsabhängig.

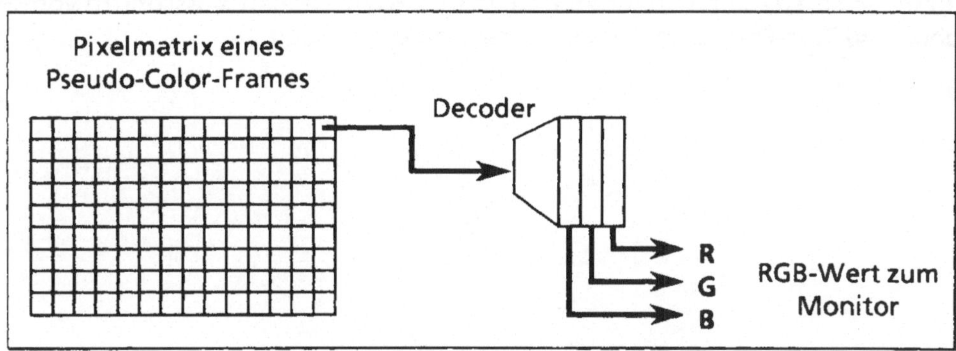

Abb. 4-3. Der Rastertyp Pseudo-Color

- **Direct-Color**, Frame-Typ FRT_DIRECTCOLOR:
  Jeder Pixelwert zerfällt in drei Komponenten, deren jeder ein Index in einer

der drei Farbtabellen für den Rot-, Grün- und Blaukanal ist. Auch hier, wie bei Pseudo-Color, werden üblicherweise Farbeinträge geändert. Diesbezüglich liegt dieselbe Problematik wie bei Pseudo-Color vor.

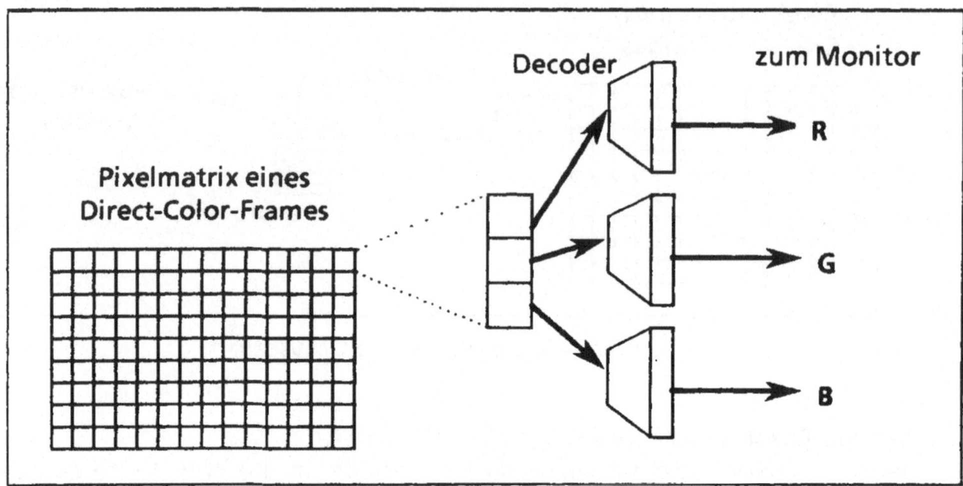

Abb. 4-4. Der Rastertyp Direct-Color

Jedem Raster-Frame (ausgenommen solche vom Typ Bitmap) ist eine Farbtabelle zugeordnet. Beim Erzeugen werden die Einträge der Farbtabelle vorbelegt. Sofern nötig, können diese Einträge geändert werden. Die Portabilität wird insbesondere dadurch unterstützt, daß Farbwerte als Zeichenketten an *PRODIA* übergeben werden können. Es wird jeweils der Farbwert der Hardware verwendet, der der so bezeichneten Farbe am nächsten kommt.

Ausgabefunktionen bieten die Möglichkeit, einzelne Pixel zu manipulieren oder Rasterbilder aus dem Speicherbereich des Werkzeuges in Raster-Frames zu kopieren. Ausgabe-Primitive wie etwa Polygone oder Kreise werden an dieser Schnittstelle nicht angeboten, statt dessen können Ausschnitte von Graphik- und Text-Frames in Raster-Frames kopiert werden.

5 Dialog

5.0 Allgemeines

Der alphanumerische Dialog ist ein wichtiger Bestandteil beinahe jedes Software-Werkzeugs. Zudem nimmt die Dialog-Programmierung für den Werkzeughersteller einen umso größeren Raum ein, je benutzerfreundlicher die Werkzeugoberfläche ausgestaltet ist. Die Dialogkomponente von *PRODIA* unterstützt sowohl die Dialogrealisierung mit Hilfe von Masken und Menüs, als auch die Programmierung des Werkzeugdialogs auf einer höheren Sprachebene.

Masken und Menüs stellen wichtige Instrumente für die Gestaltung eines benutzergerechten Dialogs dar und ermöglichen, wenn das Konzept genügend allgemein gehalten ist, eine durchgängige und einheitliche Dialogrealisierung für alle Werkzeuge. Das Instrumentarium für die Abwicklung von Dialogen auf einer mit Graphik-Bildschirm ausgestatteten Arbeitsstation umfaßt auf der Ausgabeseite Bildschirm-Felder, deren Bedeutung durch ihren graphischen bzw. alphanumerischen Inhalt und/oder durch ihren Ort gegeben ist. Auf der Eingabeseite stehen die alphanumerische Tastatur, das Zeige-Instrument (Maus) und einzelne Spezialtasten zur Verfügung. Das Dialog-Konzept von *PRODIA* benutzt diese Ein-/Ausgabe-Möglichkeiten in einem bestimmten Rahmen, der auf die Eigenheiten des Konzeptes abgestimmt ist, der aber auch die Aufgabe hat, den *PRODIA*-Dialogen eine typische Gestalt zu geben.

Das *PRODIA*-Dialogkonzept bietet den Werkzeugherstellern eine Benutzungsoberfläche, die in der Vorstellung des Schichtenmodells der Mensch-Computer-Interaktion (Abb. 1-1) als syntaktische Ebene oberhalb der physikalischen Ein-/Ausgabe-Ebene angesiedelt ist. Das Konzept enthält:

- die "*PROSYT*-Dialogdefinitions-Sprache" *PDL* für die Definition von Teildialogen,
- den "*PROSYT*-Dialog-Generator" *PDG* für die Übersetzung der so definierten Teildialoge,
- den "*PROSYT*-Dialog-Manager" *PDM* für die Gestaltung und Ablauforganisation der übersetzten Dialoge.

Das gesamte, aus PDL, PDG und PDM bestehende System soll im Folgenden als ***MM-System*** bezeichnet werden, entsprechend der Tatsache, daß es auf dem Einsatz von ***M***asken und ***M***enüs aufbaut.

Eine charakteristische Eigenschaft der Sprache PDL des MM-Systems ist, daß die Dialog-Definition nicht mit Bezug auf Masken mit einem vordefinierten festen Layout geschieht. Vielmehr hat der Werkzeughersteller mit PDL die Möglichkeit, die *einzelnen Dialogschritte und ihren kausal-logischen Zusammenhang* zu definieren. Der PDM kann hierdurch den eigentlichen Dialog weitaus flexibler durchführen, indem er den Aufbau eines Bildschirminhalts dynamisch auf den aktuellen Dialogzustand abstimmt. Vom Benutzer fehlerhaft behandelte Dialogschritte können z.B. erneut auf den Bildschirm gebracht werden, während andere, bereits erledigte, verschwunden sind. Auch das Nichtbehandeln von Dialogschritten ist möglich, sie werden unverändert wieder auf den Bildschirm gebracht.

Das hier vorgestellte Konzept kann als ein Schritt weg von der "Formular-Metapher" hin zu einer "Interview-Metapher" gesehen werden [Hind-87]. Ein solcher Schritt ist naheliegend, denn das Formular (etwa einer Steuererklärung) war schon immer ein Kompromiß zwischen zwei Anforderungen:

- der Notwendigkeit einer objektivierten Informationsweitergabe im Rahmen einer Verwaltung und
- dem Eingehen auf individuelle Tatbestände, und zwar *ohne* Zuhilfenahme einer übermittelnden Person (des "Interviewers").

Durch den Einsatz des Computers besteht nun die Möglichkeit, daß das Formular "intelligenter" wird und teilweise die Funktionen eines Interviewers übernehmen kann.

Die Funktionalität des PDM ist in gewisser Weise spiegelbildlich zu einem Realzeit-Betriebssystem: Dieses führt die Einplanungen für die *Tasks* eines Prozeßsystems durch, die ihrerseits über Treiber-Schnittstellen mit dem zu steuernden Prozeß gekoppelt sind. Dem Betriebssystem entspricht auf der anderen Seite des Spiegels der PDM, der den *Benutzer* "einplant", von ihm Daten erfragt und ihn in Abhängigkeit von diesen Daten durch den Dialog führt. Freilich sind auch die Freiheitsgrade des Systems spiegelverkehrt: Die Realzeitprogramme greifen über Prozeß-*Ausgabe* an der "Benutzungsoberfläche" des im Hintergrund laufenden Prozesses steuernd ein, während beim PDM der Benutzer sich der Benutzungsoberfläche durch *Eingabe* steuernd bedient.

5.1 Masken & Menüs, MM-Elemente

Zwischen den Bildschirm-Feldern eines MM-Dialogs und den einzelnen Dialogschritten besteht eine eineindeutige Beziehung, d.h. jedem einzelnen Dialogschritt (Erfragung eines Parameters, Erfragung einer Alternative, Verschieben eines Objekts etc.) ist genau ein zweckdienliches Feld zugeordnet. Der PDM organisiert die Durchführung des Dialogschrittes durch

- das Darstellen des Feldes auf dem Bildschirm,
- die Abwicklung der entsprechenden Benutzer-Eingabe,
- die Bearbeitung der Eingabe unter Verwendung von Werkzeug-eigenen Routinen (externe Kontrolle),
- das Einleiten evtl. folgender Dialogschritte.

Unter einem *MM-Element* soll die Zusammenfassung der Aspekte eines einzelnen Dialogschrittes verstanden werden:

- die geometrische Realisierung (i.a. ein Feld) auf dem Bildschirm,
- die technische Realisierung der Ein-/Ausgabe,
- die Eingabe-spezifische interne Reaktion einschließlich einer auf den Dialogschritt bezogenen "Help"-Reaktion im Fehlerfall,
- die kausale Verknüpfung mit anderen MM-Elementen,
- die Vorbesetzung des Eingabefeldes bzw. einer Alternative,
- die Datenstruktur zur Beschreibung des Dialogschrittes.

Wenn die Gefahr der Mehrdeutigkeit nicht gegeben ist, soll auch eine einzelne Komponente (eine "Sicht", z.B. das Feld auf dem Bildschirm alleine) als MM-Element bezeichnet werden.

Für die interne, rein syntaktische Überprüfung der zu einem MM-Element gehörigen Eingabe gibt es zwei wesentlich verschiedene Möglichkeiten:

- Eine vom Benutzer eingegebene Zeichenkette wird ohne weitere Überprüfung durch den PDM an das Werkzeug weitergereicht, welches die syntaktische Überprüfung im Rahmen seiner Eingabe-spezifischen Reaktion durchführt. Diese Bearbeitungsweise wird *freier Modus* genannt.
- Dem steht die Bearbeitung im *kontrollierten Modus* gegenüber, bei der entweder aufgrund einer Eingabetechnik, die dies erzwingt (etwa ein Menü), oder über Fehlerreaktions-Mechanismen des PDM dem Werkzeug ausschließlich syntaktisch korrekte Eingaben übergeben werden.

Durch die im Folgenden gegebenen Typen werden MM-Elemente unterschieden nach der Art der durch den PDM ausgeübten Kontrolle auf die Bildschirm-Ausgabe und auf die Benutzer-Eingabe.

- **Das freie Maskenfeld** (Typ *FMask*):
  Ein freies Maskenfeld besteht aus einem Titel-Teil für die Ausgabe einer Anfrage des Werkzeugs an den Benutzer und einer Zone zur Aufnahme einer Zeichenkette, die durch die Vordefinition in PDL oder vom Werkzeug zur Dialogzeit mit einem Default-Text vorbesetzt werden kann, und die vom Benutzer mit Hilfe der Tastatur edierbar ist. Die Benutzer-Eingabe wird vom PDM entsprechend dem freien Bearbeitungsmodus (s.o.) an das Werkzeug weitergeleitet und von diesem in einer "Aktion" verarbeitet. Das freie Maskenfeld entspricht also im wesentlichen einem Feld einer herkömmlichen Formular-Maske.
- **Das kontrollierte Eingabe-Element** (Typ *Control*):
  Wenn für die Eingabe lediglich eine wohlbestimmte Menge von Alternativen möglich sein soll, dann kommt dem Benutzer die Anfrage in Form eines kontrollierten Eingabe-Elements mit anschließender Bearbeitung der Eingabe im kontrollierten Modus (s.o.) entgegen. Der PDM liefert jeweils den Index der vom Benutzer ausgewählten Alternative an das Werkzeug.

  Für die Bearbeitung eines kontrollierten Eingabe-Elements stehen mehrere Interaktionstechniken zur Verfügung, die sich z.T. sehr stark in ihrem äußeren Erscheinungsbild unterscheiden. Sie sind aber grundsätzlich gegeneinander austauschbar, sogar zur Dialogzeit, ohne daß die Werkzeugprogrammierung oder die Dialog-Logik davon betroffen wird. Im

Folgenden sind die über einen *Stil-Parameter* wählbaren Realisierungen eines kontrollierten Eingabe-Elements aufgeführt.

- **Das Menü** (Style = *Menue*):
  Das Menü enthält nach einem geeigneten Titel die Aufzählung der Alternativen. Für die Auswahl ist der mit dem Zeige-Instrument gezeigte Ort maßgebend. Obwohl ein Menü wegen der unterschiedlichen Bedeutung der Orte in seinem Inneren seinerseits in Felder unterteilt ist, gilt es insgesamt also als *ein einzelnes* MM-Element.

  Durch die Möglichkeit zu blättern bzw. zu scrollen ist die Zahl der Alternativen eines Menüs grundsätzlich nicht beschränkt. Ein Menü kann eine voreingestellte Alternative haben.

- **Das Torten-Menü** (Style = *Cake*):
  Dies ist ein Menü in einer geänderten Darstellungsart: Die einzelnen Alternativen sind hier als Segmente einer Tortengrafik dargestellt. Im Unterschied zum Menü ist keine Alternative durch Voreinstellung oder – implizit – als Erste hervorgehoben, vielmehr sind alle Alternativen von der Darstellung her gleichberechtigt, und der Auswahlvorgang startet aus dem Mittelpunkt des MM-Elements heraus. Aufgrund der geometrischen Verhältnisse ist die Zahl der Alternativen eines Tortenmenüs beschränkt.

- **Das zyklisch umschaltbare Feld** (Style = *ZUF*):
  Wenn die einzig mögliche Eingabe "ja" oder "nein" (oder eine kleine Menge sonstiger Alternativen) ist, dann kann statt der Menü-Technik das kompakter darstellbare zyklische Umschalten des – im übrigen nicht edierbaren – Feldinhalts durch Bedienung einer Spezialtaste günstiger sein. Das ZUF-Element ermöglicht diese Eingabetechnik. Entsprechend seiner Natur ist es stets auf eine seiner Alternativen voreingestellt.

- **Das kontrollierte Maskenfeld** (Style = *CMask*):
  Dieses MM-Element ist in seinem äußeren Erscheinungsbild vom freien Maskenfeld nicht zu unterscheiden. Der Unterschied liegt in der internen Verarbeitung der (alphanumerischen) Benutzereingabe. Der PDM ordnet die Eingabe wie bei einem Menü einer bestimmten Alternative aus einer vorgegebenen Menge zu und liefert deren Index an das Werkzeug. Ist die Zuordnung nicht möglich, so stößt der PDM eine Fehler-Reaktion an, so daß der Benutzer eine syntaktisch richtige Zeichenkette eingeben kann. Erst dann wird die Eingabe an das Werkzeug weitergeleitet.

  Durch Spezifikation mehrerer Alternativen, die zur gleichen internen Reaktion des PDM führen, können Alias-Namen für die Eingaben erlaubt werden (z.B. ja/yes). Ein zusätzlicher Parameter ermöglicht es optional, die Groß-/Kleinschreibung der vom Benutzer eingegebenen Zeichenkette zu ignorieren.

– **Das Event-Element** (Typ *Event*):
Dieser MM-Element-Typ dient zur Abwicklung eines Dialogschrittes, für den das Werkzeug selbst (unter Benutzung der Graphikfunktionalität von

PRODIA) die technische Realisierung der geometrischen Darstellung übernimmt. Der PDM reagiert hier auf ein durch das Werkzeug definiertes (und vom Benutzer ausgelöstes) Event (siehe Kap. 3). Auf diese Weise läßt sich etwa das "Anklicken" der "Size-Box" in der Ecke eines Fensters als Dialogschritt behandeln.

Beim Event-Element ist es nicht erforderlich, daß die Abwicklung überhaupt über den Bildschirm erfolgt. Vielmehr kann das Event z.B. auch einer Menge von Tastaturtasten zugeordnet sein, wobei durch den Druck auf eine dieser Tasten wie beim Menü eine Alternative ausgewählt wird.

- **Das Meldungsfeld** (Typ *MeldF*):
  Dies ist der Spezialfall eines (freien oder kontrollierten) Maskenfeldes mit einer Eingabezone der Länge 0, es dient der Meldungsausgabe und kann wie alle anderen MM-Elemente auch mit einer (allerdings nicht durch den Benutzer beeinflußbaren) Aktion verbunden werden.
- **Die Hintergrund-Aktion** (Typ *HA*):
  Dieses MM-Element ist eine weitere Spezialisierung des Meldungsfeldes: Es hat keine Ausgabe-Zone und damit überhaupt keine geometrische Realisierung auf dem Bildschirm. Die Hintergrund-Aktion dient der Abwicklung impliziter Aktionen innerhalb eines Dialogs, die nicht direkt an einen einzelnen Dialogschritt gekoppelt sind.

Die Ausgabe eines MM-Elements auf dem Bildschirm ist nicht notwendig alphanumerischer Natur: Durch Benutzung bestimmter Fonts hat der Werkzeughersteller die Möglichkeit, auch graphische Symbole oder (bei einem Farb-Display) Farbflächen im Titel- oder Alternativen-Feld eines MM-Elements auszugeben.

5.2 Der Dialogablauf

5.2.0 Element-Aktivierung, MM-Schema

Die vom Werkzeughersteller mit Hilfe der Sprache PDL definierten MM-Elemente eines Dialogs werden vom PDM zur Dialogzeit

- abhängig vom Dialogzustand *"aktiviert"* und
- abhängig vom auf dem Bildschirm verfügbaren Platz dem Benutzer dargeboten.

Die Gesamtheit aller zu einem Zeitpunkt auf dem Bildschirm unter- oder nebeneinander stehenden MM-Elemente eines Dialogs soll als ***MM-Schema*** bezeichnet werden. Ein MM-Schema enthält also im allgemeinen Fall vermischt mehrere komplette Menüs, freie und kontrollierte Maskenfelder, zyklisch umschaltbare Felder und ggf. auch Torten-Menüs oder Event-Felder auf einmal. Da der Platz auf dem Bildschirm beschränkt ist, sind nicht notwendig alle zu einem Zeitpunkt aktiven MM-Elemente im MM-Schema enthalten.

Die Elemente eines MM-Schemas können unterschiedlichen Teildialogen angehören. Die zu einem Teildialog gehörenden MM-Elemente werden ggf. vom PDM geeignet gruppiert und mit einem Teildialog-Überschriftfeld versehen. Das gesamte MM-Schema wird durch ein "Fertig"-Feld abgeschlossen (Abb. 5-0).

Die MM-Elemente haben je nach Element-Art und Dialog-Technik verschiedene Möglichkeiten der *Voreinstellung* für das vom Benutzer erwartete Eingabedatum. Sie ist beeinflußbar durch

- statische Vorgabe in PDL,
- in PDL spezifizierte dynamische Festlegungen zur Dialogzeit,
- Ediervorgänge zur Dialogzeit.

Die Voreinstellung spielt lediglich die Rolle einer Entlastung des Benutzers von redundanten Eingabe-Aktionen und hat für die Logik des Dialogablaufs keine Bedeutung.

Auch die Reihenfolge der Bearbeitung durch den Benutzer hat keinen Einfluß auf die Dialog-Logik: Da der PDM aufgrund der in PDL vorliegenden Beschreibung der kausalen Struktur des Dialogs die Abhängigkeiten zwischen einzelnen Dialogschritten kennt, wird er MM-Elemente, die einander bedingen, *nicht* gleichzeitig in einem MM-Schema zur Behandlung anbieten. Wenn etwa eine Frage in einem Menü "Familienstand" lautet:

"ledig/verheirate/verwitwet/geschieden?",

dann wird die Zusatzfrage in einem Maskenfeld

"seit wann?"

erst dann in das MM-Schema eingefügt, wenn der Benutzer die Frage nach dem Familienstand, und zwar *nicht* mit "ledig", beantwortet hat. Die Reihenfolge der Behandlung der Elemente eines MM-Schemas (oder auch die Nichtbehandlung) ist also generell beliebig.

Es soll nun festgelegt werden, wie das "Dialog-Protokoll", d.h. die Kommunikation zwischen Benutzer und Dialogsystem ablaufen soll. Diese Festlegung betrifft zwar nicht die eigentliche Dialog-Semantik, es ist aber für den Werkzeughersteller bzw. für den Entwerfer eines Werkzeug-Dialogs trotzdem wichtig zu wissen, welches "Gesicht" sein Dialog letztlich haben wird. Die Abwicklung eines MM-Dialogs ist durch einen Bearbeitungszyklus für jedes MM-Element über die Schritte ***Anwahl***, ***Vorauswahl***, ***Selektion***, ***Help*** und ***Rücksetzen*** (Abb. 5-1) geprägt. Die einzelnen Phasen dieses Zyklus werden in den folgenden Abschnitten erläutert.

Viele der Festlegungen sind heuristisch begründet und im Zuge der weiteren Entwicklung veränderbar. Bei einer künftigen entsprechenden Erweiterung der Dialogdefinitionssprache PDL werden außerdem viele Layout-Gesichtspunkte durch den Dialog-Entwerfer selbst bestimmbar sein. Das Folgende soll also eher den Charakter einer "Default-Festlegung" der gestalterischen Elemente eines *PRODIA*-Dialogs haben.

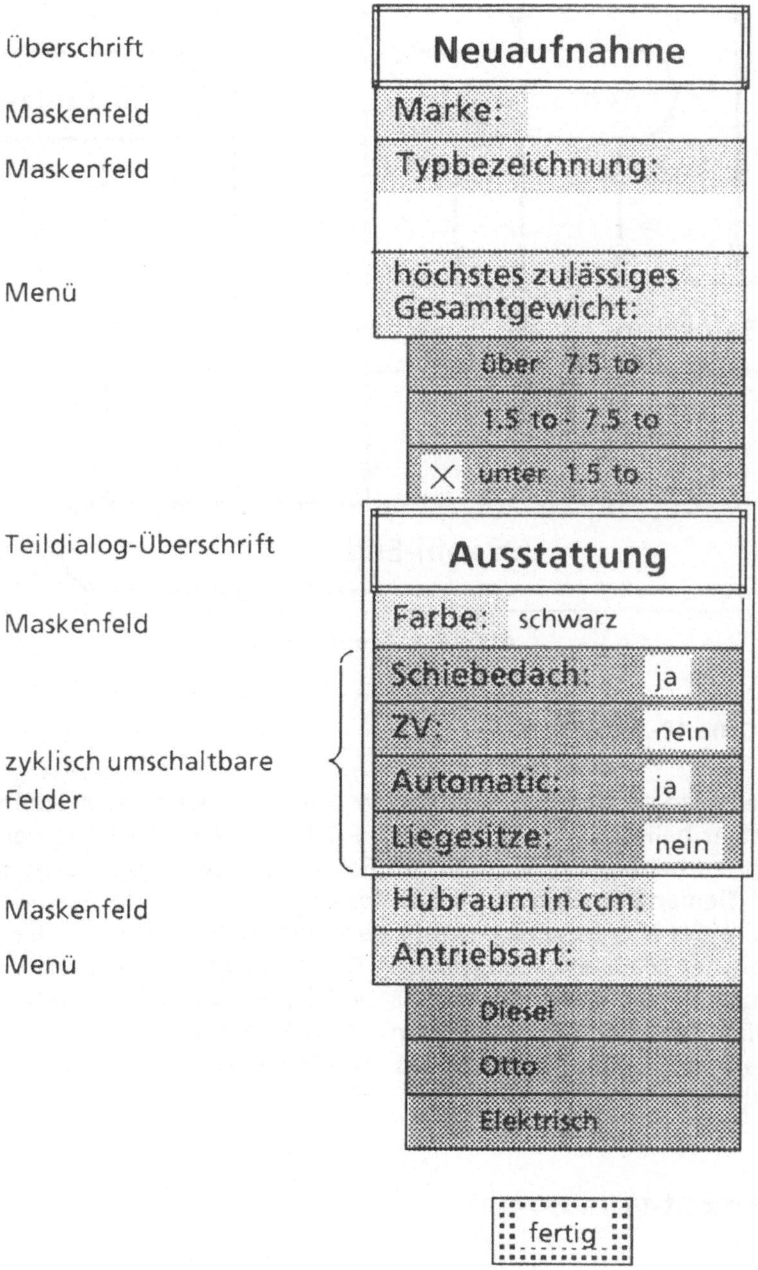

Abb. 5-0. MM-Schema (Beispiel)

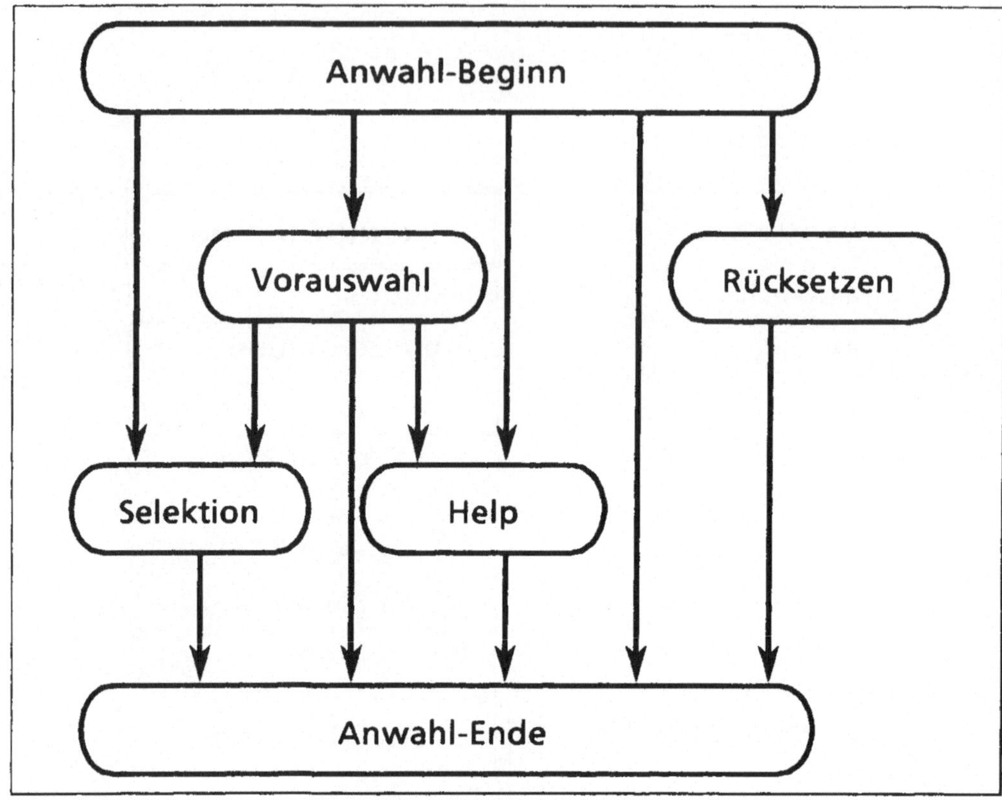

Abb. 5-1. Dialogablauf

5.2.1 Element-Anwahl

Da die Reihenfolge der Behandlung der Elemente eines MM-Schemas durch den Benutzer beliebig ist, muß er dem PDM mitteilen können, welches MM-Element er zu behandeln wünscht. Im Folgenden soll dieser Vorgang *Anwahl* eines MM-Elements heißen. Auch das Bezeichnen einer Alternative (d.h. eines Teilfeldes) eines Menüs wird Anwahl genannt. In *PRODIA* soll diese Anwahl sowohl mit der Maus als auch mit den Cursor-Tasten möglich sein. Eine Vorzugsrichtung der Bearbeitung eines MM-Schemas wird dadurch vorgegeben, daß der PDM nach der Behandlung eines MM-Elements automatisch zum nächsten weiterschaltet. Der PDM hebt das jeweils angewählte Element in geeigneter Weise hervor.

5.2.2 Element-Vorauswahl

Der nächste Schritt nach der Anwahl ist die *Vorauswahl*, die die Edierphase eines MM-Elements einleitet. Dabei kann der Benutzer von einer je nach Elementtyp und Interaktionstechnik unterschiedlichen Art der Voreinstellung ausgehen und durch Texteingabe bzw. mit der auf der Maus und auf der Tastatur vorhandenen *Vorauswahl-Taste,* auch wiederholt, eine Variation des Element-Zustandes vornehmen. Die Edierphase dauert so lange, bis der Benutzer entweder das MM-Element selektiert (Kap. 5.2.3) oder die Behandlung vorläufig beendet durch eine Hilfe-Anforderung (Kap. 5.2.4) bzw. durch eine Metadialog-Maßnahme (Blättern, Ikonisieren, siehe Kap. 5.2.6). Für eine spätere Wiederaufnahme des Dialogs an der gleichen Stelle dient dann grundsätzlich das Resultat des Ediervorganges als neue Voreinstellung.

Im einzelnen gilt folgendes:

- Ein (freies oder kontrolliertes) Maskenfeld ist bereits durch das Edieren mit der alphanumerischen Tastatur (mindestens ein Zeichen wurde geschrieben) vorausgewählt. Gleichwohl kann das Element auch mit der Vorauswahl-Taste vorausgewählt werden.
- Ein zyklisch umschaltbares Feld (ZUF) wird vorausgewählt durch einmaliges Drücken der Vorauswahl-Taste. Danach bewirkt jedes weitere Drücken dieser Taste ein zyklisches Weiterschalten der voreingestellten Alternative dieses MM-Elements.
- Ein Menü wird durch Drücken der Vorauswahl-Taste vorausgewählt. Dabei gilt die angewählte Alternative als neue Voreinstellung.
- Ein Torten-Menü wird durch Drücken der Vorauswahl-Taste vorausgewählt. Die angewählte Alternative wird aber nicht über die Existenz des MM-Schemas hinaus als Voreinstellung bewahrt.
- Ein Event-Element kann nicht vorausgewählt werden, da der durch eine Vorauswahl einzuleitende Ediervorgang in der Verantwortung des Werkzeugs und nicht des PDM läge.
- Ein Meldungsfeld kann naturgemäß nicht vorausgewählt werden, da es nichts zu edieren gibt.
- Wird nach der Anwahl des *Überschrift-Feldes* des gesamten MM-Schemas bzw. eines Teildialogs die Vorauswahl-Taste gedrückt, sind sämtliche im MM-Schema enthaltenen Elemente bzw. sämtliche Elemente des Teildialogs in ihrer jeweiligen Voreinstellung vorausgewählt.

Es können beliebig viele Elemente eines MM-Schemas nebeneinander edierbar, d.h. im Zustand "vorausgewählt" sein. Die vorausgewählten Elemente eines MM-Schemas werden vom PDM unabhängig vom gerade *angewählten* Element geeignet hervorgehoben.

5.2.3 Element-Selektion

Die Vorauswahl und Edierphase für ein MM-Element vom Typ *FMask* oder *Control* wird vom Benutzer normalerweise durch Druck auf die *Select-Taste* (auf der Maus und auf der Tastatur vorhanden) abgeschlossen. Dieser Vorgang wird *Auswahl* oder *Selektion* genannt, er ist für einzelne MM-Elemente auch ohne explizite vorherige Vorauswahl möglich.

Durch die Auswahl des Überschrift-Feldes des gesamten MM-Schemas bzw. eines Teildialogs werden alle *vorausgewählten* MM-Elemente des MM-Schemas bzw. des Teildialogs auf einmal selektiert. Durch Auswahl des "Fertig"-Feldes des MM-Schemas werden sämtliche *vorausgewählten* MM-Elemente des gesamten Schemas selektiert und das MM-Schema neu aufgebaut, wobei bereits erledigte Elemente weggelassen werden und ggf. neu aktivierte, soweit es der Platz ermöglicht, hinzukommen.

Die Auswahl eines MM-Elements bewirkt, daß der PDM das Element in der vom Benutzer edierten Fassung an das Werkzeug übergibt. D.h. es wird ein vom Werkzeughersteller durch die PDL-Spezifikation des MM-Elements vorgegebenes Programmstück, die sog. *Aktion*, ausgeführt. Dieses Programmstück kann u.a. enthalten:

- eine Überprüfung der Benutzereingabe auf syntaktische Richtigkeit und Plausibilität,
- eine entsprechende Werkzeug-Aktion im Fall einer korrekten Eingabe,
- die evtl. Aktivierung weiterer MM-Elemente mit Hilfe des Setzens von Bedingungen (Funktion *#MM_set*),
- das Anstoßen des im PDM enthaltenen Fehler-Mechanismus (Funktion *MM_fehl*) im Fall einer inkorrekten Benutzereingabe, wodurch das Setzen von Bedingungen unterbleibt und stattdessen dasselbe MM-Element mit einer zusätzlichen Fehler-Information erneut aktiviert wird.

Vom Benutzer bereits selektierte MM-Elemente werden vom PDM unterscheidbar zu angewählten und vorausgewählten Elementen hervorgehoben. Selektierte Elemente sind nicht mehr vorauswählbar und damit nicht mehr edierbar. Dagegen können sie, sofern dies in der PDL-Spezifikation vorgesehen ist (Kap. 5.2.5), zum Zwecke des Rücksetzens angewählt und ausgewählt werden.

5.2.4 Help-Funktion

Anstatt des Selektierens hat der Benutzer die Möglichkeit, durch Drücken einer speziellen *Help-Taste* die Help-Funktion des PDM aufzurufen. Dies führt dazu, daß *keine* Auswahl des MM-Elements stattfindet, sondern daß das Element mit einem (in PDL zu spezifizierenden) erweiterten Titel-Teil erneut aktiviert wird.

5.2.5 Rücksetzen von MM-Elementen

Der Werkzeughersteller hat die Möglichkeit, in der PDL-Spezifikation für jedes einzelne MM-Element eine (ggf. auch leere) Befehlsfolge zum Rückgängigmachen des Dialogschrittes zu spezifizieren. Bei einem Rücksetzwunsch zur Dialogzeit kann der Benutzer dann selektiv einzelne als rücksetzbar spezifizierte Dialogschritte oder auch ganze Teildialoge zurücknehmen.

Ebenso wie bei der Abarbeitung eines MM-Schemas ist der Benutzer auch beim Rücksetzen nicht an eine bestimmte Reihenfolge (auch nicht die ursprüngliche Abarbeitungsreihenfolge) gebunden. Der PDM zeigt vielmehr die im jeweiligen Dialogzustand rücksetzbaren MM-Elemente an und der Benutzer wählt davon eine beliebige Teilmenge aus. Hierdurch werden ggf. weitere MM-Elemente rücksetzbar usf.

An dieser Stelle sei angemerkt, daß bei einem Rücksetzwunsch des Benutzers das Zeigen auf eine einzelne frühere Dialogstelle, etwa in einem Protokoll, aus rein logischen Gründen nicht ausreichen würde. Der Benutzer könnte z.B. eine Abarbeitungsreihenfolge wählen, in der zwei oder mehrere kausal nicht voneinander abhängige Dialogstränge vermischt sind. Ein Rücksetzwunsch bezöge sich dann gewöhnlich auf nur einen dieser Stränge. Grundsätzlich ist für das Rücksetzen in einem nebenläufigen System die Angabe eines ganzen "Schnittes" [Hind-80] durch die Menge der zurückliegenden Schritte erforderlich.

5.2.6 Meta-Dialog

Die Reaktion des PDM auf das Selektieren eines MM-Elements bzw. auf den Aufruf der Help-Funktion geschieht noch während der Benutzer weitere Elemente desselben MM-Schemas behandelt. Wenn es der Platz auf dem Bildschirm erlaubt, wird der PDM schon während dieser Behandlung das MM-Schema ggf. um Elemente erweitern, die durch eine neue Bedingungskonstellation nun aktiv geworden sind. Prinzipiell kann so durch Dialog-Maßnahmen des Benutzers – außer der Auswahl des "Fertig"-Feldes – ein MM-Schema nur wachsen. Durch Selektion inaktiv gewordene, d.h. erledigte Elemente werden vom PDM nicht einzeln aus dem MM-Schema herausgenommen. Dies soll einer Irritation des Benutzers durch plötzliches Verschwinden von Bildschirm-Informationen vorbeugen.

Deutlich abgesetzt gegenüber den Dialog-Aktionen gibt es jedoch Funktionen des Meta-Dialogs, die das Äußere des MM-Schemas oder den ganzen Dialog betreffen. Hierfür sind sog. *Meta-Dialogfelder* vorgesehen. Folgende Funktionen sind durch einen Meta-Dialog anzustoßen:

- Help-Information über die generelle Abwicklung des Dialogs.
- Blättern und Scrollen innerhalb aller aktiven und aller rücksetzbaren MM-Elemente.
- Rücksetzen des Dialogs. Bei einem Rücksetzwunsch werden die rücksetzbaren Dialog-Schritte des MM-Schemas geeignet hervorgehoben. Durch Auswahl der Elemente wird das Rücksetzen vollzogen.
- Abbruch des Dialogs, ggf. mit Hilfe einer geordneten Abbruch-Funktion durch das Werkzeug.
- Ändern der dem Benutzer zugänglichen Dialogparameter (z.B.: ob der Dialog im Werkzeug-Fenster oder auf dem ganzen Bildschirm abgewickelt werden soll, oder die Frage der Dialog-Unterstützung mit einem akustischen Signal).
- Ikonisieren bzw. Deikonisieren des Dialogs.

5.3 Die *PROSYT*-Dialogbeschreibungssprache PDL

5.3.0 Allgemeines

Die Beschreibung eines MM-Dialogs sollte für den Werkzeughersteller möglichst unkompliziert sein und sich gut mit der ansonsten verwendeten Programmiersprache (durch *PROSYT* speziell unterstützt: C) verbinden lassen. Daher wurde PDL als Erweiterung der Sprache C konzipiert. Ein in PDL beschriebener Dialog ist eine Sammlung nebeneinanderstehender oder ineinandergeschachtelter *Teildialoge*. Der einzelne Teildialog sieht im C-Kontext von außen wie eine C-*function* aus und wird auch so aufgerufen. Im Innern orientiert sich die Beschreibung eines Teildialogs an seinen MM-Elementen, wobei die Beschreibung der einzelnen Aspekte des Teildialogs strikt voneinander getrennt ist:

- Die ***Dialog-Logik***, d.h. der Kausalzusammenhang zu anderen Dialogschritten des gleichen Teildialogs.
- Die ***Benutzer-Ansprache***, d.h. die Texte und Symbole, mit denen der Benutzer über den Dialogzustand informiert werden bzw. zu Eingaben aufgefordert werden soll.
- Die evtl. ***Vorbesetzung*** des Eingabefeldes mit einem Defaultwert.
- Die ***Help-Unterstützung***, d.h. die Texte, mit denen der Benutzer bei Hilfe-Anforderung und im Falle von Fehlbedienungen geleitet werden soll.
- Die ***Rücksetz-Aktion***, d.h. die Maßnahmen, die ablaufen müssen, wenn der Benutzer die Rücknahme eines Dialogschritts wünscht.
- Die ***Dialog-Gestaltung***, d.h. das Layout für den Dialog. Im weiteren Sinne gehören dazu auch die Texte zur Benutzer-Ansprache (s.o.). Im engeren Sinn gehört die Wahl des Stil-Parameters (Menü/Torten-Menü/zyklisch umschaltbares Feld/kontrolliertes Maskenfeld) hierher.

  Für eine spätere Erweiterung der Sprache PDL ist die Einstellbarkeit weiterer Layout-Parameter vorgesehen, die einstweilen vom PDM mit einem "Standard-Layout" unter Berücksichtigung der Erkenntnisse der Software-Ergonomie realisiert werden.
- Die ***Dialogverarbeitung***, d.h. die Reaktion des Werkzeugs nach einer Benutzereingabe. Dies ist die sogenannte *Aktion*, sie enthält in Form von Programmtext Maßnahmen
  - zur ***Plausibilitätsprüfung***, d.h. zur syntaktischen und semantischen Korrektheitsprüfung der Eingabe, wobei im Fehlerfall durch das Werkzeug eine Bedienfehler-Reaktion angestoßen werden kann (*MM_fehl*). Dies führt dazu, daß der PDM ohne weitere Mitwirkung des Werkzeugs die Eingabeanforderung, ggf. mit einer erklärenden Fehler-Information, wiederholt,
  - zur eigentlichen ***Werkzeug-Reaktion*** auf die (korrekte) Eingabe,
  - zum ***Setzen von Bedingungen*** (*#MM_set*), damit der PDM weitere Dialogschritte als logische Folge des bisherigen Dialogablaufs einleitet.

Bei der Beschreibung eines MM-Elementes sind weitgehend C-Sprachmittel einsetzbar:

- Texte können in Variablen gehalten, zur Dialogzeit berechnet oder auch als Parameter übergeben werden.
- Die Preprozessor-Möglichkeiten von C sind nutzbar.
- Die Aktion und die Rücksetz-Aktion sind normale C-Programmstücke.
- Als Bestandteil der Aktion können weitere Teildialoge (auch rekursiv) aufgerufen werden.

Der Dialog-Generator PDG spielt selbst die Rolle eines C-Preprozessors, d.h. er übersetzt die PDL-Beschreibung in ein C-Programm. Der PDG akzeptiert eine Menge von Teildialogen, die (zur Vereinbarung von Typen etc.) in eine C-Programmumgebung eingebettet sein können. Das durch den PDG erzeugte C-Programm ist dann auf einer C-Maschine, deren Laufzeitsystem zusätzlich zu den C-Laufzeitfunktionen die PDM-Dialogzeitfunktionen enthält, lauffähig.

Die Bedienung des PDG soll hier nicht beschrieben werden, da sie für die Gestaltung der Schnittstelle zwischen *PRODIA* und den Werkzeugen ohne Belang ist.

5.3.1 Kausale Dialog-Struktur: Die Auswahl-Algebra

In PDL ist die Beschreibung des kausalen Dialog-Schemas möglich. Zur Beschreibung der Bezüge zwischen den einzelnen MM-Elementen wird eine Petri-Netz-ähnliche Beschreibungsweise gewählt. Dies trägt der Tatsache Rechnung, daß Dialog-Teile kausal voneinander abhängig oder auch unabhängig sein können. Jedes MM-Element hat für sein "aktiv werden" eine Konstellation von Vorbedingungen, und als Folge seiner Dialog-Behandlung werden Nachbedingungen erfüllt, die von den durch den Benutzer eingegebenen Daten abhängen.

Die zugrundeliegende Vorstellung ist die des *Datenflusses zwischen Werteräumen*: Jeder Dialogschritt (jedes MM-Element) ist die Ermittlung (via Benutzer) eines *Wertes* in einem zu diesem Schritt gehörigen (d.h. lokalen) Werteraum. Eine Anzahl Werte kann miteinander *verknüpft* werden, was einem einzelnen Wert aus dem (cartesischen) *Produkt* von Werteräumen entspricht. Die *Entscheidung* zwischen mehreren alternativen Dialogschritten entspricht der Feststellung, ob ein Wert im einen oder anderen Teilraum einer *Summe* von Werteräumen liegt.

Durch das Werkzeug werden Werte oder Werte-Kombinationen in Werte anderer Werteräume abgebildet, so daß sich im strengen Sinne ein mathematisches Diagramm von Abbildungen zwischen Mengen ergibt. Die Bedingungen in einem MM-Element stellen nun "Stellvertreter" für die beteiligten Werteräume dar, bei denen zwar der konkrete Typ der Werte "vergessen" ist, das Abhängigkeits-Schema aber erhalten bleibt. Der Übergang von der Vorbedingung zur Nachbedingung eines MM-Elements entspricht der durch das Werkzeug mit den Dialogeingabe-Werten durchgeführten Transformation.

Wenn nun im Zuge des Dialogs ein Wert in einem Werteraum feststeht, so kann die Voraussetzung für die Ermittlung von Werten in weiteren Werteräumen und damit für das Aktivieren weiterer MM-Elemente gegeben sein. Dies wird in der PDL-Formulierung eines Dialogs durch das Setzen von Bedingungen (Funktion *#MM_set)* spezifiziert.

Der Datenfluß zwischen den beteiligten Werteräumen wird mit Hilfe der PDL-Notation innerhalb einer algebraischen Struktur, die hier *Auswahl-Algebra* genannt wird, beschrieben. Die Elemente dieser Auswahl-Algebra werden durch eine bestimmte *Interpretation* strukturtreu den realen Verhältnissen beim Ablauf eines Dialogs zugeordnet.

Dies entspricht ganz dem Vorgehen mit einer Boole'schen Algebra von Elementaraussagen: Auch hier ist es eine bestimmte *Interpretation* der Elemente a, b, c,..., nämlich im Sinne von "'a' ist wahr" und eine entsprechende Interpretation der Operationen ***und, oder, nicht***,... im Sinne von "'a ***und*** b' ist wahr, wenn 'a' wahr ist und 'b' wahr ist" etc., durch welche die Boole'sche Algebra strukturtreu in einen realen Kontext abgebildet wird.

Bei der hier zu beschreibenden Auswahl-Algebra sind allerdings sowohl die Interpretation als auch die algebraischen Gesetzmäßigkeiten andere als bei der Boole'schen Algebra: Die Objekte (oder Elemente) a, b, c,... der Auswahl-Algebra sind zu interpretieren als *Auswahloperationen aus Werteräumen*. Die Interpretation von a ist also: "Eine Auswahl aus a" oder: "Ein Element aus a".

Die Operationen Addition " + " und Multiplikation "⋆" lassen sich wie folgt in der Auswahl-Algebra interpretieren:

- Eine Auswahl aus der *Summe* $a_0 + \ldots + a_{n-1}$ ist eine Auswahl aus *genau einem* der a_i $(0 \leq i < n)$.
- Eine Auswahl aus dem *Produkt* $a_0 \star \ldots \star a_{n-1}$ ist eine Auswahl aus *jedem* der a_i $(0 \leq i < n)$.

Im Prinzip können die Operationen auch auf unendliche Mengen von Summanden bzw. Faktoren ausgedehnt werden. Das Rechnen in einer Auswahl-Algebra erscheint als sehr natürlich, weil es letztlich auch unserem Rechnen mit Zahlen oder mit Mengen – oder der gemeinsamen Wurzel von beiden – zugrunde liegt.

Wenn man den leeren Werteraum ("0" genannt) und den aus dem einzigen Element 0 bestehenden Werteraum ("1" genannt) mit hinzunimmt, dann ist eine Auswahl-Algebra ein *kommutativer Halbring mit 1* [Hind-82], d.h. es gelten die Gesetzmäßigkeiten

- $a + b = b + a$ (Kommutativität der Addition),
- $a + 0 = a$ (Einheit 0 der Addition),
- $a + (b + c) = (a + b) + c$ (Assoziativität der Addition),
- $a \star b = b \star a$ (Kommutativität der Multiplikation),
- $a \star 1 = a$ (Einheit 1 der Multiplikation),
- $a \star (b \star c) = (a \star b) \star c$ (Assoziativität der Multiplikation),
- $a \star (b + c) = a \star b + a \star c$ (Distributivität).

Die Präzedenz der Operationen ist dabei wie üblich: Multiplikation geht vor Addition.

Nebenbei: Die Forderung der *Nullteilerfreiheit*, d.h. daß ein Produkt nur dann 0 ist, wenn wenigstens einer der Faktoren 0 ist, bedeutet in einer Auswahl-Algebra gerade eine andere Formulierung des *Auswahl-Axioms*.

Wie geschieht nun in einer Auswahl-Algebra die Beschreibung der Kausal-Struktur eines Dialoges mit Hilfe der Sprache PDL? Die in einem Teildialog eingeführten Bedingungsnamen stehen für die Werteräume, welche innerhalb dieses Teildialogs relevant sind. Sie bilden ein *freies Erzeugenden-System* für eine Auswahl-Algebra. D.h. die Auswahl-Algebra eines Teildialogs besteht aus allen Ausdrücken, die sich aus den Bedingungsnamen unter Benutzung der Operationen Addition und Multiplikation und ihrer oben aufgeführten Gesetzmäßigkeiten bilden lassen.

Die Kausal-Struktur des Teildialogs ist beschreibbar, indem der Aktion jedes MM-Elements ein *Pfeil* zwischen zwei Elementen der Auswahl-Algebra zugeordnet wird, der den Datenfluß zwischen dem Ursprungs-Werteraum und dem Ziel-Werteraum der Aktion charakterisiert. In PDL geschieht diese Charakterisierung indirekt durch das Setzen von Bedingungen mit der Funktion *#MM_set* an ggf. verschiedenen Stellen der Aktion. Als Argument wird der Funktion jeweils der "Stellvertreter" für den (Teil-) Werteraum mitgegeben, in dem gerade ein Wert "angekommen" ist.

Der gesamte Ursprungs- bzw. Ziel-Werteraum wird in der Vor- bzw. Nachbedingung des MM-Elements durch einen Ausdruck der Auswahl-Algebra angegeben.

Beispiel: Der Ausdruck '(a + b + c)*d*(e + f) + h' bedeutet

- entweder
  - genau eine der Bedingungen a, b, c ist gesetzt (d.h. in genau einem der zu a, b oder c gehörigen Werteräume ist ein Wert angekommen)
  - und die Bedingung d ist gesetzt (d.h. im zu d gehörigen Werteraum ist ein Wert angekommen)
  - und genau eine der Bedingungen e, f ist gesetzt (d.h. entweder im zu e gehörigen Werteraum oder im zu f gehörigen Werteraum ist ein Wert angekommen)
- oder h ist gesetzt (d.h. im zu h gehörigen Werteraum ist ein Wert angekommen).

Der Vorbedingungs-Ausdruck stellt für den PDM die Startbedingung für das MM-Element dar. Der Nachbedingungs-Ausdruck dient lediglich der Plausibilitätskontrolle, da alleine durch die Verteilung der *#MM_set*-Aufrufe in der Aktion der komplette Nachbedingungs-Ausdruck definiert ist.

Die Charakterisierung eines Pfeiles durch seine (Teil-) Ziel-Werteräume stellt eine gewisse Vereinfachung gegenüber der allgemeinsten Möglichkeit dar: Bei mehreren gleichen Komponenten in der Vor- oder Nachbedingung (etwa a*a oder a + a) kann der PDM zur Dialogzeit nicht entscheiden, ob die erste Komponente oder die zweite Komponente angekommen ist. Die Vereinfachung ist trotzdem gerechtfertigt, weil so lediglich *ein* Sprachmittel – der Bedingungsname – notwendig ist, um die Werteräume *und* den Wertefluß zu charakterisieren. Wo die Unterscheidung im obigen Fall notwendig ist, kann sie in der PDL-Notation jederzeit durch die Wahl zweier *verschiedener* Bedingungsnamen erreicht werden (also: $a_1 * a_2$ bzw. $a_1 + a_2$).

Durch Einfügen von Substitutionsregeln mit Hilfe der *#define*-Anweisung des C-Preprocessors, z.B.

#define g ((a + b + c)*d*(e + f))

können die Ausdrücke der Vor- und Nachbedingungen vereinfacht werden. Im Folgenden kann der eingeführte Name in weiteren Ausdrücken anstelle des komplizierteren Ausdrucks verwendet werden, also im obigen Beispiel 'g + h' statt '(a + b + c)*d*(e + f) + h'. Der zu substituierende Ausdruck ist in solch einer *#define*-Anweisung stets in Klammern zu setzen.

In Kap. 5.3.3 unter dem Schlüsselwort *#MM_set* (Syntaxform 19) sowie in einem Beispiel-Dialog (Anh. 9.1) wird weiter auf das Setzen von Bedingungen in PDL eingegangen.

5.3.2 PDL-Syntax

Im folgenden Syntax-Graphen ist die PDL-Syntax, soweit sie über die C-Syntax [KeRi-83] hinausgeht, dargestellt. Terminale sind dabei in kursiver Schrift wiedergegeben. Außerhalb der eingestreuten C-Programmteile sind die PDL-Schlüsselwörter gesperrt.

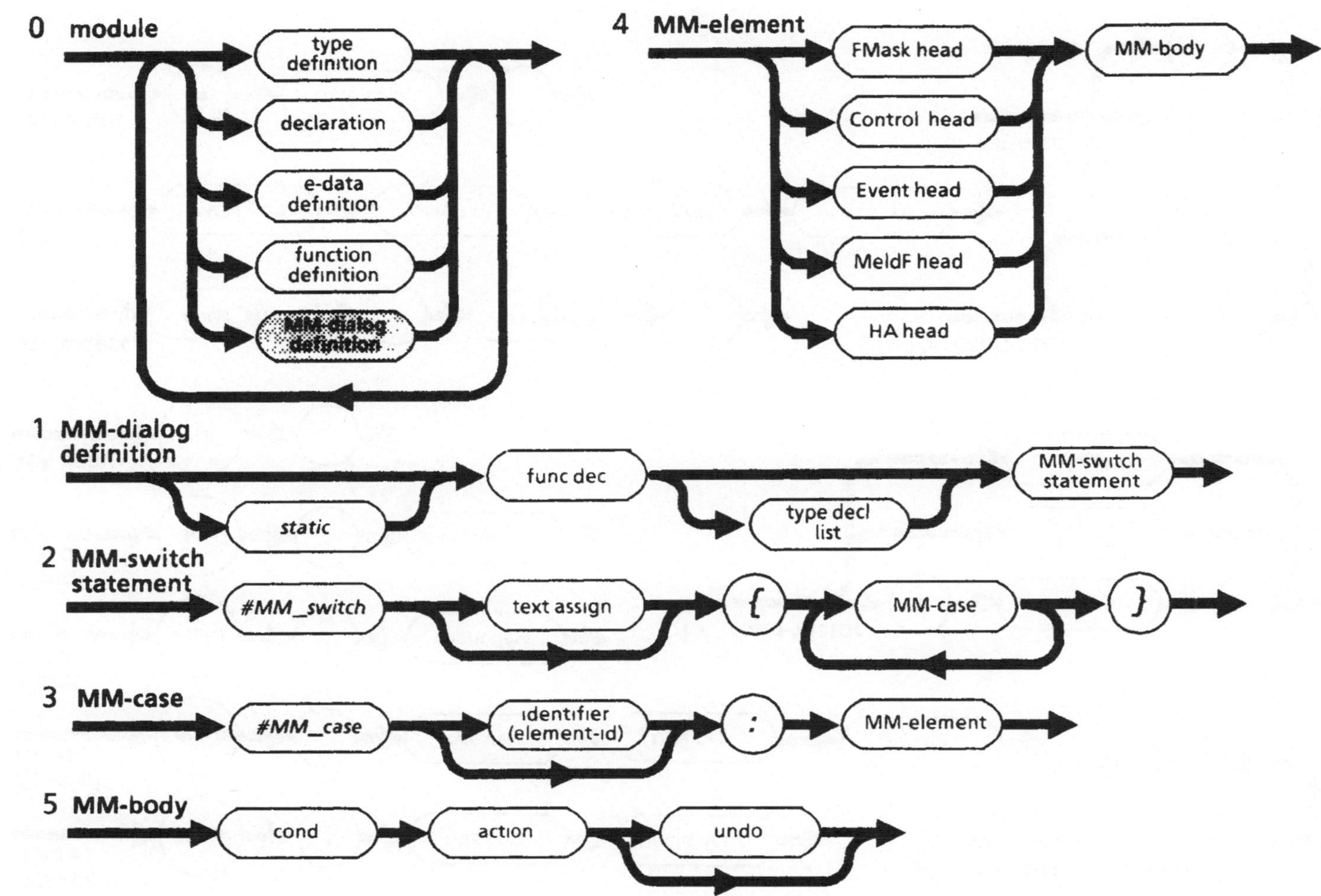
0 module
type definition
declaration
e-data definition
function definition
MM-dialog definition
4 MM-element
FMask head
Control head
Event head
MeldF head
HA head
MM-body
1 MM-dialog definition
static
func dec
type decl list
MM-switch statement
2 MM-switch statement
#MM_switch
text assign
{
MM-case
}
3 MM-case
#MM_case
identifier (element-id)
:
MM-element
5 MM-body
cond
action
undo

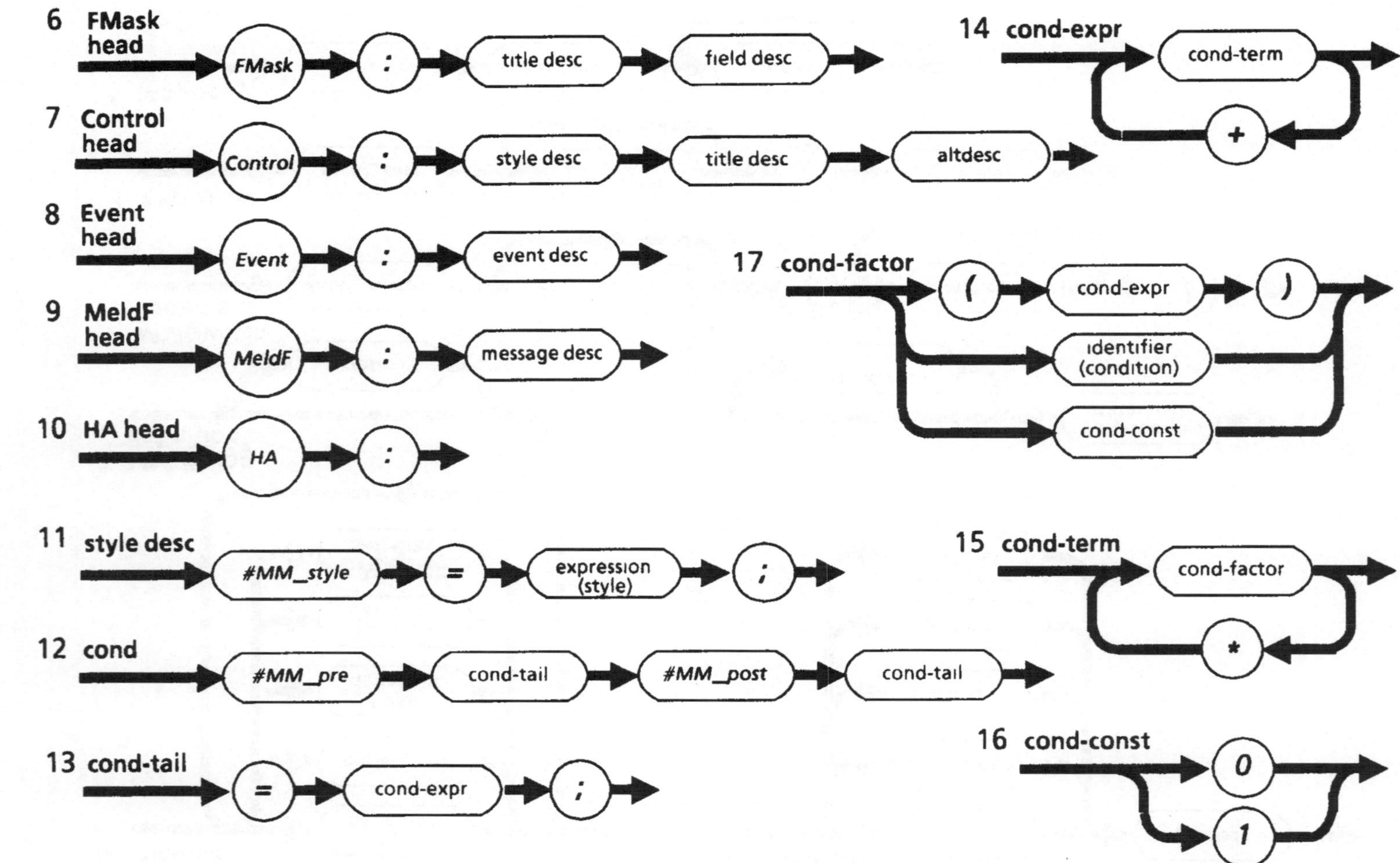
6 FMask head
FMask
:
title desc
field desc
7 Control head
Control
:
style desc
title desc
altdesc
8 Event head
Event
:
event desc
9 MeldF head
MeldF
:
message desc
10 HA head
HA
:
11 style desc
#MM_style
=
expression (style)
;
12 cond
#MM_pre
cond-tail
#MM_post
cond-tail
13 cond-tail
=
cond-expr
;
14 cond-expr
cond-term
+
17 cond-factor
(
cond-expr
)
identifier (condition)
cond-const
15 cond-term
cond-factor
*
16 cond-const
0
1

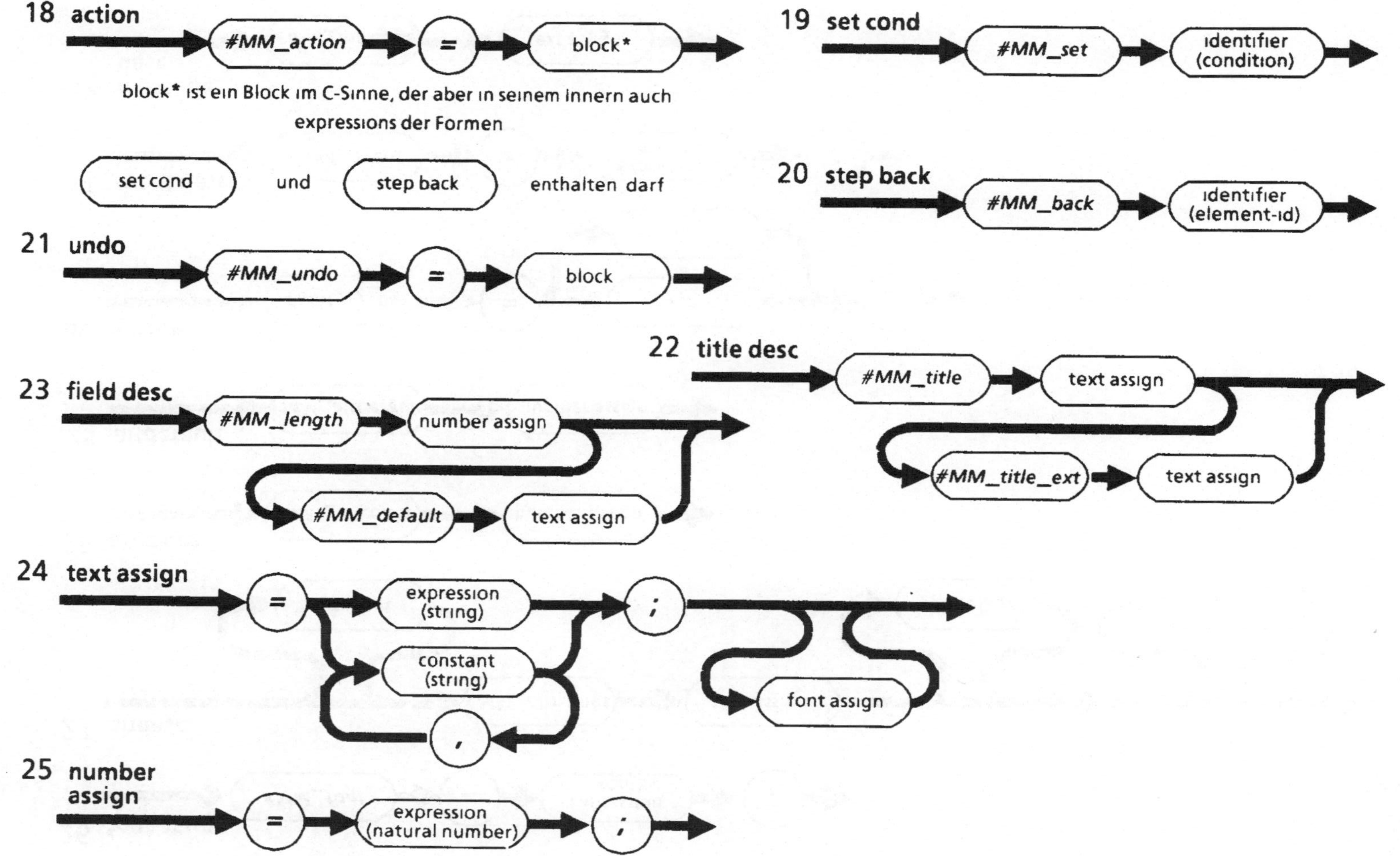
18 action
#MM_action
=
block*
block* ist ein Block im C-Sinne, der aber in seinem innern auch expressions der Formen
set cond
und
step back
enthalten darf
19 set cond
#MM_set
identifier (condition)
20 step back
#MM_back
identifier (element-id)
21 undo
#MM_undo
=
block
22 title desc
#MM_title
text assign
#MM_title_ext
text assign
23 field desc
#MM_length
number assign
#MM_default
text assign
24 text assign
=
expression (string)
constant (string)
,
;
font assign
25 number assign
=
expression (natural number)
;

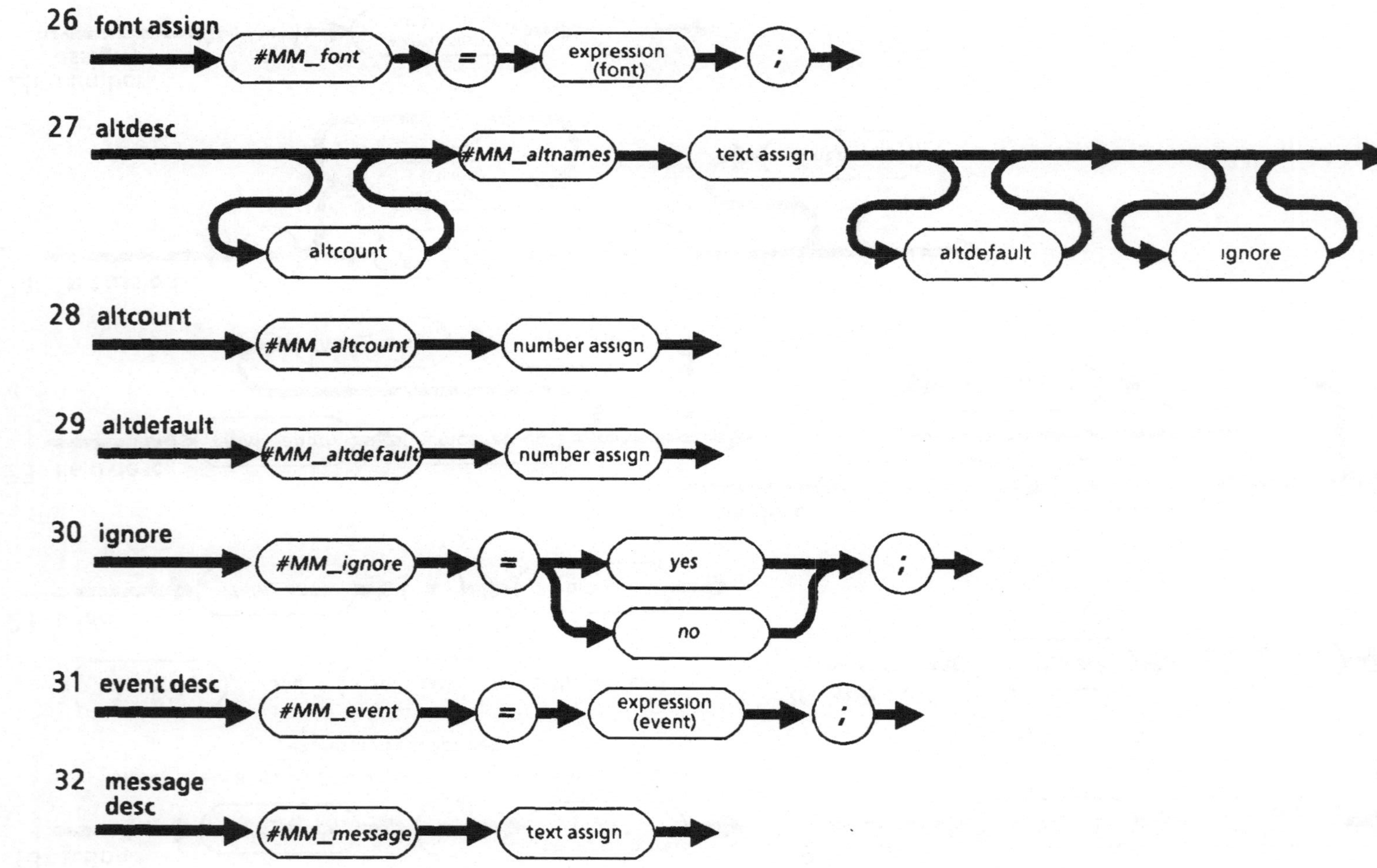
26 font assign
#MM_font
=
expression (font)
;
27 altdesc
altcount
#MM_altnames
text assign
altdefault
ignore
28 altcount
#MM_altcount
number assign
29 altdefault
#MM_altdefault
number assign
30 ignore
#MM_ignore
=
yes
no
;
31 event desc
#MM_event
=
expression (event)
;
32 message desc
#MM_message
text assign

5.3.3 Semantische Regeln

Die folgende Beschreibung einzelner Komponenten einer PDL-Dialogdefinition ist an den einleitenden Schlüsselwörtern orientiert, soweit diese gegeben sind. Darüberhinaus sind einige Syntax-Formen mit ihrem Namen aufgeführt. Die Nummern weisen auf die zugehörige Form im Syntax-Graphen hin.

- ***module (0):***
  Die PDL-Syntax ist eine Erweiterung der C-Syntax, wobei die Syntax-Form für einen *C-module* die einzige "offizielle" C-Syntaxform ist, die erweitert wird.

- ***MM-dialog definition (1):***
  Dies ist die Syntaxform für einen MM-Teildialog. Der vom PDG übersetzte Teildialog hat die Form einer *C-function*, die zu compilieren und an das Werkzeug anzubinden ist. MM-Teildialoge werden von C-Programmen aus wie normale Funktionen aufgerufen.

  Der Teildialog-Name sowie die Parameter des Teildialogs sind frei wählbar, der Typ des nach Aufrufende zurückgegebenen Wertes ist festgelegt auf RCPRODIA, dies wird vom PDG bei der Übersetzung überprüft. Die Typdefinition RCPRODIA ist in der C-Schnittstelle (Anh. 0) gegeben.

  Der Teildialog-Aufruf ist beendet, wenn

  - kein MM-Element mehr aktiv ist (dies ist der Standardfall) oder
  - der Dialog durch den Benutzer abgebrochen wurde (Kap. 5.2.6) oder
  - der Dialog durch das Werkzeug (Anh. 7.0) mit der Dialogzeit-Funktion *MM_break* abgebrochen wurde.

  Es wird ein vom PDM (nicht vom Werkzeug) erzeugter Returncode zurückgegeben, der folgende Werte haben kann:

  Returncodes:

  RCMM_OK

  RCMM_COND_LEFT – Es blieben Bedingungen gesetzt, obwohl kein MM-Element des Teildialogs mehr aktiv war.

  RCMM_BREAK_USER – Abbruch des Teildialogs durch den Benutzer.

  RCMM_BREAK_TOOL – Abbruch des Teildialogs durch das Werkzeug.

  RCMM_BREAK_UNDO – Verlassen des Teildialogs durch Rücksetzen.

- ***#MM_switch (2):***
  Der gesamte in PDL geschriebene Teildialog wird vom PDG in ein Switch-Statement übersetzt, das vom PDM zur Dialogzeit mehrfach aufgerufen wird. Das Switch-Statement (in Pascal: case-Statement) hat die Eigenschaft, daß die einzelnen Alternativen (hier: MM-Elemente) auch programmtechnisch *nebeneinander* stehen, d.h. ihre Reihenfolge sagt nichts über die *Abarbeitungs*-Reihenfolge aus. Das Schlüsselwort "MM_switch" soll hier an diesen Zusammenhang erinnern.

Optional ist hier die Angabe einer Teildialog-Überschrift möglich. Wird sie gegeben, dann fügt der PDM im MM-Schema zur Dialogzeit diese Überschrift ein und gruppiert die zu dem Teildialog gehörenden Elemente entsprechend. Wenn die Überschrift nicht gegeben wird, werden die MM-Elemente als zum aufrufenden Teildialog gehörig dargestellt.

- ***#MM_case (3):***
  Hier kann der Dialog-Entwickler optional den einzelnen Dialogschritt durch einen Identifier benennen, was die Lesbarkeit erleichtert. Die Namensangabe wird benötigt, falls das MM-Element durch eine Dialogzeit-Funktion (z.B. *MM_back*) identifiziert werden muß.
- ***FMask, Control, Event, MeldF, HA (6 bis 10):***
  Die Angabe des Typs
  - freies Maskenfeld (Schlüsselwort *FMask*),
  - kontrolliertes Eingabe-Element (Schlüsselwort *Control*),
  - Event-Element (Schlüsselwort *Event*),
  - Meldungsfeld (Schlüsselwort *MeldF*) oder
  - Hintergrund-Aktion (Schlüsselwort *HA*)

  am Kopf eines MM-Elements ist zwingend und zur Dialogzeit nicht veränderlich. Die einzelnen Element-Typen sind in Kap. 5.1 beschrieben.
- ***#MM_style (11):***
  Bei einem MM-Element vom Typ *Control* ist hier durch eine C-*expression* vom Typ MM_STYLE angebbar, ob die Realisierung durch den PDM als
  - Menü (*#MM_style = Menue*),
  - Torten-Menü (*#MM_style = Cake*),
  - zyklisch umschaltbares Feld (*#MM_style = ZUF*) oder als
  - kontrolliertes Maskenfeld (*#MM_style = CMask*)

  geschehen soll (siehe Kap. 5.1). Der *#MM_style*-Parameter ist auch zur Dialogzeit durch das Werkzeug (etwa abhängig von der Anzahl der vorhandenen Alternativen) dynamisch veränderbar. Die Typdeklaration von MM_STYLE wird vom PDG in die C-Umgebung des Teildialogs eingefügt:

  ```
  typedef enum {
      Menue,
      Cake,
      ZUF,
      Cmask,
  } MM_STYLE;
  ```
- ***#MM_pre (12):***
  Die Angabe der Vorbedingungen für die Aktivierung des MM-Elements (siehe Kap. 5.3.1).
- ***#MM_post (12):***
  Die Angabe der Nachbedingungen, die mit dem ordnungsgemäßen Ende der Aktivierung eines MM-Elements wirksam werden (siehe Kap. 5.3.1).

- ***#MM_action (18):***
  Dies ist ein vom Dialog-Entwickler frei erstellter, i.a. kurzer C-Text, der die semantische Korrektheitsprüfung der Benutzereingabe einschließt. Im Zuge der Aktivierung des MM-Elements zur Dialogzeit wird das Programmstück vom PDM als C-*function* aufgerufen. In der Aktion können ihrerseits Aufrufe von Routinen des Werkzeugs oder von weiteren Teildialogen enthalten sein.

  Die vom Benutzer bei der Behandlung des MM-Elements eingegebenen Daten stehen dem Dialog-Entwickler als lokale Variablen zur Verfügung:

  - Beim Typ FMask steht in der Zeichenketten-Variablen ***MM_feld*** die übergebene Zeichenkette.
  - Beim Typ Control enthält die Integer-Variable ***MM_alt*** die vom Benutzer im Dialog ausgewählte Alternative (jeweils gezählt 0...n-1).
  - Beim Typ Event wird in der Pointer-Variablen ***MM_ptr*** ein Zeiger auf die zum Event gehörige Datenstruktur übergeben, welche je nach Art des Events den Code der gedrückten Taste, die Maus-Koordinaten o.ä. enthält (siehe Kap. 3).

  Außerdem können bzw. müssen Aufrufe zum Setzen weiterer Bedingungen in der Aktion enthalten sein (*#MM_set*), die mit den unter "Nachbedingungen" angegebenen Bedingungen korrespondieren.

  Durch den Aufruf der PDM-unterstützten Fehlerreaktion *MM_fehl* wird die Deaktivierung der Vorbedingungen und die Aktivierung der Nachbedingungen verhindert, so daß das MM-Element aktiv bleibt, falls solch ein Aufruf durchlaufen wird. Der PDM wird die zum *MM_fehl*-Aufruf gehörige Fehlermeldung in den Dialog einbauen und die Bearbeitung des MM-Elements wiederholen.

  Es liegt in der Verantwortung des Dialogprogrammierers, daß der mehrmalige Aufruf einer Aktion als Folge von Fehler-Reaktionen zu keinen anderen Wirkungen führt als ein (fehlerfreier) einmaliger Aufruf. D.h. die Wirkung einer Aktion sollte, soweit sie auch im Fehlerfall durchlaufen wird, entweder idempotent sein oder nach einer evtl. Fehler-Erkennung explizit zurückgenommen werden.

- ***#MM_set (19):***
  Die PDL-Funktion ***#MM_set*** ist ***keine*** C-Funktion, da sie einer zur C-Syntax unterschiedlichen Syntax genügt. Sie wird erst vom PDG in eine C-Funktion umgesetzt. ***#MM_set***-Aufrufe dürfen nur innerhalb einer Aktion, und zwar nur explizit, auftreten. Syntaktisch hat der Aufruf nach der Umsetzung die Form eines Ausdrucks, dessen Wert der Return-Code der Operation vom Typ RCPRODIA (siehe Anh. 0) ist. Eine Anweisung zum Setzen einer Aktivierungs-Bedingung hat also z.B. die Form

  rc = #MM_set X; (oder einfach: #MM_set X;),

  wobei X der Name einer im gleichen Teildialog benutzten Bedingung ist.

  Das Setzen mehrerer Bedingungen wird durch sukzessive Aufrufe bewirkt. Eine Bedingung wird durch ihr Auftreten in einem *MM_set*-Aufruf, falls sie dem PDG nicht bereits bekannt ist, implizit deklariert.

Es ist darauf zu achten, daß die unter *#MM_post* beschriebene Nachbedingungs-Konstellation eines MM-Elements mit den *#MM_set*-Aufrufen innerhalb der Aktion korrespondiert, d.h. zum Beispiel

- die Aufruffolge

  ...#MM_set X; #MM_set Y;...

  führt zu

  #MM_post = X*Y; (oder = Y*X;).

- die Aufruffolge

  ...if (b) #MM_set X;

  else #MM_set Y;...

  führt zu

  #MM_post = X + Y; (oder = Y + X;).

- die Aufruffolge

  ...#MM_set W;...

  ...if (b) #MM_set X;

  else #MM_set Y;...

  ...#MM_set Z;...

  führt zu

  #MM_post = W*Z* (X + Y);

  (oder einen äquivalenten Ausdruck).

- eine Aufruffolge

  ...if (b) #MM_set X;

  ...(ohne "else"-Zweig)

  ist ***zu vermeiden*** und kann auch in jedem Fall anders formuliert werden, etwa als

  ...if (b) #MM_set X;

  else #MM_set nicht_X;...

  Das *Nicht*-Auftreten einer Bedingung ist für die Beschreibung der Kausalstruktur eines Dialogs nämlich von der gleichen Qualität wie das Auftreten einer (Alternativ-) Bedingung, und nicht etwa wie das *Noch-Nicht*-Auftreten einer Bedingung.

Bei einer Verletzung einer dieser Regeln ist die Bedingungssetzung in der Aktion maßgebend und nicht der als Nachbedingung gegebene Ausdruck. Die Nichtübereinstimmung führt evtl. dazu, daß der PDM ein falsches internes Modell des Dialogschemas aufbaut und z.B. bei einem Rücksetz-Aufruf nicht korrekt zurücksetzt. Der PDM meldet das Auftreten einer solchen Konsistenzverletzung durch einen entsprechenden Return-Code des *#MM_set*-Aufrufs und nach Beendigung des Teildialogs.

Eine Bedingung kann in mehreren MM-Elementen eines Teildialogs Bestandteil der Vor- und Nachbedingung sein. Wenn zwei MM-Elemente dieselbe Bedingung X als Vorbedingung haben, dann werden durch den Aufruf

#MM_set X

beide Elemente aktiv. Konflikte bzw. Entscheidungen zwischen MM-Elementen sind also stets datenabhängig, d.h. sie werden durch den Wert einer Variablen (in den obigen Beispielen: die Variable b) entschieden und bleiben nicht dem Zufall bzw. der Implementation überlassen.

Innerhalb eines Teildialogs kann eine Bedingung nur einmal gesetzt werden ("single-assignment-Prinzip"). Iterierte Aktivierungen von MM-Elementen (Schleifen) sind durch rekursiven oder iterierten Aufruf von Teildialogen oder durch Reaktivieren (Funktion *MM_reactivate*, Anh. 7.1) zu realisieren.

Im Folgenden sind die von der *#MM_set*-Operation zurückgegebenen Werte vom Typ RCPRODIA aufgeführt.

Returncodes:

RCMM_OK

RCMM_MULT_COND – Bie Bedingung wurde im gleichen Teildialog bereits gesetzt, ein nochmaliges Setzen unterbleibt.

RCMM_COND_INCONS – Das Setzen der Bedingung führte zu einer in diesem Teildialog nicht-konsistenten Bedingungskonstellation.

RCMM_COND_UNUSED – Die Bedingung wird im Teildialog nirgends benutzt (Warnung).

– ***#MM_back (20):***

MM-Elemente, die per Dialog rücksetzbar sind, können auch per Programm zurückgesetzt werden. Dies geschieht durch Einfügen des *MM_back*-Aufrufs in die Aktion. Wie beim *MM_set*-Aufruf muß dies explizit geschehen, da der Aufruf zusammen mit dem angegebenen Element-Namen vom PDG umgesetzt wird. Syntaktisch hat der Aufruf nach der Umsetzung wieder die Form eines Ausdrucks, dessen Wert der Return-Code der Rücksetz-Aktion ist. Eine Rücksetz-Anweisung hat also z.B. die Form

rc = #MM_back X;

wobei X der Name eines MM-Elements im gleichen Teildialog sein muß, das im gegenwärtigen Dialogzustand rücksetzbar ist.

Zu den Returncodes sei bemerkt, daß der Fall, daß das bezeichnete Element im Teildialog nicht existiert oder zwar existiert, aber nicht als rücksetzbar spezifiziert ist, bereits vom PDG bei der Übersetzung abgefangen wird.

Returncodes:

RCMM_OK

RCMM_ELEM_NOTCOMPLETED – Das MM-Element wurde im Teildialog bis jetzt nicht inaktiv, d.h. es wurde entweder noch nicht aktiv oder es ist noch aktiv.

RCMM_BACK_NOTDIRECT – Das MM-Element kann erst nach dem Rücksetzen mindestens eines weiteren MM-Elements zurückgesetzt werden.

- ***#MM_undo (21):***
  Wenn die Aktion des MM-Elements rücksetzbar ist, kann hier ein C-Programmstück angegeben werden, das die Rücksetz-Operation für das MM-Element durchführt. Das Programmstück kann auch die leere Statementfolge sein, etwa wenn die zum MM-Element gehörige Aktion nur das Schreiben der Eingabedaten in einen Puffer vorsah und dieser Puffer nicht in seinen (unbedeutenden) Vor-Zustand gebracht zu werden braucht. Das Zurücksetzen von Vor- bzw. Nachbedingungen des PDM wird von diesem automatisch durchgeführt und ist nicht in die Undo-Statementfolge aufzunehmen.

  Das Fehlen der optionalen #MM_undo-Klausel (siehe Syntaxform 5) bedeutet, daß die Aktion nicht rücksetzbar ist.

  Nach dem Rücksetzen eines kompletten Teildialogs wird der aufrufenden Stelle ein entsprechender Return-Code zurückgegeben. Falls der Aufruf aus einem MM-Element eines anderen Teildialogs heraus geschah, kann dort über eine Fehler-Reaktion die Wiederholung eingeleitet werden.
- ***#MM_title (22):***
  Dies ist der Text, der vom PDM als Element-Überschrift in das MM-Schema (geschützt, d.h. nicht edierbar) eingefügt wird.
- ***#MM_title_ext (22):***
  Der Text, der bei Drücken der Help-Taste bzw. bei fehlerhaftem Ausfüllen eines MM-Elements zusätzlich (geschützt) in das MM-Schema aufgenommen wird. Falls das MM-Element mit der Fehler-Funktion *MM_fehl* reaktiviert ist, wird auch der mit dem *MM_fehl*-Aufruf mitgelieferte spezifische Fehlertext in das MM-Schema aufgenommen.
- ***#MM_length (23):***
  Beim Typ FMask die Angabe der Größe der edierbaren Eingabezone.
- ***#MM_default (23):***
  Die optionale Vorbesetzung der Eingabezone eines freien Maskenfeldes. Eine Änderung der Vorbesetzung durch das Werkzeug zur Dialogzeit, wie die Änderung der sonstigen in MM-Elementen enthaltenen Texte auch, ist mit gewöhnlichen C-Sprachmitteln zu bewerkstelligen. Man kann z.B. die vom PDM auszugebende Zeichenkette als (Werkzeug-) Variable halten und deren Wert über die Aktionen des Teildialogs verwalten.
- ***#MM_font (26):***
  Ermöglicht bei allen Textausgaben im MM-Schema die Wahl eines im System verfügbaren Fonts.
- ***#MM_altnames (27):***
  Hier folgt der (Pointer auf den) String, der lückenlos hintereinander sämtliche Alternativen enthält. Die Alternativen sind voneinander durch das "Ende-String"-Zeichen **\0** (ASCII 0) zu trennen. Sie können auch explizit als Zeichenkettenkonstanten, durch Komma getrennt, angegeben werden. In

diesem Fall (und nur in diesem) fügt der PDG die Ende-String-Zeichen von sich aus ein und ergänzt eine fehlende *#MM_altcount*-Angabe.

- ***#MM_altcount (28):***
  Anzahl der Alternativen eines MM-Elements vom Typ *Control*.
- ***#MM_altdefault (29):***
  Die (optionale) Voreinstellung der Alternative. Wenn keine Voreinstellung angegeben ist, dann gilt bei Menüs und bei kontrollierten Maskenfeldern *keine* Alternative, bei *ZUF*-Elementen die Alternative 0 als voreingestellt. Eine Voreinstellung außerhalb des Bereichs der gegebenen Alternativen wird ignoriert, ebenso wird die Angabe einer Voreinstellung bei einem Torten-Menü ignoriert.
- ***#MM_ignore (30):***
  Diese Option ist lediglich bei kontrollierten Maskenelementen (*MM_style = CMask*) von Bedeutung und wird bei den übrigen Darstellungs-Stilen nicht berücksichtigt.

  "*MM_ignore = yes*" bewirkt, daß bei der alphanumerischen Eingabe für das MM-Element Groß-/Kleinschreibung unberücksichtigt bleibt. Fehlt die *MM_ignore*-Option bei einem CMask-Element, so wird "*MM_ignore = no*" angenommen. Die Option ist, sofern sie vorhanden ist, zur Dialogzeit dynamisch durch das Werkzeug umschaltbar (etwa in Abhängigkeit davon, ob die Unterscheidung in Groß- und Kleinschreibung angesichts der vorhandenen Alternativen notwendig ist).
- ***#MM_event (31):***
  Hier folgt der Bezeichner eines Events. Da das Event erst zur Dialogzeit durch die Anmeldung beim *PRODIA*-Eventhandler (Kap. 3) einen Bezeichner zugeteilt bekommt, ist in der PDL-Beschreibung ein Ausdruck anzugeben, dessen Wert zur Dialogzeit diesen Bezeichner liefert. Das Event wird vom Benutzer ausgelöst und vom Eventhandler an den PDM gemeldet.
- ***#MM_message (32):***
  Die Angabe des Meldungstextes bei MM-Elementen vom Typ MeldF.
- ***MM_fehl:***
  Diese und weitere Dialogzeit-Funktionen sind in der C-Schnittstelle (Anh. 7) beschrieben.

Eine werkzeugseitige Initialisierung eines Teildialogs vor Beginn des ersten Dialogschrittes wird durch ein MM-Element vom Typ *HA* (Hintergrund-Aktion) mit der Vorbedingung 1 (d.h. *ohne* Vorbedingung) erreicht. Das Programmstück zur Initialisierung wird in die Aktion dieses MM-Elements aufgenommen, auch das Setzen einer initialen Bedingungskonstellation für den Teildialog kann hier erfolgen.

Mit den PDL-Sprachmitteln sind neben der Spezifikation von Dialogen unter externer Kontrolle auch alle Zwischenstufen bis hin zu reiner interner Kontrolle (Kap. 1.2) programmierbar. In letzterem Fall enthält ein Teildialog für jede Dialogfrage ein MM-Element ohne Vorbedingung (d.h. 1) und eine Aktion, die lediglich die Übergabe der Benutzereingabe an das Werkzeug bewerkstelligt.

6 Organisationsfunktionen und -werkzeuge

6.0 Allgemeines

Neben den *PRODIA*-Hauptkomponenten gibt es eine Reihe von ergänzenden Standard-Dienstfunktionen, die werkzeugübergreifend oder werkzeugunabhängig zur Funktionalität von *PRODIA* beitragen. Im Folgenden wird eine Liste solcher Funktionen aufgeführt; einige gehören zur *PRODIA*-Implementierung, andere werden nur skizziert. Die Liste ist grundsätzlich erweiterbar. Dabei gibt es einen fließenden Übergang zwischen solchen Funktionen, die in *PRODIA* integriert sind und solchen, die als eigenständige Werkzeuge auf *PRODIA* aufbauen.

6.1 Der Werkzeugaufruf

Während einer *PROSYT*-Sitzung ist das *Start-Menü* permanent verfügbar. Dieses Menü enthält für jedes startbare *PROSYT*-Werkzeug ein Alternativen-Teilfeld, durch dessen Selektion es gestartet wird. Um der Einheitlichkeit des Aufrufs willen ist mit dem Start die vorab mit der Verwaltungskomponente (Kap. 6.2) definierte Default-Parametrierung des zu startenden Werkzeugs verbunden. Eine abweichende Parametrierung muß durch Bedienung des Werkzeugs nach dessen Start, ggf. über eine Kommandofolge, geschehen.

Mit dem Werkzeugstart ist von *PRODIA*-Seite implizit keinerlei Zuordnung eines Windows verbunden. Die Einrichtung und Schließung von Werkzeug-Windows muß durch entsprechende Werkzeugaufrufe (z.B. *win_openinteractive*) vom Werkzeug selbst angestoßen werden. Der mehrfache Start eines Werkzeugs ist möglich.

6.2 Integration der *PROSYT*-Werkzeuge

Das Einfügen eines neuen Werkzeugs in ein bestehendes *PROSYT*-System soll sich möglichst einfach gestalten, vorausgesetzt, daß das Werkzeug an die Werkzeugschnittstellen des *PROSYT*-Systems angepaßt ist. Im *PROSYT*-Rahmen-System gibt es eine Verwaltungs-Komponente, die sich nach außen selbst wie ein Werkzeug darstellt und die dialoggesteuert das Integrieren sowie die

Default-Parametrierung für den Werkzeugstart durchführt. Mit der Integration wird das Werkzeug in das Start-Menü als Alternative aufgenommen (Kap. 6.1). Das Entfernen eines Werkzeugs aus dem *PROSYT*-System wird ebenfalls durch die Verwaltungskomponente vorgenommen.

6.3 Integration von UNIX-Werkzeugen

Die unterhalb *PRODIA* liegende UNIX-Kommando-Ebene wird von *PRODIA* wie *ein PROSYT*-Werkzeug behandelt. Bei Selektion des UNIX-Teilfeldes im Start-Menü (Kap. 6.1) wird von *PRODIA* ein Window geöffnet und in diesem eine interaktive Shell mit einer Terminal-Emulation gestartet. Innerhalb dieser Shell kann der Benutzer die UNIX-Kommandos aufrufen. Das Kommando *exit* beendet diese Shell. Anschließend wird von *PRODIA* das zugehörige Window wieder geschlossen. Für die Terminal-Emulation wird der im X-Window-System enthaltene Terminal-Emulator (*xterm*) für das DEC VT102-Terminal durchgereicht.

Auch der Anschluß von Werkzeugen, die eine Ein-/Ausgabe auf ein alphanumerisches Terminal dieses Standard-Typs vorsehen, wird durch die Terminal-Emulation ohne Umprogrammierung der Ein-/Ausgabe möglich. Der Werkzeugdialog wird in einem *PRODIA*-Window abgewickelt, das sich dem Werkzeug bzgl. Ein- und Ausgabe wie ein gewöhnlicher alphanumerischer Bildschirm darstellt. Beim Aufruf des Terminal-Emulators können eine Vielzahl von Parametern angegeben werden, die dann die Größe, Position und andere Attribute bestimmen [GNF-86].

6.4 Kommandofolgen

Zur Erledigung immer wiederkehrender Bedienungsabfolgen bieten sich *Compound-Kommandos* an, die von *PRODIA* auf mehrfache Weise unterstützt werden können:

- durch die Möglichkeit der Programmierung von *Funktionstasten*,
- durch die Möglichkeit der Programmierung "virtueller" Funktionstasten, d.h. Verbinden eines Compound-Kommandos mit einer Alternative eines von *PRODIA* auf dem Bildschirm bereitgehaltenen *Funktions-Menüs,*
- durch die Definition einer *PRODIA-Kommando-Sprache* für die Erstellung von Kommando-Prozeduren entsprechend den Shell-Prozeduren der UNIX-Welt.

Eine Schwierigkeit bei der Konzeption besteht darin, daß neben digitalen Eingaben (Tastendrucke, Kommandos) auch Zeige-Operationen mit der Maus bzw. den Cursor-Tasten mit einbezogen werden sollten, daß aber auf der anderen Seite die Wirkung eines Compound-Kommandos nicht von der zufälligen Konfiguration der Windows bzw. MM-Elemente auf dem Bildschirm abhängen darf.

Neben der Möglichkeit von Compound-Kommandos bietet auch alleine schon die *Kommando-Kettung* eine wertvolle Unterstützung des Benutzers: Er ist damit in der Lage, bei der Objektbehandlung während einer *PROSYT*-Sitzung seine Arbeits-*Schritt*weite seiner *Sicht*weite anzupassen. In dem Spezialfall, daß jedes Kommando ein einzelner Tastendruck ist, geht die Kommando-Kettung in die *Tasten-Pufferung* über.

6.5 Führen eines Bedienungsprotokolls

Bei komplexen, oder auch bei rechtlich bedeutsamen Bedienungsabläufen (etwa: Erstellung einer Lieferversion für einen Kunden) besteht oft das Bedürfnis nach einem Protokoll, in dem jeder Interaktionsschritt lückenlos, etwa in einer Datei, abgelegt wird. Dies ist im Prinzip die Aufgabe eines eigens für diesen Zweck zu schaffenden Werkzeugs, das jedoch ohne eine entsprechende Unterstützung durch das *PROSYT*-System nicht auskommt.

Problematisch ist die geforderte Lückenlosigkeit, die bei den nach dem heutigen Stand der Technik gebauten Systemen überwiegend nicht gegeben ist, da ein Protokoll-Mechanismus auch etwa

- den Wechsel eines Datenträgers,
- das Ausschalten der eigenen Protokollierung,
- das Abschalten von Geräten (etwa des Druckers) notieren muß.

6.6 Besondere Kommunikationsfunktionen

Entsprechend dem Konzept der gemischten Kontrolle (Kap. 1.2) wurde die Möglichkeit geschaffen, spezielle Funktionen anzustoßen, die nebenläufig zu der gewöhnlichen über die C-Schnittstelle abgewickelten Kommunikation zwischen Werkzeug und *PRODIA* einzelne Teilaufgaben erfüllen.

- In der Richtung vom Benutzer zum Werkzeug handelt es sich um Anschlüsse für zwei Dienste:
  - Eine globale Help- bzw. Zustandsauskunftsfunktion (*com_receive_help*), d.h. die Reaktion des Werkzeugs auf eine Hilfeanforderung oder Auskunftsanforderung während der Arbeit eines Werkzeugs. Diese Funktion ist von Bedeutung einerseits für nicht vornehmlich dialogbestimmte Werkzeuge (Simulationsprogramme,

Compiler, Binder etc.), andererseits für Werkzeuge, in die bereits ein zustandsabhängiges Hilfs- und Auskunftssystem integriert ist.

- Die Durchführung eines kontrollierten Abbruchs des Werkzeugs (*com_receive_break*).

Voraussetzung hierfür ist, daß das Werkzeug für einen entsprechenden Anschluß vorgesehen und aktiviert ist. Das Werkzeug wartet dann mit einem Subprozeß auf die Anforderung der Hilfs- bzw. Abbruch-Funktion durch den Benutzer.

Die Aufgabe von *PRODIA* besteht darin, dem Benutzer die Funktion durch Bereitstellung von Tasten etc. zu ermöglichen und die Anforderung an das Werkzeug weiterzugeben. Das Werkzeug reagiert in Abhängigkeit von seinem aktuellen Zustand eigenständig auf die Anforderung.

– In der anderen Richtung, vom Werkzeug zum Benutzer, können Alarmmeldungen (*com_send_message*) in ein spezielles Alarmfeld auf dem Bildschirm ausgegeben werden.

7 Schlußbemerkung

In dieser Beschreibung von *PRODIA* wurde das Schwergewicht auf die Darstellung der funktionalen Gliederung des Systems und auf das Zusammenspiel der Komponenten gelegt. Es wird deutlich, daß den *PROSYT*-Werkzeugen eine Realisierung ihrer Benutzungsoberfläche auf hohem Niveau ermöglicht werden soll. In dem folgenden Anhang, der die Werkzeug-Schnittstelle von *PRODIA* prozedural beschreibt, sind neben dem formalen Language-Binding an die Sprache C semantische Einzelheiten der Schnittstelle zu finden.

Anhang

C-Schnittstelle von *PRODIA*

Inhaltsverzeichnis

0 Für die Operationen benötigte Datenstrukturen

```
          /* prodia.h – header file for PRODIA functions */

      /* Include-File für die in PRODIA verwendeten Basistypen */
        /* U_INT, INT, CHAR, G_INT, ULONG, BOOLEAN, VOID */
#include <prodia/types.h>

             /* Typ für die Bezeichner von Frames */
typedef U_INT FRAME_ID;
#define ROOT_ID         0  /* Bezeichner für das Root-Frame */
#define FRM_NOMASK      1  /* Bezeichner, wenn keine Masken verwendet
                              werden sollen */

         /* Bezeichner für vordefinierte Hintergrundmuster */
#define SYS_WHITE          100001
#define SYS_GREY01         100002
#define SYS_GREY02         100003
#define SYS_GREY03         100004
#define SYS_GREY04         100005
   ...                     ...
#define SYS_GREY14         100015
#define SYS_BLACK          100016

             /* Typ für die Bezeichner der Frame-Typen */
typedef enum {
    FRT_TEXT,
    FRT_GRAPHIC,
    FRT_BITMAP,
    FRT_GRAYSCALE,
    FRT_PSEUDOCOLOR,
    FRT_DIRECTCOLOR,
} FRAME_TYPE;

                /* Typ für Frame-Koordinaten */
typedef INT FRAME_CO;
```

```
                    /* Typ für Frame-Längen */
typedef U_INT FRAME_LENGTH;

                    /* Typ für Frame-Punkte */
typedef struct {
    FRAME_CO        x;    /* x-Koordinate, Angabe in Pixel-Einheiten */
    FRAME_CO        y;    /* y-Koordinate, Angabe in Pixel-Einheiten */
} FRAME_POINT;

                    /* Typ für Frame-Rechtecke */
typedef struct {
    FRAME_CO        x;    /* x-Koordinate des Frame-Ursprungs */
    FRAME_CO        y;    /* y-Koordinate des Frame-Ursprungs */
    FRAME_LENGTH    h;    /* Höhe in Pixeln */
    FRAME_LENGTH    w;    /* Breite in Pixeln */
} FRAME_RECTANGLE;

        /* Typ für die Benutzung der gesamten Frame-Flächen */
#define FRU_ALL 1111

            /* Typ für die Bezeichner von Updatemodi */
typedef enum {
    UM_IMPLICIT,    /* implizites Update */
    UM_EXPLICIT,    /* explizites Update */
} UPDATE_MODE;

                    /* Rastertypen */
        /* Typ für die Spezifikation von Matrixausschnitten */
typedef struct {
    U_INT           startx;
    U_INT           starty;
    U_INT           dx;
    U_INT           dy;
} RANGE;
```

```
                    /* Typ für Spezifikation von S/W in Bitmaps */
typdef enum {
    BIT_WHITE,
    BIT_BLACK,
} BITMAP_COLOR;

                              /* Typ für Indices */
typedef ULONG INDEX;
#define INDEX_MAX          0x FFFFFFFF
#define INDEX_MIN          0x 00000000

                              /* Typ für Farbwerte */
typedef ULONG COLORVAL;

                    /* Typ für Auswahl von Farbwerten */
typedef struct {
    unsigned red           :1;
    unsigned green         :1;
    unsigned blue          :1;
} COLOR_MATCH;

               /* Typ für die Spezifikation von RGB-Farben */
typedef struct {
    COLORVAL               red;
    COLORVAL               green;
    COLORVAL               blue;
    COLOR_MATCH            match;
} RGB_COLORVALUE;

               /* Typ für die generelle Angabe von Farben */
typedef union {
    BITMAP_COLOR           bitmap;
    COLORVAL               gray_scale;
    RGB_COLORVALUE         rgb_color;
} COLOR;
```

```
        /* Typ für die Übergabe von RGB-Farbindices */
typedef struct {
    INDEX               red;
    INDEX               green;
    INDEX               blue;
    COLOR_MATCH         match;
} RGB_COLORINDEX;

        /* Typ für die Übergabe von Farbindices */
typedef union {
    BITMAP_COLOR        bitmap;
    INDEX               gray_scale;
    INDEX               pseudo_color;
    RGB_COLORINDEX      direct_color;
} COLOR_INDEX;

        /* Typ für die Spezifikation von Formaten */
typedef enum {
    FOR_XYBITMAP,
    FOR_ZFORMAT,
    FOR_XYFORMAT,
} FORMAT;

        /* Typ für die Spezifikation von Ordnungen */
typedef enum {
    ORD_LEAST_SIGNIFICANT,
    ORD_MOST_SIGNIFICANT,
} ORDER;

        /* Typ für die Angabe von Bitmap-Ebenen */
typedef struct {
    INDEX               gray_scale;
    INDEX               pseudo_color;
    RGB_COLORINDEX      direct_color;
} INDEX_MASK;
```

```
                    /* Typ für die Übergabe von Images */
typedef struct {
    FRAME_TYPE  raster_type;
    FORMAT      format;
    U_INT       units_per_raw;
    U_INT       bits_per_unit;
    U_INT       index_size;                  /* only FOR_XYFORMAT */
    U_INT       raws_per_plane;              /* not FOR_XYFORMAT */
    U_INT       nplanes;                     /* not FOR_XYFORMAT */
    ORDER       bits_in_units_order;         /* not FOR_XYFORMAT */
    ORDER       units_in_raw_order;
    ORDER       raws_in_plane_order;
    PLANE_MASK  *plane_masks;                /* only FOR_ZFORMAT */
} IMAGE_FORMAT;

              /* Typ für die Größenangabe von Farbtabellen */
typedef U_INT COLOR_MAP_SIZE;

                      /* Typ für Schreibmodi */
typedef INT WRITE_MODE;
#define GF_CLEAR            0x0    /* 0 */
#define GF_AND              0x1    /* src AND dst */
#define GF_ANDREVERSE       0x2    /* src AND NOT dst */
#define GF_COPY             0x3    /* src */
#define GF_ANDINVERTED      0x4    /* NOT src AND dst */
#define GF_NOOP             0x5    /* dst */
#define GF_XOR              0x6    /* src XOR dst */
#define GF_OR               0x7    /* src OR dst */
#define GF_NOR              0x8    /* NOT src AND NOT dst */
#define GF_EQUIV            0x9    /* NOT src XOR dst */
#define GF_INVERT           0xA    /* NOT dst */
#define GF_ORREVERSE        0xB    /* src OR NOT dst */
#define GF_COPYINVERTED     0xC    /* NOT src */
#define GF_ORINVERTED       0xD    /* NOT src OR dst */
#define GF_NAND             0xE    /* NOT src OR NOT dst */
#define GF_SET              0xF    /* 1 */
```

```
              /* Typen für die Bezeichner von Text-Identifikatoren */
typedef INT BLOCK_ID;        /* Block Identifikation */
typedef INT BOX_ID;          /* Box Identifikation */
typedef INT FONT_ID;         /* Font Identifikation */

                      /* Standardwert für Font_id */
#define SYSTEMFONT           0

              /* Typ für die Ausrichtung einer Graphik Box */
typedef enum {
    BOX_LEFT,                /* Box am linken Rand */
    BOX_RIGHT,               /* Box am rechten Rand */
    BOX_CENTER,              /* Box in der Mitte */
    BOX_TEXTRIGHT,           /* Box mit Text am rechten Rand */
    BOX_TEXTLEFT,            /* Box mit Text am linken Rand */
} BOX_ALIGNMENT;

              /* Typ für das Auftreten eines Überlaufs */
typedef enum {
    WR_NOCUT,                /* kein Überlauf */
    WR_CUT,                  /* Auftritt eines Überlaufs */
} CUT_STATE;

                 /* Typ für die Cursor-Sichtbarkeit */
typedef enum {
    CU_ON,                   /* Der Text-Cursor ist sichtbar */
    CU_OFF,                  /* Der Text-Cursor ist nicht sichtbar */
} CU_VISIBILITY;

              /* Typ für die Codierung des Schriftbildes */
typedef struct {
    unsigned    book        :1;    /* normal: Schriftstärke und Schriftstil */
    unsigned    underline   :1;    /* Unterstreichung in Kombination mit
                                      den Ausprägungen für Schriftstil und
                                      Schriftstärke */
    unsigned    bold        :1;    /* fett */
    unsigned    italic      :1;    /* kursiv */
    unsigned    bold italic :1;    /* kursiv und fett */
} FACE_CODE;
```

```
                        /* Typ für die Font-Art */
typedef enum {
    FIXT_FIXFONT,           /* Äquidistanz-Font */
    FIXT_PROPFONT,          /* Proportional-Font */
} FIX_TYP;

        /* Typ für die Bezeichner der Art der Zeilenformatierung */
typedef enum {
    FOP_L_ALIGN,            /* linksbündig */
    FOP_R_ALIGN,            /* rechtsbündig */
    FOP_CENTER,             /* Textzeile zentriert */
    FOP_BLOCK,              /* Textzeile im Blocksatz */
    FOP_COMPRESS,           /* Längen von Leerzeichen reduzieren */
} FORMAT_OP;

              /* Typ für die Anzeigeart von Textblöcken */
typedef enum {
    HIGHLIGHT_ON,           /* Hervorhebung ist eingeschaltet */
    HIGHLIGHT_OFF,          /* Hervorhebung ist ausgeschaltet */
} HIGHLIGHT_MODE;

                        /* Typ für Schreibmodi */
typedef enum {
    INS_ON,                 /* Einfüge-Modus */
    INS_OFF,                /* Überschreibe-Modus */
} INS_MODE;

        /* Typ für die Modi zur Anpassung des Zeilenabstandes */
typedef enum {
    VS_IMPLICIT,            /* implizite Angleichung */
    VS_EXPLICIT,            /* explizite Abstandsangabe auswerten */
} VS_MODE;
```

```
                /* Typ der Datenstruktur für Character-Attribute */
typedef struct {
    FONT_ID         font;             /* Font-Identifikation */
    FACE_CODE       facecode;         /* Schriftbild */
    FRAME_LENGTH    charpad;          /* Zeichenabstand */
    FRAME_LENGTH    space;            /* Länge des Leerzeichens */
} CH_ATT;
                        /* Typ der Textzellen */
typedef struct {
    U_INT           line;             /* Nummer der Zeile */
    U_INT           column;           /* Nummer der Spalte */
} TEXT_CELL;

        /* Typ der Datenstruktur für den Rückgabeparameter bei
                        Schreiboperationen */
typedef struct {
    CUT_STATE       state;            /* Klippanzeiger */
    BOOLEAN         breakfunccall;    /* enthält den Wert TRUE, wenn
                                         PRODIA eine Umbruchroutine
                                         aufgerufen hat */
    TEXT_CELL       textcell;         /* Zeichenposition, ab der die
                                         Ausgabe abgeschnitten wird */
} CUT_COND;

            /* Typ der Datenstruktur für Font-Informationen */
typedef struct {
    FONT_ID         font;             /* Font-Identifikation */
    FACE_CODE       facecode;         /* Schriftbild */
    FRAME_LENGTH    height;           /* Höhe der Zeichenbox */
    FRAME_LENGTH    width;            /* durchschnittliche Breite */
    FRAME_LENGTH    baseline;         /* Höhe der Grundlinie */
    FIX_TYP         fix_typ;          /* Anzeige Proportionalschrift */
    U_INT           chars;            /* Anzahl der Zeichen im Font */
    CHAR            firstchar;        /* erstes und ... */
    CHAR            lastchar;         /* ... letztes Zeichen im Font */
    FRAME_LENGTH    vs;               /* Standard-Zeilenabstand */
} FONT_INFO;
```

/* Typ der Datenstruktur für Zeilenattribute */

```
typedef struct {
    FRAME_CO        lmargin;        /* linker Zeilenrand */
    FRAME_CO        rmargin;        /* rechter Zeilenrand */
    FRAME_LENGTH    vertspace;      /* Zeilenabstand */
} LINE_ATT;
```

/* Cursor-Bewegungen, Makros für Positionen von Textzellen */

```
#define    CU_EOW          0xFFFF0011L   /* Ende eines Wortes */
#define    CU_BOW          0xFFFF0021L   /* Anfang eines Wortes */
#define    CU_EOL          0xFFFF0041L   /* Ende der Zeile */
#define    CU_BOL          0xFFFF0081L   /* Anfang der Zeile */
#define    CU_EOFRM        0xFFFF0101L   /* Ende des Frames */
#define    CU_BOFRM        0xFFFF0201L   /* Anfang des Frames */
#define    CU_RIGHT        0xFFFF0401L   /* rechts */
#define    CU_LEFT         0xFFFF0801L   /* links */
#define    CU_UP           0xFFFF1001L   /* hoch */
#define    CU_DOWN         0xFFFF2001L   /* runter */
#define    CU_BPREVIOUSLN  0xFFFF4001L   /* Beginn der
                                            vorangehenden Zeile */
#define    CU_BNEXTLN      0xFFFF8001L   /* Beginn der
                                            nachfolgenden Zeile */
```

/* Typ der Datenstruktur für die Text-Attributschalter */

```
typedef struct {
    FONT_ID         font;           /* Font */
    FACE_CODE       facecode;       /* Schriftbild */
    FRAME_LENGTH    charpad;        /* Zeichenabstand */
    FRAME_LENGTH    space;          /* Länge eines Leerzeichens */
    FRAME_CO        lmargin;        /* linker Zeilenrand */
    FRAME_CO        rmargin;        /* rechter Zeilenrand */
    FRAME_LENGTH    vertspace;      /* Zeilenabstand */
    INS_MODE        insert_mode;    /* Einfügemodus */
    VS_MODE         vs_mode;        /* Zeilenabstandsmodus */
    void            (*breakfunc)( ); /* Zeiger auf die Umbruchs-
                                        funktion */
} TXT_SWITCHES;
```

```
                    /* Typ für das Windowattributebündel */
typedef struct {
    unsigned        title           :1;
    unsigned        move            :1;
    unsigned        size            :1;
    unsigned        vertscroll      :1;
    unsigned        horzscroll      :1;
    unsigned        listener        :1;
    unsigned        nolistener      :1;
    unsigned        iconize         :1;
    unsigned        deiconize       :1;
} WIN_ATT;

                    /* Typ für die Bezeichner der Event-Klassen */
typedef U_INT EVENT_CLASS_ID;

                /* festgelegte Bezeichner für Windowevent-Klassen */
#define WINDOW_MOVE             1
            /* Bezeichner für Typ EVENT_CLASS_WINDOW_MOVE */
#define WINDOW_SIZE             2
            /* Bezeichner für Typ EVENT_CLASS_WINDOW_SIZE */
#define WINDOW_SCROLLVERT       3
            /* Bezeichner für Typ EVENT_CLASS_VERT_SCROLLBAR */
#define WINDOW_SCROLLHORZ       4
            /* Bezeichner für Typ EVENT_CLASS_HORZ_SCROLLBAR */
#define WINDOW_LISTENER         5
            /* Bezeichner für Typ EVENT_CLASS_WINDOW_LISTENER */
#define WINDOW_NOLISTENER       6
            /* Bezeichner für Typ EVENT_CLASS_WINDOW_NOLISTENER */
#define WINDOW_ICONIZE          7
            /* Bezeichner für Typ EVENT_CLASS_WINDOW_ICONIZE */
#define WINDOW_DEICONIZE        8
            /* Bezeichner für Typ EVENT_CLASS_WINDOW_DEICONIZE*/
```

```
        /* Aufzählungstyp für die Bezeichner der Event-Klassentypen */
typedef enum {
    EVENT_CLASS_KEY,
    EVENT_CLASS_POSITION,
    EVENT_CLASS_PICK,
    EVENT_CLASS_DRAG_START,
    EVENT_CLASS_DRAG_END,
    EVENT_CLASS_WINDOW_MOVE,
    EVENT_CLASS_WINDOW_SIZE,
    EVENT_CLASS_VERT_SCROLLBAR,
    EVENT_CLASS_HORZ_SCROLLBAR,
    EVENT_CLASS_WINDOW_LISTENER,
    EVENT_CLASS_WINDOW_NOLISTENER,
    EVENT_CLASS_WINDOW_ICONIZE,
    EVENT_CLASS_WINDOW_DEICONIZE,
} EVENT_CLASS_TYPE;

        /* Datenstrukturen für Event-Klasse und Event vom Typ Key */
typedef U_INT KEYCODE;

typedef struct {
    KEYCODE             from;
    KEYCODE             to;
} KEY_CLASS_SPEC;

typedef KEYCODE KEY_EVENT;

              /* Typ für die Größenangabe von Polygonen */
typedef U_INT POLYGON_SIZE;

        /* Datenstrukturen für Event-Klasse und Event vom Typ Position */
typedef struct {
    POLYGON_SIZE        polygon_size;
    FRAME_POINT         *polygon;
} POSITION_CLASS_SPEC;

typedef FRAME_POINT POSITION_EVENT;
```

```
        /* Datenstrukturen für Event-Klasse und Event vom Typ Pick */
typedef struct {
    POLYGON_SIZE            polygon_size;
    FRAME_POINT             *polygon;
} PICK_CLASS_SPEC;

typedef struct {
    FRAME_TYPE              frame_type;
    union {
        FRAME_POINT         frame_point;
        TEXT_CELL           textcell;
        G_INT               segment_id;
    } location;
} PICK_EVENT;

        /* Datenstrukturen für Event-Klasse und Event vom Typ Drag-Start */
typedef struct {
    POLYGON_SIZE            polygon_size;
    FRAME_POINT             *polygon;
} DRAG_START_CLASS_SPEC;

typedef struct {
    FRAME_TYPE              frame_type;
    union {
        FRAME_POINT         frame_point;
        TEXTCELL            textcell;
        G_INT               segment_id;
    } location;
} DRAG_START_EVENT;

        /* Datenstrukturen für Event-Klasse und Event vom Typ Drag-End */
typedef struct {
    FRAME_ID                    window_id;
    POLYGON_SIZE                polygon_size;
    FRAME_POINT                 *polygon;
} DRAG_END_CLASS_SPEC;

typedef struct {
    FRAME_ID                    window_id;
    FRAME_POINT                 drag_end_position;
} DRAG_END_EVENT;
```

```
/* Datenstrukturen für Event-Klasse und Event vom Typ WINDOW_MOVE */
typedef FRAME_RECTANGLE WINDOW_MOVE_SPEC;
typedef FRAME_POINT WINDOW_MOVE_EVENT;

/* Datenstrukturen für Event-Klasse und Event vom Typ WINDOW_SIZE */
typedef FRAME_RECTANGLE WINDOW_SIZE_SPEC;
typedef FRAME_POINT WINDOW_SIZE_EVENT;

/* Datenstrukturen für Event-Klasse und Event vom Typ
   WINDOW_SCROLLVERT und WINDOW_SCROLLHORZ */
typedef INT SCROLL_SIZE;  /* Typ für Größenangaben eines Scrollbars */
typedef INT REL_POS;      /* Typ für die Position eines Scrollbars */

/* Typ für die Beschreibung eines Scrollbars */
typedef struct {
    SCROLL_SIZE    sizeall;   /* Größe des virtuellen Frames */
    SCROLL_SIZE    sizewin;   /* Größe des dargestellten Ausschnittes */
    REL_POS        rel_pos;   /* Relative Position des Ausschnittes im
                                 Frame */
} SCROLLBAR_CLASS_SPEC;

typedef FRAME_CO SCROLLBAR_EVENT,

/* Für die Event-Klassentypen WINDOW_LISTENER und
WINDOW_NOLISTENER gibt es keine Datenstrukturen */

/* Datenstrukturen für Event-Klasse und Event vom Typ WINDOW_ICONIZE */
typedef struct {
    FRAME_ID                 raster_id;
    FRAME_RECTANGLE          iconize_sector;
} WINDOW_ICONIZE_SPEC;

typedef FRAME_POINT WINDOW_ICONIZE_EVENT;

/* Datenstrukturen für Event-Klasse und Event vom Typ
   WINDOW_DEICONIZE */
typedef FRAME_RECTANGLE WINDOW_DEICONIZE_SPEC;
typedef FRAME_POINT WINDOW_DEICONIZE_EVENT;
```

```
                /* Typ für die generelle Event-Klassenspezifikation */
typedef union {
    KEY_CLASS_SPEC              key_class_spec;
    POSITION_CLASS_SPEC         position_class_spec;
    PICK_CLASS_SPEC             pick_class_spec;
    DRAG_START_CLASS_SPEC       drag_start_class_spec;
    DRAG_END_CLASS_SPEC         drag_end_class_spec;
    WINDOW_MOVE_SPEC            window_move_class_spec;
    WINDOW_SIZE_SPEC            window_size_class_spec;
    SCROLLBAR_CLASS_SPEC        scrollbar_class_spec;
    WINDOW_ICONIZE_SPEC         window_iconize_class_spec;
    WINDOW_DEICONIZE_SPEC       window_deiconize_class_spec;
} EVENT_CLASS_SPEC;

                /* Typ für die generelle Event-Datenstruktur */
typedef union {
    KEY_EVENT                   key_event;
    POSITION_EVENT              position_event;
    PICK_EVENT                  pick_event;
    DRAG_START_EVENT            drag_start_event;
    DRAG_END_EVENT              drag_end_event;
    WINDOW_MOVE_EVENT           window_move_event;
    WINDOW_SIZE_EVENT           window_size_event;
    SCROLLBAR_EVENT             scrollbar_event;
    WINDOW_ICONIZE_EVENT        window_iconize_event;
    WINDOW_DEICONIZE_EVENT      window_deiconize_event;
} EVENT_DATA;

                /* Typ für die PRODIA-Returncodes */
typedef enum {
    RCADM_NOINIT,                   RCADM_INIT,
    RCADM_COULDNOTOPEN,             RCADM_MEMORYOVERFLOW,
    RCADM_NOPRODIAPOINTER,          RCADM_UNKNOWNRETCODE,
    RCADM_OK,

    RCFRM_NOINIT,                   RCFRM_MEMORYOVERFLOW,
    RCFRM_UNKNOWNFRAMEID,           RCFRM_BADFRAMEID,
    RCFRM_WINONFRAME,               RCFRM_BADTYPE,
    RCFRM_BADUPDATEMODE,            RCFRM_BADDESC,
```

```
RCFRM_BADSECTOR,                RCFRM_BADFRAMEPOS,
RCFRM_UNKNOWNFRAMEFILE,         RCFRM_BADFRAMEFILE,
RCFRM_FRAMEFILEXISTS,           RCFRM_UPDATEMODEIMPLICIT,
RCFRM_BADREFPOINT,              RCFRM_UNKNOWNPATTERNID,
RCFRM_BADPATTERNID,             RCFRM_NORASTERFRAME,
RCFRM_NOMOREFRAMES,             RCFRM_LASTFRAME,
RCFRM_NOFRAME,                  RCFRM_INCOMPATIBLETYPES,
RCFRM_GKSINTOGKS,               RCFRM_POM_CONTENTS_IN_USE,
RCFRM_POM_DB_NOT_OPEN,          RCFRM_POM_INTERNAL_ERROR,
RCFRM_POM_LOCK_CONFLICT,        RCFRM_POM_NO_CONTENTS,
RCFRM_POM_NO_RIGHT,             RCFRM_POM_OBJECT_NOT_VISIBLE,
RCFRM_POM_NO_SPACE,             RCFRM_POM_OBJECT_OFFLINE,
RCFRM_POM_OBJECT_RELEASED,      RCFRM_POM_OBJECT_UNKNOWN,
RCFRM_POM_SYSTEM_ERROR,         RCFRM_POM_WRONG_OPENMODE,
RCFRM_OK,

RCRST_NOINIT,                   RCRST_MEMORYOVERFLOW,
RCRST_UNKNOWNFRAMEID,           RCRST_BADFRAMEID,
RCRST_UNKNOWNSECTOR,            RCRST_BADSECTOR,
RCRST_UNKNOWNDESTPOSITION,      RCRST_BADPOSITION,
RCRST_NORASTERFRAME,            RCRST_UNKNOWNSOURCEID,
RCRST_BADSOURCED,               RCRST_UNKNOWNDESTINATIONID,
RCRST_BADWRITEMODE,             RCRST_UNKNOWNMASKID,
RCRST_BADMASKID,                RCRST_UNKNOWNMASKPOSITION,
RCRST_BADMASKPOSITION,          RCRST_UNKNOWNWINDOWID,
RCRST_BADWINDOWID,              RCRST_NOWINONFRAMEID,
RCRST_BADREFPOINT,              RCRST_DRAGPLANEINUSE,
RCRST_BADFRAMEPOSITION,         RCRST_UNKNOWNDESTPOSITION,
RCRST_BADDESTPOSITION,          RCRST_UNKNOWNSECTOR,
RCRST_BADSECTOR,                RCRST_BADWRITEMODE,
RCRST_UNKNOWNWINDOWID,          RCRST_BADWINDOWID,
RCRST_NOWINONWINDOWID,          RCRST_MEMORYOVERFLOW,
RCRST_UNKNOWNPOSITION,          RCRST_BADPOSITION,
RCRST_BADCOLOR,                 RCRST_BADCOLORNAME,
RCRST_BADINDEX,                 RCRST_BADTOOLCOLOR,
RCRST_UNKNOWNDISPLAYID,         RCRST_BADDISPLAYID,
RCRST_BADFORMAT,                RCRST_BADIMAGE,
RCRST_BADRANGE,                 RCRST_OK,
```

RCTXT_BADALIGN, RCTXT_BADBLOCKID,
RCTXT_BADBOXALIGNMENT, RCTXT_BADBOXID,
RCTXT_BADBOXRECTANGLE, RCTXT_BADBREAKFUNC,
RCTXT_BADCHARPAD, RCTXT_BADDESTFRAME,
RCTXT_BADDESTFRAMETYPE, RCTXT_BADENDPOS,
RCTXT_BADFACECODE, RCTXT_BADFONTID,
RCTXT_BADFRAMEID, RCTXT_BADFRAMEPOINT,
RCTXT_BADFRAMETYPE, RCTXT_BADHIGHLIGHTMODE,
RCTXT_BADINSERTMODE, RCTXT_BADLENGTH,
RCTXT_BADLINE, RCTXT_BADLMARGIN,
RCTXT_BADN, RCTXT_BADRMARGIN,
RCTXT_BADSPACE, RCTXT_BADSTARTPOS,
RCTXT_BADTABLIST, RCTXT_BADTEXTCELL,
RCTXT_BADVERTSPACE, RCTXT_BADVISIBILITY,
RCTXT_BADVSMODE, RCTXT_BASKETEXISTS,
RCTXT_FONTNOTLOAD, RCTXT_FACECODENOSUPPORT,
RCTXT_LASTBLOCK, RCTXT_LASTBOX,
RCTXT_MEMORYOVERFLOW, RCTXT_NOBASKETEXISTS,
RCTXT_NOBLOCK, RCTXT_NOBOX,
RCTXT_NOENDPOS, RCTXT_NOFURTHERBLOCK,
RCTXT_NOFURTHERBOX, RCTXT_NOINIT,
RCTXT_NOJUMP, RCTXT_NOTABLINEEXISTS,
RCTXT_NOTEXTCELLMATCH, RCTXT_NOENDPOS,
RCTXT_STRINGNOTFOUND, RCTXT_TABLINEEXISTS,
RCTXT_TEXTCELLNOTINBLOCK, RCTXT_UNKNOWNBLOCKID,
RCTXT_UNKNOWNBOXID, RCTXT_UNKNOWNDESTFRAME,
RCTXT_UNKNOWNENDPOS, RCTXT_UNKNOWNFACECODE,
RCTXT_UNKNOWNFONTID, RCTXT_UNKNOWNFRAMEID,
RCTXT_UNKNOWNFRAMEPOINT, RCTXT_UNKNOWNHIGHLIGHTMODE,
RCTXT_UNKNOWNLENGTH, RCTXT_UNKNOWNLINE,
RCTXT_UNKNOWNMARGINS, RCTXT_UNKNOWNSPACE,
RCTXT_UNKNOWNPOINT, RCTXT_UNKNOWNSTARTPOS,
RCTXT_UNKNOWNTEXTCELL, RCTXT_UNKNOWNVERTSPACE,
RCTXT_OK,

RCWIN_COULDNOTOPEN, RCWIN_BADFROM,
RCWIN_BADTO, RCWIN_BADPOINTIN,
RCWIN_UNKNOWNFROM, RCWIN_UNKNOWNTO,

```
    RCWIN_POINTIN,                RCWIN_MEMORYOVERFLOW,
    RCWIN_WINDOWEXISTS,           RCWIN_WINDOWMAX,
    RCWIN_UNKNOWNPARENT,          RCWIN_BADPARENT,
    RCWIN_UNKNOWNCHILD,           RCWIN_BADCHILD,
    RCWIN_NOCHILD,                RCWIN_BADDESC,
    RCWIN_NOFURTHERCHILD,         RCWIN_ROOTFRAME,
    RCWIN_LASTCHILD,              RCWIN_UNKNOWNFRAMEID,
    RCWIN_BADFRAMEID,             RCWIN_NOWINONFRAMEID,
    RCWIN_BADTITLE,               RCWIN_BADREFPOINT,
    RCWIN_BADATTRIBUTES,          RCWIN_BADHORZSCROLLBAR,
    RCWIN_BADVERTSCROLLBAR,       RCWIN_CHILDFRAMESEXIST,
    RCWIN_BADDIRECTION,           RCWIN_NOWINONPARENT,
    RCWIN_NOWINONCHILD,           RCWIN_WRONGPARENT,
    RCWIN_NOWINONTO,              RCWIN_NOINIT,
    RCWIN_NOWINONFROM,            RCWIN_OK,

    RCEVN_NOINIT,                 RCEVN_MEMORYOVERFLOW,
    RCEVN_UNKNOWNCLASSID,         RCEVN_BADCLASSID,
    RCEVN_NOCLASS,                RCEVN_LASTCLASS,
    RCEVN_NOFURTHERCLASS,         RCEVN_BADCLASSTYPE,
    RCEVN_UNKNOWNWINDOWID,        RCEVN_BADWINDOWID,
    RCEVN_BADCLASSSPEC,           RCEVN_CLASSISENABLE,
    RCEVN_CLASSISDISABLE,         RCEVN_EVENTHANDLERISSTARTED,
    RCEVN_EVENTHANDLERISSTOPPED, RCEVN_STARTFAILED,
    RCEVN_NOSTART,                RCEVN_OK,

    RCMM_BREAK_TOOL,              RCMM_BREAK_USER,
    RCMM_BREAK_UNDO,              RCMM_NO_ICON,
    RCMM_MULT_COND,               RCMM_COND_INCONS,
    RCMM_COND_UNUSED,             RCMM_ELEM_NOTCOMPLETED,
    RCMM_BACK_NOTDIRECT,          RCMM_COND_LEFT,
    RCMM_NO_ACTION,               RCMM_NO_DIALOG,
    RCMM_OK,

    RCCOM_IS_ENABLED,             RCCOM_IS_DISABLED,
    RCCOM_OK,
} RCPRODIA;
```

```
        /* Include-File für PRODIA-interne Datenstrukturen */
#include <prodia/intern.h>

        /* Include-File für die extern-Deklaration der PRODIA-Funktionen */
#include <prodia/headers.h>
```

1 Administratoroperationen

1.0 *adm_init_prodia* - *initialize PRODIA*

- initialisiert *PRODIA* (für eine Anwendung).

Schnittstelle:

RCPRODIA *adm_init_prodia ( )*

Wirkung:

PRODIA wird für die aufrufende Anwendung initialisiert.

Returncodes:

RCADM_OK

RCADM_INIT - *PRODIA* ist bereits initialisiert.

RCADM_MEMORYOVERFLOW - Speicherüberlauf.

1.1 *adm_term_prodia* - *terminate PRODIA*

- meldet ein Werkzeug bei *PRODIA* ab.

Schnittstelle:

RCPRODIA *adm_term_prodia ( )*

Wirkung:

Das Werkzeug meldet sich bei *PRODIA* ab. Ressourcen, die für das Werkzeug verwaltet werden (wie z.B. Frames, Windows, Events), werden dabei von *PRODIA* geschlossen bzw. entfernt.

Returncodes:

RCADM_NOINIT, RCADM_OK

1.2 *adm_free* - *free memory*

- gibt einen von *PRODIA* angelegten Speicherbereich frei.

Schnittstelle:

RCPRODIA *adm_free (pointer)*

```
    VOID    *pointer;    /* in */
```

Wirkung:

Erfragt ein Werkzeug Daten unbestimmter Größe (insb. Zeichenketten), so legt *PRODIA* einen passenden Speicherbereich an und schreibt diese Daten hinein. Das Werkzeug erhält einen Zeiger auf diesen Bereich und kann auf ihm arbeiten. Werden die Bereiche nicht mehr benötigt, so werden sie mit *adm_free* freigegeben. *pointer* ist ein Zeiger auf einen von *PRODIA* angelegten Speicherbereich.

Returncodes:

RCADM_NOINIT, RCADM_OK

RCADM_NOPRODIAPOINTER – *pointer* zeigt nicht auf einen von *PRODIA* angelegten Speicherbereich.

1.3 *adm_getrctext* - *get error text from returncode*

- liefert einen Fehlertext.

Schnittstelle:

RCPRODIA *adm_getrctext (returncode, errortext)*

```
    RCPRODIA  returncode;     /* in */
    CHAR      **errortext;    /*out */
```

Wirkung:

In *errortext* wird ein Verweis auf eine von *PRODIA* dem Werkzeug zur Verfügung gestellte Zeichenkette übergeben, in der der zu *returncode* gehörige Fehlertext steht. Wird dieser nicht mehr benötigt, so kann die Zeichenkette mit *adm_free* freigegeben werden.

Returncodes:

RCADM_NOINIT, RCADM_OK

RCADM_BADRETCODE – Der Returncode *returncode* ist kein *PRODIA*-Returncode.

RCADM_MEMORYOVERFLOW – Speicherüberlauf.

2 Allgemeine Operationen auf Frames

2.0 *frm_create* - *create a new frame*

- ein neues Frame wird eingerichtet.

Schnittstelle:

RCPRODIA *frm_create (desc, type, frame_id)*

```
    FRAME_RECTANGLE    *desc;        /* in */
    FRAME_TYPE         type;         /* in */
    FRAME_ID           *frame_id;    /* out */
```

Wirkung:

Ein Frame vom Typ *type* wird eingerichtet. *type* kann die Werte FRT_TEXT, FRT_GRAPHIC, FRT_BITMAP, FRT_GRAYSCALE, FRT_PSEUDOCOLOR oder FRT_-DIRECTCOLOR haben. Die Abmessungen und der Wertebereich des Frames werden in Parameter *desc* vom Werkzeug festgelegt. Typ, Abmessungen und Wertebereich können nicht geändert werden mit Ausnahme der impliziten Vergrößerung von Text-Frames. Der Zeiger *frame_id* zeigt auf eine vom Werkzeug angelegte Variable vom Typ FRAME_ID.

Returncodes:

RCFRM_NOINIT, RCFRM_OK

RCFRM_MEMORYOVERFLOW – Speicherüberlauf.

RCFRM_BADDESC – Unzulässiger Wert in Parameter *desc*.

RCFRM_BADTYPE – Unzulässiger Wert in Parameter *type*.

2.1 *frm_close* – *close frame*

– schließt ein Frame.

Schnittstelle:

RCPRODIA *frm_close (frame_id)*

FRAME_ID *frame_id;* /* in */

Wirkung:

Das Frame wird geschlossen, d.h. es wird aus der Menge der verwalteten Frames entfernt und kann nicht mehr angesprochen werden. Seine Daten müssen mit *frm_save* gesichert werden, falls sie noch verwendet werden sollen. Wird das Frame in einem Window abgebildet, so wird ein Fehlercode zurückgeliefert und das Frame nicht geschlossen.

Returncodes:

RCFRM_NOINIT, RCFRM_OK

RCFRM_UNKNOWNFRAMEID – Es existiert kein Frame mit dem Bezeichner *frame_id.*

RCFRM_BADFRAMEID – Unzulässiger Wert in Parameter *frame_id.*

RCFRM_WINONFRAME – Das Frame mit dem Bezeichner *frame_id* wird in einem Window abgebildet, es kann daher nicht geschlossen werden.

2.2 *frm_copy* – *copy frame*

– kopiert ein Frame.

Schnittstelle:

RCPRODIA *frm_copy (frame_id, frame_type, copy_id)*

FRAME_ID	*frame_id;*	/* in */
FRAME_TYPE	*frame_type;*	/* in */
FRAME_ID	**copy_id;*	/* out */

Wirkung:

Es wird ein neues Frame vom Typ *frame_type* erzeugt und der Inhalt des Frames mit dem Bezeichner *frame_id* hineinkopiert. Sind der Typ des zu kopierenden Frames und *frame_type* verschieden, so findet beim Kopieren eine Konvertierung statt. Es gilt die Einschränkung, daß GKS-Frames nicht in GKS-Frames kopiert werden können. Die Einschränkungen beim Konvertieren von Frames sind zu beachten (siehe Kap. 2.2). Der Bezeichner des neuen Frames wird in *copy_id* zurückgeliefert. Der Zeiger *copy_id* zeigt auf eine vom Werkzeug angelegte Variable vom Typ FRAME_ID.

Returncodes:

RCFRM_NOINIT, RCFRM_OK

RCFRM_MEMORYOVERFLOW – Speicherüberlauf.

RCFRM_UNKNOWNFRAMEID – Es existiert kein Frame mit dem Bezeichner *frame_id.*

RCFRM_BADFRAMEID – Unzulässiger Wert in Parameter *frame_id.*

RCFRM_BADTYPE – Unzulässiger Wert in Parameter *frame_type*.

RCFRM_GKSINTOGKS – Ein GKS-Frame kann nicht in ein GKS-Frame kopiert werden.

RCFRM_INCOMPATIBLETYPES – Eine Konvertierung ist wegen Typunverträglichkeit nicht möglich.

2.3 *frm_load* – *load frame*

– lädt Frame-Daten aus einem *PRODAT*-Objekt in das angegebene Frame.

Schnittstelle:

RCPRODIA *frm_load (objectkey, frame_id)*

```
    KEY         objectkey;     /* in */
    FRAME_ID    *frame_id;     /* out */
```

Wirkung:

Der Inhalt des Objektes ist ein von *PRODIA* abgelegtes Frame. Ein neues Frame wird eröffnet, und die Daten aus *PRODAT* eingelesen. Anschließend wird das Objekt wieder geschlossen. Der Bezeichner des neu angelegten Frames wird in der vom Werkzeug angelegten Variable *frame_id* vom Typ FRAME_ID zurückgeliefert.

Returncodes:

RCFRM_NOINIT, RCFRM_OK,

RCFRM_POM_INTERNAL_ERROR, RCFRM_POM_SYSTEM_ERROR

RCFRM_MEMORYOVERFLOW – Speicherüberlauf.

RCFRM_NOFRAME – Der Inhalt des Objekts kann von *PRODIA* nicht als Frame interpretiert werden.

RCFRM_POM_DB_NOT_OPEN – Die Datenbasis ist nicht geöffnet.

RCFRM_POM_CONTENTS_IN_USE – Der Inhalt des Objekts wird schon benutzt.

RCFRM_POM_OBJECT_UNKNOWN – Der als Schlüssel angegebene Wert ist kein gültiger Objektschlüssel.

RCFRM_POM_OBJECT_RELEASED – Das Objekt ist freigegeben.

RCFRM_POM_OBJECT_NOT_VISIBLE – Das Objekt ist nicht sichtbar.

RCFRM_POM_NO_CONTENTS – Das Objekt besitzt keinen Inhalt.

RCFRM_POM_OBJECT_OFFLINE – Das Objekt liegt auf einem momentan nicht eingebundenen Archiv.

RCFRM_POM_NO_RIGHT – Der Benutzer besitzt nicht das zur Ausführung der Operation nötige Zugriffsrecht.

RCFRM_POM_LOCK_CONFLICT – Konflikt mit einer bestehenden Sperre.

2.4 *frm_save* – *save frame*

– speichert das angegebene Frame als *PRODAT*-Objekt ab.

Schnittstelle:

RCPRODIA *frm_save (frame_id, objkey)*

```
    FRAME_ID frame_id;     /* in */
    KEY      objkey;       /* in */
```

Wirkung:

Der Inhalt des Frames mit dem Bezeichner *frame_id* wird in einem bereits vom Werkzeug angelegten *PRODAT*-Objekt mit dem Schlüssel *objkey* abgelegt. Der Inhalt wird dabei überschrieben und ausschließlich von *PRODIA* verwaltet, d.h. das Werkzeug darf ihn nicht verändern. Anschließend wird das Objekt geschlossen, wobei das Änderungsdatum aktualisiert wird.

Returncodes:

RCFRM_NOINIT, RCFRM_OK,

RCFRM_POM_INTERNAL_ERROR, RCFRM_POM_SYSTEM_ERROR

RCFRM_UNKNOWNFRAMEID – Es existiert kein Frame mit dem Bezeichner *frame_id.*

RCFRM_BADFRAMEID – Unzulässiger Wert in Parameter *frame_id.*

RCFRM_POM_DB_NOT_OPEN – Die Datenbasis ist nicht geöffnet.

RCFRM_POM_CONTENTS_IN_USE – Der Inhalt des Objekts wird schon benutzt.

RCFRM_POM_OBJECT_UNKNOWN – Der als Schlüssel angegebene Wert ist kein gültiger Objektschlüssel.

RCFRM_POM_OBJECT_OFFLINE – Das Objekt liegt auf einem momentan nicht eingebundenen Archiv.

RCFRM_POM_OBJECT_NOT_VISIBLE – Das Objekt ist nicht sichtbar.

RCFRM_POM_NO_RIGHT – Der Benutzer besitzt nicht das zur Ausführung der Operation nötige Zugriffsrecht.

RCFRM_POM_LOCK_CONFLICT – Konflikt mit einer bestehenden Sperre.

RCFRM_POM_WRONG_OPENMODE – Der Inhalt des Objekts wurde falsch eröffnet.

RCFRM_POM_NO_SPACE – Die Freispeicherkapazität auf der Platte reicht zur Durchführung der Operation nicht aus.

2.5 *frm_setupdatemode* – *set update mode*

– setzt für das angegebene Frame den Updatemodus.

Schnittstelle:

RCPRODIA *frm_setupdatemode (frame_id, update_mode)*

```
    FRAME_ID        frame_id;       /* in */
    UPDATE_MODE     update_mode;    /* in */
```

Wirkung:

Der Update-Modus des angegebenen Frames wird gesetzt. Es gibt zwei Update-Modi:

- UM_IMPLICIT: Jede auf ein Frame erfolgende Ausgabe wird, sofern der entsprechende Ausschnitt auf dem Bildschirm sichtbar ist, dargestellt.

- UM_EXPLICIT: Die Ausgaben auf ein Frame werden gepuffert und der entsprechende Ausschnitt in einem Window erst dann aktualisiert, wenn dies durch den Aufruf von *frm_update* explizit veranlaßt wird.

Default-Modus ist UM_IMPLICIT.

Returncodes:

RCFRM_NOINIT, RCFRM_OK

RCFRM_UNKNOWNFRAMEID – Es existiert kein Frame mit dem Bezeichner *frame_id.*

RCFRM_BADFRAMEID – Unzulässiger Wert in Parameter *frame_id.*

RCFRM_BADUPDATEMODE – Unzulässiger Wert in Parameter *update_mode.*

2.6 *frm_inqupdatemode* – *inquire update mode*

- liefert den Update-Modus eines Frames zurück.

Schnittstelle:

```
RCPRODIA frm_inqupdatemode (frame_id, update_mode)
    FRAME_ID        frame_id;        /* in */
    UPDATE_MODE     *update_mode;    /* out */
```

Wirkung:

Der Update-Modus des Frames mit dem Bezeichner *frame_id* wird zurückgeliefert. Der Zeiger *update_mode* zeigt auf eine vom Werkzeug angelegte Variable vom Typ UPDATE_MODE.

Returncodes:

RCFRM_NOINIT, RCFRM_OK

RCFRM_UNKNOWNFRAMEID – Es existiert kein Frame mit dem Bezeichner *frame_id.*

RCFRM_BADFRAMEID – Unzulässiger Wert in Parameter *frame_id.*

2.7 *frm_update* – *update frame*

– der in einem Window dargestellte Ausschnitt des angegebenen Frames wird aktualisiert.

Schnittstelle:

RCPRODIA *frm_update (frame_id)*
    FRAME_ID *frame_id;*   /* in */

Wirkung:

Wurde für das Frame der Update-Modus auf UM_IMPLICIT gesetzt, so wird die auf das Frame erfolgende Ausgabe gleich auf dem Bildschirm dargestellt. Im Update-Modus UM_EXPLICIT muß die Aktualisierung des Bildschirminhaltes explizit mit *frm_update* angestoßen werden. Die seit der letzten Aktualisierung gepufferten Ausgaben werden wirksam.

Returncodes:

RCFRM_NOINIT, RCFRM_OK

RCFRM_UNKNOWNFRAMEID – Es existiert kein Frame mit dem Bezeichner *frame_id.*

RCFRM_BADFRAMEID – Unzulässiger Wert in Parameter *frame_id.*

RCFRM_UPDATEMODEIMPLICIT – Der Update-Modus des Frames mit dem Bezeichner *frame_id* ist UM_IMPLICIT.

2.8 *frm_clear* – *clear frame*

– löscht ein Frame.

Schnittstelle:

RCPRODIA *frm_clear (frame_id)*
    FRAME_ID *frame_id;*   /* in */

Wirkung:

Die bisher auf das Frame erfolgte Ausgabe wird gelöscht, es enthält anschließend nur noch das Hintergrundmuster (kann nicht bei Graphik-Frames angewendet werden).

Returncodes:

RCFRM_NOINIT, RCFRM_OK

RCFRM_UNKNOWNFRAMEID – Es existiert kein Frame mit dem Bezeichner *frame_id.*

RCFRM_BADFRAMEID – Unzulässiger Wert in Parameter *frame_id.*

2.9 *frm_setbackground* – *set background fill pattern*

– ordnet einem Frame ein Muster für den Hintergrund zu.

Schnittstelle:

RCPRODIA *frm_setbackground (frame_id, pattern_id, ref_point)*

```
    FRAME_ID        frame_id;       /* in */
    FRAME_ID        pattern_id;     /* in */
    FRAME_POINT     *ref_point      /* in */
```

Wirkung:

Einem Frame wird ein Muster für den Hintergund zugeordnet. Frames werden mit diesem aufgefüllt:

- bei der Initialisierung (*frm_create*),
- beim Zurücksetzen (*frm_clear*).

Das Muster *pattern_id* ist für die Konstanten SYS_WHITE bis SYS_BLACK vordefiniert, sonst ist es ein Raster-Frame mit dem entsprechenden Bezeichner. Der Referenzpunkt *ref_point* legt denjenigen Punkt des Raster-Frames fest, der auf der linken oberen Ecke des Frames zu liegen kommt.

Returncodes:

RCFRM_NOINIT, RCFRM_OK

RCFRM_UNKNOWNFRAMEID – Es existiert kein Frame mit dem Bezeichner *frame_id.*

RCFRM_BADFRAMEID – Unzulässiger Wert in Parameter *frame_id.*

RCFRM_UNKNOWNPATTERNID – Es existiert kein Frame mit dem Bezeichner *pattern_id.*

RCFRM_BADPATTERNID – Unzulässiger Wert in Parameter *pattern_id.*

RCFRM_BADREFPOINT – Unzulässiger Wert in Parameter *ref_point.*

RCFRM_NORASTERFRAME – Das Frame mit dem Bezeichner *pattern_id* ist kein Raster-Frame.

2.10 *frm_inqbackground* – *inquire background fill pattern*

– liefert Bezeichner und Referenzpunkt des Hintergrundmusters eines Frames zurück.

Schnittstelle:

RCPRODIA *frm_inqbackground (frame_id, pattern_id, ref_point)*

```
FRAME_ID        frame_id;       /* in */
FRAME_ID        *pattern_id;    /* out */
FRAME_POINT     *ref_point;     /* out */
```

Wirkung:

Bezeichner und Referenzpunkt des Hintergrundmusters für das Frame mit dem Bezeichner *frame_id* werden zurückgeliefert. Die Zeiger *pattern_id* und *ref_point* zeigen auf eine von dem Werkzeug angelegte Variable bzw. Datenstruktur vom Typ FRAME_ID bzw. FRAME_POINT.

Returncodes:

RCFRM_NOINIT, RCFRM_OK

RCFRM_UNKNOWNFRAMEID – Es existiert kein Frame mit dem Bezeichner *frame_id.*

RCFRM_BADFRAMEID – Unzulässiger Wert in Parameter *frame_id.*

2.11 *frm_inqtype* – *inquire type*

– liefert den Typ eines Frames zurück.

Schnittstelle:

RCPRODIA *frm_inqtype (frame_id, type)*

```
FRAME_ID      frame_id;    /* in */
FRAME_TYPE    *type;       /* out */
```

Wirkung:

Der Typ des Frames mit dem Bezeichner *frame_id* wird zurückgeliefert. Der Zeiger *type* zeigt auf eine vom Werkzeug angelegte Datenstruktur vom Typ FRAME_TYPE.

Returncodes:

RCFRM_NOINIT, RCFRM_OK

RCFRM_UNKNOWNFRAMEID – Es existiert kein Frame mit dem Bezeichner *frame_id*.

RCFRM_BADFRAMEID – Unzulässiger Wert in Parameter *frame_id*.

2.12 *frm_inqdescriptor* – *inquire descriptor*

– liefert die Abmessungen eines Frames zurück.

Schnittstelle:

RCPRODIA *frm_inqdescriptor (frame_id, desc)*

```
FRAME_ID           frame_id;    /* in */
FRAME_RECTANGLE    *desc;       /* out */
```

Wirkung:

Die Abmessungen des Frames mit dem Bezeichner *frame_id* werden zurückgeliefert. Der Zeiger *desc* zeigt auf eine vom Werkzeug angelegte Datenstruktur vom Typ FRAME_RECTANGLE.

Returncodes:

RCFRM_NOINIT, RCFRM_OK

RCFRM_UNKNOWNFRAMEID – Es existiert kein Frame mit dem Bezeichner *frame_id.*

RCFRM_BADFRAMEID – Unzulässiger Wert in Parameter *frame_id.*

2.13 *frm_getfirstframe* – *get first frame*

– liefert den Bezeichner des ersten Frames zurück.

Schnittstelle:

RCPRODIA *frm_getfirstframe (frame)*

```
    FRAME_ID *frame;     /* out */
```

Wirkung:

Der Bezeichner des ersten (bzgl. einer *PRODIA*-internen Ordnung) Frames wird zurückgeliefert. Der Zeiger *frame* zeigt auf eine vom Werkzeug angelegte Variable vom Typ FRAME_ID.

Returncodes:

RCFRM_NOINIT, RCFRM_OK

RCFRM_NOFURTHERFRAMES – Es existiert kein weiteres Frame.

RCFRM_LASTFRAME – Das Frame, dessen Bezeichner in der Variable mit der Adresse *frame* steht, ist das letzte Frame.

2.14 *frm_getnextframe* – *get next frame*

– liefert den Bezeichner des Nachfolgers eines Frames zurück.

Schnittstelle:

RCPRODIA *frm_getnextframe (frame, nextframe)*

```
    FRAME_ID    frame;         /* in */
    FRAME_ID    *nextframe;    /* out */
```

Wirkung:

Der Bezeichner des Nachfolgers (bzgl. einer *PRODIA*-internen Ordnung) des Frames mit dem Bezeichner *frame* wird zurückgeliefert. Die Rückgabe des letzten Frames wird durch einen entsprechenden Returncode angezeigt. Der Zeiger *nextframe* zeigt auf eine vom Werkzeug angelegte Variable vom Typ FRAME_ID.

Returncodes:

RCFRM_NOINIT, RCFRM_OK

RCFRM_UNKNOWNFRAME – Es existiert kein Frame mit dem Bezeichner *frame*.

RCFRM_BADFRAME – Unzulässiger Wert in Parameter *frame*.

RCFRM_LASTFRAME – Das Frame, dessen Bezeichner in der Variable mit der Adresse *frame* steht, ist das letzte Frame.

RCFRM_NOFURTHERFRAMES – Es existiert kein weiteres Frame.

3 Raster-Frames

3.0 Anmerkungen zur Notation

In den Funktionen für das Verschieben und Kopieren von Frame-Ausschnitten werden Gleichungen für die neuen Pixelwerte angegeben. Dabei bedeuten:

- D' der neue Wert eines von dieser Operation betroffenen Pixels, auf das kopiert bzw. bewegt wird
- D der Wert desselben vor der Ausführung dieser Operation
- S das entsprechende Pixel der Quelle
- M das enstprechende Pixel der Maske
- o die angewendete Schreibfunktion

3.1 Operationen auf Raster-Frames

3.1.0 *rst_moverectangle* – *move rectangle*

– verschiebt einen rechteckigen Ausschnitt innerhalb eines Raster-Frames.

Schnittstelle:

RCPRODIA *rst_moverectangle (frame_id, sector, dest_position)*

```
    FRAME_ID            frame_id;        /* in */
    FRAME_RECTANGLE     *sector;         /* in */
    FRAME_POINT         *dest_position;  /* in */
```

Wirkung:

Der im Raster-Frame mit dem Bezeichner *frame_id* befindliche rechteckige Ausschnitt wird verschoben. Dabei kommt seine linke obere Ecke auf der Position *dest_position* zu liegen. Der neue Pixel-Wert D' ergibt sich aus D' = S. Der Inhalt des überschriebenen Bereichs geht verloren. Lage und Größe des Ausschnittes werden in *sector* beschrieben. Teile, die außerhalb des Frames zu liegen kommen, werden eliminiert. Der Bereich, von dem der rechteckige Ausschnitt wegbewegt wurde, wird mit dem aktuellen Hintergrundmuster ausgefüllt.

Returncodes:

RCRST_NOINIT, RCRST_OK

RCRST_UNKNOWNFRAMEID – Es existiert kein Frame mit dem Bezeichner *frame_id.*

RCRST_BADFRAMEID – Unzulässiger Wert in Parameter *frame_id.*

RCRST_NORASTERFRAME – Das Frame mit dem Bezeichner *frame_id* ist kein Raster-Frame.

RCRST_UNKNOWNSECTOR – Der rechteckige Ausschnitt *sector* befindet sich außerhalb des Frames.

RCRST_BADSECTOR – Unzulässiger Wert in Parameter *sector.*

RCRST_UNKNOWNDESTPOSITION – Die angegebene Position befindet sich außerhalb des Frames.

RCRST_BADDESTPOSITION – Unzulässiger Wert in Parameter *dest_position.*

3.1.1 *rst_copyrectangle* – *copy rectangle*

– kopiert ein Rechteck.

Schnittstelle:

RCPRODIA *rst_copyrectangle (source_id, sector, destination_id, dest_position, write_mode)*

```
FRAME_ID           source_id;        /* in */
FRAME_RECTANGLE    *sector;          /* in */
FRAME_ID           destination_id;   /* in */
FRAME_POINT        *dest_position;   /* in */
WRITE_MODE         *write_mode;      /* in */
```

Wirkung:

Der im Frame *source_id* befindliche rechteckige Ausschnitt wird in das Raster-Frame *destination_id* kopiert. Das Frame *source_id* kann sowohl ein Raster-Frame als auch ein Text- oder Graphik-Frame sein. Der zu kopierende Ausschnitt wird in die Struktur des Rastertyps, den das Frame *destination_id* hat, konvertiert (s. auch Konvertierung von Frames, Kap. 2.2). Das Frame *destination_id* muß ein Raster-Frame sein. Lage und Größe des Ausschnittes werden in *sector* beschrieben. Seine linke obere Ecke kommt auf der Position *dest_position* zu liegen. Der Parameter *write_mode* wird nur ausgewertet, wenn das Frame *destination_id* vom Typ FRT_BITMAP ist. Der neue Pixel-Wert D' ergibt sich dann aus $D' = D \circ S$, sonst gilt $D' = S$. Der Inhalt des überschriebenen Bereichs geht verloren. Teile des kopierten Ausschnittes, die außerhalb des Frames zu liegen kommen, werden eliminiert.

Returncodes:

RCRST_NOINIT, RCRST_OK

RCRST_UNKNOWNSOURCEID – Es existiert kein Frame mit dem Bezeichner *source_id.*

RCRST_BADSOURCEID – Unzulässiger Wert in Parameter *source_id.*

RCRST_NORASTERFRAME – Das Frame mit dem Bezeichner *destination_id* ist kein Raster-Frame.

RCRST_INKOMPATIBLETYPES – Eine Konvertierung ist wegen Typunverträglichkeit nicht möglich.

RCRST_UNKNOWNSECTOR – Der rechteckige Ausschnitt *sector* befindet sich außerhalb des Frames.

RCRST_BADSECTOR – Unzulässiger Wert in Parameter *sector.*

RCRST_UNKNOWNDESTINATIONID – Es existiert kein Frame mit dem Bezeichner *destination_id.*

RCRST_BADDESTINATIONID – Unzulässiger Wert in Parameter *destination_id.*

RCRST_UNKNOWNDESTPOSITION – Die angegebene Position befindet sich außerhalb des Frames.

RCRST_BADDESTPOSITION – Unzulässiger Wert in Parameter *dest_position.*

RCRST_BADWRITEMODE – Unzulässiger Wert in Parameter *write_mode.*

3.1.2 *rst_moverectanglemask* – *move rectangle masked*

– verschiebt einen rechteckigen Ausschnitt eines Frames unter Verwendung einer Maske innerhalb eines Raster-Frames.

Schnittstelle:

RCPRODIA *rst_moverectanglemask (frame_id, sector, mask_id, mask_position, dest_position)*

FRAME_ID	*frame_id;*	/* in */
FRAME_RECTANGLE	*sector;*	/* in */
FRAME_ID	*mask_id;*	/* in */
FRAME_POINT	**mask_position;*	/* in */
FRAME_POINT	**dest_position*	/* in */

Wirkung:

Der sich in dem angegebenen Raster-Frame befindende rechteckige Ausschnitt wird maskiert und verschoben. Die Maske muß vom Frame-Typ FRT_BITMAP sein. Der neue Wert D' eines Pixels ergibt sich aus $D' = (S \wedge M) \vee (D \wedge \neg M)$. Das Ergebnis resultiert aus den Inhalten von Ausschnitt, Maske und dem Bereich, in dem der Ausschnitt zu liegen kommt. Lage und Größe des Ausschnittes werden in *sector* beschrieben.

Returncodes:

RCRST_NOINIT, RCRST_OK

RCRST_UNKNOWNFRAMEID – Es existiert kein Frame mit dem Bezeichner *frame_id.*

RCRST_BADFRAMEID – Unzulässiger Wert in Parameter *frame_id.*

RCRST_NORASTERFRAME – Das Frame mit dem Bezeichner *frame_id* ist kein Raster-Frame.

RCRST_UNKNOWNSECTOR – Der rechteckige Ausschnitt *sector* befindet sich außerhalb des Frames.

RCRST_BADSECTOR – Unzulässiger Wert in Parameter *sector.*

RCRST_UNKNOWNMASKID – Es existiert kein Frame mit dem Bezeichner *mask_id.*

RCRST_BADMASKID – Unzulässiger Wert in Parameter *mask_id.*

RCRST_UNKNOWNMASKPOSITION – Die angegebene Masken-Position befindet sich außerhalb des Frames.

RCRST_BADMASKPOSITION – Unzulässiger Wert in Parameter *mask_position.*

RCRST_UNKNOWNDESTPOSITION – Die angegebene Position befindet sich außerhalb des Frames.

RCBTM_BADDESTPOSITION – Unzulässiger Wert in Parameter *dest_position.*

3.1.3 *rst_copyrectanglemask* – *copy rectangle masked*

– kopiert einen rechteckigen Ausschnitt eines Frames unter Verwendung einer Maske in ein Raster-Frame.

Schnittstelle:

RCPRODIA *rst_copyrectanglemask (source_id, sector, mask_id, mask_position, destination_id, dest_position, write_mode)*

```
FRAME_ID            source_id;        /* in */
FRAME_RECTANGLE     *sector;          /* in */
FRAME_ID            mask_id;          /* in */
FRAME_POINT         *mask_position;   /* in */
FRAME_ID            destination_id;   /* in */
FRAME_POINT         *dest_position;   /* in */
WRITE_MODE          write_mode;       /* in */
```

Wirkung:

Der sich in dem Frame *source_id* befindende rechteckige Ausschnitt wird maskiert in das Raster-Frame *destination_id* kopiert. Der neue Frame-Inhalt resultiert aus den Inhalten von Quelle, Maske und Ziel und bei Bitmap-Frames der Schreibfunktion. Das Frame *source_id* kann sowohl ein Raster-Frame als auch ein Text- oder Graphik-Frame sein. Der zu kopierende Ausschnitt wird in die Struktur des Rastertyps, den das Frame *destination_id* hat, konvertiert (s. auch Konvertierung von Frames, Kap. 2.2). Die Maske ist ein Raster-Frame vom Typ FRT_Bitmap, das mindestens so hoch und so breit wie der zu kopierende Ausschnitt sein muß. Soll keine Maske verwendet werden, so ist der vordefinierte Bezeichner FRM_NOMASK zu verwenden, der Punkt *mask_position* wird in diesem Fall nicht ausgewertet. Die Frame-Koordinate *mask_position* bezeichnet eine Position auf der Maske, die die Lage des zu kopierenden Ausschnittes auf der Maske festlegt. Dabei kommt die linke obere Ecke des rechteckigen Ausschnittes auf ihr zu liegen. Der maskierte Ausschnitt wird auf das Raster-Frame *destination_id* kopiert. Seine Abmessungen werden in Parameter *sector* beschrieben. Der neue Wert D' eines Pixels ergibt sich aus $D' = (S \wedge M) \vee (D \wedge \neg M)$. Ist das Frame mit dem Bezeichner *destination_id* vom Typ FRT_BITMAP, so wird auch der Parameter *write_mode* ausgewertet: $D' = (S \wedge M) \circ D$. Die linke obere Ecke des maskierten Ausschnittes kommt auf der Frame-Koordinate *dest_position* zu liegen.

Returncodes:

RCRST_NOINIT, RCRST_OK

RCRST_UNKNOWNSOURCEID – Es existiert kein Frame mit dem Bezeichner *source_id*.

RCRST_BADSOURCEID – Unzulässiger Wert in Parameter *source_id.*

RCRST_NORASTERFRAME – Das Frame mit dem Bezeichner *destination_id* ist kein Raster-Frame.

RCRST_UNKNOWNSECTOR – Der rechteckige Ausschnitt *sector* befindet sich außerhalb des Frames.

RCRST_BADSECTOR – Unzulässiger Wert in Parameter *sector.*

RCRST_UNKNOWNMASKID – Es existiert kein Frame mit dem Bezeichner *mask_id.*

RCRST_BADMASKID – Unzulässiger Wert in Parameter *mask_id.*

RCRST_MASKNOBITMAP – Das Frame mit dem Bezeichner *mask_id* ist nicht vom Frame-Typ FRT_BITMAP.

RCRST_UNKNOWNMASKPOSITION – Die angegebene Masken-Position befindet sich außerhalb des Frames.

RCRST_BADMASKPOSITION – Unzulässiger Wert in Parameter *mask_position.*

RCRST_UNKNOWNDESTINATIONID – Es existiert kein Frame mit dem Bezeichner *destination_id.*

RCRST_BADDESTINATIONID – Unzulässiger Wert in Parameter *destination_id.*

RCRST_INCOMPATIBLETYPES – Eine Konvertierung ist wegen Typunverträglichkeit nicht möglich.

RCRST_UNKNOWNDESTPOSITION – Die angegebene Ziel-Position befindet sich außerhalb des Frames.

RCRST_BADDESTPOSITION – Unzulässiger Wert in Parameter *dest_position.*

RCRST_BADWRITEMODE – Unzulässiger Wert in Parameter *write_mode.*

3.1.4 *rst_makeraster* – *make raster frame*

– kopiert ein Text- oder Graphik-Frame in ein Raster-Frame.

Schnittstelle:

RCPRODIA *rst_makeraster (frame_id, raster_type)*

```
FRAME_ID      frame_id;       /* in */
FRAME_TYPE    raster_type;    /* in */
```

Wirkung:

Die Datenstruktur des angegebenen Frames wird in die eines Raster-Frames vom Typ *raster_type* umgewandelt (s. auch Konvertierung von Frames, Kap. 2.2).

Returncodes:

RCRST_NOINIT, RCRST_OK

RCRST_MEMORYOVERFLOW – Speicherüberlauf.

RCRST_UNKNOWNFRAMEID – Es existiert kein Frame mit dem Bezeichner *frame_id.*

RCRST_BADFRAMEID – Unzulässiger Wert in Parameter *frame_id.*

RCRST_BADTYPE – Unzulässiger Wert in Parameter *raster_type.*

RCRST_INCOMPATIBLETYPES – Eine Konvertierung ist wegen Typunverträglichkeit nicht möglich.

3.1.5 *rst_setpixel – set pixel color index*

– weist einem Pixel einen Farbindex zu.

Schnittstelle:

RCPRODIA *rst_setpixel (frame_id, position, color_index, write_mode)*

```
FRAME_ID       frame_id;      /* in */
FRAME_POINT    *position;     /* in */
COLOR_INDEX    *color_index;  /* in */
WRITE_MODE     write_mode;    /* in */
```

Wirkung:

In dem Raster-Frame mit dem Bezeichner *frame_id* wird das an der Position *position* befindliche Pixel geändert. Sein neuer Wert resultiert aus seinem alten Wert und dem in *color_index* übergebenen Wert, bei Bitmap-Frames verknüpft durch den Schreibmodus *write_mode*. Bei den anderen Rastertypen wird der Parameter *write_mode* nicht ausgewertet. Es wird vorausgesetzt, daß der in *color_index* übergebene Wert dem Rastertyp (und den Eigenschaften) des Raster-Frames entspricht. Je nach Rastertyp wird *color_index* wie folgt ausgewertet:

FRT_BITMAP: *color_index→bitmap*

FRT_GRAYSCALE: *color_index→grayscale*

FRT_PSEUDOCOLOR: *color_index→pseudo_color*

FRT_DIRECTCOLOR: *color_index→direct_color.red*
wenn *color→direct_color.match.red* = ON
color_index→direct_color.green
wenn *color→direct_color.match.green* = ON
color_index→direct_color.blue
wenn *color→direct_color.match.blue* = ON

Returncodes:

RCRST_NOINIT, RCRST_OK

RCRST_UNKNOWNFRAMEID – Es existiert kein Frame mit dem Bezeichner *frame_id*.

RCRST_BADFRAMEID – Unzulässiger Wert in Parameter *frame_id*.

RCRST_NORASTERFRAME – Das Frame mit dem Bezeichner *frame_id* ist kein Raster-Frame.

RCRST_UNKNOWNPOSITION – Die angegebene Position befindet sich außerhalb des Frames.

RCRST_BADPOSITION – Unzulässiger Wert in Parameter *position*.

RCRST_BADCOLOR_INDEX – Unzulässiger Wert in Parameter *color_index*.

RCRST_BADWRITEMODE – Unzulässiger Wert in Parameter *write_mode*.

3.1.6 *rst_inqpixel* – *inquire pixel color index*

– liefert den Farbindex eines Pixels zurück.

Schnittstelle:

RCPRODIA *rst_inqpixel (frame_id, position, color_index)*

```
    FRAME_ID        frame_id;       /* in */
    FRAME_POINT     *position;      /* in */
    COLOR_INDEX     *color_index;   /* out */
```

Wirkung:

Der Farbwert des unter der Position *position* in dem Frame mit dem Bezeichner *frame_id* befindlichen Pixels wird in der Datenstruktur, auf die der Zeiger *color* zeigt, zurückgeliefert. Diese Datenstruktur ist vom Typ COLOR_INDEX und vom Werkzeug angelegt. Je nach Rastertyp werden die Werte wie bei *rst_setpixel* belegt.

Returncodes:

RCRST_NOINIT, RCRST_OK

RCRST_UNKNOWNFRAMEID – Es existiert kein Frame mit dem Bezeichner *frame_id*.

RCRST_BADFRAMEID – Unzulässiger Wert in Parameter *frame_id*.

RCRST_NORASTERFRAME – Das Frame mit dem Bezeichner *frame_id* ist kein Raster-Frame.

RCRST_UNKNOWNPOSITION – Die angegebene Position befindet sich außerhalb des Frames.

RCRST_BADPOSITION – Unzulässiger Wert in Parameter *position.*

3.1.7 *rst_drawimage – draw image onto raster frame*

– Ausgabe eines Rasterbildes in ein Raster-Frame.

Schnittstelle:

RCPRODIA *rst_drawimage (frame_id, format, image, range, dest_position, write_mode)*

```
FRAME_ID        frame_id;       /* in */
IMAGE_FORMAT    *format;        /* in */
CHAR            *image;         /* in */
RANGE           *range;         /* in */
FRAME_POINT     dest_position;  /* in */
WRITE_MODE      write_mode;     /* in */
```

Wirkung:

Ein Ausschnitt des Rasterbildes, auf dessen Daten *image* zeigt, wird in das Raster-Frame mit dem Bezeichner *frame_id* geschrieben. In der Datenstruktur, auf die *format* zeigt, wird das Format des übergebenen Rasterbildes beschrieben. Dabei bedeuten:

– ***format→raster_type*:**
  Rastertyp des Rasterbildes (FRT_BITMAP, FRT_GRAYSCALE, FRT_PSEUDOCOLOR, FRT_DIRECTCOLOR).
– ***format→format:***
  Anordnung der Pixeldaten in *image*.
  - FOR_XYBITMAP – ein Bitmap wird als Matrix von Bits übergeben.
  - FOR_XYFORMAT – das Rasterbild wird als Matrix von Pixelwerten übergeben
  - FOR_ZFORMAT – das Rasterbild wird als eine Menge von Bit-Matrizen übergeben, deren jede ein Bit der Pixel enthält, im folgenden werden diese Bit-Matrizen Ebenen genannt.
– ***format→bits_per_unit:***
  Größe der übergebenen Speichereinheiten in Bits.
– ***format→index_size:***
  Die Größe der Indices in Bit bei FOR_XYFORMAT. Passen mehrere Indices in

eine Speichereinheit, so steht der erste an der Stelle der höherwertigen Bits usw. Gilt *bits_per_unit* mod *index_size* ≠ 0, so dürfen die entsprechenden Bits nicht belegt sein.

- ***format→units_per_raw:***
  Anzahl der Speichereinheiten pro Zeile
- ***format→raws_per_plane:***
  Anzahl der Zeilen pro Ebene (wird nicht bei FOR_XYBITMAP verwendet).
- ***format→nplanes:***
  Anzahl der Ebenen (wird nur bei FOR_ZFORMAT verwendet).
- ***format→bits_in_unit_order:***
  Anordnung der Bits in einer Speichereinheit (wird nur bei FOR_ZFORMAT verwendet). Bei ORD_LEASTSIGNIFICANT hat das niedrigstwertige Bit den niedrigsten Index im Frame, bei ORD_MOSTSIGNIFICANT den höchsten.
- ***format→units_in_raw_order:***
  Anordnung der Speichereinheiten in einer Zeile (wird nur bei FOR_ZFORMAT verwendet). Bei ORD_LEASTSIGNIFICANT hat die Speichereinheit mit dem niedrigsten x-Index in *image* den niedrigsten x-Index im Frame, bei ORD_MOSTSIGNIFICANT den höchsten.
- ***format→raws_in_plane_order:***
  Anordnung der Zeilen in einer Ebene (wird nur bei FOR_ZFORMAT verwendet). Bei ORD_LEASTSIGNIFICANT hat die Zeile mit dem niedrigsten Index in *image* den niedrigsten Index im Frame, bei ORD_MOSTSIGNIFICANT den höchsten.
- ***format→plane_masks*[0] ... *format→plane_masks*[*format→nplanes-1*]:**
  je nach ***format→raster_type:***
  - FRT_GRAYSCALE und FRT_PSEUDOCOLOR:
    format→plane_masks*[*x*]*.index:
    Das Bit, für das die Ebene x steht, hat den Wert 1, alle anderen den Wert 0.
  - FRT_DIRECTCOLOR:
    format→plane_masks*[*x*]*.rgbmask.red,
    format→plane_masks*[*x*]*.rgbmask.green,
    format→plane_masks*[*x*]*.rgbmask.blue:
    Das Bit in einem der drei Strukturelemente, für das die Ebene x steht, hat den Wert 1, alle anderen den Wert 0.

Es wird angenommen, daß für das oberste linke Pixel x = 0 und y = 0 gilt, *range→startx* und *range→starty* werden entsprechend interpretiert. *dest_position* spezifiziert denjenigen Punkt des Raster-Frames, auf dem der obere linke Punkt des Rasterbildausschnittes zu liegen kommt. Bei den anderen Rastertypen wird der Parameter *write_mode* nicht ausgewertet.

Bei Bitmap-Frames ergeben sich die neuen Pixelwerte aus der Verknüpfung der alten Pixelwerte und der entsprechenden Werte des Rasterbildausschnittes durch die in *write_mode* spezifizierte Operation.

Die Rastertypen des Raster-Frames mit dem Bezeichner *frame_id* und des Rasterbildes, spezifiziert in *format→raster_type*, müssen übereinstimmen, ebenso die Farbtabellengröße.

Returncodes:

RCRST_NOINIT, RCRST_OK

RCRST_UNKNOWNFRAMEID – Es existiert kein Frame mit dem Bezeichner *frame_id.*

RCRST_BADFRAMEID – Unzulässiger Wert in Parameter *frame_id.*

RCRST_NORASTERFRAME – Das Frame mit dem Bezeichner *frame_id* ist kein Raster-Frame.

RCRST_BADFORMAT – Unzulässiger Wert in Parameter *format.*

RCRST_BADIMAGE – Unzulässiger Wert in Parameter *image.*

RCRST_BADRANGE – Unzulässiger Wert in Parameter *range.*

RCRST_UNKNOWNDESTPOSITION – Die angegebene Position befindet sich außerhalb des Frames.

RCRST_BADDESTPOSITION – Unzulässiger Wert in Parameter *dest_positon.*

RCRST_BADWRITEMODE – Unzulässiger Wert in Parameter *write_mode.*

3.1.8 *rst_getimage* – *get image out of a raster frame*

– Holen eines Rasterbildes aus einem Rasterframe.

Schnittstelle:

RCPRODIA *rst_getimage (frame_id, sector, format, range, image)*

```
    FRAME_ID            frame_id;     /* in */
    FRAME_RECTANGLE     *sector;      /* in */
    IMAGE_FORMAT        *format;      /* in/out */
    RANGE               *range;       /* out */
    CHAR                *image;       /* out */
```

Wirkung:

Der in der Datenstruktur, auf die *sector* zeigt, beschriebene rechteckige Ausschnitt des Raster-Frames mit dem Bezeichner *frame_id* wird zurückgeliefert. In einigen Strukturelementen von *format* spezifiziert das Werkzeug das gewünschte Format (s. *rst_drawimage*). Dies sind:

format→format

format→bits_per_unit

format→bits_in_unit_order

format→units_in_raw_order

format→raws_in_plane_order

Die anderen Strukturelemente werden von *PRODIA* belegt.

Returncodes:

RCRST_NOINIT, RCRST_OK

RCRST_UNKNOWNFRAMEID – Es existiert kein Frame mit dem Bezeichner *frame_id.*

RCRST_BADFRAMEID – Unzulässiger Wert in Parameter *frame_id.*

RCRST_NORASTERFRAME – Das Frame mit dem Bezeichner *frame_id* ist kein Raster-Frame.

RCRST_BADFORMAT – Unzulässiger Wert in Parameter *format.*

RCRST_UNKNOWNSECTOR – Der rechteckige Ausschnitt *sector* befindet sich außerhalb des Frames.

RCRST_BADSECTOR – Unzulässiger Wert in Parameter *sector.*

3.1.9 *rst_maptodragplane* – *map frame to dragging plane*

– ordnet der Dragging-Plane einen Frameausschnitt zu.

Schnittstelle:

RCPRODIA *rst_maptodragplane (source_id, sector, mask_id, mask_position, window_id, dest_position)*

```
FRAME_ID            source_id;          /* in */
FRAME_RECTANGLE     *sector;            /* in */
FRAME_ID            mask_id;            /* in */
FRAME_POINT         *mask_position;     /* in */
FRAME_ID            window_id;          /* in */
FRAME_POINT         *dest_position;     /* in */
```

Wirkung:

Dem Frame mit dem Bezeichner *window_id,* das in einem Window ausschnittweise auf die Darstellungsfläche abgebildet ist, wird die Dragging-Plane zugeordnet. Die linke obere Ecke des zu mappenden Frame-Ausschnittes kommt auf dem Punkt *dest_position* des ersten Frames zu liegen. Der zu mappende Ausschnitt entstammt dem Frame mit dem Bezeichner *source_id,* Lage und Größe werden in *sector* beschrieben. In *mask_id* kann ein als Maske dienendes Bitmap-Frame angegeben werden. Dessen Größe entspricht der in *sector* beschriebenen, seine linke obere Ecke wird auf dem Frame mit dem Bezeichner *mask_id* an dem Punkt *mask_position* festgelegt. Soll keine Maske verwendet werden, so ist der vordefinierte Bezeichner FRM_NOMASK zu verwenden, der Punkt *mask_position* wird in diesem Fall nicht ausgewertet. Anschließend werden die Mausbewegungen des Benutzers in entsprechende Bewegungen des Dragging-Plane-Inhaltes umgesetzt. Bis das Draggen abgeschlossen wird, kann der Inhalt der Dragging-Plane nicht verändert werden.

Returncodes:

RCRST_NOINIT, RCRST_OK

RCRST_MEMORYOVERFLOW – Speicherüberlauf.

RCRST_UNKNOWNSOURCEID – Es existiert kein Frame mit dem Bezeichner *source_id.*

RCRST_BADSOURCEID – Unzulässiger Wert in Parameter *source_id.*

RCRST_UNKNOWNSECTOR – Der rechteckige Ausschnitt *sector* befindet sich außerhalb des Frames.

RCRST_BADSECTOR – Unzulässiger Wert in Parameter *sector.*

RCRST_UNKNOWNMASKID – Es existiert kein Frame mit Bezeichner *mask_id.*

RCRST_BADMASKID – Unzulässiger Wert in Parameter *mask_id.*

RCRST_UNKNOWNMASKPOSITION – Die angegebene Masken-Position befindet sich außerhalb des Frames.

RCRST_BADMASKPOSITION – Unzulässiger Wert in Parameter *mask_position.*

RCRST_UNKNOWNWINDOWID – Es existiert kein Frame mit Bezeichner *window_id.*

RCRST_BADWINDOWID – Unzulässiger Wert in Parameter *window_id.*

RCRST_NOWINONFRAMEID – Dem Frame mit Bezeichner *window_id* ist kein Window zugeordnet.

RCRST_BADREFPOINT – Unzulässiger Wert in Parameter *ref_point.*

RCRST_UNKNOWNDESTPOSITION – Die angegebene Ziel-Position befindet sich außerhalb des Frames.

RCRST_BADDESTPOSITION – Unzulässiger Wert in Parameter *dest_position.*

RCRST_DRAGPLANEINUSE – Zur Zeit wird die Dragging-Plane benutzt und kann daher nicht angesprochen werden.

3.1.10 *rst_setnamedcolor* – *set the color value of a color map's entry named*

– setzt den Eintrag der Farbtabelle eines Rasterframes entsprechend einer Zeichenkette.

Schnittstelle:

RCPRODIA *rst_setnamedcolor (frame_id, index, color_name, tool_color, hardware_color)*

FRAME_ID	*frame_id;*	/* in */
INDEX	*index;*	/* in */
CHAR	**color_name;*	/* in */
COLOR_VALUE	**tool_color;*	/* out */
COLOR_VALUE	**hardware_color;*	/* out */

Wirkung:

Der Eintrag mit dem Index *index* in der Farbtabelle des Raster-Frames mit dem Bezeichner *frame_id* erhält den Wert, der der durch die Zeichenkette *color_name* angegebenen Farbe entspricht. Zurückgeliefert wird in der Datenstruktur, auf die der Zeiger *tool_color* zeigt, der diesem Farbnamen zugeordnete Farbwert und in derjenigen, auf die *hardware_color* zeigt, der auf dem zugeordneten Bildschirmgerät "nächste" realisierbare Farbwert.

Returncodes:

RCRST_NOINIT, RCRST_OK

RCRST_UNKNOWNFRAMEID – Es existiert kein Frame mit dem Bezeichner *frame_id.*

RCRST_BADFRAMEID – Unzulässiger Wert in Parameter *frame_id.*

RCRST_NORASTERFRAME – Das Frame mit dem Bezeichner *frame_id* ist kein Raster-Frame.

RCRST_BADINDEX – Unzulässiger Wert in Parameter *index.*

RCRST_BADCOLORNAME – Unzulässiger Wert in Parameter *color_name.*

3.1.11 *rst_setcolor* – *set the color value of a color map's entry*

– setzt den Eintrag der Farbtabelle eines Rasterframes.

Schnittstelle:

RCPRODIA *rst_setcolor (frame_id, index, tool_color, hardware_color)*

```
FRAME_ID        frame_id;          /* in */
INDEX           index;             /* in */
COLOR_VALUE     *tool_color;       /* in */
COLOR_VALUE     *hardware_color;   /* out */
```

Wirkung:

Der Eintrag mit dem Index *index* in der Farbtabelle des Raster-Frames mit dem Bezeichner *frame_id* erhält den neuen Wert, zurückgeliefert wird der auf der Hardware realisierbare "nächste" Farbwert.

Folgende Bedeutung haben die Strukturelemente von *tool_color* in Abhängigkeit vom Rastertyp:

- FRT_BITMAP: keine Wirkung.
- FRT_GRAYSCALE:
  tool_color→index wird als neuer Wert interpretiert. INDEX_MAX steht hierbei für schwarz, INDEX_MIN für weiß, die Zwischenwerte werden auf entsprechende Grauwerte abgebildet.
- FRT_PSEUDOCOLOR:
  tool_color→rgb_color.red,
  tool_color→rgb_color.green,
  tool_color→rgb_color.blue werden als neue Werte interpretiert.
- FRT_DIRECTCOLOR:
  tool_color→rgb_color.match.red (bzw. *green, blue*) = ON:
  der Wert *tool_color→rgb_color.red* (bzw. *green, blue*) wird in die Farbtabelle für die Farbe Rot (bzw. Grün, Blau) übernommen, sonst nicht.

Der Zeiger *tool_color* hat den Wert NIL, falls die Standardeinträge nicht vom Werkzeug geändert wurden.

Returncodes:

RCRST_NOINIT, RCRST_OK

RCRST_UNKNOWNFRAMEID – Es existiert kein Frame mit dem Bezeichner *frame_id.*

RCRST_BADFRAMEID – Unzulässiger Wert in Parameter *frame_id.*

RCRST_NORASTERFRAME – Das Frame mit dem Bezeichner *frame_id* ist kein Raster-Frame.

RCRST_BADINDEX – Unzulässiger Wert in Parameter *index.*

RCRST_BADTOOLCOLOR – Unzulässiger Wert in Parameter *tool_color.*

3.1.12 *rst_getcolor* – *get the color value of a color map's entry*

– erfragt den Eintrag der Farbtabelle eines Rasterframes.

Schnittstelle:

RCPRODIA *rst_getcolor (frame_id, index, tool_color, hardware_color)*

```
FRAME_ID       frame_id;        /* in */
INDEX          index;           /* in */
COLOR_VALUE    *tool_color;     /* in/out */
COLOR_VALUE    *hardware_color; /* out */
```

Wirkung:

Der Eintrag mit dem Index *index* in der Farbtabelle des Raster-Frames mit dem Bezeichner *frame_id* wird zurückgeliefert. In der Datenstruktur, auf die *tool_-color* zeigt, wird der vom Werkzeug gesetzte Wert zurückgeliefert. In der Datenstruktur, auf die *hardware-color* zeigt, wird der Standardfarbeintrag bzw. der zum vom Werkzeug gesetzten Farbwert "nächste" Farbwert des zugeordneten Bildschirmgerätes zurückgeliefert.

Die Zeiger *tool_color* und *hardware_color* zeigen auf vom Wekzeug angelegte Strukturen vom Typ COLOR_VALUE.

Die Strukturelemente von *tool_color* haben in Abhängigkeit vom Rastertyp folgende Bedeutung:

FRT_BITMAP: keine Wirkung.

FRT_GRAYSCALE:
In *tool_color→grayscale* bzw. *hardware_color→grayscale* werden die Einträge zurückgeliefert.

FRT_PSEUDOCOLOR und FRT_DIRECTCOLOR:
In *tool_color→rgb_color* bzw. *hardware_color→rgb_color* werden die Einträge zurückgeliefert. Beim Typ FRT_DIRECTCOLOR wird zudem in *tool_color→rgb_color.match* die interessierende Farbtabelle angegeben.

Returncodes:

RCRST_NOINIT, RCRST_OK

RCRST_UNKNOWNFRAMEID – Es existiert kein Frame mit dem Bezeichner *frame_id.*

RCRST_BADFRAMEID – Unzulässiger Wert in Parameter *frame_id*.

RCRST_NORASTERFRAME – Das Frame mit dem Bezeichner *frame_id* ist kein Raster-Frame.

RCRST_BADINDEX – Unzulässiger Wert in Parameter *index*.

RCRST_BADTOOLCOLOR – Unzulässiger Wert in Parameter *tool_color*.

3.1.13 *rst_getcolorvalue* – *get color value of a color name*

– Erfragt den Farbwert zu einem Farbnamen.

Schnittstelle:

```
RCPRODIA rst_getcolorvalue (frame_id, color_name, color_def,
    hardware_color)
    FRAME_ID        frame_id;            /* in */
    CHAR            *color_name;         /* in */
    COLOR_VALUE     *color_def;          /* out */
    COLOR_VALUE     *hardware_color;     /* out */
```

Wirkung:

Die zu der in *color_name* als Zeichenkette spezifizierten Farbe gehörige Farbdefinition wird in *color_def* zurückgeliefert. In *hardware_color* wird der auf dem Raster-Frame mit dem Bezeichner *frame_id* zugeordneten Bildschirmgerät verfügbare Farbwert zurückgeliefert.

Returncodes:

RCRST_NOINIT, RCRST_OK

RCRST_UNKNOWNFRAMEID – Es existiert kein Frame mit dem Bezeichner *frame_id*.

RCRST_BADFRAMEID – Unzulässiger Wert in Parameter *frame_id*.

RCRST_NORASTERFRAME – Das Frame mit dem Bezeichner *frame_id* ist kein Raster-Frame.

RCRST_BADCOLORNAME – Unzulässiger Wert in Parameter *color_name*.

3.1.14 *rst_getnextcolormapentry* - *get the next color map entry of a color value*

– erfragt den "ähnlichsten" Farbtabelleneintrag zu einem Farbwert.

Schnittstelle:

RCPRODIA *rst_getnextcolormapentry (frame_id, color, hardware_color, color_name, index, tool_color)*

```
FRAME_ID frame_id;          /* in */
COLOR    *color;            /* in */
COLOR    *hardware_color;   /* out */
CHAR     *color_name;       /* out */
INDEX    *index;            /* out */
COLOR    *tool_color;       /* out */
```

Wirkung:

In *hardware_color* wird der nächste auf dem Gerät realisierbare Farbwert zurückgeliefert, der in der Farbtabelle enthalten ist, in *color_name* der zugehörige Name, in *index* der entsprechende Index der Farbtabelle und in *tool_color* schließlich der eventuell vom Werkzeug abgelegte Eintrag.

Returncodes:

RCRST_NOINIT, RCRST_OK

RCRST_UNKNOWNFRAMEID – Es existiert kein Frame mit dem Bezeichner *frame_id*.

RCRST_BADFRAMEID – Unzulässiger Wert in Parameter *frame_id*.

RCRST_NORASTERFRAME – Das Frame mit dem Bezeichner *frame_id* ist kein Raster-Frame.

RCRST_BADCOLOR – Unzulässiger Wert in Parameter *color*.

3.1.15 *rst_gethardwarecolor* – *get the next hardware color of a color value*

– erfragt den "ähnlichsten" Hardwarefarbwert zu einem Farbwert.

Schnittstelle:

RCPRODIA *rst_gethardwarecolor (frame_id, color, hardware_color, color_name)*

```
FRAME_ID frame_id;          /* in */
COLOR    *color;            /* in */
COLOR    *hardware_color;   /* out */
CHAR     *color_name;       /* out */
```

Wirkung:

Das Werkzeug spezifiziert in *frame_id* das betreffende Raster-Frame und in *color* den Farbwert. In *hardware_color* wird der "nächste" auf dem Gerät realisierbare Farbwert zurückgeliefert, in *color_name* der dazugehörige Name. Es wird nicht berücksichtigt, ob die entsprechende Farbe in der Farbtabelle des Raster-Frames enthalten ist.

Returncodes:

RCRST_NOINIT, RCRST_OK

RCRST_UNKNOWNFRAMEID – Es existiert kein Frame mit dem Bezeichner *frame_id.*

RCRST_BADFRAMEID – Unzulässiger Wert in Parameter *frame_id.*

RCRST_NORASTERFRAME – Das Frame mit dem Bezeichner *frame_id* ist kein Raster-Frame.

RCRST_BADCOLOR – Unzulässiger Wert in Parameter *color.*

3.1.16 *rst_inqcolormapsize* – *inquire color map size*

– erfragt die Größe der Farbtabelle eines Raster-Frames.

Schnittstelle:

RCPRODIA *rst_inqcolormapsize (frame_id, color_map_size)*

```
FRAME_ID            frame_id;           /* in */
COLOR_MAP_SIZE      *color_map_size;    /* out */
```

Wirkung:

Die Größe der Farbtabelle des Raster-Frames mit dem Bezeichner *frame_id* wird in *color_map_size* zurückgeliefert. Der Zeiger *color_map_size* zeigt auf eine vom Werkzeug angelegte Variable vom Typ COLOR_MAP_SIZE.

Returncodes:

RCRST_NOINIT, RCRST_OK

RCRST_UNKNOWNFRAMEID – Es existiert kein Frame mit dem Bezeichner *frame_id*.

RCRST_BADFRAMEID – Unzulässiger Wert in Parameter *frame_id*.

RCRST_NORASTERFRAME – Das Frame mit dem Bezeichner *frame_id* ist kein Raster-Frame.

4 Operationen auf Text-Frames

4.0 *txt_framepointtotextcell* – *convert a frame point to a textcell*

– wandelt eine Position in Frame-Koordinaten in eine Textzelle um.

Schnittstelle:

RCPRODIA *txt_framepointtotextcell (frame_id, frame_point, textcell)*

```
FRAME_ID      frame_id;       /* in */
FRAME_POINT   *frame_point;   /* in */
TEXT_CELL     *textcell;      /* out */
```

Wirkung:

Die in Frame-Koordinaten angegebene Position im Frame wird auf eine Position im aktuell gültigen Spalten- und Zeilenraster (Textzelle) umgerechnet. Grundlage zur Berechnung der Position sind die Rechtecke (Characterbox), welche die Zeichen umschließen. Es wird geprüft, ob der angegebene Punkt im Frame in einer Characterbox liegt. Liegt der Punkt in keiner Characterbox, wird dies im Returncode angezeigt.

Unter Umständen ist die Zuordnung zu einer Textzelle nicht eindeutig. Dies ist der Fall, wenn durch unzureichenden Zeilenabstand mehrere Buchstaben überlagert wurden. In diesem Fall wird die erste Position, die im Zeilen- und Spaltenraster gefunden wird, zurückgeliefert. Die Datenstruktur mit der Adresse *textcell* vom Typ TEXT_CELL muß vom Werkzeug bereitgestellt werden.

Returncodes:

RCTXT_NOINIT, RCTXT_OK

RCTXT_UNKNOWNFRAMEID – Es existiert kein Frame mit dem Bezeichner *frame_id.*

RCTXT_BADFRAMEID – Unzulässiger Wert in Parameter *frame_id.*

RCTXT_BADFRAMETYPE – Das Frame mit dem Bezeichner *frame_id* ist nicht vom Typ FRT_TEXT.

RCTXT_UNKNOWNFRAMEPOINT – Die angegebene Position *frame_point* befindet sich außerhalb des Frames.

RCTXT_BADFRAMEPOINT – Unzulässiger Wert in Parameter *frame_point.*

RCTXT_NOTEXTCELLMATCH – Der Position, die durch die Datenstruktur mit der Adresse *frame_point* spezifiziert wurde, kann keine Textzelle im Frame mit dem Bezeichner *frame_id* zugeordnet werden.

4.1 *txt_textcelltoframepoint* – *convert textcell to frame point*

– wandelt eine Position vom Textzellenformat in Frame-Koordinaten um.

Schnittstelle:

RCPRODIA *txt_textcelltoframepoint (frame_id, textcell, frame_point)*

```
FRAME_ID      frame_id;       /* in */
TEXT_CELL     *textcell;      /* in */
FRAME_POINT   *frame_point;   /* out */
```

Wirkung:

Die im Spalten- und Zeilenraster angegebene Position im Frame (Textzelle) wird in eine Position in Frame-Koordinaten umgewandelt. Der Bezugspunkt ist die linke untere Ecke der Characterbox auf der Höhe der Grundlinie. Die Datenstruktur mit der Adresse *frame_point* vom Typ FRAME_POINT muß vom Werkzeug bereitgestellt werden.

Returncodes:

RCTXT_NOINIT, RCTXT_OK

RCTXT_UNKNOWNFRAMEID – Es existiert kein Frame mit dem Bezeichner *frame_id*.

RCTXT_BADFRAMEID – Unzulässiger Wert in Parameter *frame_id*.

RCTXT_BADFRAMETYPE – Das Frame mit dem Bezeichner *frame_id* ist nicht vom Typ FRT_TEXT.

RCTXT_UNKNOWNTEXTCELL – Die angegebene Position *textcell* ist nicht im Zeilen- und Spaltenraster angelegt.

RCTXT_BADTEXTCELL – Unzulässiger Wert in Parameter *textcell*.

4.2 *txt_movecursor* - *move cursor*

– positioniert den Text-Cursor.

Schnittstelle:

RCPRODIA *txt_movecursor (frame_id, textcell)*

```
    FRAME_ID      frame_id;     /* in */
    TEXT_CELL     *textcell;    /* in */
```

Wirkung:

Der Text-Cursor wird im Frame neu positioniert. Die Cursor-Position *textcell* wird als Position im Spalten- und Zeilenraster angegeben. Alternativ dazu kann eine Position auch durch Makros angegeben werden, die eine Position relativ zum Text-Cursor spezifizieren (siehe Anh. 0). Liegt ein Window auf dem Text-Frame und ist die Sichtbarkeit des Cursor-Symbols eingeschaltet, wird die Cursor-Position hervorgehoben angezeigt. Wird der Text-Cursor bewegt, so wird durch implizites Scrolling des Window-Inhaltes erreicht, daß der Text-Cursor immer innerhalb des Windows liegt.

Returncodes:

RCTXT_NOINIT, RCTXT_OK

RCTXT_UNKNOWNFRAMEID – Es existiert kein Frame mit dem Bezeichner *frame_id.*

RCTXT_BADFRAMEID – Unzulässiger Wert in Parameter *frame_id.*

RCTXT_BADFRAMETYPE – Das Frame mit dem Bezeichner *frame_id* ist nicht vom Typ FRT_TEXT.

RCTXT_UNKNOWNTEXTCELL – Die angegebene Position *textcell* ist nicht im Zeilen- und Spaltenraster angelegt.

RCTXT_BADTEXTCELL – Unzulässiger Wert in Parameter *textcell.*

4.3 ***txt_inqcursor*** – *inquire the current cursor position*

– liefert die Position des Text-Cursors im Zeilen- und Spaltenraster zurück.

Schnittstelle:

RCPRODIA *txt_inqcursor (frame_id, textcell)*

```
FRAME_ID     frame_id;     /* in */
TEXT_CELL    *textcell;    /* out */
```

Wirkung:

Die Position des Text-Cursors wird im Zeilen- und Spaltenraster zurückgeliefert. Der Ausgabeparameter *textcell* zeigt auf die erfragte Information. Die entsprechende Datenstruktur vom Typ TEXT_CELL muß die Anwendung bereitstellen.

Returncodes:

RCTXT_NOINIT, RCTXT_OK

RCTXT_UNKNOWNFRAMEID – Es existiert kein Frame mit dem Bezeichner *frame_id*.

RCTXT_BADFRAMEID – Unzulässiger Wert in Parameter *frame_id*.

RCTXT_BADFRAMETYPE – Das Frame mit dem Bezeichner *frame_id* ist nicht vom Typ FRT_TEXT.

4.4 ***txt_setcursorvisibility*** – *set cursor visibility*

– setzt die Sichtbarkeit des Text-Cursor-Symbols.

Schnittstelle:

RCPRODIA *txt_setcursorvisibility (frame_id, visibility)*

```
FRAME_ID       frame_id;     /* in */
CU_VISIBILITY  visibility;   /* in */
```

Wirkung:

An der Position des Text-Cursors wird ein Cursor-Symbol ausgegeben. Die Sichtbarkeit dieses Symbols kann mit dieser Funktion ein- oder ausgeschaltet werden. Liegt ein Window auf dem Text-Frame und ist die Sichtbarkeit des Cursor-Symbols eingeschaltet, so wird durch implizites Scrolling des Window-Inhaltes erreicht, daß der Text-Cursor immer innerhalb des Windows zu liegen kommt. Bei Nichtsichtbarkeit des Cursor-Symbols wird kein implizites Scrolling veranlaßt. Die Sichtbarkeit des Cursor-Symbols wird mit der Übergabe des Wertes CU_ON in der Variablen *visibility* vom Typ CU_VISIBILITY ein- und mit CU_OFF ausgeschaltet.

Returncodes:

RCTXT_NOINIT, RCTXT_OK

RCTXT_UNKNOWNFRAMEID – Es existiert kein Frame mit dem Bezeichner *frame_id*.

RCTXT_BADFRAMEID – Unzulässiger Wert in Parameter *frame_id*.

RCTXT_BADFRAMETYPE – Das Frame mit dem Bezeichner *frame_id* ist nicht vom Typ FRT_TEXT.

RCTXT_BADVISIBILITY – Unzulässiger Wert in Parameter *visibility*.

4.5 *txt_inqcursorvisibility* – *inquire cursor visibility*

– erfragt die Sichtbarkeit des Text-Cursor-Symbols.

Schnittstelle:

RCPRODIA *txt_inqcursorvisibility (frame_id, visibility)*

```
    FRAME_ID        frame_id;        /* in */
    CU_VISIBILITY   *visibility;     /* out */
```

Wirkung:

Die Sichtbarkeit des Text-Cursor-Symbols wird erfragt und der Wert in der vom Werkzeug bereitgestellten Variablen *visibility* vom Typ CU_VISIBILITY zurückgeliefert.

Returncodes:

RCTXT_NOINIT, RCTXT_OK

RCTXT_UNKNOWNFRAMEID – Es existiert kein Frame mit dem Bezeichner *frame_id*.

RCTXT_BADFRAMEID – Unzulässiger Wert in Parameter *frame_id*.

RCTXT_BADFRAMETYPE – Das Frame mit dem Bezeichner *frame_id* ist nicht vom Typ FRT_TEXT.

4.6 *txt_openlines* – *open lines*

– bewirkt den Einschub neuer Zeilen.

Schnittstelle:

RCPRODIA *txt_openlines (frame_id, n)*

```
    FRAME_ID    frame_id;  /* in */
    U_INT       n;         /* in */
```

Wirkung:

Über der aktuellen Position im Text-Frame werden neue Leerzeilen eingefügt. Die unteren Zeilen, inklusive der aktuellen Zeile, werden nach unten verschoben. Ist das Frame bereits vollständig mit Zeilen belegt, wächst das Frame am unteren Ende. Der Text-Cursor befindet sich nach Ausführung der Funktion am Anfang der ersten neuen Zeile. In einem gerade erzeugten Frame befindet sich noch keine Zeilenstruktur. Der Text-Cursor ist dann auf die Textzelle mit Zeilennummer 0 und Spaltennummer 0 initialisiert. Nach der Ausführung von *txt_openlines* befindet sich der Text-Cursor anschließend auf der Textzeile mit Zeilennummer 1 und Spaltennummer 0.

Die Attribute der Zeile, wie z.B. der Abstand zur Vorgängerzeile, werden aus den aktuellen Attributeinstellungen übernommen. Die Randmarken einer Zeile können auch implizit durch die Lage neben einer Box (siehe *txt_createbox*, Anh. 4.59) von *PRODIA* eingestellt werden.

Returncodes:

RCTXT_NOINIT, RCTXT_OK

RCTXT_MEMORYOVERFLOW – Speicherüberlauf.

RCTXT_UNKNOWNFRAMEID – Es existiert kein Frame mit dem Bezeichner *frame_id*.

RCTXT_BADFRAMEID – Unzulässiger Wert in Parameter *frame_id*.

RCTXT_BADFRAMETYPE – Das Frame mit dem Bezeichner *frame_id* ist nicht vom Typ FRT_TEXT.

RCTXT_BADN – Unzulässiger Wert in Parameter *n*.

4.7 *txt_deletelines – delete a number of lines*

– bewirkt das Löschen von Zeilen.

Schnittstelle:

RCPRODIA *txt_deletelines (frame_id, n)*

```
    FRAME_ID    frame_id;    /* in */
    U_INT       n;           /* in */
```

Wirkung:

Ab einschließlich der Zeile, in der sich der Text-Cursor befindet, werden Zeilen gelöscht. Die unteren Zeilen werden nach oben verschoben. Die Zeilennumerierung ändert sich. Der Text-Cursor befindet sich nach Ausführung der Funktion am Anfang der nächsten Zeile, unterhalb der ursprünglichen Position, sofern dort Text ist, ansonsten auf der am nächsten links davon liegenden Position.

Returncodes:

RCTXT_NOINIT, RCTXT_OK

RCTXT_UNKNOWNFRAMEID – Es existiert kein Frame mit dem Bezeichner *frame_id*.

RCTXT_BADFRAMEID – Unzulässiger Wert in Parameter *frame_id*.

RCTXT_BADFRAMETYPE – Das Frame mit dem Bezeichner *frame_id* ist nicht vom Typ FRT_TEXT.

RCTXT_BADN – Unzulässiger Wert in Parameter *n*.

4.8 *txt_setinsertmode* – *set the insertmode*

– setzt den Schalter für den Schreibmodus.

Schnittstelle:

RCPRODIA *txt_setinsertmode (frame_id, insert_mode)*

```
FRAME_ID     frame_id;      /* in */
INS_MODE     insert_mode;   /* in */
```

Wirkung:

Der Schalter für den Schreibmodus "Einfügen oder Überschreiben" wird eingestellt. In der Variablen *insert_mode* vom Typ INS_MODE wird für das Einschalten des Schreibmodus "Einfügen" der Wert INS_ON, für "Überschreiben" der Wert INS_OFF übergeben.

Returncodes:

RCTXT_NOINIT, RCTXT_OK

RCTXT_UNKNOWNFRAMEID – Es existiert kein Frame mit dem Bezeichner *frame_id*.

RCTXT_BADFRAMEID – Unzulässiger Wert in Parameter *frame_id*.

RCTXT_BADFRAMETYPE – Das Frame mit dem Bezeichner *frame_id* ist nicht vom Typ FRT_TEXT.

RCTXT_BADINSERTMODE – Unzulässiger Wert in Parameter *insert_mode*.

4.9 *txt_inqinsertmode* – *inquire the insertmode*

– fragt den Schalter für den Schreibmodus ab.

Schnittstelle:

RCPRODIA *txt_inqinsertmode (frame_id, insert_mode)*

```
FRAME_ID     frame_id;       /* in */
INS_MODE     *insert_mode;   /* out */
```

Wirkung:

Der aktuelle Wert des Schalters für den Schreibmodus "Einfügen oder Überschreiben" wird in die vom Werkzeug bereitgestellte Variable *insert_mode* vom Typ INS_MODE geschrieben.

Returncodes:

RCTXT_NOINIT, RCTXT_OK

RCTXT_UNKNOWNFRAMEID – Es existiert kein Frame mit dem Bezeichner *frame_id*.

RCTXT_BADFRAMEID – Unzulässiger Wert in Parameter *frame_id*.

RCTXT_BADFRAMETYPE – Das Frame mit dem Bezeichner *frame_id* ist nicht vom Typ FRT_TEXT.

4.10 *txt_writestring* – *write a string into a frame*

– schreibt oder fügt eine Zeichenkette abhängig vom Schreibmodus in das Text-Frame ein.

Schnittstelle:

RCPRODIA *txt_writestring (frame_id, string, cut_cond)*

```
FRAME_ID    frame_id;    /* in */
CHAR        *string;     /* in */
CUT_COND    *cut_cond;   /* out */
```

Wirkung:

Eine Zeichenkette wird an der Text-Cursor-Position, abhängig vom Schreibmodus, eingefügt oder direkt eingetragen. Einzelne Worte werden durch Leerzeichen ("blank") innerhalb der Eingabe-Zeichenkette getrennt. Das Ende der Zeichenkette wird mit \0 (in C-Notation) gekennzeichnet. Der Text-Cursor wird bis an das Ende des eingefügten Textes nachgezogen.

Es wird nur das Schreiben innerhalb einer Zeile unterstützt. Dadurch können beim Einfügen an dem Zeilenende, das durch das Zeilenattribut für die rechte Randbegrenzung gesetzt ist, Zeichen herausgeschoben werden. In der Struktur *cut_cond* wird die Textzelle zurückgeliefert, die als erste nicht mehr innerhalb der Randbegrenzungen liegt. Beim Überschreiben werden die Zeichen innerhalb des logischen Spalten- und Zeilenrasters eingetragen. Bei Proportionalschrift kann dies wegen der unterschiedlichen Längen der neuen und der überschriebenen Zeichenkette ebenfalls zum Überschreiten des Randes führen.

Die Attribute der Zeichenkette, z.B. Font, Schriftbild, Zeichenabstand und Breite eines nachfolgenden Leerzeichens, werden aus den aktuellen Einstellungen übernommen. Die Datenstruktur mit der Adresse *cut_cond* vom Typ CUT_COND muß vom Werkzeug bereitgestellt werden.

Returncodes:

RCTXT_NOINIT, RCTXT_OK

RCTXT_MEMORYOVERFLOW – Speicherüberlauf.

RCTXT_UNKNOWNFRAMEID – Es existiert kein Frame mit dem Bezeichner *frame_id.*

RCTXT_BADFRAMEID – Unzulässiger Wert in Parameter *frame_id.*

RCTXT_BADFRAMETYPE – Das Frame mit dem Bezeichner *frame_id* ist nicht vom Typ FRT_TEXT.

4.11 *txt_deletestring – delete a string*

– Löschen von Text von der Text-Cursor-Position bis zur angegebenen Position.

Schnittstelle:

```
RCPRODIA txt_deletestring (frame_id, textcell)
    FRAME_ID     frame_id;     /* in */
    TEXT_CELL    *textcell;    /* in */
```

Wirkung:

Ein Textstück, das von der aktuellen Text-Cursor-Position bis zur Textzelle *textcell* reicht, wird gelöscht. Beim Löschen wird kein Umbruch unterstützt, d.h. es erfolgt kein Nachziehen von Buchstaben in die Zeile, ab der gelöscht wird. Der Text-Cursor befindet sich anschließend auf der ersten Textzelle, die auf den gelöschten Text folgt. Die Position kann auch mit Hilfe eines der Makros für Cursor-Bewegungen spezifiziert werden.

Returncodes:

RCTXT_NOINIT, RCTXT_OK

RCTXT_UNKNOWNFRAMEID – Es existiert kein Frame mit dem Bezeichner *frame_id.*

RCTXT_BADFRAMEID – Unzulässiger Wert in Parameter *frame_id.*

RCTXT_BADFRAMETYPE – Das Frame mit dem Bezeichner *frame_id* ist nicht vom Typ FRT_TEXT.

RCTXT_UNKNOWNTEXTCELL – Die angegebene Position *textcell* ist nicht im Zeilen- und Spaltenraster angelegt.

RCTXT_BADTEXTCELL – Unzulässiger Wert in Parameter *textcell*.

4.12 *txt_splitline* – *split one line up into two lines*

– teilt eine Textzeile in zwei Zeilen auf.

Schnittstelle:

RCPRODIA *txt_splitline (frame_id, cut_cond)*

```
FRAME_ID     frame_id;     /* in */
CUT_COND     *cut_cond;    /* out */
```

Wirkung:

An der Text-Cursor-Position wird eine Zeile aufgeteilt. Unterhalb der aktuellen Cursor-Position wird eine neue Zeile eingefügt. Der Text von der aktuellen Cursor-Position bis zum Ende der Zeile wird in diese neue Zeile bewegt. Wenn der Text-Cursor auf dem Ende einer Zeile steht, ist die neu erzeugte Zeile leer. Der Text-Cursor steht nach der Ausführung der Funktion am Anfang der neuen Zeile. Die neue Zeile erhält als Attribute die Attribute der oberen Zeile. Der Zeiger *cut_cond* zeigt auf eine vom Werkzeug angelegte Datenstruktur vom Typ CUT_COND, die anzeigt, ob in der neuen Zeile der Text über die rechte Randbegrenzung hinausgeht.

Returncodes:

RCTXT_NOINIT, RCTXT_OK

RCTXT_UNKNOWNFRAMEID – Es existiert kein Frame mit dem Bezeichner *frame_id*.

RCTXT_BADFRAMEID – Unzulässiger Wert in Parameter *frame_id*.

RCTXT_BADFRAMETYPE – Das Frame mit dem Bezeichner *frame_id* ist nicht vom Typ FRT_TEXT.

RCTXT_MEMORYOVERFLOW – Speicherüberlauf.

4.13 *txt_appendline* – *append a line*

– Fügt zwei Zeilen zu einer Zeile zusammen.

Schnittstelle:

RCPRODIA *txt_appendline (frame_id, cut_cond)*

```
FRAME_ID     frame_id;     /* in */
CUT_COND     *cut_cond;    /* out */
```

Wirkung:

An das Ende der Zeile, in der der Text-Cursor steht, wird die nachfolgende Zeile gehängt. Wird beim Aneinanderhängen des Textes die rechte Randbegrenzung überschritten, wird dies in *cut_cond* angezeigt. Die Attribute der Zeile, in der der Text-Cursor steht, gelten auch für die zusammengefügte Zeile. Die Datenstruktur mit der Adresse *cut_cond* vom Typ CUT_COND muß vom Werkzeug bereitgestellt werden.

Returncodes:

RCTXT_NOINIT, RCTXT_OK

RCTXT_UNKNOWNFRAMEID – Es existiert kein Frame mit dem Bezeichner *frame_id*.

RCTXT_BADFRAMEID – Unzulässiger Wert in Parameter *frame_id*.

RCTXT_BADFRAMETYPE – Das Frame mit dem Bezeichner *frame_id* ist nicht vom Typ FRT_TEXT.

4.14 *txt_settab* – *set tabulator stops*

– setzt Tabulatorpositionen.

Schnittstelle:

RCPRODIA *txt_settab (frame_id, n, tab_list)*

```
FRAME_ID     frame_id;     /* in */
U_INT        n;            /* in */
FRAME_CO     *tab_list;    /* in */
```

Wirkung:

Es werden Tabulatorpositionen gesetzt. Die folgenden Aufrufe von Tabulatorsprüngen führen auf die jeweils nächste Tabulatorposition. Zur vorhergehenden Textposition wird ein "langes" Leerzeichen eingefügt. Das Setzen von Tabulatoren ermöglicht tabellarische Ausgaben, da hier eine Positionierung in Frame-Koordinaten durchgeführt wird.

Returncodes:

RCTXT_NOINIT, RCTXT_OK

RCTXT_MEMORYOVERFLOW – Speicherüberlauf.

RCTXT_UNKNOWNFRAMEID – Es existiert kein Frame mit dem Bezeichner *frame_id.*

RCTXT_BADFRAMEID – Unzulässiger Wert in Parameter *frame_id.*

RCTXT_BADFRAMETYPE – Das Frame mit dem Bezeichner *frame_id* ist nicht vom Typ FRT_TEXT.

RCTXT_BADN – Unzulässiger Wert in Parameter *n.*

RCTXT_BADTABLIST – Unzulässiger Wert in Parameter *tab_list.*

RCTXT_UNKNOWNPOINT – Mindestens eine Frame-Koordinate in der Liste *tab_list* liegt nicht im Frame.

4.15 ***txt_inqtab*** – *inquire the next tabulator stop*

– erfragt die nächste Tabulatorposition.

Schnittstelle:

RCPRODIA ***txt_inqtab (frame_id, stop)***

```
    FRAME_ID     frame_id;     /* in */
    FRAME_CO     *stop;        /* out */
```

Wirkung:

Es wird, ausgehend von der aktuellen Text-Cursor-Position, die Lage der nächsten Tabulatorposition, die angesprungen werden kann, zurückgeliefert. Die Variable mit der Adresse *stop* vom Typ FRAME_CO muß vom Werkzeug bereitgestellt werden.

Returncodes:

RCTXT_NOINIT, RCTXT_OK

RCTXT_UNKNOWNFRAMEID – Es existiert kein Frame mit dem Bezeichner *frame_id*.

RCTXT_BADFRAMEID – Unzulässiger Wert in Parameter *frame_id*.

RCTXT_BADFRAMETYPE – Das Frame mit dem Bezeichner *frame_id* ist nicht vom Typ FRT_TEXT.

RCTXT_NOJUMP – Es gibt keine Tabulatorposition, die angesprungen werden kann.

4.16 *txt_tabjump* – *jump to next tabulator position*

– Sprung auf die nächste Tabulatorposition.

Schnittstelle:

RCPRODIA *txt_tabjump (frame_id, cut_cond)*

```
FRAME_ID    frame_id;     /* in */
CUT_COND    *cut_cond;    /* out */
```

Wirkung:

Es wird ein "langes" Leerzeichen bis zum nächstliegenden Tabulatorstop an der aktuellen Schreibposition eingefügt. Dies bewirkt bei der Ausgabe des Textes einen Vorschub auf die Tabulatorposition. Beim Einfügen wird der nachfolgende Text hinausgeschoben. Dadurch kann die rechte Randbegrenzung überschritten werden, dies wird in *cut_cond* angezeigt. Der Zeiger *cut_cond* zeigt auf eine vom Werkzeug angelegte Datenstruktur vom Typ CUT_COND.

Returncodes:

RCTXT_NOINIT, RCTXT_OK

RCTXT_UNKNOWNFRAMEID – Es existiert kein Frame mit dem Bezeichner *frame_id*.

RCTXT_BADFRAMEID – Unzulässiger Wert in Parameter *frame_id*.

RCTXT_BADFRAMETYPE – Das Frame mit dem Bezeichner *frame_id* ist nicht vom Typ FRT_TEXT.

RCTXT_NOJUMP – Es gibt keine Tabulatorposition, die angesprungen werden kann.

4.17 *txt_setcharatt* – *set character attributes*

- setzt die Attribute der Zeichen von der Cursor-Position bis zur angegebenen Position.

Schnittstelle:

RCPRODIA *txt_setcharatt (frame_id, textcell, ch_att, cut_cond)*

```
FRAME_ID    frame_id;     /* in */
TEXT_CELL   *textcell;    /* in */
CH_ATT      *ch_att;      /* in */
CUT_COND    *cut_cond;    /* out */
```

Wirkung:

Der vom Werkzeug übergebene Zeiger *ch_att* zeigt auf eine Datenstruktur vom Typ CH_ATT. Die in ihr angegebenen Attribute für die Textzeichen werden ab der Cursor-Position bis zur angegebenen Position gesetzt. Die Position kann auch mit Hilfe der Makros für relative Cursor-Bewegungen spezifiziert werden. Durch den Wechsel des Font kann sich die Länge in der Zeile ändern. Das Überschreiten des Randes wird in *cut_cond* angezeigt. Wenn der Fall eintritt, daß sich die Attributänderung über mehrere Zeilen erstreckt und ein Neuumbruch nötig wird, so wird die Attributänderung zuerst komplett durchgeführt, und dann erst die Umbruchroutine für die erste Zeile, in der der rechte Rand überschritten wird, aufgerufen. Die Datenstruktur mit der Adresse *cut_cond* vom Typ CUT_COND muß vom Werkzeug bereitgestellt werden.

Returncodes:

RCTXT_NOINIT, RCTXT_OK

RCTXT_UNKNOWNFRAMEID – Es existiert kein Frame mit dem Bezeichner *frame_id.*

RCTXT_BADFRAMEID – Unzulässiger Wert in Parameter *frame_id.*

RCTXT_BADFRAMETYPE – Das Frame mit dem Bezeichner *frame_id* ist nicht vom Typ FRT_TEXT.

RCTXT_BADTEXTCELL – Unzulässiger Wert in Parameter *textcell.*

RCTXT_UNKNOWNTEXTCELL – Die angegebene Textzelle *textcell* existiert nicht im Zeilen- und Spaltenraster.

RCTXT_BADFONTID – Unzulässiger Wert in Parameter *font_id.*

RCTXT_UNKNOWNFONTID – Der Font mit dem Bezeichner *font_id* existiert nicht.

RCTXT_BADFACECODE – Unzulässiger Wert in Parameter *facecode.*

RCTXT_UNKNOWNFACECODE – Die Wertekombination *facecode* kann nicht gesetzt werden.

RCTXT_BADCHARPAD – Unzulässiger Wert im Parameter *charpad*.

RCTXT_BADSPACE – Unzulässiger Wert im Parameter *space*.

RCTXT_UNKNOWNSPACE – Der Wert im Parameter *space* kann nicht gesetzt werden.

4.18 *txt_inqcharatt* – *inquire character attributes*

– liefert die Attribute eines Zeichens an der aktuellen Cursor-Position zurück.

Schnittstelle:

RCPRODIA *txt_inqcharatt (frame_id, ch_att)*

```
    FRAME_ID      frame_id;      /* in */
    CH_ATT        *ch_att;       /* out */
```

Wirkung:

Die Attribute des Zeichens an der aktuellen Cursor-Position werden zurückgeliefert. Die Datenstruktur mit der Adresse *ch_att* vom Typ CH_ATT muß vom Werkzeug bereitgestellt werden.

Returncodes:

RCTXT_NOINIT, RCTXT_OK

RCTXT_UNKNOWNFRAMEID – Es existiert kein Frame mit dem Bezeichner *frame_id*.

RCTXT_BADFRAMEID – Unzulässiger Wert in Parameter *frame_id*.

RCTXT_BADFRAMETYPE – Das Frame mit dem Bezeichner *frame_id* ist nicht vom Typ FRT_TEXT.

4.19 *txt_setlineatt* – *set line attributes*

– setzt die Attribute der Zeile an der Cursor-Position.

Schnittstelle:

RCPRODIA *txt_setlineatt (frame_id, ln_att, cut_cond)*

```
    FRAME_ID     frame_id;      /* in */
    LINE_ATT     *ln_att;       /* in */
    CUT_COND     *cut_cond;     /* out */
```

Wirkung:

Die in *ln_att* angegebenen Attribute werden in der Zeile, in der sich der Text-Cursor befindet, gesetzt. Eine Änderung der linken Randbegrenzung bedeutet, daß der Text in der Zeile, beginnend mit der ersten Spalte, eingerückt wird. Überschreitet der Text in der Zeile die neue rechte Randbegrenzung, wird dies in *cut_cond* angezeigt. Eine Änderung des Zeilenabstandes verändert den Abstand zur Vorgängerzeile. Die Datenstruktur mit der Adresse *cut_cond* vom Typ CUT_COND muß vom Werkzeug bereitgestellt werden.

Returncodes:

RCTXT_NOINIT, RCTXT_OK

RCTXT_UNKNOWNFRAMEID – Es existiert kein Frame mit dem Bezeichner *frame_id.*

RCTXT_BADFRAMEID – Unzulässiger Wert in Parameter *frame_id.*

RCTXT_BADFRAMETYPE – Das Frame mit dem Bezeichner *frame_id* ist nicht vom Typ FRT_TEXT.

RCTXT_BADLMARGIN – Unzulässiger Wert in Parameter *lmargin.*

RCTXT_BADRMARGIN – Unzulässiger Wert in Parameter *rmargin.*

RCTXT_UNKNOWNMARGINS – Die linke Grenze *lmargin* ist größer oder gleich der rechten Grenze *rmargin.*

RCTXT_UNKNOWNVERTSPACE – Zeilenabstand *vertspace* kann nicht gesetzt werden.

RCTXT_BADVERTSPACE – Unzulässiger Wert in Parameter *vertspace.*

4.20 ***txt_inqlineatt*** – *inquire line attributes*

– liefert die Attribute der Zeile an der aktuellen Cursor-Position zurück.

Schnittstelle:

RCPRODIA *txt_inqlineatt (frame_id, ln_att)*

```
    FRAME_ID      frame_id;      /* in */
    LINE_ATT      *ln_att;       /* out */
```

Wirkung:

Die Attribute der Zeile, in der der Text-Cursor steht, werden zurückgeliefert. Die Datenstruktur mit der Adresse *ln_att* vom Typ LINE_ATT muß vom Werkzeug bereitgestellt werden.

Returncodes:

RCTXT_NOINIT, RCTXT_OK

RCTXT_UNKNOWNFRAMEID – Es existiert kein Frame mit dem Bezeichner *frame_id*.

RCTXT_BADFRAMEID – Unzulässiger Wert in Parameter *frame_id*.

RCTXT_BADFRAMETYPE – Das Frame mit dem Bezeichner *frame_id* ist nicht vom Typ FRT_TEXT.

4.21 ***txt_getstring*** – *retrieve a number of characters*

– liest aus dem Frame bis zur angegebenen Position.

Schnittstelle:

RCPRODIA *txt_getstring (frame_id, textcell, string)*

```
    FRAME_ID      frame_id;      /* in */
    TEXT_CELL     *textcell;     /* in */
    CHAR          **string;      /* out */
```

Wirkung:

Liest eine Zeichenkette von der aktuellen Cursor-Position bis zur angegebenen Position. Der Text-Cursor wird anschließend hinter die angegebene Position gesetzt. Der Text wird unabhängig von der Aufteilung in Zeilen als eine Zeichenkette, die mit **\0** (C-Notation) endet, zurückgeliefert. Zeilen werden durch **\n** (C-Notation) getrennt. Der Puffer für die Zeichenkette wird von *PRODIA* bereitgestellt. Wenn der Puffer für die Zeichenkette vom Werkzeug nicht mehr benötigt wird, kann er durch den Aufruf von *adm_free* wieder freigegeben werden. Eine Textposition kann auch mit Hilfe eines der Makros für relative Cursor-Bewegungen spezifiziert werden.

Returncodes:

RCTXT_NOINIT, RCTXT_OK

RCTXT_MEMORYOVERFLOW – Speicherüberlauf.

RCTXT_UNKNOWNFRAMEID – Es existiert kein Frame mit dem Bezeichner *frame_id.*

RCTXT_BADFRAMEID – Unzulässiger Wert in Parameter *frame_id.*

RCTXT_BADFRAMETYPE – Das Frame mit dem Bezeichner *frame_id* ist nicht vom Typ FRT_TEXT.

RCTXT_UNKNOWNTEXTCELL – Die angegebene Position *textcell* ist nicht im Zeilen- und Spaltenraster angelegt.

RCTXT_BADTEXTCELL – Unzulässiger Wert in Parameter *textcell.*

4.22 *txt_search* – *search a textstring*

– sucht eine Zeichenfolge.

Schnittstelle:

RCPRODIA *txt_search (frame_id, string, end_pos, textcell)*

```
FRAME_ID    frame_id;    /* in */
CHAR        *string;     /* in */
TEXT_CELL   *end_pos;    /* in */
TEXT_CELL   *textcell;   /* out */
```

Wirkung:

Im Bereich von der Cursor-Position bis zu der in Parameter *end_pos* angegebenen Textposition wird nach dem ersten Auftreten einer Zeichenfolge, die im Parameter *string* übergeben wird, gesucht. Wird die Zeichenfolge gefunden, so wird die Position, mit der die Zeichenfolge beginnt, in die vom Anwendungsprogramm bereitgestellte Datenstruktur vom Typ TEXT_CELL übergeben. Wird die Zeichenfolge im angegebenen Bereich nicht gefunden, so wird dies im Returncode angezeigt. Die Zeichenkette, die zum Suchen übergeben wird, muß mit **\0** (C-Notation) abgeschlossen werden.

Returncodes:

RCTXT_NOINIT, RCTXT_OK

RCTXT_UNKNOWNFRAMEID – Es existiert kein Frame mit dem Bezeichner *frame_id*.

RCTXT_BADFRAMEID – Unzulässiger Wert in Parameter *frame_id*.

RCTXT_BADFRAMETYPE – Das Frame mit dem Bezeichner *frame_id* ist nicht vom Typ FRT_TEXT.

RCTXT_BADENDPOS – Unzulässiger Wert in Parameter *end_pos*.

RCTXT_NOENDPOS – Die Position *end_pos* kann nicht erreicht werden, der Cursor bleibt stehen.

RCTXT_STRINGNOTFOUND – Die Zeichenfolge mit dem Bezeichner *string* tritt nicht auf.

4.23 *txt_setfont* – *set the current font*

– setzt den aktuellen Font.

Schnittstelle:

RCPRODIA *txt_setfont (frame_id, font_id)*

```
    FRAME_ID    frame_id;    /* in */
    FONT_ID     font_id;     /* in */
```

Wirkung:

Der Schalter für den aktuellen Font wird eingestellt. Nachfolgende Textausgaben mit *txt_writestring* werden in diesem Font dargestellt. Vorher geschriebener Text wird von der Umschaltung nicht berührt. Der Schalter liefert den Wert des Zeichenattributes für den Font, das beim Erzeugen (Schreiben) an den Buchstaben gebunden wird.

Returncodes:

RCTXT_NOINIT, RCTXT_OK

RCTXT_UNKNOWNFRAMEID – Es existiert kein Frame mit dem Bezeichner *frame_id.*

RCTXT_BADFRAMEID – Unzulässiger Wert in Parameter *frame_id.*

RCTXT_BADFRAMETYPE – Das Frame mit dem Bezeichner *frame_id* ist nicht vom Typ FRT_TEXT.

RCTXT_BADFONTID – Unzulässiger Wert in Parameter *font_id.*

RCTXT_UNKNOWNFONTID – Der Font mit dem Bezeichner *font_id* existiert nicht.

RCTXT_UNKNOWNFACECODE – Die Wertekombination *facecode* kann nicht gesetzt werden.

4.24 *txt_inqfont* – *inquire the current font*

– erfragt den aktuellen Wert des Fontschalters.

Schnittstelle:

RCPRODIA *txt_inqfont (frame_id, font_id)*

```
    FRAME_ID     frame_id;      /* in */
    FONT_ID      *font_id;      /* out */
```

Wirkung:

Der aktuelle Wert des Fontschalters wird in *font_id* zurückgeliefert. Die Variable mit der Adresse *font_id* vom Typ FONT_ID muß vom Werkzeug bereitgestellt werden.

Returncodes:

RCTXT_NOINIT, RCTXT_OK

RCTXT_UNKNOWNFRAMEID – Es existiert kein Frame mit dem Bezeichner *frame_id.*

RCTXT_BADFRAMEID – Unzulässiger Wert in Parameter *frame_id.*

RCTXT_BADFRAMETYPE – Das Frame mit dem Bezeichner *frame_id* ist nicht vom Typ FRT_TEXT.

4.25 *txt_setface* – *set the current font face*

– setzt die Schalter für das aktuelle Schriftbild.

Schnittstelle:

RCPRODIA *txt_setface (frame_id, facecode)*

```
FRAME_ID      frame_id;       /* in */
FACE_CODE     *facecode;      /* in */
```

Wirkung:

Der Schalter für das Schriftbild (Schriftstärke und Schriftstil) zum aktuellen Font wird eingestellt. Nachfolgende Textausgaben mit *txt_writestring* werden in diesem Schriftbild dargestellt. Vorher geschriebener Text wird von der Umschaltung nicht berührt. Der Zeiger *facecode* zeigt auf eine vom Werkzeug angelegte Datenstruktur vom Typ FACE_CODE.

Returncodes:

RCTXT_NOINIT, RCTXT_OK

RCTXT_UNKNOWNFRAMEID – Es existiert kein Frame mit dem Bezeichner *frame_id*.

RCTXT_BADFRAMEID – Unzulässiger Wert in Parameter *frame_id*.

RCTXT_BADFRAMETYPE – Das Frame mit dem Bezeichner *frame_id* ist nicht vom Typ FRT_TEXT.

RCTXT_BADFACECODE – Unzulässiger Wert in Parameter *facecode*.

RCTXT_UNKNOWNFACECODE – Die Wertekombination *facecode* kann nicht gesetzt werden.

4.26 ***txt_inqface*** *– inquires the current font face*

– erfragt das aktuelle Schriftbild.

Schnittstelle:

RCPRODIA *txt_inqface (frame_id, facecode)*

```
    FRAME_ID      frame_id;     /* in */
    FACE_CODE     *facecode;    /* out */
```

Wirkung:

Erfragt den Wert der Schalter für das Schriftbild. Das Werkzeug muß die Datenstruktur mit der Adresse *facecode* vom Typ FACE_CODE bereitstellen.

Returncodes:

RCTXT_NOINIT, RCTXT_OK

RCTXT_UNKNOWNFRAMEID – Es existiert kein Frame mit dem Bezeichner *frame_id.*

RCTXT_BADFRAMEID – Unzulässiger Wert in Parameter *frame_id.*

RCTXT_BADFRAMETYPE – Das Frame mit dem Bezeichner *frame_id* ist nicht vom Typ FRT_TEXT.

4.27 ***txt_setcharpad*** *– set character padding*

– setzt den Schalter für den Abstand zwischen den Zeichen eines Wortes.

Schnittstelle:

RCPRODIA *txt_setcharpad (frame_id, length)*

```
    FRAME_ID        frame_id;     /* in */
    FRAME_LENGTH    length;       /* in */
```

Wirkung:

Der Schalter für den Zeichenabstand wird eingestellt. Der Abstand zwischen den Zeichen von Wörtern wird bei nachfolgenden Schreiboperationen mit *txt_writestring* verändert. Bisher ausgegebener Text bleibt unverändert.

Returncodes:

RCTXT_NOINIT, RCTXT_OK

RCTXT_UNKNOWNFRAMEID – Es existiert kein Frame mit dem Bezeichner *frame_id*.

RCTXT_BADFRAMEID – Unzulässiger Wert in Parameter *frame_id*.

RCTXT_BADFRAMETYPE – Das Frame mit dem Bezeichner *frame_id* ist nicht vom Typ FRT_TEXT.

RCTXT_BADLENGTH – Unzulässiger Wert in Parameter *length*.

RCTXT_UNKNOWNLENGTH – Der Wert des Parameters *length* kann nicht gesetzt werden.

4.28 *txt_inqcharpad* – *inquire character padding*

– erfragt den Schalter für den Buchstabenabstand.

Schnittstelle:

RCPRODIA *txt_inqcharpad (frame_id, length)*

```
FRAME_ID        frame_id;     /* in */
FRAME_LENGTH    *length;      /* out */
```

Wirkung:

Erfragt den Schalter für den Abstand, der zwischen den Zeichen von Wörtern beim Schreiben eingefügt wird. Der Zeiger *length* zeigt auf eine vom Werkzeug angelegte Variable vom Typ FRAME_LENGTH.

Returncodes:

RCTXT_NOINIT, RCTXT_OK

RCTXT_UNKNOWNFRAMEID – Es existiert kein Frame mit dem Bezeichner *frame_id*.

RCTXT_BADFRAMEID – Unzulässiger Wert in Parameter *frame_id*.

RCTXT_BADFRAMETYPE – Das Frame mit dem Bezeichner *frame_id* ist nicht vom Typ FRT_TEXT.

4.29 *txt_setspacing* - *set spacing*

- setzt den Schalter für die Länge eines Leerzeichens.

Schnittstelle:

RCPRODIA *txt_setspacing (frame_id, length)*

```
FRAME_ID        frame_id;     /* in */
FRAME_LENGTH    length;       /* in */
```

Wirkung:

Setzt den Schalter für die Länge eines Leerzeichens. Der so eingestellte Abstand wird erst ab den folgenden Textausgaben mit *txt_writestring* in das Frame wirksam. Der bis dahin in das Frame geschriebene Text bleibt unverändert.

Returncodes:

RCTXT_NOINIT, RCTXT_OK

RCTXT_UNKNOWNFRAMEID – Es existiert kein Frame mit dem Bezeichner *frame_id.*

RCTXT_BADFRAMEID – Unzulässiger Wert in Parameter *frame_id.*

RCTXT_BADFRAMETYPE – Das Frame mit dem Bezeichner *frame_id* ist nicht vom Typ FRT_TEXT.

RCTXT_BADLENGTH – Unzulässiger Wert in Parameter *length.*

RCTXT_UNKNOWNLENGTH – Der Wert des Parameters *length* kann nicht gesetzt werden.

4.30 *txt_inqspacing* – *inquire spacing*

– erfragt den aktuellen Wert für die Länge eines Leerzeichens.

Schnittstelle:

RCPRODIA *txt_inqspacing (frame_id, length)*

```
FRAME_ID        frame_id;     /* in */
FRAME_LENGTH    *length;      /* out */
```

Wirkung:

Erfragt den Anzeiger für den Wortabstand, der zwischen durch Leerzeichen getrennte Zeichenketten eingefügt wird. Der Zeiger *length* zeigt auf eine vom Werkzeug angelegte Variable vom Typ FRAME_LENGTH.

Returncodes:

RCTXT_NOINIT, RCTXT_OK

RCTXT_UNKNOWNFRAMEID – Es existiert kein Frame mit dem Bezeichner *frame_id*.

RCTXT_BADFRAMEID – Unzulässiger Wert in Parameter *frame_id*.

RCTXT_BADFRAMETYPE – Das Frame mit dem Bezeichner *frame_id* ist nicht vom Typ FRT_TEXT.

4.31 *txt_setvertspace* – *set vertical spacing*

– setzt den Schalter für den Zeilenabstand.

Schnittstelle:

RCPRODIA *txt_setvertspace (frame_id, length)*

```
FRAME_ID        frame_id;     /* in */
FRAME_LENGTH    length;       /* in */
```

Wirkung:

Der Schalter legt den Zeilenabstand (Durchschuß) für die Textausgabe fest. Der neue Zeilenabstand wird beim nachfolgenden Erzeugen von Zeilen mit *txt_openlines* wirksam. Bereits ausgegebener Text wird dadurch nicht verändert. Der Zeilenabstand bezieht sich auf die Vorgängerzeile (Abstand der Grundlinien). Der Zeilenabstand braucht nicht angegeben zu werden, es wird zum aktuellen Font ein Standardwert eingesetzt. Der Zeilenabstand ist vom gewählten Font abhängig. Durch das Setzen des Zeilenabstandmodus kann angegeben werden, wie eine Änderung des Fonts auf den Zeilenabstand wirken soll.

Returncodes:

RCTXT_NOINIT, RCTXT_OK

RCTXT_UNKNOWNFRAMEID – Es existiert kein Frame mit dem Bezeichner *frame_id.*

RCTXT_BADFRAMEID – Unzulässiger Wert in Parameter *frame_id.*

RCTXT_BADFRAMETYPE – Das Frame mit dem Bezeichner *frame_id* ist nicht vom Typ FRT_TEXT.

RCTXT_BADLENGTH – Unzulässiger Wert in Parameter *length*.

RCTXT_UNKNOWNLENGTH – Der Wert des Parameters *length* kann nicht gesetzt werden.

4.32 *txt_inqvertspace* – *inquire vertical spacing*

– erfragt den Schalter für den Zeilenabstand.

Schnittstelle:

RCPRODIA *txt_inqvertspace (frame_id, length)*

```
    FRAME_ID          frame_id;       /* in */
    FRAME_LENGTH      *length;        /* out */
```

Wirkung:

Erfragt den aktuellen Wert für den Zeilenabstand, der beim Schreiben verwendet wird.

Die Datenstruktur vom Typ FRAME_LENGTH muß vom Werkzeug bereitgestellt werden.

Returncodes:

RCTXT_NOINIT, RCTXT_OK

RCTXT_UNKNOWNFRAMEID – Es existiert kein Frame mit dem Bezeichner *frame_id.*

RCTXT_BADFRAMEID – Unzulässiger Wert in Parameter *frame_id*.

RCTXT_BADFRAMETYPE – Das Frame mit dem Bezeichner *frame_id* ist nicht vom Typ FRT_TEXT.

4.33 *txt_setvertspacemode* – *Set vertical spacing mode*

– setzt den Modus für die Berechnung und Angleichung des Zeilenabstandes.

Schnittstelle:

RCPRODIA *txt_setvertspacemode (frame_id, vs_mode)*

```
FRAME_ID    frame_id;    /* in */
VS_MODE     vs_mode;     /* in */
```

Wirkung:

Legt die Art der Berechnung und Angleichung des Zeilenabstandes fest. Der neue Modus wird wirksam, wenn neue Zeilen mit *txt_openlines* eingefügt werden. Ist der Modus auf VS_IMPLIZIT gesetzt, braucht der Zeilenabstand nicht angegeben zu werden. Es wird zum aktuellen Font ein Standardwert eingesetzt. Wird beim Einfügen in einer Zeile ein größerer Font gewählt, gleicht sich der Zeilenabstand anhand des größeren Fonts automatisch an. Der Zeilenabstand kann zwar auch gesetzt werden, er wird aber nur gültig, wenn er größer als der Standardwert ist. Wird der explizite Modus gewählt, so wird das automatische Angleichen an den größten Font unterdrückt. Der Zeilenabstand bleibt dann in der übernommenen Einstellung. Es wird dadurch auch möglich, daß sich Texte überlappen.

Returncodes:

RCTXT_NOINIT, RCTXT_OK

RCTXT_UNKNOWNFRAMEID – Es existiert kein Frame mit dem Bezeichner *frame_id*.

RCTXT_BADFRAMEID – Unzulässiger Wert in Parameter *frame_id*.

RCTXT_BADFRAMETYPE – Das Frame mit dem Bezeichner *frame_id* ist nicht vom Typ FRT_TEXT.

RCTXT_BADVSMODE – Unzulässiger Wert in Parameter *vs_mode*.

4.34 *txt_inqvertspacemode* – *inquire the vertical spacing mode*

- erfragt den Modus für die Berechnung und Angleichung des Zeilenabstandes.

Schnittstelle:

RCPRODIA *txt_inqvertspacemode (frame_id, vs_mode)*

```
FRAME_ID    frame_id;     /* in */
VS_MODE     *vs_mode;     /* out */
```

Wirkung:

Erfragt den Schalter, der die Art der Berechnung und Angleichung des Zeilenabstandes festlegt. Die Variable *vs_mode* vom Typ VS_MODE muß vom Werkzeug bereitgestellt werden.

Returncodes:

RCTXT_NOINIT, RCTXT_OK

RCTXT_UNKNOWNFRAMEID – Es existiert kein Frame mit dem Bezeichner *frame_id.*

RCTXT_BADFRAMEID – Unzulässiger Wert in Parameter *frame_id.*

RCTXT_BADFRAMETYPE – Das Frame mit dem Bezeichner *frame_id* ist nicht vom Typ FRT_TEXT.

4.35 *txt_setmargins* – *set margins for text layout*

- setzt linke und rechte Randbegrenzung.

Schnittstelle:

RCPRODIA *txt_setmargins (frame_id, lmargin, rmargin)*

```
FRAME_ID    frame_id;     /* in */
FRAME_CO    lmargin;      /* in */
FRAME_CO    rmargin;      /* in */
```

Wirkung:

Der Schalter für die Werte der linken und rechten Randbegrenzung wird für die folgenden neu einzufügenden Zeilen gesetzt. Die Angabe der Randbegrenzungen geschieht in Frame-Koordinaten. Vor dem Umsetzen ausgegebener Text bleibt unberührt. Der linke Rand bestimmt die Position der ersten Spalte einer Zeile. Die Ränder dienen zur Einstellung der Satzbreite für den Zeilenumbruch. Wird beim Schreiben in das Text-Frame der rechte Rand überschritten, so wird die Umbruchsfunktion des Werkzeugs aufgerufen.

Returncodes:

RCTXT_NOINIT, RCTXT_OK

RCTXT_UNKNOWNFRAMEID – Es existiert kein Frame mit dem Bezeichner *frame_id.*

RCTXT_BADFRAMEID – Unzulässiger Wert in Parameter *frame_id.*

RCTXT_BADFRAMETYPE – Das Frame mit dem Bezeichner *frame_id* ist nicht vom Typ FRT_TEXT.

RCTXT_BADLMARGIN – Unzulässiger Wert in Parameter *lmargin.*

RCTXT_BADRMARGIN – Unzulässiger Wert in Parameter *rmargin.*

RCTXT_UNKNOWNMARGINS – Die linke Grenze *lmargin* ist größer oder gleich der rechten Grenze *rmargin.*

4.36 *txt_inqmargins* – *inquire the margins*

– erfragt die aktuellen gesetzten Randbegrenzungen.

Schnittstelle:

RCPRODIA *txt_inqmargins (frame_id, lmargin, rmargin)*

```
    FRAME_ID    frame_id;     /* in */
    FRAME_CO    *lmargin;     /* out */
    FRAME_CO    *rmargin;     /* out */
```

Wirkung:

Erfragt die aktuell gesetzten Werte für linken und rechten Rand. Die Zeiger *lmargin* und *rmargin* zeigen auf vom Werkzeug angelegte Variablen vom Typ FRAME_CO.

Returncodes:

RCTXT_NOINIT, RCTXT_OK

RCTXT_UNKNOWNFRAMEID – Es existiert kein Frame mit dem Bezeichner *frame_id.*

RCTXT_BADFRAMEID – Unzulässiger Wert in Parameter *frame_id.*

RCTXT_BADFRAMETYPE – Das Frame mit dem Bezeichner *frame_id* ist nicht vom Typ FRT_TEXT.

4.37 *txt_setbreakfunc* – *set the line break function*

– setzt die Funktion zur Behandlung des Umbruchs.

Schnittstelle:

RCPRODIA *txt_setbreakfunc (frame_id, breakfunc, tool_data)*

```
FRAME_ID    frame_id;        /* in */
void        (*breakfunc) (); /* in */
VOID        *tool_data;      /* in */
```

Wirkung:

Mit dem Aufruf dieser Funktion wird vom Werkzeug an *PRODIA* ein Zeiger auf eine Funktion übergeben, die den Zeilenumbruch behandelt. Diese Funktion wird dann von *PRODIA* aufgerufen, wenn beim Schreiben oder Ändern der rechte Rand überschritten wird.

Die Umbruchfunktionen müssen folgende Struktur haben:

void breakfunc (frame_id, cut_cond, tool_data)

```
FRAME_ID    frame_id;
CUT_COND    *cut_cond;
VOID        *tool_data;
```

Returncodes:

RCTXT_NOINIT, RCTXT_OK

RCTXT_UNKNOWNFRAMEID – Es existiert kein Frame mit dem Bezeichner *frame_id.*

RCTXT_BADFRAMEID – Unzulässiger Wert in Parameter *frame_id.*

RCTXT_BADFRAMETYPE – Das Frame mit dem Bezeichner *frame_id* ist nicht vom Typ FRT_TEXT.

RCTXT_BADBREAKFUNC – Unzulässiger Wert in Parameter *breakfunc.*

4.38 *txt_inqbreakfunc* – *inquire the line break function*

– erfragt die Adresse der Funktion zur Behandlung des Umbruches.

Schnittstelle:

RCPRODIA *txt_inqbreakfunc (frame_id, breakfunc, tool_data)*

```
FRAME_ID     frame_id;          /* in */
void         (**breakfunc) ( ); /* out */
VOID         **tool_data;       /* out */
```

Wirkung:

Erfragt den Zeiger auf die Funktion, die den Umbruch behandelt. Der Zeiger *breakfunc* zeigt auf eine vom Werkzeug angelegte Zeigervariable vom Typ void. Der Zeiger *tool_data* zeigt auf eine vom Werkzeug angelegte Zeigervariable vom Typ VOID.

Returncodes:

RCTXT_NOINIT, RCTXT_OK

RCTXT_UNKNOWNFRAMEID – Es existiert kein Frame mit dem Bezeichner *frame_id*.

RCTXT_BADFRAMEID – Unzulässiger Wert in Parameter *frame_id*.

RCTXT_BADFRAMETYPE – Das Frame mit dem Bezeichner *frame_id* ist nicht vom Typ FRT_TEXT.

4.39 *txt_setswitches* – *set the switches for layout*

– setzt die Schalter für die Layout-Erzeugung.

Schnittstelle:

RCPRODIA *txt_setswitches (frame_id, switches)*

```
FRAME_ID       frame_id;   /* in */
TXT_SWITCHES   *switches;  /* in */
```

Wirkung:

Sämtliche Schalter, die das Layout bei der Texterzeugung beeinflussen, können verändert werden. Die Schalter werden in der Datenstruktur vom Typ TXT_SWITCHES, auf die der Zeiger *switches* zeigt, an *PRODIA* übergeben.

Returncodes:

RCTXT_NOINIT, RCTXT_OK

RCTXT_UNKNOWNFRAMEID – Es existiert kein Frame mit dem Bezeichner *frame_id*.

RCTXT_BADFRAMEID – Unzulässiger Wert in Parameter *frame_id*.

RCTXT_BADFRAMETYPE – Das Frame mit dem Bezeichner *frame_id* ist nicht vom Typ FRT_TEXT.

RCTXT_BADFONTID – Unzulässiger Wert in Parameter *font_id*.

RCTXT_UNKNOWNFONTID – Der Font mit dem Bezeichner *font_id* existiert nicht.

RCTXT_BADFACECODE – Unzulässiger Wert in Parameter *facecode*.

RCTXT_UNKNOWNFACECODE – Die Wertekombination *facecode* kann nicht gesetzt werden.

RCTXT_BADCHARPAD – Unzulässiger Wert im Parameter *charpad*.

RCTXT_BADSPACE – Unzulässiger Wert im Parameter *space*.

RCTXT_BADLMARGIN – Unzulässiger Wert in Parameter *lmargin*.

RCTXT_BADRMARGIN – Unzulässiger Wert in Parameter *rmargin*.

RCTXT_UNKNOWNMARGINS – Die linke Grenze *lmargin* ist größer oder gleich der rechten Grenze *rmargin*.

RCTXT_UNKNOWNVERTSPACE – Zeilenabstand *vertspace* kann nicht gesetzt werden.

RCTXT_BADVERTSPACE – Unzulässiger Wert in Parameter *vertspace*.

RCTXT_BADINSERTMODE – Unzulässiger Wert in Parameter *insert_mode*.

RCTXT_BADVSMODE – Unzulässiger Wert in Parameter *vs_mode*.

4.40 *txt_inqswitches* – *inquire the switches for layout*

– erfragt die Schalter für die Layout-Erzeugung.

Schnittstelle:

RCPRODIA *txt_inqswitches (frame_id, switches)*

FRAME_ID	*frame_id;*	/* in */
TXT_SWITCHES	**switches;*	/* out */

Wirkung:

Sämtliche Schalter, die das Layout bei der Texterzeugung beeinflussen, können erfragt werden. Die Werte der Schalter werden in einer vom Werkzeug bereitgestellten Datenstruktur vom Typ TXT_SWITCHES zurückgeliefert.

Returncodes:

RCTXT_NOINIT, RCTXT_OK

RCTXT_UNKNOWNFRAMEID – Es existiert kein Frame mit dem Bezeichner *frame_id.*

RCTXT_BADFRAMEID – Unzulässiger Wert in Parameter *frame_id.*

RCTXT_BADFRAMETYPE – Das Frame mit dem Bezeichner *frame_id* ist nicht vom Typ FRT_TEXT.

4.41 *txt_align* – *align the text in the current line*

– Randabgleich oder Ausrichtung auf Blocksatz einer Zeile.

Schnittstelle:

RCPRODIA *txt_align (frame_id, align, cut_cond)*

FRAME_ID	*frame_id;*	/* in */
FORMAT_OP	*align;*	/* in */
CUT_COND	**cut_cond;*	/* out */

Wirkung:

Die Zeile, in der sich der Text-Cursor befindet, wird für die Ausgabe ausgerichtet. Der Randabgleich bezieht sich auf die durch *txt_setmargins* angegebenen Positionen im Text-Frame. Wurden explizit keine Randbegrenzungen gesetzt, werden die Begrenzungen des Frames eingesetzt. Bei Blocksatz werden die Längen der Leerzeichen verändert. Bei der Ausrichtung auf den rechten Rand wird am Anfang der Zeile ein entsprechend langes Leerzeichen eingeschoben. Nachfolgende Schreiboperationen in der Zeile zerstören die Ausrichtung. Mit der Formatieroption FOP_COMPRESS werden die Längen der Leerzeichen auf die im Font angegebene Standardlänge reduziert. Wenn der Text in der Zeile zu lang ist, um ihn zwischen den Randbegrenzungen ausrichten zu können, wird dies in der vom Werkzeug bereitgestellten Datenstruktur mit der Adresse *cut_cond* vom Typ CUT_COND angezeigt. Es wird dann keine Formatierung durchgeführt.

Returncodes:

RCTXT_NOINIT, RCTXT_OK

RCTXT_UNKNOWNFRAMEID – Es existiert kein Frame mit dem Bezeichner *frame_id.*

RCTXT_BADFRAMEID – Unzulässiger Wert in Parameter *frame_id.*

RCTXT_BADFRAMETYPE – Das Frame mit dem Bezeichner *frame_id* ist nicht vom Typ FRT_TEXT.

RCTXT_BADALIGN – Unzulässiger Wert in Parameter *align*.

4.42 *txt_inqtextcells* – *inquire the number of textcells of a line*

– ermittelt die Anzahl der Textzellen einer Zeile.

Schnittstelle:

RCPRODIA *txt_inqtextcells (frame_id, line, n)*

```
FRAME_ID    frame_id;   /* in */
U_INT       line;       /* in */
U_INT       *n;         /* out */
```

Wirkung:

Liefert die Anzahl der Textzellen in der Zeile mit der Nummer, die durch die Variable *line* vom Werkzeug angegeben wird. Die Variable mit der Adresse *n* vom Typ U_INT muß vom Werkzeug bereitgestellt werden.

Returncodes:

RCTXT_NOINIT, RCTXT_OK

RCTXT_UNKNOWNFRAMEID – Es existiert kein Frame mit dem Bezeichner *frame_id*.

RCTXT_BADFRAMEID – Unzulässiger Wert in Parameter *frame_id*.

RCTXT_BADFRAMETYPE – Das Frame mit dem Bezeichner *frame_id* ist nicht vom Typ FRT_TEXT.

RCTXT_BADLINE – Unzulässiger Wert in Parameter *line*.

RCTXT_UNKNOWNLINE – Die Zeile mit dem Bezeichner *line* existiert nicht.

4.43 *txt_inqcutcond* – *inquire the textcell that exceeds the right margin*

– erfragt, mit welcher Textzelle der rechte Rand überschritten wird.

Schnittstelle:

RCPRODIA *txt_inqcutcond (frame_id, cut_cond)*

```
    FRAME_ID      frame_id;      /* in */
    CUT_COND      *cut_cond;     /* out */
```

Wirkung:

Es wird überprüft, ob in der Zeile, in der sich der Text-Cursor befindet, der Text über die für diese Zeile gültige rechte Randbegrenzung hinausgeht. In der Datenstruktur vom Typ CUT_COND, auf die der Zeiger *cut_cond* zeigt, wird die Textzelle übergeben, die als erste nicht vollständig innerhalb der Randbegrenzungen liegt. Die Datenstruktur vom Typ CUT_COND muß vom Werkzeug bereitgestellt werden.

Returncodes:

RCTXT_NOINIT, RCTXT_OK

RCTXT_UNKNOWNFRAMEID – Es existiert kein Frame mit dem Bezeichner *frame_id*.

RCTXT_BADFRAMEID – Unzulässiger Wert in Parameter *frame_id*.

RCTXT_BADFRAMETYPE – Das Frame mit dem Bezeichner *frame_id* ist nicht vom Typ FRT_TEXT.

4.44 *txt_inqusedspace* – *inquire space to the beginning of the current line* – ermittelt die Länge einer Zeile bis zur Textposition.

Schnittstelle:

RCPRODIA *txt_inqusedspace (frame_id, length)*

```
    FRAME_ID        frame_id;     /* in */
    FRAME_LENGTH    *length;      /* out */
```

Wirkung:

Die Länge der Zeile bis zur Position des Text-Cursors wird ermittelt. Die Variable mit der Adresse *length* vom Typ FRAME_LENGTH muß vom Werkzeug bereitgestellt werden.

Returncodes:

RCTXT_NOINIT, RCTXT_OK

RCTXT_UNKNOWNFRAMEID – Es existiert kein Frame mit dem Bezeichner *frame_id.*

RCTXT_BADFRAMEID – Unzulässiger Wert in Parameter *frame_id.*

RCTXT_BADFRAMETYPE – Das Frame mit dem Bezeichner *frame_id* ist nicht vom Typ FRT_TEXT.

4.45 *txt_inqremainingspace* – *inquire space to the end of the current line* – ermittelt den bis zum rechten Rand verbleibenden Platz in der Zeile

---

Schnittstelle:

RCPRODIA *txt_inqremainingspace (frame_id, length)*

```
    FRAME_ID        frame_id;     /* in */
    FRAME_LENGTH    *length;      /* out */
```

Wirkung:

Ermittelt den verbleibenden Platz von der aktuellen Position bis zum rechten Rand. Die Variable mit der Adresse *length* vom Typ FRAME_LENGTH muß vom Werkzeug bereitgestellt werden.

Returncodes:

RCTXT_NOINIT, RCTXT_OK

RCTXT_UNKNOWNFRAMEID – Es existiert kein Frame mit dem Bezeichner *frame_id.*

RCTXT_BADFRAMEID – Unzulässiger Wert in Parameter *frame_id.*

RCTXT_BADFRAMETYPE – Das Frame mit dem Bezeichner *frame_id* ist nicht vom Typ FRT_TEXT.

4.46 *txt_inqframelines* – *inquire the number of lines of the textframe*

– ermittelt die Anzahl der Zeilen eines Text-Frames.

Schnittstelle:

```
RCPRODIA txt_inqframelines (frame_id, n)
    FRAME_ID      frame_id;        /* in */
    U_INT         *n;              /* out */
```

Wirkung:

Ermittelt die Anzahl der Zeilen, die in einem Text-Frame angelegt wurden. Die Variable *n* vom Typ U_INT muß vom Werkzeug bereitgestellt werden.

Returncodes:

RCTXT_NOINIT, RCTXT_OK

RCTXT_UNKNOWNFRAMEID – Es existiert kein Frame mit dem Bezeichner *frame_id.*

RCTXT_BADFRAMEID – Unzulässiger Wert in Parameter *frame_id.*

RCTXT_BADFRAMETYPE – Das Frame mit dem Bezeichner *frame_id* ist nicht vom Typ FRT_TEXT.

4.47 *txt_markblock - mark a textblock*

- markiert und kreiert einen Textblock durch die Angabe von Anfangs- und Endposition.

Schnittstelle:

RCPRODIA *txt_markblock (frame_id, startpos, endpos, tool_data, block_id)*

```
    FRAME_ID     frame_id;      /* in */
    TEXT_CELL    *startpos;     /* in */
    TEXT_CELL    *endpos;       /* in */
    VOID         *tool_data;    /* in */
    BLOCK_ID     *block_id;     /* out */
```

Wirkung:

Der zwischen den Textzellen *startpos* und *endpos* eingeschlossene Text wird als zusammengehörender Textbereich gekennzeichnet. Anstatt absolute Positionen in Textzellen anzugeben, können auch die Makros für die relative Cursor-Positionierung angegeben werden. Der Block wird automatisch hervorgehoben angezeigt, wenn der Schalter für die Anzeigeart auf HIGHLIGHT_ON steht. Mit dem vom Werkzeug übergebenen Zeiger *tool_data* auf eine Variable vom Typ VOID können Daten des Werkzeugs mit in die Verwaltung des Blocks übernommen werden. Der vom System zurückgelieferte Blockidentifikator kann bei weiteren Lösch-, Hervorhebungs- und Kopieroperationen angegeben werden. Der Text-Cursor bleibt von der Operation unberührt. Die Variable mit der Adresse *block_id* vom Typ BLOCK_ID muß vom Werkzeug bereitgestellt werden.

Returncodes:

RCTXT_NOINIT, RCTXT_OK

RCTXT_MEMORYOVERFLOW – Speicherüberlauf.

RCTXT_UNKNOWNFRAMEID – Es existiert kein Frame mit dem Bezeichner *frame_id.*

RCTXT_BADFRAMEID – Unzulässiger Wert in Parameter *frame_id.*

RCTXT_BADFRAMETYPE – Das Frame mit dem Bezeichner *frame_id* ist nicht vom Typ FRT_TEXT.

RCTXT_BADSTARTPOS – Unzulässiger Wert in Parameter *startpos.*

RCTXT_UNKNOWNSTARTPOS – Die Position *startpos* liegt nicht im Zeilen- und Spaltenraster.

RCTXT_BADENDPOS – Unzulässiger Wert in Parameter *endpos.*

RCTXT_UNKNOWNENDPOS – Die Position *endpos* liegt nicht im Zeilen- und Spaltenraster.

4.48 *txt_setblockhighlight* – *set the highlight mode for textblocks*
– setzt die Anzeigeart für Textblöcke.

Schnittstelle:

RCPRODIA *txt_setblockhighlight (frame_id, highlightmode)*

```
    FRAME_ID          frame_id;        /* in */
    HIGHLIGHT_MODE    highlightmode;   /* in */
```

Wirkung:

Der Schalter für die Anzeigeart eines Textblockes, das ist das Hervorheben durch Unterlegen eines Textes, wird für nachfolgende Textblockoperationen eingestellt. Textblöcke, die im Folgenden erzeugt werden, werden dann entsprechend der Einstellung entweder wie normaler Text ausgegeben oder automatisch hervorgehoben angezeigt. Die Hervorhebung wird mit der Übergabe des Wertes HIGHLIGHT_ON in der Variablen *highlightmode* an- und mit dem Wert HIGHLIGHT_OFF ausgeschaltet.

Returncodes:

RCTXT_NOINIT, RCTXT_OK

RCTXT_UNKNOWNFRAMEID – Es existiert kein Frame mit dem Bezeichner *frame_id*.

RCTXT_BADFRAMEID – Unzulässiger Wert in Parameter *frame_id*.

RCTXT_BADFRAMETYPE – Das Frame mit dem Bezeichner *frame_id* ist nicht vom Typ FRT_TEXT.

RCTXT_BADHIGHLIGHTMODE – Unzulässiger Wert in Parameter *highlightmode*.

RCTXT_UNKNOWNHIGHLIGHTMODE – Die Anzeigeart *highlightmode* kann nicht gesetzt werden.

4.49 *txt_inqblockhighlight* – *inquire the highlightmode for textblocks*

– erfragt die Anzeigeart für Textblöcke.

Schnittstelle:

RCPRODIA *txt_inqblockhighlight (frame_id, highlightmode)*

```
FRAME_ID          frame_id;        /* in */
HIGHLIGHT_MODE    *highlightmode;  /* out */
```

Wirkung:

Der Wert des Schalters für die Anzeigeart von Textblöcken wird zurückgegeben. Die Variable mit der Adresse *highlightmode* vom Typ HIGHLIGHT_-MODE muß vom Werkzeug bereitgestellt werden.

Returncodes:

RCTXT_NOINIT, RCTXT_OK

RCTXT_UNKNOWNFRAMEID – Es existiert kein Frame mit dem Bezeichner *frame_id*.

RCTXT_BADFRAMEID – Unzulässiger Wert in Parameter *frame_id*.

RCTXT_BADFRAMETYPE – Das Frame mit dem Bezeichner *frame_id* ist nicht vom Typ FRT_TEXT.

4.50 *txt_inqblockpos* – *inquire the position of a textblock*

– erfragt die Position eines Textblocks im Frame.

Schnittstelle:

RCPRODIA *txt_inqblockpos (frame_id, block_id, startpos, endpos)*

```
FRAME_ID     frame_id;    /* in */
BLOCK_ID     block_id;    /* in */
TEXT_CELL    *startpos;   /* out */
TEXT_CELL    *endpos;     /* out */
```

Wirkung:

Erfragt die Start- und Endposition eines Textblocks innerhalb des Frames als Textzellen. Die Datenstrukturen mit den Adressen *startpos* und *endpos* vom Typ TEXT_CELL müssen vom Werkzeug bereitgestellt werden.

Returncodes:

RCTXT_NOINIT, RCTXT_OK

RCTXT_UNKNOWNFRAMEID – Es existiert kein Frame mit dem Bezeichner *frame_id.*

RCTXT_BADFRAMEID – Unzulässiger Wert in Parameter *frame_id.*

RCTXT_BADFRAMETYPE – Das Frame mit dem Bezeichner *frame_id* ist nicht vom Typ FRT_TEXT.

RCTXT_BADBLOCKID – Unzulässiger Wert in Parameter *block_id.*

RCTXT_UNKNOWNBLOCKID – Der Textblock mit dem Bezeichner *block_id* existiert nicht.

4.51 *txt_inqblockdata* – *inquire tool data of a textblock*

– liefert den Zeiger auf die Werkzeugdaten eines Textblocks zurück.

Schnittstelle:

RCPRODIA *txt_inqblockdata (frame_id, block_id, tool_data)*

```
FRAME_ID    frame_id;      /* in */
BLOCK_ID    block_id;      /* in */
VOID        **tool_data;   /* out */
```

Wirkung:

Liefert den Zeiger auf die Werkzeugdaten, der beim Markieren eines Textblocks mit der Funktion *txt_markblock* übergeben wurde, zurück. Die Zeigervariable *tool_data* vom Typ VOID muß vom Werkzeug bereitgestellt werden.

Returncodes:

RCTXT_NOINIT, RCTXT_OK

RCTXT_UNKNOWNFRAMEID – Es existiert kein Frame mit dem Bezeichner *frame_id.*

RCTXT_BADFRAMEID – Unzulässiger Wert in Parameter *frame_id.*

RCTXT_BADFRAMETYPE – Das Frame mit dem Bezeichner *frame_id* ist nicht vom Typ FRT_TEXT.

RCTXT_BADBLOCKID – Unzulässiger Wert in Parameter *block_id.*

RCTXT_UNKNOWNBLOCKID – Der Textblock mit dem Bezeichner *block_id* existiert nicht.

4.52 ***txt_deleteblock*** – *delete a textblock*

– löscht einen Textblock aus dem Frame.

Schnittstelle:

RCPRODIA *txt_deleteblock (frame_id, block_id)*

```
FRAME_ID    frame_id;    /* in */
BLOCK_ID    block_id;    /* in */
```

Wirkung:

Der Textblock mit dem Bezeichner *block_id* wird gelöscht. Es findet kein Umbruch zwischen der Zeile, in der der Textblock anfing, und der Zeile, in der der Textblock endete, statt. Steht noch nachfolgender Text in der Zeile, bis zu der die Markierung reichte, wird dieser Text an den linken Rand verschoben. Der Text-Cursor bleibt von dieser Operation unberührt. Falls der Text-Cursor im Block stand, wird er auf die nächste folgende Textposition gesetzt. Der Blockbezeichner *block_id* wird freigegeben und der Block kann vom Werkzeug nicht mehr angesprochen werden. Dies trifft bei einer geschachtelten Blockstruktur ebenso auf alle Blöcke zu, die innerhalb des Blockes mit dem Bezeichner *block_id* liegen.

Returncodes:

RCTXT_NOINIT, RCTXT_OK

RCTXT_UNKNOWNFRAMEID – Es existiert kein Frame mit dem Bezeichner *frame_id.*

RCTXT_BADFRAMEID – Unzulässiger Wert in Parameter *frame_id.*

RCTXT_BADFRAMETYPE – Das Frame mit dem Bezeichner *frame_id* ist nicht vom Typ FRT_TEXT.

RCTXT_BADBLOCKID – Unzulässiger Wert in Parameter *block_id.*

RCTXT_UNKNOWNBLOCKID – Der Textblock mit dem Bezeichner *block_id* existiert nicht.

4.53 *txt_getfirstblock* - *get first textblock*

- liefert den ersten Textblock eines Frames.

Schnittstelle:

RCPRODIA *txt_getfirstblock (frame_id, block_id)*

```
    FRAME_ID    frame_id;     /* in */
    BLOCK_ID    *block_id;    /* out */
```

Wirkung:

Der Bezeichner des ersten Textblocks eines Frames wird in *block_id* zurückgegeben. Die Variable mit der Adresse *block_id* vom Typ BLOCK_ID muß vom Werkzeug bereitgestellt werden.

Returncodes:

RCTXT_NOINIT, RCTXT_OK

RCTXT_UNKNOWNFRAMEID - Es existiert kein Frame mit dem Bezeichner *frame_id*.

RCTXT_BADFRAMEID - Unzulässiger Wert in Parameter *frame_id*.

RCTXT_BADFRAMETYPE - Das Frame mit dem Bezeichner *frame_id* ist nicht vom Typ FRT_TEXT.

RCTXT_NOBLOCK - Das Frame mit Bezeichner *frame_id* enhält keine Textblöcke.

RCTXT_LASTBLOCK - Der Block, dessen Bezeichner in der Variable mit der Adresse *block_id* steht, ist der letzte Block des Frames mit dem Bezeichner *frame_id*.

4.54 *txt_getnextblock* – *get next textblock*

– liefert den nächsten Textblock eines Frames.

Schnittstelle:

RCPRODIA *txt_getnextblock (frame_id, block_id, nextblock)*

```
FRAME_ID    frame_id;     /* in */
BLOCK_ID    block_id;     /* in */
BLOCK_ID    *nextblock;   /* out */
```

Wirkung:

Der Bezeichner des nächsten Textblocks eines Frames, der auf den Block mit dem Bezeichner *block_id* folgt, wird in *nextblock* zurückgegeben.

Die Variable *nextblock* vom Typ BLOCK_ID muß vom Werkzeug bereitgestellt werden.

Returncodes:

RCTXT_NOINIT, RCTXT_OK

RCTXT_UNKNOWNFRAMEID – Es existiert kein Frame mit dem Bezeichner *frame_id*.

RCTXT_BADFRAMEID – Unzulässiger Wert in Parameter *frame_id*.

RCTXT_BADFRAMETYPE – Das Frame mit dem Bezeichner *frame_id* ist nicht vom Typ FRT_TEXT.

RCTXT_BADBLOCKID – Unzulässiger Wert in Parameter *block_id*.

RCTXT_UNKNOWNBLOCKID – Der Textblock mit dem Bezeichner *block_id* existiert nicht.

RCTXT_LASTBLOCK – Der Block, dessen Bezeichner in der Variable mit der Adresse *block_id* steht, ist der letzte Block des Frames mit dem Bezeichner *frame_id*.

RCTXT_NOFURTHERBLOCK – Es gibt keinen Nachfolger für den Block mit dem Bezeichner *block_id*.

4.55 **txt_isablock** – *test if a textcell can be assigned to a textblock*

– erfragt, zu welchen Textblöcken eine Textzelle gehört.

Schnittstelle:

RCPRODIA *txt_isablock (frame_id, textcell, n, block_list)*

```
FRAME_ID     frame_id;       /* in */
TEXT_CELL    *textcell;      /* in */
U_INT        *n;             /* out */
BLOCK_ID     **block_list;   /* out */
```

Wirkung:

Es wird überprüft, ob die vom Werkzeug übergebene Textzelle *textcell* innerhalb von einem oder mehreren Textblöcken liegt. Ist dies nicht der Fall, wird dies mit dem Returncode RCTXT_TEXTCELLNOTINBLOCK angezeigt. Ansonsten wird die Anzahl der Textblöcke, die die Textzelle enthalten, in der vom Werkzeug übergebenen Variablen *n* vom Typ U_INT zurückgeliefert. *PRODIA* legt einen Speicherbereich an, der ein Feld mit *n* Einträgen vom Typ BLOCKID enthält. In dieses Feld kopiert *PRODIA* die Bezeichner der Blöcke, die der Textzelle zugeordnet werden können. Die Adresse des Feldes wird an die vom Werkzeug bereitgestellte Zeigervariable *block_list* vom Typ BLOCK_ID übergeben. Der Speicherbereich muß vom Werkzeug mit *adm_free* wieder freigegeben werden.

Returncodes:

RCTXT_NOINIT, RCTXT_OK

RCTXT_UNKNOWNFRAMEID – Es existiert kein Frame mit dem Bezeichner *frame_id.*

RCTXT_BADFRAMEID – Unzulässiger Wert in Parameter *frame_id.*

RCTXT_BADFRAMETYPE – Das Frame mit dem Bezeichner *frame_id* ist nicht vom Typ FRT_TEXT.

RCTXT_UNKNOWNTEXTCELL – Die angegebene Textzelle *textcell* existiert nicht im Zeilen- und Spaltenraster.

RCTXT_BADTEXTCELL – Unzulässiger Wert in Parameter *textcell.*

RCTXT_TEXTCELLNOTINBLOCK – Die angegebene Textzelle, auf die der Zeiger *textcell* zeigt, kann keinem Textblock zugeordnet werden.

4.56 *txt_releaseblock* – *release a textblock*

– gibt die Blockstruktur eines Textes frei.

Schnittstelle:

RCPRODIA *txt_releaseblock (frame_id, block_id)*

```
FRAME_ID    frame_id;    /* in */
BLOCK_ID    block_id;    /* in */
```

Wirkung:

Die Struktur eines Textblockes wird aufgelöst. Der Blockbezeichner wird freigegeben, und der Block ist nicht mehr ansprechbar. Die Anzeigeart des Textblockes wird auf die normale Anzeigeart zurückgesetzt.

Returncodes:

RCTXT_NOINIT, RCTXT_OK

RCTXT_UNKNOWNFRAMEID – Es existiert kein Frame mit dem Bezeichner *frame_id.*

RCTXT_BADFRAMEID – Unzulässiger Wert in Parameter *frame_id.*

RCTXT_BADFRAMETYPE – Das Frame mit dem Bezeichner *frame_id* ist nicht vom Typ FRT_TEXT.

RCTXT_BADBLOCKID – Unzulässiger Wert in Parameter *block_id.*

RCTXT_UNKNOWNBLOCKID – Der Textblock mit dem Bezeichner *block_id* existiert nicht.

4.57 *txt_copystring* - *copy a string*

- kopiert einen Textblock als Zeichenkette an die Cursor-Position.

Schnittstelle:

RCPRODIA *txt_copystring (frame_id, destframe_id, block_id, cut_cond)*

```
    FRAME_ID    frame_id;      /* in */
    FRAME_ID    destframe_id;  /* in */
    BLOCK_ID    block_id;      /* in */
    CUT_COND    *cut_cond;     /* out */
```

Wirkung:

Der Textblock mit dem Bezeichner *block_id* aus dem Frame mit dem Bezeichner *frame_id* wird an die aktuelle Cursor-Position des Frames mit dem Bezeichner *destframe_id* kopiert. Der Textblock wird dabei wie eine zusammenhängende Zeichenkette betrachtet, die an die Cursor-Position eingefügt werden soll. Die Zeilenaufteilung, die im Textblock bestand, wird aufgelöst. Zwischen den Inhalten von vorher aufeinander folgenden Zeilen werden Leerzeichen eingefügt. Ein eventuell auftretender Überlauf beim Einfügen wird in der vom Werkzeug bereitgestellten Datenstruktur vom Typ CUT_COND angezeigt.

Returncodes:

RCTXT_NOINIT, RCTXT_OK

RCTXT_MEMORYOVERFLOW – Speicherüberlauf.

RCTXT_UNKNOWNFRAMEID – Es existiert kein Frame mit dem Bezeichner *frame_id.*

RCTXT_BADFRAMEID – Unzulässiger Wert in Parameter *frame_id.*

RCTXT_BADFRAMETYPE – Das Frame mit dem Bezeichner *frame_id* ist nicht vom Typ FRT_TEXT.

RCTXT_BADDESTFRAME – Unzulässiger Wert in Parameter *destframe_id.*

RCTXT_UNKNOWNDESTFRAME – Es existiert kein Frame mit dem Bezeichner *destframe_id.*

RCTXT_BADDESTFRAMETYPE – Das Frame mit dem Bezeichner *destframe_id* ist nicht vom Typ FRT_TEXT.

RCTXT_BADBLOCKID – Unzulässiger Wert in Parameter *block_id.*

RCTXT_UNKNOWNBLOCKID – Der Textblock mit dem Bezeichner *block_id* existiert nicht.

4.58 *txt_copylines* – *copy lines*

– kopiert einen Textblock mit der Zeilenstruktur an die Cursor-Position.

Schnittstelle:

RCPRODIA *txt_copylines (frame_id, destframe_id, block_id, cut_cond)*

```
FRAME_ID     frame_id;      /* in */
FRAME_ID     destframe_id;  /* in */
BLOCK_ID     block_id;      /* in */
CUT_COND     *cut_cond;     /* out */
```

Wirkung:

Der Textblock mit dem Bezeichner *block_id* aus dem Frame mit dem Bezeichner *frame_id* wird an die aktuelle Cursor-Position des Frames mit dem Bezeichner *destframe_id* kopiert. Die Zeilenstruktur des Textblockes wird beim Kopieren berücksichtigt. Die Zeilen, in denen sich die Blockanfangs- und Blockende-Positionen befinden, werden vom übrigen Zeileninhalt, der nicht zum Block gehört, gelöst. Der verbleibende Text wird in diesen Zeilen an den linken Rand verschoben. Die zwischen Anfangs- und Endzeile liegenden Zeilen werden unverändert übernommen. Der so aufgestellte Block wird über der Zeile, in der sich der Text-Cursor aus Text-Frames mit dem Bezeichner *destframe_id* befindet, eingefügt. Die Attribute der Zeilen werden vom Original übernommen, die Randbegrenzungen werden bezüglich des Ziel-Frames konvertiert. Sind die Zeilen länger als die Breite des Zielframes, wird das Überschreiten der Framegrenzen in der Datenstruktur vom Typ CUT_COND in der Komponente *cut_state* angezeigt. Der Zeiger *cut_cond* zeigt auf diese Datenstruktur, die vom Werkzeug bereitgestellt werden muß.

Returncodes:

RCTXT_NOINIT, RCTXT_OK

RCTXT_MEMORYOVERFLOW – Speicherüberlauf.

RCTXT_UNKNOWNFRAMEID – Es existiert kein Frame mit dem Bezeichner *frame_id*.

RCTXT_BADFRAMEID – Unzulässiger Wert in Parameter *frame_id*.

RCTXT_BADFRAMETYPE – Das Frame mit dem Bezeichner *frame_id* ist nicht vom Typ FRT_TEXT.

RCTXT_BADDESTFRAME – Unzulässiger Wert in Parameter *destframe_id*.

RCTXT_UNKNOWNDESTFRAME – Es existiert kein Frame mit dem Bezeichner *destframe_id*.

RCTXT_BADDESTFRAMETYPE – Das Frame mit dem Bezeichner *destframe_id* ist nicht vom Typ FRT_TEXT.

RCTXT_BADBLOCKID – Unzulässiger Wert in Parameter *block_id.*

RCTXT_UNKNOWNBLOCKID – Der Textblock mit dem Bezeichner *block_id* existiert nicht.

4.59 *txt_createbox* – *create a box*

– erzeugt einen Platzhalter für Graphik.

Schnittstelle:

RCPRODIA *txt_createbox (frame_id, boxrectangle, boxalignment, box_id, cut_state, n, cut_cond)*

```
FRAME_ID          frame_id;       /* in */
FRAME_RECTANGLE   *boxrectangle;  /* in */
BOX_ALIGNMENT     boxalignment;   /* in */
BOX_ID            *box_id;        /* out */
CUT_STATE         *cut_state;     /* out */
U_INT             *n;             /* out */
CUT_COND          *cut_cond;      /* out */
```

Wirkung:

Mit der aktuellen Cursor-Position als Bezugspunkt (Anker), wird ein Platzhalter-Rechteck reserviert. Der Platz für das Rechteck wird unterhalb der Zeile, in der der Text-Cursor steht, geschaffen. Ist die Rechteckbreite zu groß gewählt, wird das Rechteck an den Randbegrenzungen oder an den Frame-Grenzen abgeschnitten. Dies wird in *cut_state* angezeigt. Für weitere Operationen auf der Box wird der Bezeichner *box_id* zurückgeliefert.

Die Positionierung des Rechtecks im Frame kann mit dem Eingabeparameter *boxalignment* gesteuert werden. Die Behandlung des nachfolgenden Textes hängt davon ab, ob die Box mit oder ohne Textzeilen links bzw. rechts von ihr im Text liegen soll. Wird kein weiterer Text daneben vorgesehen, wird unterhalb der Zeile, in der der Anker der Box liegt, Platz geschaffen, indem die nachfolgenden Zeilen nach unten verschoben werden. Soll links oder rechts neben der Box noch Text stehen, so wird bei soviel nachfolgenden Zeilen, bis mindestens die Höhe der Box erreicht ist, implizit der linke und der rechte Rand so verändert, daß die Zeilen neben der Box zu liegen kommen. Beide Breiten zusammen halten genau die aktuell gesetzen linken und rechten Randbegrenzungen ein. Ist der Text in einer der Zeilen, deren Randmarken so implizit neu gesetzt wurden, zu lang, wird dies in *cut_cond* angezeigt. Auch bei nachfolgenden Zeilen können Überläufe entstehen, diese müssen von der dafür vorgesehenen Umbruchroutine berücksichtigt werden.

Der von einer Box freigehaltene Platz kann für Child-Frames genutzt werden. Dazu muß nach dem Erzeugen der Box zunächst die Lage der Box im Text-Frame ermittelt werden (*txt_inqboxrefpoint*). Dann kann ein Window auf diesen Platz gelegt werden. Beim Einfügen von Text überhalb von Child-Frames, werden diese so wie der übrige Text mit verschoben.

Die Datenstrukturen vom Typ BOX_ID, CUT_STATE, U_INT und CUT_COND müssen vom Werkzeug bereitgestellt werden.

Returncodes:

RCTXT_NOINIT, RCTXT_OK

RCTXT_MEMORYOVERFLOW – Speicherüberlauf.

RCTXT_UNKNOWNFRAMEID – Es existiert kein Frame mit dem Bezeichner *frame_id.*

RCTXT_BADFRAMEID – Unzulässiger Wert in Parameter *frame_id.*

RCTXT_BADFRAMETYPE – Das Frame mit dem Bezeichner *frame_id* ist nicht vom Typ FRT_TEXT.

RCTXT_BADBOXRECTANGLE – Unzulässiger Wert in Parameter *boxrectangle*.

RCTXT_BADBOXALIGNMENT – Unzulässiger Wert in Parameter *boxalignment*.

4.60 *txt_inqboxpos* – *inquire the position of a box*

– erfragt die Position des Ankers einer Box im Text-Frame.

Schnittstelle:

RCPRODIA *txt_inqboxpos (frame_id, box_id, textcell)*

FRAME_ID	*frame_id;*	/* in */
BOX_ID	*box_id;*	/* in */
TEXT_CELL	**textcell;*	/* out */

Wirkung:

Die Position des Ankers einer Box im Zeilen- und Spaltenraster wird erfragt. Der Anker wird beim Erzeugen eines Graphik-Platzhalters einer Textzelle zugeordnet. Wird die Textzelle gelöscht, wird die Box der nächsten möglichen Textzelle links davon zugeordnet.

Die Datenstruktur mit der Adresse *textcell* vom Typ TEXT_CELL muß vom Werkzeug bereitgestellt werden.

Returncodes:

RCTXT_NOINIT, RCTXT_OK

RCTXT_MEMORYOVERFLOW – Speicherüberlauf.

RCTXT_UNKNOWNFRAMEID – Es existiert kein Frame mit dem Bezeichner *frame_id.*

RCTXT_BADFRAMEID – Unzulässiger Wert in Parameter *frame_id.*

RCTXT_BADFRAMETYPE – Das Frame mit dem Bezeichner *frame_id* ist nicht vom Typ FRT_TEXT.

RCTXT_UNKNOWNBOXID – Die Box mit dem Bezeichner *box_id* existiert nicht.

RCTXT_BADBOXID – Unzulässiger Wert in Parameter *box_id.*

4.61 *txt_inqboxrectangle* – *inquire the expansion of a box*

– erfragt die Abmessungen einer Box.

Schnittstelle:

```
RCPRODIA txt_inqboxrectangle (frame_id, box_id, boxrectangle)
    FRAME_ID            frame_id;         /* in */
    BOX_ID              box_id;           /* in */
    FRAME_RECTANGLE     *boxrectangle;    /* out */
```

Wirkung:

Die Abmessungen, Höhe und Breite einer Box, werden in Frame-Koordinaten in der vom Werkzeug bereitgestellten Datenstruktur *boxrectangle* vom Typ FRAME_RECTANGLE zurückgeliefert.

Returncodes:

RCTXT_NOINIT, RCTXT_OK

RCTXT_UNKNOWNFRAMEID – Es existiert kein Frame mit dem Bezeichner *frame_id.*

RCTXT_BADFRAMEID – Unzulässiger Wert in Parameter *frame_id.*

RCTXT_BADFRAMETYPE – Das Frame mit dem Bezeichner *frame_id* ist nicht vom Typ FRT_TEXT.

4.62 *txt_inqboxrefpoint* – *inquire the reference point of a box*

– erfragt die Lage einer Box im Text-Frame.

Schnittstelle:

RCPRODIA *txt_inqboxrefpoint (frame_id, box_id, boxrefpoint)*

```
FRAME_ID        frame_id;       /* in */
BOX_ID          box_id;         /* in */
FRAME_POINT     *boxrefpoint;   /* out */
```

Wirkung:

Die Lage einer Box wird in Frame-Koordinaten in einer vom Werkzeug bereitgestellten Datenstruktur vom Typ FRAME_POINT zurückgeliefert. Der Referenzpunkt ist die linke obere Ecke der Box mit dem Bezeichner *box_id*, die auf dem Text-Frame mit dem Bezeichner *frame_id* liegt.

Returncodes:

RCTXT_NOINIT, RCTXT_OK

RCTXT_UNKNOWNFRAMEID – Es existiert kein Frame mit dem Bezeichner *frame_id*.

RCTXT_BADFRAMEID – Unzulässiger Wert in Parameter *frame_id*.

RCTXT_BADFRAMETYPE – Das Frame mit dem Bezeichner *frame_id* ist nicht vom Typ FRT_TEXT.

4.63 *txt_getfirstbox* – *get first box*

– liefert die erste Box.

Schnittstelle:

RCPRODIA *txt_getfirstbox (frame_id, box_id)*

```
FRAME_ID    frame_id;   /* in */
BOX_ID      *box_id;    /* out */
```

Wirkung:

Der Bezeichner der ersten Box eines Frames wird in *box_id* zurückgegeben.

Der Zeiger *box_id* zeigt auf eine vom Werkzeug angelegte Variable vom Typ BOX_ID.

Returncodes:

RCTXT_NOINIT, RCTXT_OK

RCTXT_UNKNOWNFRAMEID – Es existiert kein Frame mit dem Bezeichner *frame_id.*

RCTXT_BADFRAMEID – Unzulässiger Wert in Parameter *frame_id.*

RCTXT_BADFRAMETYPE – Das Frame mit dem Bezeichner *frame_id* ist nicht vom Typ FRT_TEXT.

RCTXT_NOBOX – Das Frame mit dem Bezeichner *frame_id* enthält keine Box.

RCTXT_LASTBOX – Die Box, deren Bezeichner in der Variable mit der Adresse *box_id* steht, ist die letzte Box des Frames mit dem Bezeichner *frame_id.*

4.64 *txt_getnextbox* – *get next box*

– liefert die nächste Box eines Frames.

Schnittstelle:

RCPRODIA *txt_getnextbox (frame_id, box_id, nextbox_id)*

```
    FRAME_ID    frame_id;       /* in */
    BOX_ID      box_id;         /* in */
    BOX_ID      *nextbox_id;    /* out */
```

Wirkung:

Der Bezeichner der nächsten Box eines Frames, die hinter der Box mit dem Bezeichner *box_id* liegt, wird in *nextbox_id* zurückgegeben.

Die Variable mit der Adresse *nextbox_id* vom Typ BOX_ID muß vom Werkzeug bereitgestellt werden.

Returncodes:

RCTXT_NOINIT, RCTXT_OK

RCTXT_UNKNOWNFRAMEID – Es existiert kein Frame mit dem Bezeichner *frame_id.*

RCTXT_BADFRAMEID – Unzulässiger Wert in Parameter *frame_id.*

RCTXT_BADFRAMETYPE – Das Frame mit dem Bezeichner *frame_id* ist nicht vom Typ FRT_TEXT.

RCTXT_UNKNOWNBOXID – Die Box mit dem Bezeichner *box_id* existiert nicht.

RCTXT_BADBOXID – Unzulässiger Wert in Parameter *box_id.*

RCTXT_LASTBOX – Die Box, deren Bezeichner in der Variable mit der Adresse *box_id* steht, ist die letzte Box des Frames mit dem Bezeichner *frame_id.*

RCTXT_NOFURTHERBOX – Es gibt keinen Nachfolger für die Box mit dem Bezeichner *box_id.*

4.65 *txt_isabox* – *test, if a textcell can be assigned to a box*

– testet, ob auf einer Position im Frame der Anker einer Box liegt.

Schnittstelle:

RCPRODIA *txt_isabox (frame_id, box_id)*

```
    FRAME_ID    frame_id;    /* in */
    BOX_ID      *box_id;     /* out */
```

Wirkung:

Prüft, ob der angegebenen Position im Zeilen- und Spaltenraster der Anker einer Box zugeordnet ist. Wenn ja, wird der Bezeichner der Box zurückgeliefert. Die Variable mit der Adresse *box_id* vom Typ BOX_ID muß vom Werkzeug bereitgestellt werden. Sind der Textzelle mehrere Boxen zugeordnet, wird nur die erste, die gefunden wird, zurückgeliefert.

Returncodes:

RCTXT_NOINIT, RCTXT_OK

RCTXT_MEMORYOVERFLOW – Speicherüberlauf.

RCTXT_UNKNOWNFRAMEID – Es existiert kein Frame mit dem Bezeichner *frame_id.*

RCTXT_BADFRAMEID – Unzulässiger Wert in Parameter *frame_id.*

RCTXT_BADFRAMETYPE – Das Frame mit dem Bezeichner *frame_id* ist nicht vom Typ FRT_TEXT.

4.66 ***txt_createbasket*** – *create paperbasket*

– erzeugt den Papierkorb.

Schnittstelle:

RCPRODIA *txt_createbasket (frame_id, n)*

```
    FRAME_ID    frame_id;    /* in */
    U_INT       n;           /* in */
```

Wirkung:

Zum angegebenen Text-Frame wird ein Papierkorb mit der Puffergröße *n* (Textzellen) erzeugt. Im Window, das zum Text-Frame gehört, wird ein Papierkorb angezeigt. Bei jeder Löschoperation wird der gelöschte Text automatisch in den Papierkorb kopiert. Ist der Papierkorb gefüllt, werden die ältesten Eintragungen verdrängt. Der Benutzer kann sich den Inhalt des Papierkorbes ansehen und Löschoperationen rückgängig machen. Die Benutzerschnittstelle des Papierkorbes wird von *PRODIA* realisiert.

Returncodes:

RCTXT_NOINIT, RCTXT_OK

RCTXT_MEMORYOVERFLOW – Speicherüberlauf.

RCTXT_UNKNOWNFRAMEID – Es existiert kein Frame mit dem Bezeichner *frame_id*.

RCTXT_BADFRAMEID – Unzulässiger Wert in Parameter *frame_id*.

RCTXT_BADFRAMETYPE – Das Frame mit dem Bezeichner *frame_id* ist nicht vom Typ FRT_TEXT.

RCTXT_BADN – Unzulässiger Wert in Parameter *n*.

RCTXT_BASKETEXISTS – Es existiert bereits ein Papierkorb zum Frame *frame_id*.

4.67 ***txt_deletebasket*** – *delete paperbasket*

– löscht den Papierkorb.

Schnittstelle:

RCPRODIA *txt_deletebasket (frame_id)*
    FRAME_ID   *frame_id;*   /* in */

Wirkung:

Der Papierkorb, der zum Frame *frame_id* gehört, wird gelöscht und der dazu belegte Speicherbereich freigegeben.

Returncodes:

RCTXT_NOINIT, RCTXT_OK

RCTXT_UNKNOWNFRAMEID – Es existiert kein Frame mit dem Bezeichner *frame_id.*

RCTXT_BADFRAMEID – Unzulässiger Wert in Parameter *frame_id.*

RCTXT_BADFRAMETYPE – Das Frame mit dem Bezeichner *frame_id* ist nicht vom Typ FRT_TEXT.

RCTXT_NOBASKETEXISTS – Es existiert kein Papierkorb zum Frame *frame_id.*

4.68 ***txt_createtabline*** – *create tabulator line*

– erzeugt die Tabulatorzeile.

Schnittstelle:

RCPRODIA *txt_createtabline (frame_id)*
    FRAME_ID   *frame_id;*   /* in */

Wirkung:

Zum angegebenen Text-Frame wird eine Tabulatorzeile erzeugt. Im Window, das zum Text-Frame gehört, wird am oberen Rand eine Tabulatorzeile angezeigt. Der Benutzer kann damit die aktuellen Einstellungen der Tabulatorstops sowie die aktuellen Randbegrenzungen, beeinflussen. Die Benutzerschnittstelle der Tabulatorzeile wird von *PRODIA* realisiert.

Returncodes:

RCTXT_NOINIT, RCTXT_OK

RCTXT_MEMORYOVERFLOW – Speicherüberlauf.

RCTXT_UNKNOWNFRAMEID – Es existiert kein Frame mit dem Bezeichner *frame_id*.

RCTXT_BADFRAMEID – Unzulässiger Wert in Parameter *frame_id*.

RCTXT_BADFRAMETYPE – Das Frame mit dem Bezeichner *frame_id* ist nicht vom Typ FRT_TEXT.

RCTXT_TABLINEEXISTS – Es existiert bereits eine Tabulatorzeile zum Frame *frame_id*.

4.69 *txt_deletetabline* – *delete tabulator line*

– löscht die Tabulatorzeile.

Schnittstelle:

```
RCPRODIA txt_deletetabline (frame_id)
    FRAME_ID        frame_id;        /* in */
```

Die Tabulatorzeile, die zum Frame mit dem Bezeichner *frame_id* gehört, wird gelöscht und der dazu belegte Speicherplatz freigegeben.

Returncodes:

RCTXT_NOINIT, RCTXT_OK

RCTXT_UNKNOWNFRAMEID – Es existiert kein Frame mit dem Bezeichner *frame_id*.

RCTXT_BADFRAMEID – Unzulässiger Wert in Parameter *frame_id*.

RCTXT_BADFRAMETYPE – Das Frame mit dem Bezeichner *frame_id* ist nicht vom Typ FRT_TEXT.

RCTXT_NOTABLINEEXISTS – Es existiert keine Tabulatorzeile zum Frame *frame_id*.

4.70 *txt_inqfontinfo* – *inquire font information*

– erfragt allgemeine Informationen zu einem Font.

Schnittstelle:

RCPRODIA *txt_inqfontinfo (font_id, facecode, info)*

```
FONT_ID      font_id;      /* in */
FACE_CODE    *facecode;    /* in */
FONT_INFO    *info;        /* out */
```

Wirkung:

Liefert Informationen an die von der Anwendung bereitgestellte FONT_INFO-Struktur. Die Information enthält Angaben über Buchstabenhöhe, die durchschnittliche Breite, Grundlinie, Äquidistanzanzeiger und Anzahl der Zeichen im Font.

Es kann nur die Information zu einem Schriftbild erfragt werden. Der Eingabeparameter *facecode* zeigt an, welches Schriftbild ausgewählt wird. Die Datenstruktur mit der Adresse *info* vom Typ FONT_INFO muß vom Werkzeug bereitgestellt werden.

Returncodes:

RCTXT_NOINIT, RCTXT_OK

RCTXT_FONTNOTLOAD – Der Font mit dem Bezeichner *font_id* ist nicht geladen.

RCTXT_UNKNOWNFONTID – Es existiert kein Font mit dem Bezeichner *font_id.*

RCTXT_BADFONTID – Unzulässiger Wert in Parameter *font_id.*

RCTXT_BADFACECODE – Unzulässiger Wert in Parameter *facecode.*

RCTXT_FACECODENOSUPPORT – Das Schriftbild *facecode* kann im angegebenen Font nicht gesetzt werden.

RCTXT_UNKNOWNFACECODE – Die Wertekombination *facecode* kann nicht gesetzt werden.

4.71 *txt_inqcharwidth* – *inquire the width of a character*

– erfragt die Breite eines Buchstabens im Font.

Schnittstelle:

RCPRODIA *txt_inqcharwidth (font_id, facecode, ch, width)*

```
FONT_ID         font_id;      /* in */
FACE_CODE       *facecode;    /* in */
CHAR            ch;           /* in */
FRAME_LENGTH    *width;       /* out */
```

Wirkung:

Die Breite des Buchstaben *ch* wird in Frame-Koordinaten zurückgeliefert. Durch den Eingabeparameter *facecode* wird festgelegt, zu welchem Schriftbild die Breite verändert werden soll. Der Zeiger *width* zeigt auf eine vom Werkzeug angelegte Variable vom Typ FRAME_LENGTH.

Returncodes:

RCTXT_NOINIT, RCTXT_OK

RCTXT_FONTNOTLOAD – Der Font mit dem Bezeichner *font_id* ist nicht geladen.

RCTXT_UNKNOWNFONTID – Es existiert kein Font mit dem Bezeichner *font_id*.

RCTXT_BADFONTID – Unzulässiger Wert in Parameter *font_id*.

RCTXT_BADCH – Unzulässiger Wert in Parameter *ch*.

RCTXT_BADFACECODE – Unzulässiger Wert in Parameter *facecode*.

RCTXT_FACECODENOSUPPORT – Das Schriftbild *facecode* kann im angegebenen Font nicht gesetzt werden.

RCTXT_UNKNOWNFACECODE – Die Wertekombination *facecode* kann nicht gesetzt werden.

4.72 *txt_inqstringwidth* – *inquire the width of a string*

– gibt für einen String die Breite einschließlich zusätzlichen Spacings an.

Schnittstelle:

RCPRODIA *txt_inqstringwidth (font_id, facecode,charpad, space, string, width)*

```
FONT_ID          font_id;      /* in */
FACE_CODE        *facecode;    /* in */
FRAME_LENGTH     charpad;      /* in */
FRAME_LENGTH     space;        /* in */
CHAR             *string;      /* in */
FRAME_LENGTH     *width;       /* out */
```

Wirkung:

Ermittelt die Breite eines Strings in Frame-Koordinaten. Dabei wird ein zusätzlicher Wort- oder Buchstabenabstand mit eingerechnet.

Returncodes:

RCTXT_NOINIT, RCTXT_OK

RCTXT_FONTNOTLOAD – Der Font mit dem Bezeichner *font_id* ist nicht geladen.

RCTXT_UNKNOWNFONTID – Es existiert kein Font mit dem Bezeichner *font_id.*

RCTXT_BADFONTID – Unzulässiger Wert in Parameter *font_id.*

RCTXT_BADFACECODE – Unzulässiger Wert in Parameter *facecode.*

RCTXT_BADCHARPAD – Unzulässiger Wert in Parameter *charpad.*

RCTXT_BADSPACE – Unzulässiger Wert in Parameter *space.*

4.73 *txt_inqfontface* – *inquire the fontfaces of a fontset*

– erfragt die möglichen Schriftbilder eines *PRODIA*-Fontsatzes.

Schnittstelle:

RCPRODIA *txt_inqfontface (font_id, facecode)*

```
    FONT_ID      font_id;      /* in */
    FACE_CODE    *facecode;    /* out */
```

Wirkung:

Zu einem *PRODIA*-Fontsatz wird erfragt, welche Schriftbilder im Fontsatz unterstützt werden. Diese Information wird in die vom Anwendungsprogramm angelegte FACE_CODE-Struktur abgelegt.

Returncodes:

RCTXT_NOINIT, RCTXT_OK

RCTXT_FONTNOTLOAD – Der Font mit dem Bezeichner *font_id* ist nicht geladen.

RCTXT_UNKNOWNFONTID – Es existiert kein Fontsatz mit dem Bezeichner *font_id*.

RCTXT_BADFONTID – Unzulässiger Wert in Parameter *font_id*.

4.74 *txt_fontload* – *load a font*

– lädt einen Font.

Schnittstelle:

RCPRODIA *txt_fontload (font_id)*

```
    FONT_ID    font_id;    /* in */
```

Wirkung:

Lädt den *PRODIA*-Fontsatz mit dem Bezeichner *font_id*. Die Bezeichner des Fonts werden bei der *PRODIA*-Installation vergeben.

Returncodes:

RCTXT_NOINIT, RCTXT_OK

RCTXT_MEMORYOVERFLOW – Speicherüberlauf.

RCTXT_UNKNOWNFONTID – Es existiert kein Font mit dem Bezeichner *font_id*.

RCTXT_BADFONTID – Unzulässiger Wert in Parameter *font_id*.

4.75 *txt_fontrelease* – *release a font*

– gibt einen Font und den dazugehörigen Speicherplatz frei.

Schnittstelle:

RCPRODIA *txt_fontrelease (font_id)*

    FONT_ID *font_id*; /* in */

Wirkung:

Gibt den angegebenen Font *font_id* und den dazugehörigen Speicherplatz frei.

Returncodes:

RCTXT_NOINIT, RCTXT_OK

RCTXT_FONTNOTLOAD – Der Font mit dem Bezeichner *font_id* ist nicht geladen.

RCTXT_UNKNOWNFONTID – Es existiert kein Font mit dem Bezeichner *font_id*.

RCTXT_BADFONTID – Unzulässiger Wert in Parameter *font_id*.

5 Operationen auf Windows

5.0 *win_openinteractive* – *open window interactively in a frame*

– öffnet ein Window interaktiv auf einem Frame.

Schnittstelle:

RCPRODIA *win_openinteractive (parent, child, title)*

```
    FRAME_ID    parent, child;   /* in */
    CHAR        *title;          /* in */
```

Wirkung:

Auf dem Frame *parent* wird ein Window eröffnet, das dem Frame *child* zugeordnet ist. Die Eckpunkte des Windows, die auf dem Frame *parent* liegen, erfragt *PRODIA* vom Benutzer. Der Referenzpunkt des Windows wird auf die linke obere Ecke des Frames *child* gelegt. Alle Window-Attribute sind eingeschaltet.

Returncodes:

RCWIN_NOINIT, RCWIN_OK

RCWIN_MEMORYOVERFLOW – Speicherüberlauf.

RCWIN_COULDNOTOPEN – Das dem Werkzeug zugeordnete Bildschirmgerät konnte nicht initialisiert werden.

RCWIN_UNKNOWNPARENT – Es existiert kein Frame mit dem Bezeichner *parent*.

RCWIN_BADPARENT – Unzulässiger Wert in Parameter *parent*.

RCWIN_NOWINONPARENT – Dem Frame mit Bezeichner *parent* ist kein Window zugeordnet.

RCWIN_UNKNOWNCHILD – Es existiert kein Frame mit dem Bezeichner *child*.

RCWIN_BADCHILD – Unzulässiger Wert in Parameter *child*.

RCWIN_WINDOWEXISTS – Zu dem Frame *child* existiert bereits ein Window.

RCWIN_BADTITLE – Unzulässiger Wert in Window-Parameter *title*.

RCWIN_WINDOWMAX – Die maximale Anzahl von Windows ist bereits eröffnet.

5.1 *win_close* - *close window*

- schließt ein Window.

Schnittstelle:

```
RCPRODIA     win_close (frame_id)
    FRAME_ID     frame_id;        /* in */
```

Wirkung:

Das zum Frame *frame_id* existierende Window wird geschlossen, d.h. es wird nicht mehr auf dem Bildschirm bzw. in seinem Parent-Frame dargestellt und aus der Liste der verwalteten Windows entfernt. Das Window kann nur geschlossen werden, falls alle vorher eröffneten Child-Frames ebenfalls geschlossen wurden.

Returncodes:

RCWIN_NOINIT, RCWIN_OK

RCWIN_UNKNOWNFRAMEID – Es existiert kein Frame mit dem Bezeichner *frame_id*.

RCWIN_BADFRAMEID – Unzulässiger Wert in Parameter *frame_id*.

RCWIN_NOWINONFRAMEID – Dem Frame mit Bezeichner *frame_id* ist kein Window zugeordnet.

RCWIN_CHILDFRAMESEXIST – Dem Frame mit Bezeichner *frame_id* sind Childframes und Childwindows zugeordnet.

5.2 *win_openpredefined* - *open window with parameters*

- eröffnet ein Window mit gegebenen Daten auf einem Frame.

Schnittstelle:

```
RCPRODIA win_openpredefined (parent, child, title, descriptor, refpoint,
    attributes, horzscrollbar, vertscrollbar)
    FRAME_ID          parent, child;      /* in */
    CHAR              *title;             /* in */
```

```
FRAME_RECTANGLE         *descriptor;     /* in */
FRAME_POINT             *refpoint;       /* in */
WIN_ATT                 *attributes;     /* in */
SCROLLBAR_CLASS_SPEC    *horzscrollbar;  /* in */
SCROLLBAR_CLASS_SPEC    *vertscrollbar;  /* in */
```

Wirkung:

Auf dem Frame mit dem Bezeichner *parent* wird ein Window eröffnet, das dem Frame *child* zugeordnet ist. Die Window-Parameter können vom Werkzeug *und* von *PRODIA* festgelegt werden. Im letzten Fall werden entsprechende Werte eingetragen, die *PRODIA* signalisieren, daß es diese Parameter zu verwalten hat, ohne das Werkzeug zu involvieren.

Dies sind:

descriptor	=	USER_DEFINED;
refpoint	=	NIL;
attributes.titel	=	ON;
attributes.move	=	ON;
attributes.size	=	ON;
attributes.vertscroll	=	ON;
attributes.horzscroll	=	ON;
attributes.listener	=	ON;
attributes.nolistener	=	ON;
attributes.iconize	=	ON;
attributes.deiconize	=	ON;
horzscrollbar	=	NIL;
vertscrollbar	=	NIL;

Returncodes:

RCWIN_NOINIT, RCWIN_OK

RCWIN_MEMORYOVERFLOW – Speicherüberlauf.

RCWIN_COULDNOTOPEN – Das dem Werkzeug zugeordnete Bildschirmgerät konnte nicht initialisiert werden.

RCWIN_WINDOWEXISTS – Zu dem Frame *child* existiert bereits ein Window.

RCWIN_WINDOWMAX – Die maximale Anzahl von Windows ist bereits geöffnet.

RCWIN_UNKNOWNPARENT – Es existiert kein Frame mit dem Bezeichner *parent*.

RCWIN_BADPARENT – Unzulässiger Wert in Parameter *parent*.

RCWIN_NOWINDOWPARENT – Dem Frame mit dem Bezeichner *parent* ist kein Window zugeordnet.

RCWIN_UNKNOWNCHILD – Es existiert kein Frame mit dem Bezeichner *child*.

RCWIN_BADCHILD – Unzulässiger Wert in Parameter *child*.

RCWIN_BADTITLE – Unzulässiger Wert in Parameter *title*.

RCWIN_BADDESCRIPTOR – Unzulässiger Wert in Parameter *descriptor*.

RCWIN_BADREFPOINT – Unzulässiger Wert in Parameter *refpoint*.

RCWIN_BADATTRIBUTES – Unzulässiger Wert in Parameter *attributes*.

RCWIN_BADHORZSCROLLBAR – Unzulässiger Wert in Parameter *horzscrollbar*.

RCWIN_BADVERTSCROLLBAR – Unzulässiger Wert in Parameter *vertscrollbar*.

5.3 *win_settitle* – *set window title*

– ändert den Eintrag in der Titelzeile eines Windows.

Schnittstelle:

RCPRODIA *win_settitle (frame_id, title)*

```
FRAME_ID    frame_id;    /* in */
CHAR        *title;      /* in */
```

Wirkung:

Der Eintrag der Titelzeile des Windows, in dem ein Ausschnitt des Frames mit dem Bezeichner *frame_id* dargestellt wird, erhält den neuen Wert. Die Darstellung des Windows wird entsprechend aktualisiert.

Returncodes:

RCWIN_NOINIT, RCWIN_OK

RCWIN_MEMORYOVERFLOW – Speicherüberlauf.

RCWIN_UNKNOWNFRAMEID – Es existiert kein Frame mit dem Bezeichner *frame_id*.

RCWIN_BADFRAMEID – Unzulässiger Wert in Parameter *frame_id*.

RCWIN_NOWINONFRAMEID – Dem Frame mit dem Bezeichner *frame_id* ist kein Window zugeordnet.

RCWIN_BADTITLE – Unzulässiger Wert in Window-Parameter *title*.

5.4 *win_inqtitle* – *inquire window title*

– liefert den Eintrag in der Titelzeile eines Windows zurück.

Schnittstelle:

RCPRODIA *win_inqtitle (frame_id, title)*

```
FRAME_ID        frame_id;       /* in */
CHAR            **title;        /* out */
```

Wirkung:

Der Wert des Window-Parameters *title* wird zurückgeliefert. Der Zeiger *title* zeigt auf einen von *PRODIA* angelegten Speicherbereich, der den Titel enthält. Er steht der Anwendung zur Verfügung, bis diese ihn mit *adm_free* freigibt.

Returncodes:

RCWIN_NOINIT, RCWIN_OK

RCWIN_MEMORYOVERFLOW – Speicherüberlauf.

RCWIN_UNKNOWNFRAMEID – Es existiert kein Frame mit dem Bezeichner *frame_id*.

RCWIN_BADFRAMEID – Unzulässiger Wert in Parameter *frame_id*.

RCWIN_NOWINONFRAMEID – Dem Frame mit dem Bezeichner *frame_id* ist kein Window zugeordnet.

5.5 *win_setrefpoint* – *set window reference point*

– ändert den Referenzpunkt eines Windows.

Schnittstelle:

RCPRODIA *win_setrefpoint (frame_id, refpoint)*

```
FRAME_ID        frame_id;       /* in */
FRAME_POINT     *refpoint;      /* in */
```

Wirkung:

Der Referenzpunkt des Windows, in dem ein Ausschnitt des Frames mit dem Bezeichner *frame_id* dargestellt wird, erhält den neuen Wert. Die Darstellung des Windows wird entsprechend aktualisiert.

Returncodes:

RCWIN_NOINIT, RCWIN_OK

RCWIN_UNKNOWNFRAMEID – Es existiert kein Frame mit dem Bezeichner *frame_id*.

RCWIN_BADFRAMEID – Unzulässiger Wert in Parameter *frame_id*.

RCWIN_NOWINONFRAMEID – Dem Frame mit dem Bezeichner *frame_id* ist kein Window zugeordnet.

RCWIN_BADREFPOINT – Unzulässiger Wert in Window-Parameter *refpoint*.

5.6 *win_inqrefpoint* – *inquire window reference point*

– liefert den Referenzpunkt eines Windows zurück.

Schnittstelle:

RCPRODIA *win_inqrefpoint (frame_id, refpoint)*

```
    FRAME_ID        frame_id;      /* in */
    FRAME_POINT     *refpoint;     /* out */
```

Wirkung:

Der Wert des Window-Parameters *refpoint* wird zurückgeliefert. Der Zeiger *refpoint* zeigt auf eine vom Werkzeug angelegte Datenstruktur vom Typ FRAME_POINT.

Returncodes:

RCWIN_NOINIT, RCWIN_OK

RCWIN_UNKNOWNFRAMEID – Es existiert kein Frame mit dem Bezeichner *frame_id*.

RCWIN_BADFRAMEID – Unzulässiger Wert in Parameter *frame_id*.

RCWIN_NOWINONFRAMEID – Dem Frame mit dem Bezeichner *frame_id* ist kein Window zugeordnet.

5.7 *win_setdescriptor* – *set window descriptor*

– ändert Abmessungen und Lage eines Windows.

Schnittstelle:

RCPRODIA *win_setdescriptor (frame_id, descriptor)*

```
    FRAME_ID            frame_id;       /* in */
    FRAME_RECTANGLE     *descriptor;    /* in */
```

Wirkung:

Die Datenstruktur für die Abmessungen des Windows, in dem ein Ausschnitt des Frames mit dem Bezeichner *frame_id* dargestellt wird, erhält den neuen Wert; die Darstellung des Windows wird entsprechend aktualisiert.

Returncodes:

RCWIN_NOINIT, RCWIN_OK

RCWIN_UNKNOWNFRAMEID – Es existiert kein Frame mit dem Bezeichner *frame_id.*

RCWIN_BADFRAMEID – Unzulässiger Wert in Parameter *frame_id.*

RCWIN_NOWINONFRAMEID – Dem Frame mit dem Bezeichner *frame_id* ist kein Window zugeordnet.

RCWIN_BADDESCRIPTOR – Unzulässiger Wert in Parameter *descriptor.*

5.8 *win_inqdescriptor* – *inquire window descriptor*

– liefert Abmessungen und Lage eines Windows zurück.

Schnittstelle:

RCPRODIA *win_inqdescriptor (frame_id, descriptor)*

```
    FRAME_ID            frame_id;       /* in */
    FRAME_RECTANGLE     *descriptor;    /* out */
```

Wirkung:

Der Wert des Window-Parameters *descriptor* wird zurückgeliefert. Der Zeiger *descriptor* zeigt auf eine vom Werkzeug angelegte Datenstruktur vom Typ FRAME_RECTANGLE.

Returncodes:

RCWIN_NOINIT, RCWIN_OK

RCWIN_UNKNOWNFRAMEID – Es existiert kein Frame mit dem Bezeichner *frame_id*.

RCWIN_BADFRAMEID – Unzulässiger Wert in Parameter *frame_id*.

RCWIN_NOWINONFRAMEID – Dem Frame mit dem Bezeichner *frame_id* ist kein Window zugeordnet.

5.9 *win_transform* – *transform coordinate from frame to frame*

– wandelt die Koordinate eines Frames in diejenige eines anderen Frames um.

Schnittstelle:

RCPRODIA *win_transform (from, to, point_in, point_out)*

```
FRAME_ID       from;        /* in */
FRAME_ID       to;          /* in */
FRAME_POINT    *point_in;   /* in */
FRAME_POINT    *point_out;  /* out */
```

Wirkung:

Koordinaten werden nicht relativ zum Bildschirm, sondern relativ zu den Frames an Werkzeuge überreicht. *win_transform* transformiert eine Koordinate relativ zu einem anderen Frame um.

Returncodes:

RCWIN_NOINIT, RCWIN_OK

RCWIN_UNKNOWNTO – Es existiert kein Frame mit dem Bezeichner *to*.

RCWIN_UNKNOWNFROM – Es existiert kein Frame mit dem Bezeichner *from*.

RCWIN_BADTO – Unzulässiger Wert in Parameter *to*.

RCWIN_BADFROM – Unzulässiger Wert in Parameter *from*.

RCWIN_NOWINONTO – Dem Frame mit Bezeichner *to* ist kein Window zugeordnet.

RCWIN_NOWINONFROM – Dem Frame mit Bezeichner *from* ist kein Window zugeordnet.

RCWIN_BADPOINTIN – Unzulässiger Wert in Parameter *point_in*.

RCWIN_UNKNOWNPOINTIN – Der Punkt *point_in* liegt nicht in dem Frame *from*.

5.10 *win_getparent* – *get a frame's parentframe*

– liefert den Bezeichner des Parent-Frames eines Frame zurück.

Schnittstelle:

RCPRODIA *win_getparent (child, parent)*

```
    FRAME_ID    child;      /* in */
    FRAME_ID    *parent;    /* out */
```

Wirkung:

Der Bezeichner des Parent-Frames wird zurückgeliefert. Der Zeiger *parent* zeigt auf eine vom Werkzeug angelegte Variable vom Typ FRAME_ID.

Returncodes:

RCWIN_NOINIT, RCWIN_OK

RCWIN_UNKNOWNCHILD – Es existiert kein Frame mit dem Bezeichner *child*.

RCWIN_BADCHILD – Unzulässiger Wert in Parameter *child*.

RCWIN_NOWINONCHILD – Dem Frame mit Bezeichner *child* ist kein Window zugeordnet.

RCWIN_ROOTFRAME – Der Parameter *child* hat den Wert ROOT_ID, zu dem Root-Frame existiert kein Parent-Frame.

5.11 *win_getfirstchild – get a frame's first childframe*

– liefert den Bezeichner des ersten Child-Frames eines Frames zurück.

Schnittstelle:

RCPRODIA *win_getfirstchild (parent, child)*

```
FRAME_ID    parent;    /* in */
FRAME_ID    *child;    /* out */
```

Wirkung:

Der Bezeichner eines Child-Frames des Frames mit dem Bezeichner *parent* wird zurückgeliefert. Der Zeiger *child* zeigt auf eine vom Werkzeug angelegte Variable vom Typ FRAME_ID.

Returncodes:

RCWIN_NOINIT, RCWIN_OK

RCWIN_UNKNOWNPARENT – Es existiert kein Frame mit dem Bezeichner *parent*.

RCWIN_BADPARENT – Unzulässiger Wert in Parameter *parent*.

RCWIN_NOWINONPARENT – Dem Frame mit Bezeichner *parent* ist kein Window zugeordnet.

RCWIN_NOCHILD – Zu dem Frame mit dem Bezeichner *parent* existiert kein weiteres Child-Frame.

RCWIN_LASTCHILD – Das Frame, dessen Bezeichner in der Variable mit der Adresse *child* steht, ist das letzte Child-Frame von dem Frame mit dem Bezeichner *parent*.

5.12 *win_getnextchild* – *get the next childframe of a frame*

– liefert den Bezeichner des nächsten Child-Frames eines Frames zurück.

Schnittstelle:

RCPRODIA *win_getnextchild (parent, child, nextchild)*

```
FRAME_ID    parent;        /* in */
FRAME_ID    child;         /* in */
FRAME_ID    *nextchild;    /* out */
```

Wirkung:

Der Bezeichner eines weiteren Child-Frames des Frames mit dem Bezeichner *parent* wird zurückgeliefert. Die Rückgabe des letzten Child-Frames wird durch einen entsprechenden Returncode angezeigt. Der Zeiger ***nextchild*** zeigt auf eine vom Werkzeug angelegte Variable vom Typ FRAME_ID.

Returncodes:

RCWIN_NOINIT, RCWIN_OK

RCWIN_UNKNOWNPARENT – Es existiert kein Frame mit dem Bezeichner *parent*.

RCWIN_BADPARENT – Unzulässiger Wert in Parameter *parent*.

RCWIN_WRONGPARENT – Das Frame mit Bezeichner *parent* ist nicht Parent-Frame des Frames mit Bezeichner *child*.

RCWIN_BADCHILD – Unzulässiger Wert in Parameter *child*.

RCWIN_UNKNOWNCHILD – Es existiert kein Frame mit dem Bezeichner *child*.

RCWIN_LASTCHILD – Das Frame, dessen Bezeichner in der Variable mit der Adresse ***nextchild*** steht, ist das letzte Child-Frame von dem Frame mit dem Bezeichner *parent*.

RCWIN_NOFURTHERCHILD – Es gibt für das Frame mit dem Bezeichner *child* keinen Nachfolger.

6 Operationen auf Events

6.0 *evn_create* – *create event class*

– erzeugt eine neue Event-Klasse und ordnet sie einem Window zu.

Schnittstelle:

RCPRODIA *evn_create (window_id, class_type, class_spec, tool_func, tool_data, class_id)*

```
FRAME_ID             window_id;       /* in */
EVENT_CLASS_TYPE     class_type;      /* in */
EVENT_CLASS_SPEC     *class_spec;     /* in */
void                 (*tool_func) (); /* in */
VOID                 *tool_data;      /* in */
EVENT_CLASS_ID       *class_id;       /* out */
```

Wirkung:

Eine Event-Klasse vom Typ EVENT_CLASS_TYPE wird mit der sie beschreibenden Datenstruktur *class_spec* erzeugt und in die Windowevent-Klassenmenge des Windows mit dem Bezeichner *window_id* eingefügt. Sie erhält einen global eindeutigen Bezeichner, der in die Variable, auf die der Zeiger *class_id* zeigt und die vom Werkzeug angelegt wurde, geschrieben wird. Der Werkzeugfunktionszeiger und der Werkzeugdatenzeiger erhalten die übergebenen Werte. Neu eingerichtete Event-Klassen sind aktiviert.

Returncodes:

RCEVN_NOINIT, RCEVN_OK

RCEVN_MEMORYOVERFLOW – Speicherüberlauf.

RCEVN_BADCLASSTYPE – Unzulässiger Wert in Parameter *class_type*.

RCEVN_UNKNOWNWINDOWID – Es existiert kein Frame mit dem Bezeichner *window_id*, zu dem ein Window existiert.

RCEVN_BADWINDOWID – Unzulässiger Wert in Parameter *window_id*.

RCEVN_BADCLASSSPEC – Unzulässiger Wert in Parameter *class_spec*.

6.1 *evn_delete* – *delete event class*

– löscht eine Event-Klasse aus einer Windowevent-Klassenmenge.

Schnittstelle:

RCPRODIA *evn_delete (window_id, class_id)*

```
    FRAME_ID          window_id;     /* in */
    EVENT_CLASS_ID    class_id;      /* in */
```

Wirkung:

Die in der Windowevent-Klassenmenge des Windows mit dem Bezeichner *window_id* enthaltene Event-Klasse mit dem Bezeichner *class_id* wird aus der Windowevent-Klassenmenge entfernt.

Returncodes:

RCEVN_NOINIT, RCEVN_OK

RCEVN_UNKNOWNCLASSID – Es existiert keine Event-Klasse mit dem Bezeichner *class_id*.

RCEVN_BADCLASSID – Unzulässiger Wert in Parameter *class_id*.

RCEVN_UNKNOWNWINDOWID – Es existiert kein Frame mit dem Bezeichner *window_id*, zu dem ein Window existiert.

RCEVN_BADWINDOWID – Unzulässiger Wert in Parameter *window_id*.

6.2 *evn_enable* – *enable event class*

– aktiviert eine Event-Klasse.

Schnittstelle:

RCPRODIA *evn_enable (window_id, class_id)*

```
    FRAME_ID          window_id;     /* in */
    EVENT_CLASS_ID    class_id;      /* in */
```

Wirkung:

Die in der Windowevent-Klassenmenge des Windows mit dem Bezeichner *window_id* enthaltene Event-Klasse mit dem Bezeichner *class_id* wird aktiviert, d.h. die Events, die sie beschreibt, werden bei ihrem Auftreten an das Werkzeug übergeben.

Returncodes:

RCEVN_NOINIT, RCEVN_OK

RCEVN_UNKNOWNCLASSID – Es existiert keine Event-Klasse mit dem Bezeichner *class_id.*

RCEVN_BADCLASSID – Unzulässiger Wert in Parameter *class_id.*

RCEVN_CLASSISENABLE – Die Event-Klasse mit dem Bezeichner *class_id* ist bereits aktiviert.

RCEVN_UNKNOWNWINDOWID – Es existiert kein Frame mit dem Bezeichner *window_id*, zu dem ein Window existiert.

RCEVN_BADWINDOWID – Unzulässiger Wert in Parameter *window_id.*

6.3 *evn_disable* – *disable event class*

– deaktiviert eine Event-Klasse.

Schnittstelle:

RCPRODIA *evn_disable (window_id, class_id)*

```
    FRAME_ID          window_id;    /* in */
    EVENT_CLASS_ID    class_id;     /* in */
```

Wirkung:

Die in der Windowevent-Klassenmenge des Windows mit dem Bezeichner *window_id* enthaltene Event-Klasse mit dem Bezeichner *class_id* wird deaktiviert, d.h. die Events, die sie beschreibt, werden bei ihrem Auftreten nicht an das Werkzeug übergeben.

Returncodes:

RCEVN_NOINIT, RCEVN_OK

RCEVN_UNKNOWNCLASSID – Es existiert keine Event-Klasse mit dem Bezeichner *class_id.*

RCEVN_BADCLASSID – Unzulässiger Wert in Parameter *class_id.*

RCEVN_CLASSISDISABLE – Die Event-Klasse mit dem Bezeichner *class_id* ist bereits deaktiviert.

RCEVN_UNKNOWNWINDOWID – Es existiert kein Frame mit dem Bezeichner *window_id*, zu dem ein Window existiert.

RCEVN_BADWINDOWID – Unzulässiger Wert in Parameter *window_id*.

6.4 *evn_setfunc* – *set event class tool function*

– ändert die Adresse der Werkzeugfunktion einer Event-Klasse.

Schnittstelle:

RCPRODIA *evn_setfunc (window_id, class_id, tool_func)*

```
FRAME_ID          window_id;          /* in */
EVENT_CLASS_ID    class_id;           /* in */
void              (*tool_func) ( );   /* in */
```

Wirkung:

Der Zeiger auf die Werkzeugfunktion der in der Windowevent-Klassenmenge des Windows mit dem Bezeichner *window_id* enthaltenen Event-Klasse mit dem Bezeichner *class_id* erhält den neuen Wert.

Returncodes:

RCEVN_NOINIT, RCEVN_OK

RCEVN_UNKNOWNCLASSID – Es existiert keine Event-Klasse mit dem Bezeichner *class_id*.

RCEVN_BADCLASSID – Unzulässiger Wert in Parameter *class_id*.

RCEVN_UNKNOWNWINDOWID – Es existiert kein Frame mit dem Bezeichner *window_id*, zu dem ein Window existiert.

RCEVN_BADWINDOWID – Unzulässiger Wert in Parameter *window_id*.

6.5 *evn_inqfunc* – *inquire event class tool function*

– liefert den Zeiger auf die Werkzeugfunktion einer Event-Klasse zurück.

Schnittstelle:

RCPRODIA *evn_inqfunc (window_id, class_id, tool_func)*

```
    FRAME_ID          window_id;          /* in */
    EVENT_CLASS_ID    class_id;           /* in */
    void              (**tool_func) ();   /* out */
```

Wirkung:

Der Wert des Zeigers auf die Werkzeugfunktion der in der Windowevent-Klassenmenge des Windows mit dem Bezeichner *window_id* enthaltenen Event-Klasse mit dem Bezeichner *class_id* wird zurückgeliefert. Der Zeiger *tool_func* zeigt auf eine vom Werkzeug angelegte Variable vom Typ Zeiger auf eine Funktion vom Typ void.

Returncodes:

RCEVN_NOINIT, RCEVN_OK

RCEVN_UNKNOWNCLASSID – Es existiert keine Event-Klasse mit dem Bezeichner *class_id.*

RCEVN_BADCLASSID – Unzulässiger Wert in Parameter *class_id.*

RCEVN_UNKNOWNWINDOWID – Es existiert kein Frame mit dem Bezeichner *window_id,* zu dem ein Window existiert.

RCEVN_BADWINDOWID – Unzulässiger Wert in Parameter *window_id.*

6.6 *evn_setdata* – *set event class tool data*

– ändert die Adresse der Werkzeugdaten einer Event-Klasse.

Schnittstelle:

RCPRODIA *evn_setdata (window_id, class_id, tool_data)*

```
    FRAME_ID          window_id;          /* in */
    EVENT_CLASS_ID    class_id;           /* in */
    VOID              *tool_data;         /* in */
```

Wirkung:

Der Zeiger auf die Werkzeugdaten der in der Windowevent-Klassenmenge des Windows mit dem Bezeichner *window_id* enthaltenen Event-Klasse mit dem Bezeichner *class_id* erhält einen neuen Wert.

Returncodes:

RCEVN_NOINIT, RCEVN_OK

RCEVN_UNKNOWNWINDOWID – Es existiert kein Frame mit dem Bezeichner *window_id*, zu dem ein Window existiert.

RCEVN_BADWINDOWID – Unzulässiger Wert in Parameter *window_id*.

RCEVN_UNKNOWNCLASSID – Es existiert keine Event-Klasse mit dem Bezeichner *class_id*.

RCEVN_BADCLASSID – Unzulässiger Wert in Parameter *class_id*.

6.7 *evn_inqdata* – *inquire event class tool data*

– liefert den Zeiger auf die Werkzeugdaten einer Event-Klasse zurück.

Schnittstelle:

RCPRODIA *evn_inqdata (window_id, class_id, tool_data)*

```
FRAME_ID         window_id;      /* in */
EVENT_CLASS_ID   class_id;       /* in */
VOID             **tool_data;    /* out */
```

Wirkung:

Der Wert des Zeigers auf die Werkzeugdaten der in der Windowevent-Klassenmenge des Windows mit dem Bezeichner *window_id* enthaltenen Event-Klasse mit dem Bezeichner *class_id* wird zurückgeliefert. Der Zeiger *tool_data* zeigt auf eine vom Werkzeug angelegte Variable vom Typ VOID.

Returncodes:

RCEVN_NOINIT, RCEVN_OK

RCEVN_UNKNOWNWINDOWID – Es existiert kein Frame mit dem Bezeichner *window_id*, zu dem ein Window existiert.

RCEVN_BADWINDOWID – Unzulässiger Wert in Parameter *window_id*.

RCEVN_UNKNOWNCLASSID – Es existiert keine Event-Klasse mit dem Bezeichner *class_id*.

RCEVN_BADCLASSID – Unzulässiger Wert in Parameter *class_id*.

6.8 *evn_setspecifier* – *set event class specifier*

– ändert die Spezifikation einer Event-Klasse.

Schnittstelle:

RCPRODIA *evn_setspecifier (window_id, class_id, class_spec)*

```
    FRAME_ID              window_id;       /* in */
    EVENT_CLASS_ID        class_id;        /* in */
    EVENT_CLASS_SPEC      *class_spec;     /* in */
```

Wirkung:

Die Spezifikation der in der Windowevent-Klassenmenge des Windows mit dem Bezeichner *window_id* enthaltenen Event-Klasse mit dem Bezeichner *class_id* erhält den neuen Wert.

Returncodes:

RCEVN_NOINIT, RCEVN_OK

RCEVN_MEMORYOVERFLOW – Speicherüberlauf.

RCEVN_UNKNOWNCLASSID – Es existiert keine Event-Klasse mit dem Bezeichner *class_id*.

RCEVN_BADCLASSID – Unzulässiger Wert in Parameter *class_id*.

RCEVN_BADCLASSSPEC – Unzulässiger Wert in Parameter *class_spec*.

RCEVN_UNKNOWNWINDOWID – Es existiert kein Frame mit dem Bezeichner *window_id*, zu dem ein Window existiert.

RCEVN_BADWINDOWID – Unzulässiger Wert in Parameter *window_id*.

6.9 *evn_inqspecifier* – *inquire event class specifier*

– liefert die Spezifikation einer Event-Klasse zurück.

Schnittstelle:

RCPRODIA *evn_inqspecifier (window_id, class_id, class_spec)*

FRAME_ID	*window_id;*	/* in */
EVENT_CLASS_ID	*class_id;*	/* in */
EVENT_CLASS_SPEC	**class_spec;*	/* out */

Wirkung:

Die Spezifikation der in der Windowevent-Klassenmenge des Windows mit dem Bezeichner *window_id* enthaltenen Event-Klasse mit dem Bezeichner *class_id* wird zurückgeliefert. Der Zeiger *class_spec* zeigt auf eine vom Werkzeug angelegte Variable vom Typ EVENT_CLASS_SPEC. Für Event-Klassen vom Typ EVENT_CLASS_POSITION, EVENT_CLASS_PICK, EVENT_CLASS_DRAG_-START, EVENT_CLASS_MOUSE_MOVE und EVENT_CLASS_DRAG_END zeigt der darin enthaltene Zeiger *polygon* auf ein von *PRODIA* angelegtes Array vom Typ FRAME_POINT, das dem Werkzeug zur Verfügung steht. Mit *adm_-free* wird es freigegeben, wenn es nicht mehr verwendet wird.

Returncodes:

RCEVN_NOINIT, RCEVN_OK

RCEVN_UNKNOWNCLASSID – Es existiert keine Event-Klasse mit dem Bezeichner *class_id.*

RCEVN_BADCLASSID – Unzulässiger Wert in Parameter *class_id.*

RCEVN_UNKNOWNWINDOWID – Es existiert kein Frame mit dem Bezeichner *window_id*, zu dem ein Window existiert.

RCEVN_BADWINDOWID – Unzulässiger Wert im Parameter *window_id.*

6.10 *evn_inqtype* – *inquire event class type*

– liefert den Typ einer Event-Klasse zurück.

Schnittstelle:

RCPRODIA *evn_inqtype (window_id, class_id, class_type)*

```
FRAME_ID            window_id;      /* in */
EVENT_CLASS_ID      class_id;       /* in */
EVENT_CLASS_TYPE    *class_type;    /* out */
```

Wirkung:

Der Typ der in der Windowevent-Klassenmenge des Windows mit dem Bezeichner *window_id* enthaltenen Event-Klasse mit dem Bezeichner *class_id* wird zurückgeliefert. Der Zeiger *class_type* zeigt auf eine vom Werkzeug angelegte Variable vom Typ EVENT_CLASS_ID.

Returncodes:

RCEVN_NOINIT, RCEVN_OK

RCEVN_UNKNOWNCLASSID – Es existiert keine Event-Klasse mit dem Bezeichner *class_id.*

RCEVN_BADCLASSID – Unzulässiger Wert in Parameter *class_id.*

RCEVN_UNKNOWNWINDOWID – Es existiert kein Frame mit dem Bezeichner *window_id,* zu dem ein Window existiert.

RCEVN_BADWINDOWID – Unzulässiger Wert in Parameter *window_id.*

6.11 *evn_starthandler* – *start event handler*

– startet den Eventhandler.

Schnittstelle:

RCPRODIA *evn_starthandler ( )*

Wirkung:

Der Eventhandler wird für das aufrufende Werkzeug gestartet. Erst jetzt können Benutzereingaben dessen Event-Klassen zugeordnet werden. Sind vom Werkzeug keine Event-Klassen eingerichtet worden, so erfolgt die Fehlermeldung RCEVN_STARTFAILED, da das aufrufende Werkzeug sonst nicht mehr terminieren könnte.

Returncodes:

RCEVN_NOINIT, RCEVN_OK

RCEVN_EVENTHANDLERISSTARTED – Die Funktion *evn_starthandler* wurde bereits vom aufrufenden Werkzeug aufgerufen.

RCEVN_STARTFAILED – Der Eventhandler kann nicht gestartet werden, da das Werkzeug keine Event-Klassen eingerichtet hat.

6.12 *evn_stophandler* – *stop event handler*

– hält den Eventhandler an.

Schnittstelle:

RCPRODIA *evn_stophandler ( )*

Wirkung:

Der Eventhandler wird für das aufrufende Werkzeug angehalten, nachfolgende Benutzereingaben werden keinen Event-Klassen dieses Werkzeuges zugeordnet.

Returncodes:

RCEVN_NOINIT, RCEVN_OK

RCEVN_EVENTHANDLERISSTOPPED – Die Funktion *evn_stophandler* wurde bereits vom aufrufenden Werkzeug aufgerufen.

RCEVN_NOSTART – Die Funktion *evn_starthandler* wurde nicht vom aufrufenden Werkzeug aufgerufen.

6.13 *evn_getfirstclass* – *get first event class*

– liefert den Bezeichner der ersten Event-Klasse einer Event-Klassenmenge zurück.

Schnittstelle:

RCPRODIA *evn_getfirstclass (window_id, class_id)*

```
    FRAME_ID          window_id;     /* in */
    EVENT_CLASS_ID    *class_id;     /* out */
```

Wirkung:

Der Bezeichner der ersten Event-Klasse der Windowevent-Klassenmenge des Windows mit dem Bezeichner *window_id* wird zurückgeliefert. Der Zeiger *class_id* zeigt auf eine vom Werkzeug angelegte Variable vom Typ EVENT_CLASS_ID.

Returncodes:

RCEVN_NOINIT, RCEVN_OK

RCEVN_UNKNOWNWINDOWID – Es existiert kein Frame mit dem Bezeichner *window_id*, zu dem ein Window existiert.

RCEVN_BADWINDOWID – Unzulässiger Wert in Parameter *window_id*.

RCEVN_NOCLASS – Die Windowevent-Klassenmenge des Windows mit dem Bezeichner *window_id* ist leer.

RCEVN_LASTCLASS – Die Windowevent-Klassenmenge des Windows mit dem Bezeichner *window_id* enthält außer der Event-Klasse, deren Bezeichner in *class_id* steht, keine weiteren Event-Klassen mehr.

6.14 *evn_getnextclass* – *get next event class*

– liefert den Bezeichner der nächsten Event-Klasse einer Event-Klassenmenge zurück.

Schnittstelle:

RCPRODIA *evn_getnextclass (window_id, class_id, next_class_id)*

```
FRAME_ID          window_id;         /* in */
EVENT_CLASS_ID    class_id;          /* in */
EVENT_CLASS_ID    *next_class_id;    /* out */
```

Wirkung:

Der Bezeichner der nächsten Event-Klasse der Windowevent-Klassenmenge des Windows mit dem Bezeichner *window_id* wird zurückgeliefert. Der Zeiger *next_class_*id zeigt auf eine vom Werkzeug angelegte Variable vom Typ EVENT_CLASS_ID.

Returncodes:

RCEVN_NOINIT, RCEVN_OK

RCEVN_UNKNOWNWINDOWID – Es existiert kein Frame mit dem Bezeichner *window_id*, zu dem ein Window existiert.

RCEVN_BADWINDOWID – Unzulässiger Wert in Parameter *window_id.*

RCEVN_LASTCLASS – Die Windowevent-Klassenmenge des Windows mit dem Bezeichner *window_id* enthält außer der Event-Klasse, deren Bezeichner in *next_class_id* steht, keine weiteren Event-Klassen mehr.

RCEVN_NOFURTHERCLASS – Die Windowevent-Klassenmenge des Windows mit dem Bezeichner *window_id* enthält keine weiteren Event-Klassen.

RCEVN_UNKNOWNCLASSID – Es existiert keine Event-Klasse mit dem Bezeichner *class_id.*

RCEVN_BADCLASSID – Unzulässiger Wert in Parameter *class_id.*

7 MM-System

7.0 ***MM_break*** – *break Teildialog*

– Abbruch eines Teildialogs per Programm.

Schnittstelle:

RCPRODIA *MM_break ( )*

Wirkung:

Der Teildialog wird verlassen, evtl. gesetzte Bedingungen werden "vergessen". Rückkehr zur aufrufenden Stelle im umfassenden (Teil-) Dialog bzw. zum Werkzeug.

Die Funktion ist aus der Aktion oder Rücksetz-Aktion eines MM-Elements heraus aufrufbar, auch implizit, d.h. sie muß nicht als String im MM-Element auftauchen, sondern kann im Inneren von Funktionsaufrufen enthalten sein.

Returncodes:

RCMM_OK

RCMM_NO_DIALOG – Der Aufruf geschieht nicht innerhalb eines Teildialogs.

7.1 ***MM_reactivate*** – *reactivate Teildialog*

– Wiederaufnahme eines Teildialogs von vorn.

Schnittstelle:

RCPRODIA *MM_reactivate ( )*

Wirkung:

Der gesamte Teildialog beginnt von vorne, evtl. gesetzte Bedingungen werden zuvor vergessen. Mit diesem Aufruf lassen sich "ständige" MM-Elemente, die einerseits beim Selektieren eine Aktion implizieren, die andererseits aber aktiv bleiben, realisieren.

Die Funktion ist aus der Aktion oder Rücksetz-Aktion eines MM-Elements heraus aufrufbar, auch implizit, d.h. sie muß nicht als String im MM-Element auftauchen, sondern kann im Inneren von Funktionsaufrufen enthalten sein.

Returncodes:

RCMM_OK

RCMM_NO_DIALOG – Der Aufruf geschieht nicht innerhalb eines Teildialogs.

7.2 ***MM_fehl*** – *initiate error procedure*

– Start des Fehler-Mechanismus für ein MM-Element.

Schnittstelle:

RCPRODIA *MM_fehl (error_message)*

    char   *error_message;   /* in */

Wirkung:

Das Wirksamwerden sämtlicher *#MM_set*-Aufrufe in der Aktion unterbleibt, das MM-Element wird erneut aktiviert, wobei dem Feld-Titel (unter *#MM_title* in der PDL-Notation) die Titel-Erweiterung (unter *#MM_title_ext* in der PDL-Notation) und der Fehlertext *error_message* angefügt wird.

Nach dem Aufruf kehrt die Kontrolle hinter die Aufrufstelle zurück. Bei mehreren durchlaufenen *MM_fehl*-Aufrufen innerhalb einer Aktion ist der letzte wirksam.

Die Funktion ist aus der Aktion eines MM-Elements heraus, auch implizit, aufrufbar.

Returncodes:

RCMM_OK

RCMM_NO_ACTION – Der Aufruf geschieht nicht innerhalb der Aktion eines MM-Elements.

7.3 *MM_iconize* - *iconize dialog*

– Ikonisieren des MM-Schemas.

Schnittstelle:

RCPRODIA *MM_iconize ( )*

Wirkung:

Verschwinden des MM-Schemas vom Bildschirm, etwa um den Bildschirm als Zeige-Fläche freizubekommen. Das MM-Schema erscheint nach Aufruf von *MM_deiconize* (Anh. 7.4) wieder. *MM_iconize* entspricht der Benutzer-Aktion zum Ikonisieren im Meta-Dialog (Kap. 5.2.6).

Beide Aufrufe müssen als Paar, in dieser Reihenfolge, innerhalb einer Aktion (explizit oder implizit) durchlaufen werden.

Returncodes:

RCMM_OK

RCMM_NO_ACTION – Der Aufruf geschieht nicht innerhalb der Aktion eines MM-Elements.

7.4 *MM_deiconize* - *deiconize dialog*

– Deikonisieren des MM-Schemas.

Schnittstelle:

RCPRODIA *MM_deiconize ( )*

Wirkung:

Wiederkehr des MM-Schemas, und damit des Dialogs, auf dem Bildschirm. Der *MM_iconize*-Aufruf (Anh. 7.3) und *MM_deiconize*-Aufruf müssen als Paar, in dieser Reihenfolge, innerhalb einer Aktion (explizit oder implizit) durchlaufen werden. Die Funktion entspricht der Benutzer-Aktion zum Deikonisieren im Meta-Dialog (Kap. 5.2.6). Erst der *MM_deiconize*-Aufruf bewirkt das Sichtbarmachen einer Ikone, durch deren Anklicken der Benutzer das MM-Schema im Vorzustand wieder auf den Bildschirm bekommt.

Returncodes:

RCMM_OK

RCMM_NO_ACTION – Der Aufruf geschieht nicht innerhalb der Aktion eines MM-Elements.

RCMM_NO_ICON – Dem *MM_deiconize*-Aufruf ging kein *MM_iconize*-Aufruf vorauf.

8 Besondere Kommunikationsfunktionen

8.0 *com_receive_help* – *wait for help request*

– warte auf Hilfe-Anforderung.

Schnittstelle:

RCPRODIA *com_receive_help ( )*

Wirkung:

Setzt den aufrufenden Unterprozeß wartend, bis vom Benutzer mit Bezug zum Werkzeug die Help-Funktion ausgelöst wird (Help-Taste, siehe Anh. 11). Die Reaktion des Werkzeugs wird von *PRODIA* nicht festgelegt. Es sollte jedoch dem Benutzer anhand der Kenntnis des Werkzeugs über den Dialog- und Prozeß-Zustand eine ihn führende Hilfe gegeben werden, anschließend ist der Unterprozeß durch erneuten Aufruf von *com_receive_help* in den Wartezustand zu versetzen.

Die Funktion ist vornehmlich gedacht für bereits existierende Werkzeuge, die über eine auf den gesamten Bedienungszustand des Werkzeugs bezogene Help-Schnittstelle verfügen. Mit Hilfe der Funktion *com_receive_help* kann bei der Anpassung des Werkzeugs die Help-Unterstützung mit in das *PRODIA*-System eingebracht werden.

com_receive_help ist nur wirksam, wenn das Werkzeug sich außerhalb eines MM-Dialogs befindet, da innerhalb eine spezifische, auf die einzelne Dialogposition bezogene Help-Funktion wirksam ist (Kap. 5.2.4).

Returncodes:

RCCOM_OK

8.1 *com_enable_help* - *enable help function*
- help-Mechanismus aktivieren.

Schnittstelle:
RCPRODIA *com_enable_help ( )*

Wirkung:
Demaskiert die *com_receive_help*-Funktion. Der Initialzustand ist: "disabled", also maskiert. Eine evtl. Hilfe-Anforderung wird zum Werkzeug durchgereicht.

Returncodes:
RCCOM_OK

RCCOM_IS_ENABLED – Der Zustand ist bereits "enabled".

8.2 *com_disable_help* - *disable help function*
- help-Mechanismus deaktivieren.

Schnittstelle:
RCPRODIA *com_disable_help ( )*

Wirkung:
Maskiert die *com_receive_help*-Funktion. Dies ist auch der Initialzustand. Eine evtl. Hilfe-Anforderung wird nicht zum Werkzeug durchgereicht.

Returncodes:

RCCOM_OK

RCCOM_IS_DISABLED – Der Zustand ist bereits "disabled".

8.3 *com_receive_break* – *wait for break request*

– warte auf Break-Anforderung.

Schnittstelle:

RCPRODIA *com_receive_break ( )*

Wirkung:

Setzt den aufrufenden Unterprozeß wartend, bis vom Benutzer mit Bezug zum Werkzeug eine (nicht maskierte) Abbruch-Anforderung ausgelöst wird (Taste CTRL C, siehe Anh. 11). Die Reaktion des Werkzeugs wird von *PRODIA* nicht festgelegt. Das Werkzeug sollte als Reaktion den geregelten Abbruch seiner Aktivitäten durchführen.

Returncodes:

RCCOM_OK

8.4 *com_enable_break* – *enable break function*

– aktiviere die Möglichkeit der Abbruchanforderung.

Schnittstelle:

RCPRODIA *com_enable_break ( )*

Wirkung:

Demaskiert eine evtl. vom Benutzer ausgelöste com_receive_break-Funktion. Eine Abbruch-Anforderung wird zum Werkzeug durchgereicht.

Returncodes:

RCCOM_OK

RCCOM_IS_ENABLED – Der Zustand ist bereits "enabled".

8.5 *com_disable_break* – *disable break function*

– deaktiviere die Möglichkeit der Abbruchanforderung.

Schnittstelle:

RCPRODIA *com_enable_break ( )*

Wirkung:

Maskiert eine evtl. vom Benutzer ausgelöste com_receive_break-Funktion. Dies ist auch der Initialzustand, d.h. es wird erst dann eine Abbruch-Anforderung zum Werkzeug durchgereicht, wenn zuvor der Aufruf *com_enable_break* durchlaufen wurde.

Returncodes:

RCCOM_OK

RCCOM_IS_DISABLED – Der Zustand ist bereits "disabled".

8.6 *com_send_message* – *send message to user*

– sende eine Alarmmeldung vom Werkzeug zum Benutzer.

Schnittstelle:

```
RCPRODIA com_send_message (alarm_message)
    char    *alarm_message;        /* in */
```

Wirkung:

Mit dieser Funktion kann das Werkzeug dem Benutzer unabhängig von einem evtl. gerade laufenden Dialog eine Meldung zukommen lassen. Die Meldung erscheint unabhängig vom Verdeckungszustand der dem Werkzeug zugeordneten Fenster in einem speziellen Alarm-Feld auf dem Bildschirm.

Returncodes:

RCCOM_OK

9 Programmbeispiele

9.0 Eine *PRODIA*-Anwendung

Das folgende Beispielprogramm ist ein Texteditor nach dem WYSIWYG-Prinzip für Texte, die in Proportionalschrift erstellt und auf Blocksatz ausgerichtet werden. Es demonstriert die *PRODIA*-Konzepte für Frames, Text, Windows und Events. Aus dem Quelltext des Beispielprogramms ist ersichtlich, wie die einfache Struktur eines auf *PRODIA* aufsetzenden Werkzeug-Programms beschaffen ist. An dem kleinen Umfang des Quelltextes wird auch die effiziente Programmierung unter *PRODIA* verdeutlicht.

Das Beispielprogramm hat folgende Merkmale:

- Die Texteingabe erfolgt über die Tastatur. Der Textcursor zeigt die Schreibposition an.
- Edierfunktionen, wie das Löschen und Einfügen von Zeichen und Zeilen, das Umschalten des Schreibmodus "Einfügen" und "Überschreiben" und auch die Bewegung des Textcursors nach links, rechts, oben oder unten, werden über Funktionstasten und Sondertasten ausgewählt.
- Die Positionierung des Textcursors kann neben der Betätigung der Cursortasten auch mit der Maus durch das "Anklicken" eines Zeichens erfolgen.
- Der Abbildungsprozeß Frame → Window wird von *PRODIA* durchgeführt. Auch die Benutzeroperationen auf Windows wie Bewegen, Größenveränderungen, (De-) Ikonisieren und Scrollen realisiert *PRODIA* ohne das Beispielprogramm zu involvieren.

```
/* Beispielprogramm fuer eine PRODIA-Anwendung ohne MM-Schema */
#include <prodia/prodia.h>
void ins_char (window_id, event_class_id, event_type, event_data, tool_data)
FRAME_ID window_id;
EVENT_CLASS_ID event_class_id;
EVENT_CLASS_TYPE event_type;
EVENT_DATA *event_data;
VOID *tool_data;
{
    RCPRODIA rc;
    CHAR string[2];
    CUT_COND cut_cond;
```

```
    string[0] = (CHAR) event_data->key_event;
    string[1] = ' ';
    rc = txt_writestr (window_id, string, &cut_cond);
}

void cursor_move (window_id, event_class_id, event_type, event_data,
    tool_data)
FRAME_ID window_id;
EVENT_CLASS_ID event_class_id;
EVENT_CLASS_TYPE event_type;
EVENT_DATA *event_data;
VOID *tool_data;
{
    RCPRODIA rc;

    switch (event_data->key_event) {
        case 0x00E0: rc = txt_movecursor (window_id, CU_LEFT); break;
        case 0x00E1: rc = txt_movecursor (window_id, CU_RIGHT); break;
        case 0x00E2: rc = txt_movecursor (window_id, CU_UP); break;
        case 0x00E3: rc = txt_movecursor (window_id, CU_DOWN); break;
    }
}

void carriage_return (window_id, event_class_id, event_type, event_data,
    tool_data)
FRAME_ID window_id;
EVENT_CLASS_ID event_class_id;
EVENT_CLASS_TYPE event_type;
EVENT_DATA *event_data;
VOID *tool_data;
{
    RCPRODIA rc;
    U_INT n;
    TEXT_CELL act_cur_pos;

    rc = txt_inqframelines (window_id, &n);
    rc = txt_inqcursor (window_id, &act_cur_pos);
    rc = txt_movecursor (window_id, CU_BNEXTLN);
    if ((U_INT) act_cur_pos.line = = n)
        rc = txt_openlines (window_id, 1);
}
```

```
void set_insert_mode (window_id, event_class_id, event_type, event_data,
    tool_data)
FRAME_ID window_id;
EVENT_CLASS_ID event_class_id;
EVENT_CLASS_TYPE event_type;
EVENT_DATA *event_data;
VOID *tool_data;
{
    RCPRODIA rc;
    INS_MODE insert_mode;

    rc = txt_inqinsertmode (window_id, &insert_mode);
    if (insert_mode == INS_ON)
        rc = txt_setinsertmode (window_id, INS_OFF);
    else
        rc = txt_setinsertmode (window_id, INS_ON);
}

void del_char (window_id, event_class_id, event_type, event_data, tool_data)
FRAME_ID window_id;
EVENT_CLASS_ID event_class_id;
EVENT_CLASS_TYPE event_type;
EVENT_DATA *event_data;
VOID *tool_data;
{
    RCPRODIA rc;
    TEXT_CELL textcell;

    rc = txt_inqcursor (window_id, &textcell);
    textcell.column++;
    rc = txt_deletestring (window_id, &textcell);
}

void backspace (window_id, event_class_id, event_type, event_data,
    tool_data)
FRAME_ID window_id;
EVENT_CLASS_ID event_class_id;
EVENT_CLASS_TYPE event_type;
EVENT_DATA *event_data;
VOID *tool_data;
{
    RCPRODIA rc;
    rc = txt_deletestring (window_id, CU_LEFT);  /* Position als Makro */
}
```

```
void cancel_editor (window_id, event_class_id, event_type, event_data,
    tool_data)
FRAME_ID window_id;
EVENT_CLASS_ID event_class_id;
EVENT_CLASS_TYPE event_type;
EVENT_DATA *event_data;
VOID *tool_data;
{
    RCPRODIA rc;

    rc = evn_stophandler ( );
}


void line_overflow (window_id, cut_cond)
FRAME_ID window_id;
CUT_COND *cut_cond;
{
    RCPRODIA rc;
    TEXT_CELL act_cur_pos, clip_cell;

    rc = frm_setupdatemode (window_id, UM_EXPLICIT);
    /* Schreibposition merken */
    rc = txt_inqcursor (window_id, &act_cur_pos);
    rc = txt_align (window_id, FOP_COMPRESS);
    rc = txt_inqcutcond (window_id, cut_cond);
    if (cut_cond->state = = WR_CUT)
    {
        /* Auf Wortanfang */
        rc = txt_movecursor (window_id, &(cut_cond->textcell));
        rc = txt_movecursor (window_id, CU_BOW);
        /* Neue Schreibposition errechnen */
        rc = txt_inqcursor (window_id, &clip_cell);
        if (act_cur_pos.column > = cut_cond->textcell.column)
        {
            act_cur_pos.line + + ;
            act_cur_pos.column -= (clip_cell.column - 1);
        }
        /* Rest in naechste Zeile */
        rc = txt_splitline (window_id, cut_cond);
        rc = txt_movecursor (window_id, CU_BPREVIOUSLN);
    }
    else
    {
        if (act_cur_pos.column > = cut_cond->textcell.column)
```

```
        {
            act_cur_pos.line++;
            act_cur_pos.column = 1;
        }
        /* neue Zeile */
        rc = txt_splitline (window_id, cut_cond);
        rc = txt_movecursor (window_id, CU_BPREVIOUSLN);
    }
    /* Zeile formatieren */
    rc = txt_align (window_id, FOP_BLOCK, cut_cond);
    /* Auf neue Schreibposition setzen */
    rc = txt_movecursor (window_id, &act_cur_pos);
    rc = frm_setupdatemode (window_id, UM_IMPLICIT);
}

void mouse_pos (window_id, event_class_id, event_type, event_data,
    tool_data)
FRAME_ID window_id;
EVENT_CLASS_ID event_class_id;
EVENT_CLASS_TYPE event_type;
EVENT_DATA *event_data;
VOID *tool_data;
{
    RCPRODIA rc;
    TEXT_CELL textcell;

    if (RCTXT_OK == txt_framepointtotextcell (window_id,
                    &event_data->position_event, &textcell))
        rc = txt_movecursor (window_id, &textcell);
}

main () {
    RCPRODIA rc;
    FRAME_ID frame_id;
    rc = adm_init_prodia ();
    {   /* Einrichten eines Text-Frames */
        FRAME_RECTANGLE rectangle;
        rectangle.x    =  0;
        rectangle.y    =  0;
        rectangle.h    =  10000;
        rectangle.w    =  500;
        rc = frm_create (&rectangle, FRT_TEXT, &frame_id);
    }
```

```
/* Eroeffnen eines Windows ueber dem Text-Frame */
    rc = win_openinteractive (ROOT_ID, frame_id, "editor");
/* Einrichten der Event-Klassen fuer den Texteditor */
    {
        KEY_CLASS_SPEC key_class_spec;
        EVENT_CLASS_ID event_class_id;
        FRAME_POINT points[5];
        POSITION_CLASS_SPEC position_class_spec;
        int dummy;
/* Eventklasse fuer alle im ASCII-Code enthaltenen Zeichen */
        key_class_spec.from         =   x0020;      /* ' ' */
        keyclass_spec.to            =   x007E;      /* '~' */
        rc = evn_create (frame_id, EVENT_CLASS_KEY,
        (EVENT_CLASS_SPEC *) (&key_class_spec),
        ins_char, &dummy, &event_class_id);
/* Eventklasse fuer Sonderzeichen, die nicht im obigen Intervall liegen */
        key_class_spec.from         =   x0080;      /* 'Ä' */
        key_class_spec.to           =   x0086;      /* 'ß' */
        rc = evn_create (frame_id, EVENT_CLASS_KEY,
                (EVENT_CLASS_SPEC *) (&key_class_spec),
                ins_char, &dummy, &event_class_id);
/* Eventklasse fuer Cursor hoch */
        key_class_spec.from         =   x00E2;      /* Cursor hoch */
        key_class_spec.to           =   x00E2;      /* Cursor hoch */
        rc = evn_create (frame_id, EVENT_CLASS_KEY,
                (EVENT_CLASS_SPEC *) (&key_class_spec),
                cursor_move, &dummy, &event_class_id);
/* Eventklasse fuer Cursor runter */
        key_class_spec.from         =   x00E3;      /* Cursor runter */
        key_class_spec.to           =   x00E3;      /* Cursor runter */
        rc = evn_create (frame_id, EVENT_CLASS_KEY,
                (EVENT_CLASS_SPEC *) (&key_class_spec),
                cursor_move, &dummy, &event_class_id);
/* Eventklasse fuer Cursor rechts */
        key_class_spec.from         =   x00E1;      /* Cursor rechts */
        key_class_spec.to           =   x00E1;      /* Cursor rechts */
        rc = evn_create (frame_id, EVENT_CLASS_KEY,
                (EVENT_CLASS_SPEC *) (&key_class_spec),
                cursor_move, &dummy, &event_class_id);
/* Eventklasse fuer Cursor links */
        key_class_spec.from         =   x00E0;      /* Cursor links */
        key_class_spec.to           =   x00E0;      /* Cursor links */
        rc = evn_create (frame_id, EVENT_CLASS_KEY,
                (EVENT_CLASS_SPEC *) (&key_class_spec),
                cursor_move, &dummy, &event_class_id);
```

```
/* Eventklasse fuer Zeilenabschluss */
        key_class_spec.from      =  x000D;    /* Return */
        key_class_spec.to        =  x000D;    /* Return */
        rc = evn_create (frame_id, EVENT_CLASS_KEY,
                (EVENT_CLASS_SPEC *) (&key_class_spec),
                carriage_return, &dummy, &event_class_id);
/* Eventklasse fuer CTL I (Insertmodus) */
        key_class_spec.from      =  x0009;    /* CTL I */
        key_class_spec.to        =  x0009;    /* CTL I */
        rc = evn_create (frame_id, EVENT_CLASS_KEY,
                (EVENT_CLASS_SPEC *) (&key_class_spec),
                set_insert_mode, &dummy, &event_class_id);
/* Eventklasse fuer DEL Zeichen loeschen */
        key_class_spec.from      =  x007F;    /* Delete */
        key_class_spec.to        =  x007F;    /* Delete */
        rc = evn_create (frame_id, EVENT_CLASS_KEY,
                (EVENT_CLASS_SPEC *) (&key_class_spec),
                del_char, &dummy, &event_class_id);
/* Eventklasse fuer Backspace Zeichen rueckwaerts loeschen */
        key_class_spec.from      =  x00EA;    /* Backspace */
        key_class_spec.to        =  x00EA;    /* Backspace */
        rc = evn_create (frame_id, EVENT_CLASS_KEY,
                (EVENT_CLASS_SPEC *) (&key_class_spec),
                backspace, &dummy, &event_class_id);
/* Eventklasse fuer CTL C (Terminieren ohne Sichern) */
        key_class_spec.from      =  x0003;    /* CTL C */
        key_class_spec.to        =  x0003;    /* CTL C */
        rc = evn_create (frame_id, EVENT_CLASS_KEY,
                (EVENT_CLASS_SPEC *) (&key_class_spec),
                cancel_editor, &dummy, &event_class_id);
/* Eventklasse fuer Positionierung des Textcursors durch Positionseingabe */
        points[0].x = 0;          points[0].y = 0;
        points[1].x = 0;          points[1].y = 10000;
        points[2].x = 500;        points[2].y = 10000;
        points[3].x = 500;        points[3].y = 0;
        points[4].x = 0;          points[4].y = 0;
        position_class_spec.polygon_size = 5;
        position_class_spec.polygon = points;
        rc = evn_create (frame_id, EVENT_CLASS_POSITION,
                (EVENT_CLASS_SPEC *) (&position_class_spec),
                mouse_pos, &dummy, &event_class_id);
/* Übergabe der Umbruchfunktion */
        rc = txt_setbreakfunc (frame_id, line_overflow, &dummy);
    }
```

```
/* Starten des Event-Handlers */
    rc = evn_starthandler ( );
/* Hier wird das Programm fortgesetzt, wenn evn_stophandler aufgerufen
wurde */
    rc = win_close (frame_id);
    rc = frm_close (frame_id);
    rc = adm_term_prodia ( );
}
```

9.1 Eine Dialogbeschreibung in PDL

Aufgabenstellung:

Ein Werkzeug für die Durchführung Boole'scher Tischrechnerfunktionen soll einen Benutzerdialog für die Eingabe einer unären oder binären Operation (Operatoren NOT, AND, OR) und der entsprechenden Operanden führen. Die Operanden sollen Variable sein, die vom Benutzer durch ihren Namen bezeichnet werden. Das Werkzeug weist das Resultat der Operation einer vom Benutzer benannten Variablen, standardmäßig dem ersten Operanden, zu. Im Folgenden wird der Teildialog in PDL beschrieben.

PDL-Programm:

```
/* C-Umgebung fuer Vereinbarungen */
#define strlength 12
typedef enum
{
    AND,
    OR,
    NOT,
} OPTYP;

typedef struct
{
    OPTYP       op;
    char        opnd1  [strlength];
    char        opnd2  [strlength];
    char        ziel   [strlength];
} BUFFER;

/* Beginn des Teildialogs "Boole'sche Operation" */
RCPRODIA Beispieldialog (buffer)
BUFFER     *buffer;               /* Werkzeugpuffer */
{
    char          zielvariable [strlength];        /* fuer die Vorbesetzung */
    #MM_switch = "Boole'sche Operation"  /* Titel des Teildialogs */

    {
```

```
/* Angabe des Operators */
        #MM_case selekt_Op: Control:
            #MM_Style = Menue;
            #MM_title = "Operator";
            #MM_altnames = "NOT", "AND", "OR";
            #MM_pre = 1;
            #MM_post = unaer_Op + binaer_Op;
            #MM_action =
            {
                switch (MM_alt)
                {
                    case 0: /* NOT */
                        buffer->op = NOT;       /* NOT-Operator in
                                                   Werkzeugpuffer */
                        #MM_set  unaer_Op;
                        break;
                    case 1: /* AND */
                        buffer->op = AND;       /* AND-Operator in
                                                   Werkzeugpuffer */
                        #MM_set binaer_Op;
                        break;
                    case 2: /* OR */
                        buffer->op = OR;        /* OR-Operator in
                                                   Werkzeugpuffer */
                        #MM_set binaer_Op;
                        break;
                } /* switch (MM_alt) */
            } /* #MM_action */
            #MM_undo = { } /* Die Aktion ist ohne Weiteres ruecksetzbar */

/* Angabe des einzigen Operanden bei unaerem Operator */
        #MM_case Operand_u: FMask:
            #MM_title = "Operand";
            #MM_title_ext = "Bitte Variablennamen eingeben";
            #MM_length = strlength;
            #MM_pre = unaer_Op;
            #MM_post = u_Opnd_fertig * fert1;
            #MM_action =
            {
```

```
        strcpy (buffer→opnd1, MM_feld); /* Kopiere MM_feld in
                                           Werkzeugpuffer */
        strcpy (zielvariable, MM_feld); /* und in die Variable fuer
                                           die Vorbesetzung des
                                           Zieloperanden */
        #MM_set u_Opnd_fertig;
        #MM_set fert1;
    } /* #MM_action */
    #MM_undo =
    {
        strncpy (zielvariable, " ", strlength); /* Loeschen der
                                                   Vorbesetzung des
                                                   Zieloperanden */
    } /* #MM_undo */
```

/* Angabe des 1. Operanden bei binaerem Operator */

```
  #MM_case Operand_1: FMask:
    #MM_title = "erster Operand";
    #MM_title_ext = "Bitte Variablennamen eingeben";
    #MM_length = strlength;
    #MM_pre = binaer_Op;
    #MM_post = Opnd1_fertig * fert21;
    #MM_action =
    {
        strcpy (buffer→opnd1, MM_feld); /* Kopiere MM_feld in
                                           Werkzeugpuffer */
        strcpy (zielvariable, MM_feld); /* und in die Variable fuer
                                           die Vorbesetzung des
                                           Zieloperanden */
        #MM_set Opnd1_fertig;
        #MM_set fert21;
    } /* #MM_action */
    #MM_undo =
    {
        strncpy (zielvariable, " ", strlength); /* Loeschen der
                                                   Vorbesetzung des
                                                   Zieloperanden */
    } /* #MM_undo */
```

```
/* Angabe des 2. Operanden bei binaerem Operator */
        #MM_case Operand_2: FMask:
            #MM_title = "zweiter Operand";
            #MM_title_ext = "Bitte Variablennamen eingeben";
            #MM_length = strlength;
            #MM_pre = binaer_Op;
            #MM_post = fert22;
            #MM_action =
            {
                strcpy (buffer→opnd2, MM_feld); /* Kopiere MM_feld in
                                                   Werkzeugpuffer */
                #MM_set fert22;
            } /* #MM_action */
            #MM_undo = { } /* Die Aktion ist ohne Weiteres ruecksetzbar */

/* Angabe der Zielvariablen */
        #MM_case Operand_Ziel: FMask:
            #MM_title = "Zielvariable";
            #MM_title_ext = "Bitte Variablennamen eingeben";
            #MM_length = strlength;
            #MM_default = zielvariable;           /* Dynamisch
                                                     vorbesetzt */
            #MM_pre = u_Opnd_fertig + Opnd1_fertig;
            #MM_post = fert3;
            #MM_action =
            {
                strcpy (buffer→ziel, MM_feld);   /* Kopiere MM_feld in
                                                   Werkzeugpuffer */
                #MM_set fert3;
            } /* #MM_action */
            #MM_undo = { } /* Die Aktion ist ohne Weiteres ruecksetzbar */

/* Abschliessende Hintergrundaktion */
        #MM_case Abschluss: HA:
            #MM_pre = (fert1 + (fert21 * fert22)) * fert3;
            #MM_post = 0;
            #MM_action =
            {
```

```
            /* Der Werkzeugpuffer ist gefuellt für die weitere
            Verarbeitung */
        } /* #MM_action */
        /* ohne #MM_undo: Die Aktion ist nicht ruecksetzbar */
    } /* #MM_switch */
} /* Beispieldialog */
```

Anmerkungen:

Dies ist nicht die einzige Möglichkeit, den Dialog mit Hilfe von MM-Schemata zu implementieren. Bei der hier gezeigten Lösung erscheinen z.B. die Operanden (oder der Operand) erst dann als Maskenfeld auf dem Bildschirm, wenn feststeht, ob es sich um einen oder zwei Operanden handelt.

Es wäre z.B. auch möglich, sämtliche MM-Elemente zugleich in einem Schema auf den Bildschirm zu bringen. Sie könnten im Ganzen ediert werden und durch Auswahl des "fertig"-Feldes an das Werkzeug übergeben werden. Dieses müßte dann allerdings etwaige Inkonsistenzen (unärer Operator, aber vom Benutzer werden zwei Operanden eingegeben) selbst abfangen und einzelne Elemente zurücksetzen. In der hier gezeigten Lösung werden solche Inkonsistenzen durch den PDM unmöglich gemacht.

Eine weitere Variante einer Implementation des Dialogs könnte auch die semantische Überprüfung des eingegebenen Variablennamens (ist die Variable vorhanden, vom richtigen Typ?) direkt bei der Behandlung jedes einzelnen MM-Elements in die Aktion aufnehmen und im Fehlerfall mit einem *MM_fehl*-Aufruf reagieren. Dies wäre dann zu empfehlen, wenn der häufige Kontakt des PDM zum Werkzeug nicht viel kostet, etwa weil Werkzeug und PDM auf derselben Station laufen.

10 Returncodes:

RCADM_INIT – *PRODIA* ist bereits initialisiert.

RCADM_MEMORYOVERFLOW – Speicherüberlauf.

RCADM_NOINIT – *PRODIA* ist nicht initialisiert.

RCADM_NOPRODIAPOINTER – *pointer* zeigt nicht auf einen von *PRODIA* angelegten Speicherbereich.

RCADM_OK

RCADM_UNKNOWNRETCODE – Der Returncode *returncode* ist kein *PRODIA*-Returncode.

RCCOM_IS_DISABLED – Der Zustand ist bereits "disabled".

RCCOM_IS_ENABLED – Der Zustand ist bereits "enabled".

RCCOM_OK

RCEVN_BADCLASSID – Unzulässiger Wert in Parameter *class_id*.

RCEVN_BADCLASSSPEC – Unzulässiger Wert in Parameter *class_spec*.

RCEVN_BADCLASSTYPE – Unzulässiger Wert in Parameter *class_type*.

RCEVN_BADWINDOWID – Unzulässiger Wert in Parameter *window_id*.

RCEVN_CLASSISDISABLE – Die Event-Klasse mit dem Bezeichner *class_id* ist bereits deaktiviert.

RCEVN_CLASSISENABLE – Die Event-Klasse mit dem Bezeichner *class_id* ist bereits aktiviert.

RCEVN_EVENTHANDLERISSTARTED – Die Funktion *evn_starteventhandler* wurde bereits aufgerufen.

RCEVN_EVENTHANDLERISSTOPPED – Die Funktion *evn_stopeventhandler* wurde bereits aufgerufen.

RCEVN_LASTCLASS – Die Windowevent-Klassenmenge des Windows mit dem Bezeichner *window_id* enthält außer der Event-Klasse, deren Bezeichner in *class_id* steht, keine weiteren Event-Klassen mehr.

RCEVN_MEMORYOVERFLOW – Speicherüberlauf.

RCEVN_NOCLASS – Die Windowevent-Klassenmenge des Windows mit dem Bezeichner *window_id* ist leer.

RCEVN_NOFURTHERCLASS – Die Windowevent-Klassenmenge des Windows mit dem Bezeichner *window_id* enthält keine weiteren Event-Klassen.

RCEVN_NOINIT – *PRODIA* ist nicht initialisiert.

RCEVN_NOSTART – Die Funktion *evn_starteventhandler* wurde nicht vom aufrufenden Werkzeug aufgerufen.

RCEVN_OK

RCEVN_STARTFAILED – Der Eventhandler kann nicht gestartet werden, da das Werkzeug keine Event-Klassen eingerichtet hat.

RCEVN_UNKNOWNCLASSID – Es existiert keine Event-Klasse mit dem Bezeichner *class_id*.

RCEVN_UNKNOWNWINDOWID – Es existiert kein Frame mit dem Bezeichner *window_id*, zu dem ein Window existiert.

RCFRM_BADDESC – Unzulässiger Wert in Parameter *desc*.

RCFRM_BADFRAME – Unzulässiger Wert in Parameter *frame*.

RCFRM_BADFRAMEFILE – Unzulässiger Wert in Parameter *frame_file*.

RCFRM_BADFRAMEID – Unzulässiger Wert in Parameter *frame_id*.

RCFRM_BADFRAMEPOS – Unzulässiger Wert in Parameter *frame_pos*.

RCFRM_BADPATTERNID – Unzulässiger Wert in Parameter *pattern_id*.

RCFRM_BADREFPOINT – Unzulässiger Wert in Parameter *refpoint*.

RCFRM_BADSECTOR – Unzulässiger Wert in Parameter *sector*.

RCFRM_BADTYPE – Unzulässiger Wert in Parameter *type*.

RCFRM_BADUPDATEMODE – Unzulässiger Wert in Parameter *update_mode*.

RCFRM_CONT_CLOSE – Fehler bei Betriebssystemaufruf (close).

RCFRM_CONT_DATE – Fehler bei Betriebssystemaufruf (date).

RCFRM_CONT_OPEN – Fehler bei Betriebssystemaufruf (open).

RCFRM_CONT_READ – Fehler bei Betriebssystemaufruf (read).

RCFRM_CONT_SEEK – Fehler bei Betriebssystemaufruf (seek).

RCFRM_CONT_WRITE – Fehler bei Betriebssystemaufruf (write).

RCFRM_FRAMEFILEXISTS – Es existiert bereits eine Datei mit dem Namen *frame_file*.

RCFRM_GKSINTOGKS – Ein GKS-Frame kann nicht in ein GKS-Frame kopiert werden.

RCFRM_INCOMPATIBLETYPES – Eine Konvertierung ist wegen Typunverträglichkeit nicht möglich.

RCFRM_LASTFRAME – Das Frame, dessen Bezeichner in der Variable mit der Adresse *frame* steht, ist das letzte Frame.

RCFRM_MEMORYOVERFLOW – Speicherüberlauf.

RCFRM_NOFRAME – Der Inhalt des Objekts kann von *PRODIA* nicht als Frame interpretiert werden.

RCFRM_NOFURTHERFRAMES – Es existieren keine weiteren Frames.

RCFRM_NOINIT – *PRODIA* ist nicht initialisiert.

RCFRM_NORASTERFRAME – Das Frame mit dem Bezeichner *pattern_id* ist kein Raster-Frame.

RCFRM_OK

RCFRM_POM_CONTENTS_IN_USE – Der Inhalt des Objekts wird schon benutzt.

RCFRM_POM_DB_NOT_OPEN – Die Datenbasis ist nicht geöffnet.

RCFRM_POM_INTERNAL_ERROR – Es ist ein interner Fehler aufgetreten.

RCFRM_POM_LOCK_CONFLICT – Konflikt mit einer bestehenden Sperre.

RCFRM_POM_NO_CONTENTS – Das Objekt besitzt keinen Inhalt.

RCFRM_POM_NO_RIGHT – Der Benutzer besitzt nicht das zur Ausführung der Operation nötige Zugriffsrecht.

RCFRM_POM_NO_SPACE – Die Freispeicherkapazität auf der Platte reicht zur Durchführung der Operation nicht aus.

RCFRM_POM_OBJECT_NOT_VISIBLE – Das Objekt ist nicht sichtbar.

RCFRM_POM_OBJECT_OFFLINE – Das Objekt liegt auf einem momentan nicht eingebundenen Archiv.

RCFRM_POM_OBJECT_RELEASED – Das Objekt ist freigegeben.

RCFRM_POM_OBJECT_UNKNOWN – Der als Schlüssel angegebene Wert ist kein gültiger Objektschlüssel.

RCFRM_POM_SYSTEM_ERROR – Es ist ein Fehler vom Betriebssystem gemeldet worden.

RCFRM_POM_WRONG_OPENMODE – Der Inhalt des Objekts wurde falsch eröffnet.

RCFRM_UNKNOWNFRAME – Es existiert kein Frame mit dem Bezeichner *frame*.

RCFRM_UNKNOWNFRAMEFILE – Es existiert keine Datei mit dem Namen *frame_file*.

RCFRM_UNKNOWNFRAMEID – Es existiert kein Frame mit dem Bezeichner *frame_id*.

RCFRM_UNKNOWNPATTERNID – Es existiert kein Frame mit dem Bezeichner *pattern_id*.

RCFRM_UNKNOWNWRITEMODE – Es existiert kein Schreibmodus mit der Bezeichnung *write_mode*.

RCFRM_UPDATEMODEIMPLICIT – Der Update-Modus des Frames mit dem Bezeichner *frame_id* ist gleich IMPLIZIT.

RCFRM_WINONFRAME – Das Frame mit dem Bezeichner *frame_id* wird in einem Window abgebildet, es kann daher nicht geschlossen werden.

RCMM_BACK_NOTDIRECT – Das MM-Element kann erst nach dem Rücksetzen mindestens eines weiteren MM-Elements zurückgesetzt werden.

RCMM_BREAK_TOOL – Abbruch des Teildialogs durch das Werkzeug.

RCMM_BREAK_UNDO – Verlassen des Teildialogs durch Rücksetzen.

RCMM_BREAK_USER – Abbruch des Teildialogs durch den Benutzer.

RCMM_COND_INCONS – Das Setzen der Bedingung führte zu einer in diesem Teildialog nicht-konsistenten Bedingungskonstellation.

RCMM_COND_LEFT – Es blieben Bedingungen gesetzt, obwohl kein MM-Element des Teildialogs mehr aktiv war.

RCMM_COND_UNUSED – Die Bedingung wird im Teildialog nirgends benutzt (Warnung).

RCMM_ELEM_NOTCOMPLETED – Das MM-Element wurde im Teildialog bis jetzt nicht inaktiv, d.h. es wurde entweder noch nicht aktiv oder es ist noch aktiv.

RCMM_MULT_COND – Die Bedingung wurde im gleichen Teildialog bereits gesetzt, ein nochmaliges Setzen unterbleibt.

RCMM_NO_ACTION – Der Aufruf geschieht nicht innerhalb der Aktion eines MM-Elements.

RCMM_NO_DIALOG – Der Aufruf geschieht nicht innerhalb eines Teildialogs.

RCMM_NO_ICON – Dem *MM_deiconize*-Aufruf ging kein *MM_iconize*-Aufruf voraus.

RCMM_OK

RCRST_BADCOLORINDEX – Unzulässiger Wert in Parameter *color_index*.

RCRST_BADCOLORNAME – Unzulässiger Wert in Parameter *color_name*.

RCRST_BADDESTINATIONID – Unzulässiger Wert in Parameter *destination_id*.

RCRST_BADDESTPOSITION – Unzulässiger Wert in Parameter *dest_position*.

RCRST_BADFORMAT – Unzulässiger Wert in Parameter *format*.

RCRST_BADFRAMEID – Unzulässiger Wert in Parameter *frame_id*.

RCRST_BADIMAGE – Unzulässiger Wert in Parameter *image*.

RCRST_BADINDEX – Unzulässiger Wert in Parameter *index*.

RCRST_BADMASKID – Unzulässiger Wert in Parameter *mask_id*.

RCRST_BADMASKPOSITION – Unzulässiger Wert in Parameter *mask_position*.

RCRST_BADPOSITION – Unzulässiger Wert in Parameter *position*.

RCRST_BADRANGE – Unzulässiger Wert in Parameter *range*.

RCRST_BADREFPOINT – Unzulässiger Wert in Parameter *ref_point*.

RCRST_BADSECTOR – Unzulässiger Wert in Parameter *sector*.

RCRST_BADSOURCEID – Unzulässiger Wert in Parameter *source_id*.

RCRST_BADTOOLCOLOR – Unzulässiger Wert in Parameter *tool_color*.

RCRST_BADTYPE – Unzulässiger Wert in Parameter *raster_type*.

RCRST_BADWINDOWID – Unzulässiger Wert in Parameter *window_id*.

RCRST_BADWRITEMODE – Unzulässiger Wert in Parameter *write_mode*.

RCRST_DRAGPLANEINUSE – Zur Zeit wird die Dragging-Plane benutzt und kann daher nicht angesprochen werden.

RCRST_INCOMPATIBLETYPES – Eine Konvertierung ist wegen Typunverträglichkeit nicht möglich.

RCRST_MASKNOBITMAP – Das Frame mit dem Bezeichner *mask_id* ist nicht vom Frame-Typ FRT_BITMAP.

RCRST_MEMORYOVERFLOW – Speicherüberlauf.

RCRST_NOINIT – *PRODIA* ist nicht initialisiert.

RCRST_NORASTERFRAME – Das Frame mit dem Bezeichner *frame_id* ist kein Raster-Frame.

RCRST_NOWINONFRAMEID – Dem Frame mit dem Bezeichner *window_id* ist kein Window zugeordnet.

RCRST_OK

RCRST_UNKNOWNDESTINATIONID – Es existiert kein Frame mit dem Bezeichner *destionation_id*.

RCRST_UNKNOWNDESTPOSITION – Die angegebene Position befindet sich außerhalb des Frames.

RCRST_UNKNOWNFRAMEID – Es existiert kein Frame mit dem Bezeichner *frame_id*.

RCRST_UNKNOWNMASKID – Es existiert kein Frame mit dem Bezeichner *mask_id*.

RCRST_UNKNOWNMASKPOSITION – Die angegebene Position befindet sich außerhalb des Frames.

RCRST_UNKNOWNPOSITION – Die angegebene Position befindet sich außerhalb des Frames.

RCRST_UNKNOWNSECTOR – Der richtige Ausschnitt *sector* befindet sich außerhalb des Frames.

RCRST_UNKNOWNSOURCEID – Es existiert kein Frame mit dem Bezeichner *source_id*.

RCRST_UNKNOWNWINDOWID – Es existiert kein Frame mit dem Bezeichner *window_id*.

RCTXT_BADALIGN – Unzulässiger Wert in Parameter *align*.

RCTXT_BADBLOCKID – Unzulässiger Wert in Parameter *block_id*.

RCTXT_BADBOXALIGNMENT – Unzulässiger Wert in Parameter *boxalignment*.

RCTXT_BADBOXID – Unzulässiger Wert in Parameter *box_id*.

RCTXT_BADBOXRECTANGLE – Unzulässiger Wert in Parameter *boxrectangle*.

RCTXT_BADBREAKFUNC – Unzulässiger Wert in Parameter *breakfunc*.

RCTXT_BADCH – Unzulässiger Wert in Parameter *ch*.

RCTXT_BADCHARPAD – Unzulässiger Wert im Parameter *charpad*.

RCTXT_BADDESTFRAME – Unzulässiger Wert in Parameter *destframe_id*.

RCTXT_BADDESTFRAMETYPE – Das Frame mit dem Bezeichner *destframe_id* ist nicht vom Typ FRT_TEXT.

RCTXT_BADENDPOS – Unzulässiger Wert in Parameter *end_pos*.

RCTXT_BADFACECODE – Unzulässiger Wert in Parameter *facecode*.

RCTXT_BADFONTID – Unzulässiger Wert in Parameter *font_id*.

RCTXT_BADFRAMEID – Unzulässiger Wert in Parameter *frame_id*.

RCTXT_BADFRAMEPOINT – Unzulässiger Wert in Parameter *frame_point*.

RCTXT_BADFRAMETYPE – Das Frame mit dem Bezeichner *frame_id* ist nicht vom Typ FRT_TEXT.

RCTXT_BADHIGHLIGHTMODE – Unzulässiger Wert in Parameter *highlightmode*.

RCTXT_BADINSERTMODE – Unzulässiger Wert in Parameter *insert_mode*.

RCTXT_BADLENGTH – Unzulässiger Wert in Parameter *length*.

RCTXT_BADLINE – Unzulässiger Wert in Parameter *line*.

RCTXT_BADLMARGIN – Unzulässiger Wert in Parameter *lmargin*.

RCTXT_BADN – Unzulässiger Wert in Parameter *n*.

RCTXT_BADRMARGIN – Unzulässiger Wert in Parameter *rmargin*.

RCTXT_BADSPACE – Unzulässiger Wert im Parameter *space*.

RCTXT_BADSTARTPOS – Unzulässiger Wert in Parameter *start_pos*.

RCTXT_BADTABLIST – Unzulässiger Wert in Parameter *tab_list*.

RCTXT_BADTEXTCELL – Unzulässiger Wert in Parameter *textcell*.

RCTXT_BADVERTSPACE – Unzulässiger Wert in Parameter *vertspace*.

RCTXT_BADVISIBILITY – Unzulässiger Wert in Parameter *visibility*.

RCTXT_BADVSMODE – Unzulässiger Wert in Parameter *vs_mode*.

RCTXT_BASKETEXISTS – Es existiert bereits ein Papierkorb zum Frame *frame_id*.

RCTXT_FACECODENOSUPPORT – Das Schriftbild *facecode* kann im angegebenen Font nicht gesetzt werden.

RCTXT_FONTNOTLOAD – Der Font mit dem Bezeichner *font_id* ist nicht geladen.

RCTXT_LASTBLOCK – Der Block, dessen Bezeichner in der Variable mit der Adresse *block_id* steht, ist der letzte Block des Frames mit dem Bezeichner *frame_id*.

RCTXT_LASTBOX – Die Box, deren Bezeichner in der Variable mit der Adresse *box_id* steht, ist die letzte Box des Frames mit dem Bezeichner *frame_id*.

RCTXT_MEMORYOVERFLOW – Speicherüberlauf.

RCTXT_NOBASKETEXISTS – Es existiert kein Papierkorb zum Frame *frame_id*.

RCTXT_NOBLOCK – Das Frame mit Bezeichner *frame_id* enhält keine Textblöcke.

RCTXT_NOBOX – Das Frame mit Bezeichner *frame_id* enhält keine Box.

RCTXT_NOENDPOS – Die Position *end_pos* kann nicht erreicht werden, der Cursor bleibt stehen.

RCTXT_NOFURTHERBLOCK – Es gibt keinen Nachfolger für den Block mit dem Bezeichner *block_id*.

RCTXT_NOFURTHERBOX – Es gibt keinen Nachfolger für die Box mit dem Bezeichner *box_id*.

RCTXT_NOINIT – *PRODIA* ist nicht initialisiert.

RCTXT_NOJUMP – Es gibt keine Tabulatorposition, die angesprungen werden kann.

RCTXT_NOTABLINEEXISTS – Es existiert keine Tabulatorzeile zum Frame *frame_id*.

RCTXT_NOTEXTCELLMATCH – Der Position, die durch die Datenstruktur mit der Adresse *frame_point* spezifiziert wurde, kann keine Textzelle im Frame mit dem Bezeichner *frame_id* zugeordnet werden.

RCTXT_OK

RCTXT_STRINGNOTFOUND – Die Zeichenfolge mit dem Bezeichner *string* tritt nicht auf.

RCTXT_TABLINEEXISTS – Es existiert bereits eine Tabulatorzeile zum Frame *frame_id.*

RCTXT_TEXTCELLNOTINBLOCK – Die Textzelle, auf die der Zeiger *text_cell* zeigt, kann keinem Textblock zugeordnet werden.

RCTXT_UNKNOWNBLOCKID – Der Textblock mit dem Bezeichner *block_id* existiert nicht.

RCTXT_UNKNOWNBOXID – Die Box mit dem Bezeichner *box_id* existiert nicht.

RCTXT_UNKNOWNDESTFRAME – Es existiert kein Frame mit dem Bezeichner *destframe_id.*

RCTXT_UNKNOWNENDPOS – Die Position *endpos* liegt nicht im Zeilen- und Spaltenraster.

RCTXT_UNKNOWNFACECODE – Die Wertekombination *facecode* kann nicht gesetzt werden.

RCTXT_UNKNOWNFONTID – Der Font mit dem Bezeichner *font_id* existiert nicht.

RCTXT_UNKNOWNFRAMEID – Es existiert kein Frame mit dem Bezeichner *frame_id.*

RCTXT_UNKNOWNFRAMEPOINT – Die angegebene Position *frame_point* befindet sich außerhalb des Frames.

RCTXT_UNKNOWNHIGHLIGHTMODE – Die Anzeigeart *highlightmode* kann nicht gesetzt werden.

RCTXT_UNKNOWNLENGTH – Der Wert des Parameters *length* kann nicht gesetzt werden.

RCTXT_UNKNOWNLINE – Die Zeile mit dem Bezeichner *line* existiert nicht.

RCTXT_UNKNOWNMARGINS – Die linke Grenze *lmargin* ist größer oder gleich der rechten Grenze *rmargin.*

RCTXT_UNKNOWNPOINT – Mindestens eine Frame-Koordinate in der Liste *tab_list* liegt nicht im Frame.

RCTXT_UNKNOWNSPACE – Der Wert in Parameter *space* kann nicht gesetzt werden.

RCTXT_UNKNOWNSTARTPOS – Die Position *start_pos* liegt nicht im Zeilen- und Spaltenraster.

RCTXT_UNKNOWNTEXTCELL – Die angegebene Position *textcell* ist nicht im Zeilen- und Spaltenraster angelegt.

RCTXT_UNKNOWNVERTSPACE – Zeilenabstand *vertspace* kann nicht gesetzt werden.

RCWIN_BADATTRIBUTES – Unzulässiger Wert in Parameter *attributes*.

RCWIN_BADCHILD – Unzulässiger Wert in Parameter *child*.

RCWIN_BADDESCRIPTOR – Unzulässiger Wert in Parameter *descriptor*.

RCWIN_BADDIRECTION – Unzulässiger Wert in Parameter *direction*.

RCWIN_BADFRAMEID – Unzulässiger Wert in Parameter *frame_id*.

RCWIN_BADFROM – Unzulässiger Wert in Parameter *from*.

RCWIN_BADHORZSCROLLBAR – Unzulässiger Wert in Parameter *horzscrollbar*.

RCWIN_BADPARENT – Unzulässiger Wert in Parameter *parent*.

RCWIN_BADPOINTIN – Unzulässiger Wert in Parameter *pointin*.

RCWIN_BADREFPOINT – Unzulässiger Wert in Parameter *refpoint*.

RCWIN_BADTITLE – Unzulässiger Wert in Parameter *title*.

RCWIN_BADTO – Unzulässiger Wert in Parameter *to*.

RCWIN_BADVERTSCROLLBAR – Unzulässiger Wert in Parameter *vertscrollbar*.

RCWIN_CHILDFRAMESEXIST – Dem Frame mit Bezeichner *frame_id* sind Childframes und Childwindows zugeordnet.

RCWIN_COULDNOTOPEN – Das dem Werkzeug zugeordnete Bildschirmgerät konnte nicht geöffnet werden.

RCWIN_LASTCHILD – Das Frame, dessen Bezeichner in der Variable mit der Adresse *child* steht, ist das letzte Childframe von dem Frame mit dem Bezeichner *parent*.

RCWIN_MEMORYOVERFLOW – Speicherüberlauf.

RCWIN_NOCHILD – Zu dem Frame mit dem Bezeichner *parent* existiert kein Childframe.

RCWIN_NOINIT – *PRODIA* ist nicht initialisiert.

RCWIN_NOMORECHILD – Zu dem Frame mit dem Bezeichner *parent* existieren keine weiteren Childframes.

RCWIN_NOWINONCHILD – Dem Frame mit Bezeichner *child* ist kein Window zugeordnet.

RCWIN_NOWINONFRAMEID – Dem Frame mit dem Bezeichner *frame_id* ist kein Window zugeordnet.

RCWIN_NOWINONFROM – Dem Frame mit Bezeichner *from* ist kein Window zugeordnet.

RCWIN_NOWINONPARENT – Dem Frame mit Bezeichner *parent* ist kein Window zugeordnet.

RCWIN_NOWINONTO – Dem Frame mit Bezeichner *to* ist kein Window zugeordnet.

RCWIN_OK

RCWIN_ROOTFRAME – Der Parameter *child* hat den Wert ROOT_ID, zu dem Rootframe existiert kein Parentframe.

RCWIN_UNKNOWNCHILD – Es existiert kein Frame mit dem Bezeichner *child*.

RCWIN_UNKNOWNFRAMEID – Es existiert kein Frame mit dem Bezeichner *frame_id*.

RCWIN_UNKNOWNFROM – Es existiert kein Frame mit dem Bezeichner *from*.

RCWIN_UNKNOWNPARENT – Es existiert kein Frame mit dem Bezeichner *parent*.

RCWIN_UNKNOWNPOINTIN – Der Punkt *point_in* liegt nicht in dem Frame *from*.

RCWIN_UNKNOWNTO – Es existiert kein Frame mit dem Bezeichner *to*.

RCWIN_WINDOWEXISTS – Zu dem Frame *child* existiert bereits ein Window.

RCWIN_WINDOWMAX – Die maximale Anzahl von Windows ist bereits geöffnet.

RCWIN_WRONGPARENT – Das Frame mit Bezeichner *parent* ist nicht Parent-Frame des Frames mit Bezeichner *child*.

11 Liste der *PRODIA*-Keycodes

Im Folgenden sind die *PRODIA*-Keycodes aufgeführt. Von hexadezimal 20 (Leerzeichen) bis hexadezimal 7F entsprechen sie dem ASCII-Zeichencode. Darüberhinaus sind die deutschen Umlaute, Funktionstasten, Spezialtasten und bestimmte Tastenkombinationen enthalten. Diese Keycodes sind für alle *PRODIA*-Implementierungen gleich, so daß Programme ohne entsprechende Änderungen portiert werden können.

Hex.	Okt.	Dez.	Taste	Hex.	Okt.	Dez.	Taste
00	000	0	CNTL @	17	027	23	CNTL **W**
01	001	1	CNTL **A**	18	030	24	CNTL **X**
02	002	2	CNTL **B**	19	031	25	CNTL **Y**
03	003	3	CNTL **C**	1A	032	26	CNTL **Z**
04	004	4	CNTL **D**	1B	033	27	CNTL [
05	005	5	CNTL **E**	1C	034	28	CNTL \
06	006	6	CNTL **F**	1D	035	29	CNTL]
07	007	7	CNTL **G**	1E	036	30	CNTL ˜
08	010	8	CNTL **H**	1F	037	31	CNTL _
09	011	9	CNTL **I**	20	040	32	space
0A	012	10	CNTL **J**	21	041	33	!
0B	013	11	CNTL **K**	22	042	34	"
0C	014	12	CNTL **L**	23	043	35	#
0D	015	13	CNTL **M**	24	044	36	$
0E	016	14	CNTL **N**	25	045	37	%
0F	017	15	CNTL **O**	26	046	38	&
10	020	16	CNTL **P**	27	047	39	'
11	021	17	CNTL **Q**	28	050	40	(
12	022	18	CNTL **R**	29	051	41	)
13	023	19	CNTL **S**	2A	052	42	*
14	024	20	CNTL **T**	2B	053	43	+
15	025	21	CNTL **U**	2C	054	44	,
16	026	22	CNTL **V**	2D	055	45	-

Hex.	Okt.	Dez.	Taste	Hex.	Okt.	Dez.	Taste
2E	056	46	.	51	121	81	Q
2F	057	47	/	52	122	82	R
30	060	48	0	53	123	83	S
31	061	49	1	54	124	84	T
32	062	50	2	55	125	85	U
33	063	51	3	56	126	86	V
34	064	52	4	57	127	87	W
35	065	53	5	58	130	88	X
36	066	54	6	59	131	89	Y
37	067	55	7	5A	132	90	Z
38	070	56	8	5B	133	91	[
39	071	57	9	5C	134	92	\
3A	072	58	:	5D	135	93	]
3B	073	59	;	5E	136	94	^
3C	074	60	<	5F	137	95	_
3D	075	61	=	60	140	96	`
3E	076	62	>	61	141	97	a
3F	077	63	?	62	142	98	b
40	100	64	@	63	143	99	c
41	101	65	A	64	144	100	d
42	102	66	B	65	145	101	e
43	103	67	C	66	146	102	f
44	104	68	D	67	147	103	g
45	105	69	E	68	150	104	h
46	106	70	F	69	151	105	i
47	107	71	G	6A	152	106	j
48	110	72	H	6B	153	107	k
49	111	73	I	6C	154	108	l
4A	112	74	J	6D	155	109	m
4B	113	75	K	6E	156	110	n
4C	114	76	L	6F	157	111	o
4D	115	77	M	70	160	112	p
4E	116	78	N	71	161	113	q
4F	117	79	O	72	162	114	r
50	120	80	P	73	163	115	s

Hex.	Okt.	Dez.	Taste	Hex.	Okt.	Dez.	Taste
74	164	116	t	97	227	151	F9
75	165	117	u	98	230	152	F10
76	166	118	v	99	231	153	F11
77	167	119	w	9A	232	154	F12
78	170	120	x	9B	233	155	F13
79	171	121	y	9C	234	156	F14
7A	172	122	z	9D	235	157	F15
7B	173	123	{	9E	236	158	F16
7C	174	124	|	9F	237	159	F17
7D	175	125	}	A0	240	160	F18
7E	176	126	~	A1	241	161	F19
7F	177	127	rubout (DEL)	A2	242	162	F20
80	200	128	Ä	A3	243	163	
81	201	129	Ö	A4	244	164	
82	202	130	Ü	A5	245	165	
83	203	131	ä	A6	246	166	
84	204	132	ö	A7	247	167	
85	205	133	ü	A8	250	168	
86	206	134	ß	A9	251	169	
87	207	135		AA	252	170	
88	210	136		AB	253	171	
89	211	137		AC	254	172	
8A	212	138		AD	255	173	
8B	213	139		AE	256	174	
8C	214	140		AF	257	175	
8D	215	141		B0	260	176	ALT **0**
8E	216	142		B1	261	177	ALT **1**
8F	217	143	F1	B2	262	178	ALT **2**
90	220	144	F2	B3	263	179	ALT **3**
91	221	145	F3	B4	264	180	ALT **4**
92	222	146	F4	B5	265	181	ALT **5**
93	223	147	F5	B6	266	182	ALT **6**
94	224	148	F6	B7	267	183	ALT **7**
95	225	149	F7	B8	270	184	ALT **8**
96	226	150	F8	B9	271	185	ALT **9**

Hex.	Okt.	Dez.	Taste	Hex.	Okt.	Dez.	Taste
BA	272	186		DD	335	221	Select
BB	273	187		DE	336	222	Shift Pre-select
BC	274	188		DF	337	223	Shift Select
BD	275	189		E0	340	224	Cursor Left
BE	276	190		E1	341	225	Cursor Right
BF	277	191		E2	342	226	Cursor Up
C0	300	192	ALT **A**	E3	343	227	Cursor Down
C1	301	193	ALT **B**	E4	344	228	Home
C2	302	194	ALT **C**	E5	345	229	Page Up
C3	303	195	ALT **D**	E6	346	230	Page Down
C4	304	196	ALT **E**	E7	347	231	Insert
C5	305	197	ALT **F**	E8	350	232	Delete
C6	306	198	ALT **G**	E9	351	233	End
C7	307	199	ALT **H**	EA	352	234	Backspace
C8	310	200	ALT **I**	EB	353	235	CR
C9	311	201	ALT **J**	EC	354	236	Tab
CA	312	202	ALT **K**	ED	355	237	Backtab
CB	313	203	ALT **L**	EE	356	238	Escape
CC	314	204	ALT **M**	EF	357	239	Print Screen
CD	315	205	ALT **N**	F0	360	240	Shift Cursor Left
CE	316	206	ALT **O**	F1	361	241	Shift Cursor Right
CF	317	207	ALT **P**	F2	362	242	Shift Cursor Up
D0	320	208	ALT **Q**	F3	363	243	Shift Cursor Down
D1	321	209	ALT **R**	F4	364	244	Shift Home
D2	322	210	ALT **S**	F5	365	245	Shift Page Up
D3	323	211	ALT **T**	F6	366	246	Shift Page Down
D4	324	212	ALT **U**	F7	367	247	Shift Insert
D5	325	213	ALT **V**	F8	370	248	Shift Delete
D6	326	214	ALT **W**	F9	371	249	Shift End
D7	327	215	ALT **X**	FA	372	250	Help
D8	330	216	ALT **Y**	FB	373	251	Shift Help
D9	331	217	ALT **Z**	FC	374	252	Undo
DA	332	218		FD	375	253	Shift Undo
DB	333	219		FE	376	254	
DC	334	220	Pre-Select	FF	377	255	

Teil B

PRODAT – Das *PROSYT*-Datenbanksystem

Spezifikation einer einheitlichen Datenhaltungsschicht für das *PROSYT*-Verbundvorhaben

Thomas Batz [1]

Peter Baumann [2]

Klaus-Günter Höft [3]

Dagmar Köhler [2]

Detlef Krömker [2]

Hans-Peter Subel [3]

[1]) Fraunhofer-Institut für Informations- und Datenverarbeitung (IITB), Karlsruhe

[2]) Fraunhofer-Arbeitsgruppe Graphische Datenverarbeitung (AGD), Darmstadt

[3]) Werum Datenverarbeitungssysteme GmbH, Lüneburg

0 Einleitung

Die Integration von Werkzeugen wird durch den Einsatz eines Datenbanksystems als Basiskomponente wesentlich erleichtert. Die grundlegenden Vorteile eines Datenbanksystems - wie Datenunabhängigkeit, einheitliche Datenmodellierung, hohe logische Schnittstelle, etc. - sind allgemein anerkannt. Darüberhinaus wird die Kommunikation der Werkzeuge und damit die syntaktische und semantische Integration durch die Nutzung einer gemeinsamen Datenhaltungsschnittstelle wesentlich vereinfacht.

Das Datenbanksystem *PRODAT* wurde zunächst für die Verwaltung von Informationsstrukturen konzipiert, wie sie bei der werkzeugunterstützten Entwicklung und Realisierung von Hardware-/Softwaresystemen anfallen (vgl. [Chea-80]). *PRODAT* dient dabei als Integrationsbasis existierender oder neu zu entwickelnder Werkzeuge, die ihre Daten in im Datenbanksystem ablegen oder darüber austauschen (siehe [BBK-88]). Eine erfolgreiche Ausdehnung des Anwendungsspektrums von *PRODAT* konnte durch die Modellierung von CSG-Modellen nachgewiesen werden [KBB-88].

Im Entwicklungs-, Realisierungs- und Wartungsprozeß fallen große Mengen heterogener Daten an, die aufgrund ihrer vielfältigen Strukturen und Beziehungen auch als ***komplexe Objekte*** bezeichnet werden. Solche Objekte setzen sich aus Teilobjekten zusammen, die ihrerseits wieder strukturiert sein können. Das Datenhaltungssystem sollte komplexe Objekte als Einheit behandeln. Dies gilt sowohl hinsichtlich der Modellierung als auch der Ablage und des Zugriffs. Ein Beispiel dafür ist das Kopieren komplexer Objekte, das durch eine einzige Anweisung erfolgen sollte und nicht wie in konventionellen Datenbanksystemen durch eine Sequenz von Teilaufträgen. Die Datenmodelle solcher Systeme (Netzwerkmodell, Relationenmodell) haben einfache Record-Strukturen und dienen zur Darstellung und Verwaltung vieler gleichartiger Einheiten. Es existieren keine strukturierten Datentypen und die Funktionalität ist nicht zur Handhabung komplexer Objekte ausgelegt. Eine Folge der Mängel solcher Datenmodelle sind dann auch fehlende Konstrukte in den Sprachen zur Datendefinition (DDL) und Datenmanipulation (DML).

Grundlegende Aufgabe bei der Entwicklung neuer Datenhaltungssysteme für den Entwurf ist daher die Bereitstellung geeigneterDatenmodelle sowie neuer Organisationsformen zur Verwaltung und Bearbeitung komplexer Objekte. Ein Überblick über die Anforderungen findet sich in [Lock-85].

Für die Anwendungsbereiche CAD/CAM, System- und Softwareentwurf werden heute mächtige Datenbanksysteme entwickelt. Sie legen entweder ein erweitertes Entity-Relationship-Modell (eingeführt in [Chen-76]) [FZI-88] oder ein erweitertes Relationenmodell [SS-83], [HaLo-82] zugrunde. Die Modelle verwenden einen komplexen Objektbegriff mit vorwiegend hierarchisch strukturierten Objekten und definieren meist nur eine Art von Beziehung zwischen Objekt und Subobjekten, der die Bedeutung "ist_Teil_von" zukommt. Eine

Ausnahme ist das Beziehungskonzept des semantischen Datenmodells von PROBE in [Daya-87], das eine allgemeine Lösung zur Darstellung von Beziehungen in komplexen Objekten anbietet. Beliebige Beziehungstypen werden über vom Benutzer definierte Funktionen festgelegt und in das Datenbanksystem eingebunden. Weitere interessante Konzepte sind in [BaBu-84], [Mits-86], [OMS-86], [VDMA-85], [Katz-85], [KaCh-87], [McLSm-80] und [Lori-82] zu finden.

Im *PRODAT*-Datenmodell (s. Kap. 1.0) spielen die Beziehungen, mit deren Hilfe ***strukturierte Objekte*** modelliert werden, eine zentrale Rolle (vgl. [HKMSS-86]). In der Schemadefinition für Objekte (Syntax s. Kap. 8) ist für jeden Objekttyp die Art der Beziehung zwischen Objekt und Subobjekten explizit zu definieren. Sie ist damit für jeden Objekttyp individuell festlegbar und läßt im Entwurf genügend Freiheit beim Aufbau strukturierter Objekte.

Auf der Basis strukturierter Objekte stellt *PRODAT* Mechanismen zur Versions- und Konfigurationsverwaltung zur Verfügung.

Eine Konfiguration im Sinne von *PRODAT* (s. Kap. 1.1) ist eine Auswahl von Teilen eines strukturierten Objekts, die unter einem bestimmten Gesichtspunkt zusammengefaßt werden. Da Konfigurationen typisiert sind, kennt *PRODAT* den prinzipiellen Aufbau von Konfigurationen und kann den Auswahlprozeß unterstützen und kontrollieren (vgl. [Wink-86]). Andere Datenbanksysteme stellen zumeist kein eigenes Konfigurationskonzept zur Verfügung, sondern versuchen, die Konfigurationsproblematik z.B. auf der Basis von Versionen zu lösen (vgl. [FZI-88]).

Das Versionskonzept (vgl. [KSW-86], [FZI-88]) von *PRODAT* (s. Kap. 1.2) sieht vor, daß aus jedem strukturierten Objekt Versionen abgeleitet werden können. Damit können alle Operationen, die auf Objekte anwendbar sind, ebenfalls auf Versionen angewandt werden.

Die integrierte *Archivierung* des Datenhaltungssystems ermöglicht die langfristige Aufbewahrung von Daten in Einheiten des Datenmodells. Dabei wird eine größtmögliche Online-Verfügbarkeit der Daten und eine geringstmögliche Einbuße der normalen Datenbankfunktionalität angestrebt. Die vom Benutzer gesteuerte Archivierung steht im Gegensatz zur reinen Offline-Haltung und zur automatischen Archivierung in [KaLe-84]. Die Archivierungskomponente mit ihren integrierten Konzepten und speziellen, neuen Techniken ist Thema von Kapitel 3.

Entwurfstransaktionen unterscheiden sich von herkömmlichen Transaktionen in konventionellen Datenbanksystemen im wesentlichen in der Komplexität und der Dauer ([Gray-81a], [HaLo-82], [Neum-83], [KSUW-85], [Weik-87]). In *PRODAT* wird dem Komplexitätsproblem mit einem zwei-schichtigen Transaktionskonzept begegnet, während checkout/checkin-Verfahren länger andauernde Transaktionen ermöglichen. Kurze und lange Transaktionen unterliegen einer einheitlichen Verwaltung. In Kapitel 5 werden die Transaktionsverwaltung, die Mechanismen zur Synchronisation paralleler Zugriffe und die Sicherungsmaßnahmen zur Recovery erklärt.

Kapitel 4 beschäftigt sich mit den Zugriffsrechten auf Objekte, die zum Schutz der Daten und zur Autorisierung für Benutzer und Werkzeuge notwendig sind.

Der Konsistenzbegriff in Entwicklungsumgebungen kann nicht a priori vom System oder alleine durch das Datenmodell festgelegt werden. Die Untersuchung der verschiedenen Arten von Konsistenz im Entwurf und den nachfolgenden Phasen sowie eine Anforderungsanalyse an die Konsistenzkomponente von *PRODAT* werden in Kapitel 6 dargestellt.

Zusammenfassend wird in Kapitel 7 der Status von *PRODAT*-Objekten behandelt.

PRODAT bietet dem Anwender drei Schnittstellen zur Eingabe und Manipulation von Einheiten des Datenbanksystems. Eine C-Schnittstelle, einen Interpreter zum interaktiven Aufruf der *PRODAT* Operationen sowie einen Objekteditor zur graphisch-interaktiven Bearbeitung von *PRODAT*-Objekten. Der Interpreter und der Objekteditor werden in Kapitel 9 behandelt. Die Operationen der C-Schnittstelle werden ausführlich im Anhang dargestellt.

1 Das *PRODAT*-Objektmodell (POM)

1.0 Strukturierte Objekte

1.0.0 Übersicht

In den neu zu erschließenden Anwendungsgebieten der Non-Standard Datenbanksysteme – dazu zählen Software Engineering, Büroautomatisierung, CAx und CIM – treten bevorzugt Objekte auf, die eine komplexe Struktur besitzen. Produktmodelle oder Chiplayouts sind augenfällige Beispiele hierfür. Aus diesem Grund werden in den Datenmodellen von Non-Standard Datenbanksystemen strukturierte Objekte zur Verfügung gestellt [HMMS-87], [SS-83], [DKM-85]. Objekte der realen Welt werden unabhängig von ihrer Komplexität auf ein einziges strukturiertes Objekt der Datenbank abgebildet. Dieses kann von Operationen des Datenbanksystems als Einheit behandelt werden, so daß z.B. das Kopieren, Sperren oder Löschen des gesamten strukturierten Objekts mit einer einzigen Operation möglich ist.

Inhalt dieses Kapitels sind die Konzepte des *PRODAT*-Objektmodells. In Kap. 1.0.1 werden zunächst die *einfachen Objekte* eingeführt, um auf dieser Grundlage in Kap. 1.0.2 den Begriff *strukturiertes Objekt* zu definieren, wie er in *PRODAT* verstanden wird. Letzteres geht Hand in Hand mit der Einführung eines Beziehungskonzepts. Dabei erweist es sich, daß das System auch bestimmte inkonsistente Zwischenzustände erlauben muß; zu diesem Zweck wird in Kap. 1.0.3 der Objektstatus *entwurfsvollständig* eingeführt. Ein Beispiel für ein strukturiertes Objekt wird in Kap. 1.0.4 erläutert.

1.0.1 Einfache Objekte

Einfache Objekte sind die Basiseinheiten des *PRODAT*-Objektmodells. Sie können einen sogenannten *Inhalt* haben sowie vom Benutzer definierbare *Attribute*. Der Inhalt ist eine beliebige, variabel lange Bytekette, die vom System nicht weiter interpretiert wird. Beispielsweise kann der Inhalt eines einfachen Objekts Quellcode, Objektcode, Text oder ein Bild sein. In der Schemadefinition wird durch das Schlüsselwort contents angegeben, daß für alle Objekte dieses Typs ein Inhalt angelegt werden soll. Attribute sind zusätzliche Merkmale, mit denen ein Objekt ausgestattet werden kann. Sie besitzen einen festen Wertebereich, der durch die Angabe eines Typnamens in der Schemadefinition festgelegt wird. Neben einer Reihe von Basistypen stehen Konstrukte zur Verfügung, mit denen neue Attributtypen definiert werden können.

Dem System bekannte elementare Datentypen sind die aus der Wirtssprache C entliehenen Basistypen int, long, short, unsigned long, unsigned short, char, float, double; der Wertebereich bzw. die Genauigkeit ist maschinenabhängig.

Ergänzend werden die Datentypen

- BOOLEAN für boolesche Werte,
- DATE für codierte Zeitangaben (die Genauigkeit hängt vom Betriebssystem ab),
- KEY für Identifikatoren von *PRODAT*-Einheiten (wobei jedoch vom System nicht garantiert wird, daß ein KEY-Attribut auf eine existierende Einheit verweist)

bereitgestellt.

Arrays beginnen, wie in C üblich, immer mit der Untergrenze 0. Die Deklaration erfolgt, indem einem Typ in eckigen Klammern für jede Dimension die Anzahl der Felder beigefügt wird. Beispielsweise definiert "KEY m [10] [15]" eine 10x15-Matrix m von Objektschlüsseln.

Außerdem besteht die Möglichkeit, neue Typen (z.B.: Strukturen, Aufzählungen) zu deklarieren.

Das folgende Beispiel zeigt die Definition des Objekttyps DOKUMENT unter Verwendung der Typen ADRESSE und STATUS.

```
typedef struct {
    char            Firma [15];
    unsigned int    Postfach;
    unsigned int    Postleitzahl;
    char            Ort [15];
} ADRESSE;

typedef enum {
    UNBEARBEITET,
    IN_BEARBEITUNG,
    FERTIG
} STATUS;

typedef object {
    STATUS      Status;
    ADRESSE     Verteiler [20];
    DATE        Fertigstellungstermin;
    contents;
} DOKUMENT;
```

Eine vollständige Beschreibung der Typdefinitionssprache (TDL), die zur Schemadefinition verwendet wird, findet sich in Kapitel 8.

1.0.2 Strukturierte Objekte und Beziehungen

Aus den eben vorgestellten einfachen Objekten werden mit Hilfe von ***strukturdefinierenden Beziehungen*** sogenannte ***strukturierte Objekte*** aufgebaut. Diese Beziehungen sind zweistellig und gerichtet. Die Objekte, auf die von einem Objekt aus vermöge der Beziehungen verwiesen wird, heißen die *Subobjekte* bzw. *Nachfolger* dieses Objekts. Umgekehrt heißen Objekte, von denen auf ein anderes Objekt verwiesen wird, die *Vorgänger* dieses Objekts. Ein ***strukturiertes Objekt*** besteht dann aus einem einfachen Objekt – der Wurzel – und einer (unter Umständen leeren) Menge von Subobjekten, die durch Beziehungen mit der Wurzel verknüpft sind. Die Subobjekte können selbst wieder strukturiert sein. Hat ein Objekt keine Vorgänger, so ist es ein *Anfangsobjekt*. Objekte ohne Nachfolger heißen *Endobjekte*.

Aus der Definition der strukturierten Objekte ergibt sich unmittelbar, daß ein Objekt höchstens einmal als Nachfolger ein- und desselben Objekts auftreten darf. Wie später noch erläutert wird, ist es dagegen erlaubt, daß ein Objekt gleichzeitig Nachfolger mehrerer verschiedener Objekte ist.

Die Struktur eines Objekts wird in der Schemadefinition beschrieben. Dazu wird in der successors-Klausel Typ und Anzahl der Subobjekte festgelegt. Ein einführendes Beispiel mag zur Veranschaulichung dienen. Darin wird für jedes Objekt vom Typ MODUL unter anderem vorgeschrieben, daß es ein Subobjekt vom Typ QUELLE besitzt und ein oder zwei Subobjekte vom Typ INCLUDE_-DATEI:

```
typedef object {
    char Bearbeiter [15];
    contents;
    successors 1 QUELLE and 1..2 INCLUDE_DATEI;
}MODUL;
```

Der Aufbau strukturierter Objekte erfolgt im allgemeinen sukzessiv mit Hilfe der Operationen *pom_createobj* und *pom_createedge*. Für das Verständnis der successors-Klausel ist es wichtig, genau zwischen Typ- und Exemplarebene zu unterscheiden. Um dies zu erleichtern, wird eine graphische Veranschaulichung eingeführt. Ein Objekt zusammen mit allen direkten Nachfolgern heiße eine *Konstellation*. Die graphische Darstellung einer Konstellation bestehend aus Objekt *O* und Nachfolgern *y* und *z* sei wie in Abb. 1.0-0 (Typnamen werden durchgängig groß-, Objektnamen kleingeschrieben).

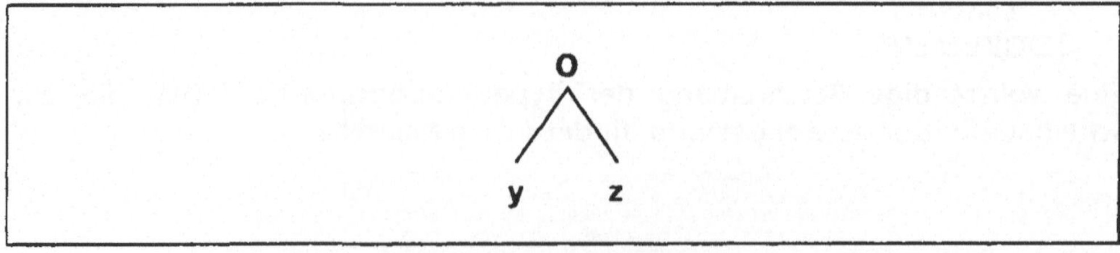

Abb. 1.0-0. Konstellation

Die successors-Klausel beschreibt die Menge der zulässigen Konstellationen eines Objekts. Im einfachsten Fall ist nur ein Typ angegeben, z.B.

successors X.

Dann sind auf Objektebene beliebig viele Nachfolger vom Typ *X* zugelassen (Abb. 1.0-1). Auch der Fall "kein Nachfolger" ist darin enthalten. Der Name *any* ist reserviert; wird er angegeben, so ist als Nachfolger jeder beliebige Typ erlaubt. Insbesondere darf die Nachfolgermenge aus Objekten unterschiedlichen Typs bestehen.

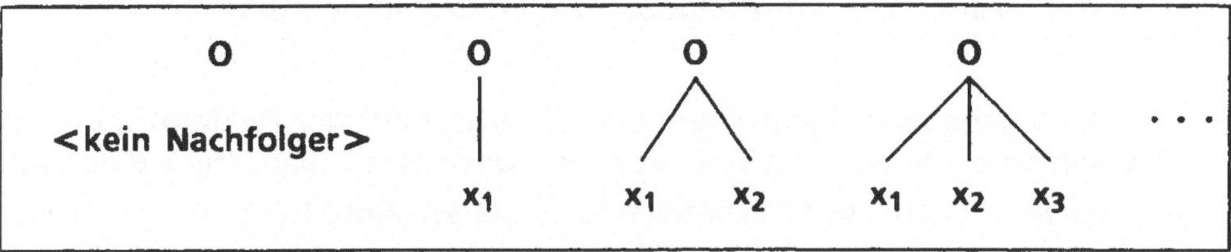

Abb. 1.0-1. Konstellationen zu "successors X"

Typen können mit einer vorangestellten Kardinalitätsangabe versehen werden, die die erlaubte Anzahl von Objekten dieses Typs einschränkt. Zulässig ist eine Zahl, ein Intervall oder eine Liste von Zahlen und Intervallen. Das Symbol "*" als Obergrenze eines Intervalls steht für "unbegrenzt". Beispielsweise ist die Semantik von "successors 1, 3..* X" gegeben durch "entweder ein Objekt vom Typ X oder mindestens drei". Abb. 1.0-2 zeigt die dadurch spezifizierten Konstellationen. "successors X" ist definitionsgemäß gleichbedeutend mit "successors 0..* X".

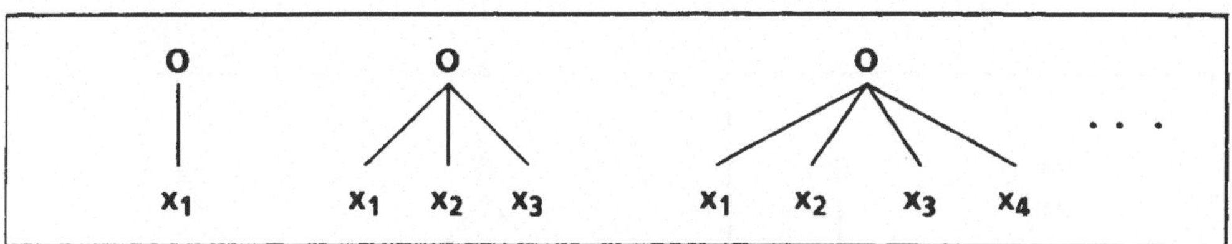

Abb. 1.0-2. Konstellationen zu "successors 1,3..* X"

Derartige Ausdrücke lassen sich mittels der drei Operatoren **and**, **or** und **xor** weiter kombinieren, wobei eine Verknüpfung beliebiger Objekttypen zulässig ist. Die Definition lautet folgendermaßen:

- **and**: Eine gegebene Nachfolgermenge N entspricht der Deklaration *A* **and** *B*, wenn sie in zwei disjunkte Teilmengen N_a und N_b zerfällt, wobei N_a dem Teilausdruck *A* genügt und N_b dem Teilausdruck *B*.

  In jeder Konstellation müssen also sowohl die in A als auch die in B beschriebenen Objekte vorhanden sein (Abb. 1.0-3). Die **and**-Operation ist assoziativ, eine Klammerung von **and**-Ketten ist daher nicht erforderlich.

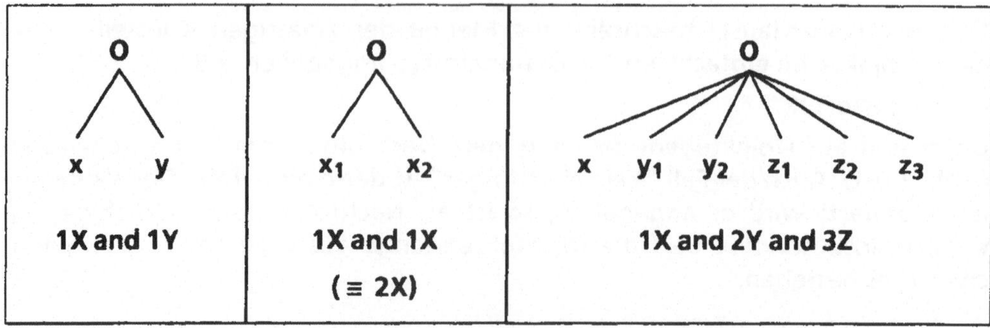

Abb. 1.0-3. Konstellationen mit and-Verknüpfung

- **xor**: Eine gegebene Nachfolgermenge N entspricht der Deklaration *A* **xor** *B*, wenn sie entweder dem Teilausdruck *A* oder dem Teilausdruck *B* genügt. Mit **xor** lassen sich also Alternativen formulieren (Abb. 1.0-4). Man beachte, daß **xor** idempotent ist: *1 X* **xor** *1* X ist äquivalent zu *1 X*. Genau wie bei **and** gilt auch bei **xor** die Assoziativität. Außerdem gilt, wie das rechte untere Beispiel in Abb. 1.0-4 zeigt, ein Distributivgesetz zwischen **and** und **xor**.

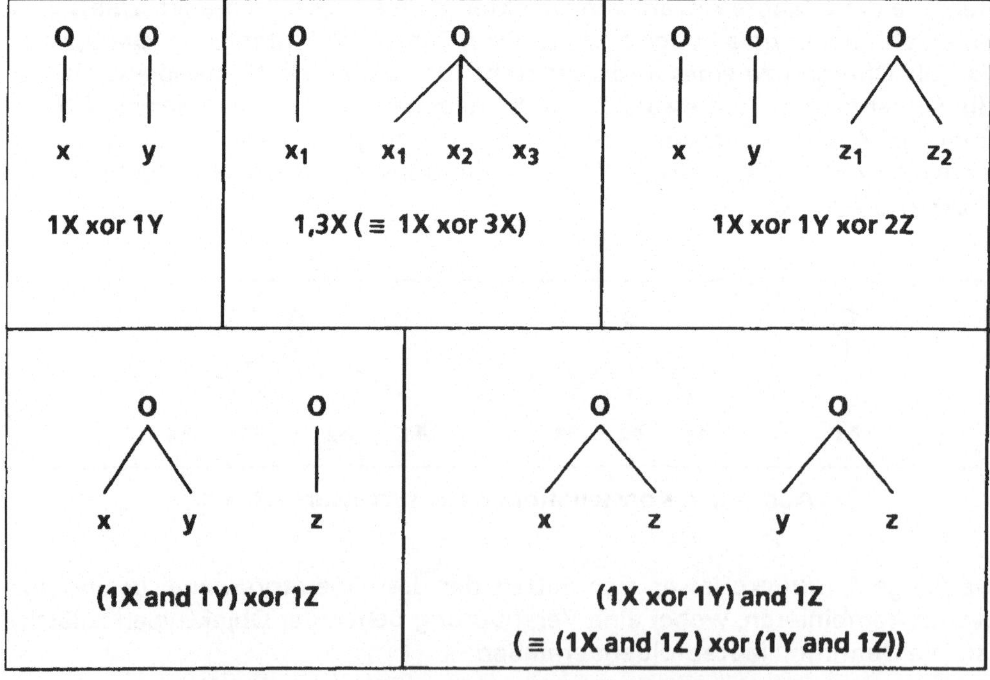

Abb. 1.0-4. Konstellationen mit xor-Verknüpfung

- **or**: Eine gegebene Nachfolgermenge N entspricht der Deklaration *A* **or** *B*, wenn sie entweder dem Teilausdruck *A* oder dem Teilausdruck *B* oder dem Ausdruck *A* **and** *B* genügt.

Man kann sich die **or**-Operation also aus **and** und **xor** zusammengesetzt denken (Abb. 1.0-5): *A* **or** *B* ≡ *A* **xor** *B* **xor** (*A* **and** *B*).

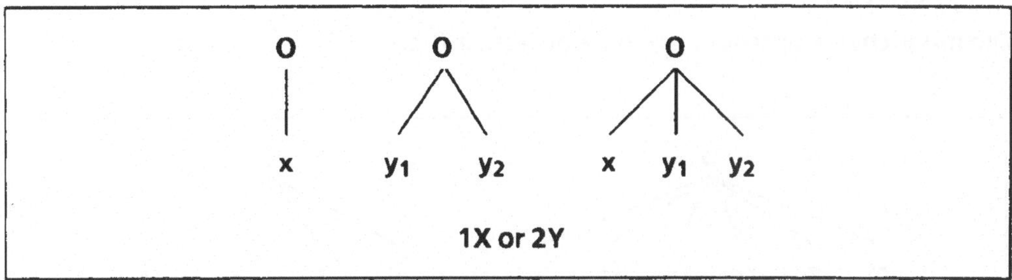

Abb. 1.0-5. Konstellationen mit **or**-Verknüpfung

Die Priorität der drei Verknüpfungen ist in der Reihenfolge **and**, **or** und **xor**, wobei **and** am stärksten bindet.

Die Verwendung der Schlüsselwörter **and**, **or** und **xor** sollte nicht zu der Annahme verleiten, daß die daraus gebildete Sprache der Boole'schen Algebra entspricht. Beispielsweise gilt, falls a eine Aussagenvariable ist, in der üblichen Aussagenlogik "a **xor** a = = FALSE", während für einen Typ A "successors A **xor** A" äquivalent zu "successors A" ist. Die Sprache erzeugt vielmehr eine Algebra von Mengen von Multimengen über Typen [Baum-89].

Die direkten Vorgängertypen werden im Gegensatz zur Definition der Nachfolgertypen nicht explizit angegeben. Die zulässigen Typen der Vorgänger sind implizit durch deren Schemadefinition festgelegt. Die Tatsache, daß in deren successors-Klausel ein bestimmter Typ auftritt, charakterisiert sie als potentielle Vorgänger von Objekten dieses angegebenen Typs. Die Anzahl der Vorgänger eines Objekts ist beliebig, d.h. ein Objekt kann in beliebig vielen strukturierten Objekten als Subobjekt auftreten (*shared object*).

Insgesamt ergibt sich also folgender Aufbau strukturierter Objekte. Die einfachen Objekte seien dazu als Knoten, die Beziehungen als Kanten eines Graphen aufgefaßt. Dann ist der so definierte Graph zusammenhängend und zyklenfrei – in diesem Sinn ist die Objektstruktur hierarchisch –, aber wegen der potentiellen gemeinsamen Subobjekte kein Baum. Die Zyklenfreiheit muß vom System während der Objektmanipulation überwacht werden. Auf der Ebene der Schemadefinition sind Zyklen erlaubt, um rekursive Strukturen zu ermöglichen.

Ein Beispiel aus dem Fahrzeugbau möge die Beschreibung der Nachfolgerdefinition abschließen und gleichzeitig nochmals die Möglichkeiten des Kalküls zeigen. Ein Fahrgestell kann für Räder, Ketten oder eine Mischform ausgelegt werden. Sowohl für Räder als auch für Ketten kommt nur jeweils eine gerade Anzahl in Frage. Die Nachfolgerdefinition könnte dann die Form haben

```
typedef object {
    successors  1 MOTOR and 1 RAHMEN and
                (4,6,8 RAD xor (2 RAD and 2 KETTE) xor 2 KETTE);
} FAHRGESTELL;
```

Die möglichen Konstellationen zeigt Abb. 1.0-6.

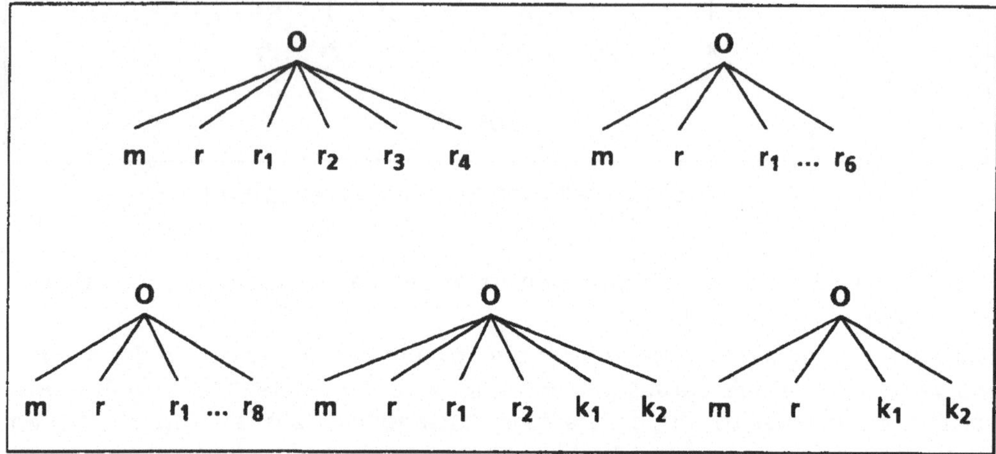

Abb. 1.0-6. Konstellationen eines Fahrgestells

1.0.3 Vollständigkeit

Bisher wurde nur der Fall berücksichtigt, daß ein strukturiertes Objekt genau den Regeln der Schemadefinition entspricht. Während des Entwurfs wird jedoch ein Objekt schrittweise aufgebaut, ist also unter Umständen lange Zeit nicht konsistent zu den Regeln der successors-Klauseln. Dem wird mit der Einführung des Objektstatus *entwurfsvollständig* oder kurz *vollständig* Rechnung getragen. Ein Objekt mit seinen direkten Nachfolgern heißt *entwurfsvollständig*, wenn die Konstellation mit der successors-Klausel der Typdefinition konform geht. Ein strukturiertes Objekt heißt entwurfsvollständig, wenn die Konstellationen seiner Wurzel und all seiner Subobjekte entwurfsvollständig sind.

Objekte können so sukzessiv aufgebaut werden; der Vollständigkeitsstatus wird vom System überwacht und kann jederzeit abgefragt werden. Ist ein Objekt vollständig, dann kann es freigegeben werden (vgl. *pom_releaseobj*).

1.0.4 Beispiel

An dieser Stelle wird ein Beispiel vorgestellt, das für die Einführung weiterer Konzepte in den nachfolgenden Kapiteln wiederholt herangezogen wird.

Die Aufgabe besteht darin, die Entwicklung eines Gesamtsystems, bestehend aus Hard- und Softwarekomponenten, auf ein strukturiertes Objekt abzubilden. Das Hardwaresystem beschreibt die für eine Realisierung zur Verfügung stehenden Rechner- und Gerätemodelle. Das Softwaresystem umfaßt sämtliche Programme, die bisher entwickelt wurden. Die Programme sind modular aufgebaut. Es ist zulässig, daß ein Modul in mehreren Programmen benutzt wird. Eine geeignete Schemadefinition für den Objekttyp SYSTEM ist in Abb. 1.0-7 angegeben.

```
typedef struct {
    char      Nachname [20];
    char      Vorname [20];
} PERSON;

typedef struct {
    int       Monate;
    int       Wochen;
    int       Tage;
} AUFWAND;

typedef struct {
    int       Minimale_Kosten;
    int       Maximale_Kosten;
} KOSTENSPANNE;

typedef struct {
    char      Firma [30];
    char      Strasse [40];
    char      Ort [50];
} ADRESSE;

typedef enum {
    Noch_nicht_bearbeitet,
    In_Bearbeitung,
    Bearbeitung_abgeschlossen
} STATUS;

typedef object {
    contents;
} QUELLE;

typedef object {
    char        Compileroption [20];
    BOOLEAN     Korrekt_übersetzt;
    contents;
} OBJEKTCODE;

typedef object {
    PERSON      Bearbeiter;
    STATUS      Status;
    successors  1 ..* MODUL or
                1 QUELLE and
                1..* OBJEKTCODE;
} MODUL;
```

```
typedef object {
    PERSON      Gruppenleiter;
    STATUS      Status;
    BOOLEAN     Korrekt_gebunden;
    contents;
    successors  1 ..* MODUL;
} PROGRAMM;

typedef object {
    PERSON      Entwicklungsleiter;
    STATUS      Status;
    successors  1..* PROGRAMM;
} SOFTWARE;

typedef object {
    KOSTENSPANNE  Kostenspanne;
    ADRESSE       Lieferant;
    int           Druckgeschwindigkeit;
} DRUCKER;

typedef object {
    KOSTENSPANNE  Kostenspanne;
    ADRESSE       Lieferant;
    BOOLEAN       Farbdisplay;
    BOOLEAN       V24;
    BOOLEAN       Current_loop;
} TERMINAL;

typedef object {
    KOSTENSPANNE  Kostenspanne;
    ADRESSE       Lieferant;
    int           Max_Hautspeicher;
    int           Max_Plattenspeicher;
    successors    DRUCKER or
                  TERMINAL;
} RECHNER;

typedef object {
    PERSON      Beschaffer;
    int         Maximale_Kosten;
    int         Bisherige_Kosten;
    successors  1 ..* RECHNER;
} HARDWARE;

typedef object {
    PERSON      Projektleiter;
    DATE        Fertigstellungstermin;
    AUFWAND     Gesamtaufwand;
    AUFWAND     Erbrachter_Aufwand;
    successors  1 HARDWARE and
                1 SOFTWARE;
} SYSTEM;
```

Abb. 1.0-7. Schemadefinition des Objekttyps SYSTEM

```
pom_createobj   ("db",  "SYSTEM",      "Prozeßautomatisierung",  KEY_UNDEF, &KeySystemProzeßautomatisierung);
pom_createobj   ("db",  "HARDWARE",    "Prozeßautomatisierung",  KeySystemProzeßautomatisierung,
                                                                  &KeyHardwareProzeßautomatisierung);
pom_createobj   ("db",  "RECHNER",     "PC16-20",                KeyHardwareProzeßautomatisierung, &KeyRechnerPC16_20);
pom_createobj   ("db",  "TERMINAL",    "DS36F",                  KeyRechnerPC16_20, &KeyTerminalDS36F);
pom_createobj   ("db",  "DRUCKER",     "PT88/89",                KeyRechnerPC16_20, &KeyDruckerPT88_89);
pom_createobj   ("db",  "RECHNER",     "PS/2",                   KeyHardwareProzeßautomatisierung, &KeyRechnerPS_2);
pom_createedge  (KeyRechnerPS_2, KeyDruckerPT88_89):
pom_createobj   ("db",  "TERMINAL",    "8514",                   KeyRechnerPS_2, &KeyTerminal8514);
pom_createobj   ("db",  "SOFTWARE",    "Prozeßautomatisierung",  KeySystemProzeßautomatisierung ,
                                                                  &KeySoftwareProzeßautomatisierung);
pom_createobj   ("db",  "PROGRAMM",    "Instandhaltung",         KeySoftwareProzeßautomatisierung, &KeyProgrammInstandhaltung);
pom_createobj   ("db",  "MODUL",       "Stammdaten",             KeyProgrammInstandhaltung, &KeyModulStammdaten);
pom_createobj   ("db",  "QUELLE",      "Stammdaten",             KeyModulStammdaten, &KeyQuelleStammdaten);
pom_createobj   ("db",  "OBJEKTCODE",  "Stammdaten",             KeyModulStammdaten, &KeyObjektcodeStammdaten);
pom_createobj   ("db",  "OBJEKTCODE",  "Stammdaten.1",           KeyModulStammdaten, &KeyObjektcodeStammdaten1);
pom_createobj   ("db",  "MODUL",       "Utilities",              KeyProgrammInstandhaltung, &KeyModulUtilities);
pom_createobj   ("db",  "QUELLE",      "Utilities",              KeyModulUtilities, &KeyQuelleUtilities);
pom_createobj   ("db",  "OBJEKTCODE",  "Utilities",              KeyModulUtilities, &KeyObjektcodeUtilities);
pom_createobj   ("db",  "PROGRAMM",    "Leitsystem",             KeySoftwareProzeßautomatisierung, &KeyProgrammLeitsystem);
pom_createedge  (KeyProgrammLeitsystem, KeyModulUtilities);
pom_createobj   ("db",  "MODUL",       "Signalerfassung",        KeyProgrammLeitsystem, &KeyModulSignalerfassung);
pom_createobj   ("db",  "QUELLE",      "Signalerfassung",        KeyModulSignalerfassung, &KeyQuelleSignalerfassung);
pom_createobj   ("db",  "OBJEKTCODE",  "Signalerfassung",        KeyModulSignalerfassung, &KeyObjektcodeSignalerfassung);
```

Abb. 1.0-8. Aufbau eines strukturierten Objekts vom Typ SYSTEM

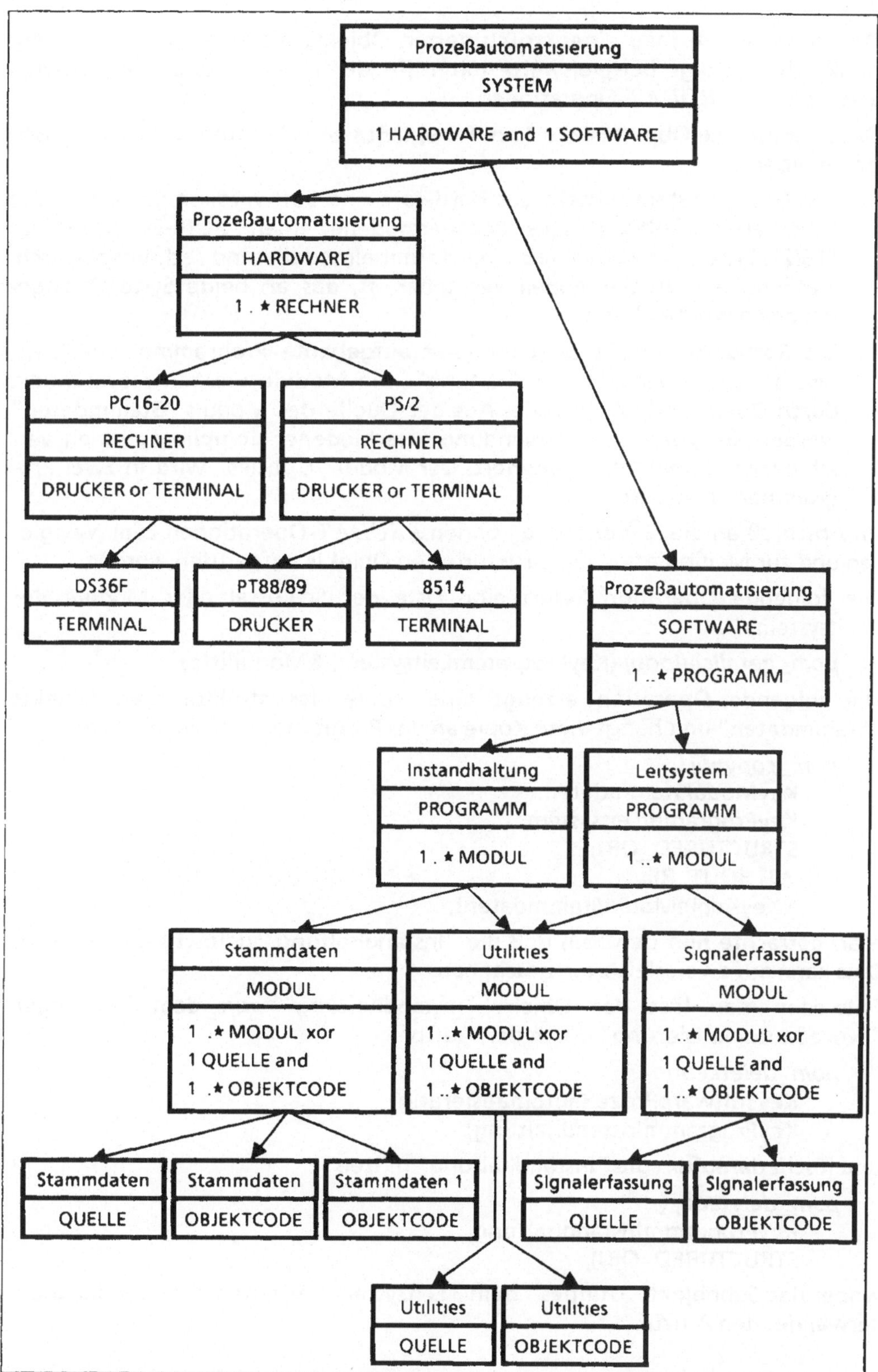

Abb. 1.0-9. Das strukturierte Objekt "Prozeßautomatisierung"

Der sukzessive Aufbau eines strukturierten Objekts dieses Typs in der Datenbank "db" erfolgt beispielsweise mit Hilfe der in Abb. 1.0-8 angegebenen Sequenz von *PRODAT*-Operationen.

Das strukturierte Objekt (siehe Abb. 1.0-9) läßt sich in Worten folgendermaßen beschreiben:

> Das Gesamtsystem besteht aus Hardware und Softwarekomponenten. Die Hardware umfaßt z.Zt. zwei Rechnermodelle, einen "PC16-20" sowie ein "PS/2"-System. Die anschließbaren Terminalmodelle sind rechnerspezifisch, während ein Druckermodell verfügbar ist, das an beide Systeme angeschlossen werden kann.
>
> Die Software umfaßt zwei modular aufgebaute Programme, ein "Leitsystem" sowie eine "Instandhaltung". Die Module werden repräsentiert durch Quell- und Objektcode. Aus der Quelle des Moduls "Stammdaten" werden aufgrund der Verwendung verschiedener Compileroptionen verschiedene Objektcodes generiert. Der Modul "Utilities" wird in zwei Programmen verwandt.

Im Anschluß an die Generierung können *PRODAT*-Operationen zum Navigieren und zur Manipulation des strukturierten Objekts aufgerufen werden.

Die folgende Operation liefert eine Liste der Schlüssel aller Module des "Leitsystems":

pom_getallchildobj (KeyProgrammLeitsystem, &Modulliste);

Die folgende Operation erzeugt eine Kopie des strukturierten Objekts "Stammdaten" und hängt diese Kopie an das Programm "Leitsystem" an:

```
pom_copyobj (
    KeyModulStammdaten,
    KeyProgrammLeitsystem,
    STRUCTURED_OBJ,
    WITHOUT_REL,
    &KeyKopieModulStammdaten);
```

Man betrachte nun den Fall, daß die "Instandhaltung" gelöscht werden soll. Dies kann auf zweierlei Arten geschehen.

Entweder man löst das Objekt "Instandhaltung" von dem Vorgänger "Prozeßautomatisierung" durch den Aufruf

```
pom_deleteedge (
    KeySoftwareProzeßautomatisierung,
    KeyProgrammInstandhaltung);
```

und löscht daraufhin die "Instandhaltung" mittels

```
pom_deleteobj (
    KeyProgrammInstandhaltung,
    STRUCTURED_OBJ);
```

wobei das Subobjekt "Utilities" dem "Leitsystem" erhalten bleibt, oder man verwendet den Aufruf

```
pom_deleteobjforce (
    KeyProgrammInstandhaltung,
    STRUCTURED_OBJ);
```

und löscht die "Instandhaltung" einschließlich der "Utilities", so daß letzteres Objekt auch in "Leitsystem" nicht mehr zu Verfügung steht.

1.0.5 Ein-/Auslagern von Objekten

PRODAT verfügt über je eine Funktion zum Ein- bzw. Auslagern von einfachen Objekten aus einer Datenbasis ins Dateisystem.

Dazu wird ein einfaches Objekt auf zwei Dateien abgebildet, eine für die Attribute, die zweite für den Inhalt.

Durch diese Operationen wird die Möglichkeit geschaffen, Objekte der Datenbasis auch außerhalb von *PRODAT* zu verwenden.

Anwendungsbeispiele hierzu sind:

- Übertragung von Teilen der Datenbasis auf andere Rechner, die nicht über *PRODAT* verfügen.
- Bearbeitung des Inhaltes oder der Attribute eines Objekts mit Werkzeugen, die nicht in *PROSYT* integriert sind. Dieser Punkt wird noch etwas näher erläutert:

  Mit Hilfe der Windowtechnik von *PRODIA* kann in einem Window *PROSYT* und in einem anderen eine Betriebssystem-Shell ablaufen. Objekte, die mit einem Werkzeug bearbeitet werden sollen, das nicht in *PROSYT* integriert ist, können mittels schnellem Window-Wechsel im *PROSYT*-Window ausgelagert und anschließend im Betriebssystem-Window bearbeitet werden. Das Wiedereinlagern erfolgt anschließend wieder im *PROSYT*-Window.

1.0.6 Freigabe

Die Freigabe eines Objekts ist eine vom Benutzer ausgelöste Zustandsänderung, mittels derer das Recht auf Änderungen an Objekten unwiderruflich aufgegeben wird; freigegebene Objekte können allerdings noch gelöscht werden.

Neu generierte Objekte sind grundsätzlich nicht freigegeben, so daß sie – nach Maßgabe der Zugriffsrechte – beliebig manipuliert werden können.

Es gibt zwei Arten von Freigabe. Bei der *Freigabe eines einfachen Objekts* sind anschließend nur die Attribute und der Inhalt vor Änderungen geschützt. Nach der *Freigabe eines strukturierten Objekts* dürfen dagegen weder die Struktur des gesamten Objekts noch die Attribute und Inhalte aller beteiligten einfachen Objekte verändert werden. In einem strukturell freigegebenen Objekt ist es also insbesondere verboten, einzelne Subobjekte zu löschen oder neu einzufügen. Das Einrichten von Beziehungen, die von anderen, nicht freigegebenen Objekten ausgehen (Verwendung als *shared object*), ist dagegen weiterhin zulässig.

Man beachte, daß strukturell freigegebene Objekte nur dann gelöscht werden dürfen, wenn sie nicht ihrerseits Subobjekt eines strukturell freigegebenen Objekts sind.

1.1 Konfigurationen

1.1.0 Einführung

Strukturierte Objekte umfassen sämtliche Daten, die bei einem Entwicklungsprozeß im Laufe der Zeit entstehen und gemäß der Entwicklungsmethodik strukturiert werden. Zumeist gibt es aber weitere Gesichtspunkte, nach denen Teile dieser Daten sinnvoll zusammengefaßt werden können oder sogar zusammengefaßt werden müssen.

Der Vorgang des Zusammenstellens oder der Auswahl von Teilen eines strukturierten Objekts unter einem bestimmten Gesichtspunkt wird als *Konfigurierungsprozeß* oder kürzer als *Konfigurierung* bezeichnet. Das Ergebnis der Konfigurierung ist die *Konfiguration*.

In *PRODAT* haben Konfigurationen einen Typ und einen Namen. Der Konfigurationstyp wird in der Schemadefinition beschrieben und legt fest, welche Regeln bei der Zusammenstellung einer Konfiguration einzuhalten sind.

Der Konfigurationsname wird bei der Erzeugung einer Konfiguration vergeben (*pom_createconf*). Anschließend können der Reihe nach Objekte ausgewählt und in die Konfiguration übernommen werden (*pom_insertintoconf*).

Auf diese Art wird die Konfiguration sukzessiv aufgebaut. Während des Aufbaus überprüft *PRODAT* die Einhaltung der in der Typdefinition angegebenen Regeln. Es ist wesentlich, daß während des Aufbaus einer Konfiguration keine neuen Objekte erzeugt werden, sondern lediglich existierende Objekte als zusammengehörig gekennzeichnet werden. Dabei ist es natürlich zulässig, daß ein Objekt in mehreren Konfigurationen gleichzeitig enthalten ist.

Der Anwender hat nun die Möglichkeit, die Sicht auf die Objekte einer Konfiguration zu beschränken (*pom_focusconf*). Mit *pom_unfocusconf* werden umgekehrt wieder alle Objekte sichtbar. Wenn die Sicht auf eine Konfiguration beschränkt ist, arbeiten alle Operationen nur im Kontext dieser Konfiguration. So liefert beispielsweise die Operation *pom_getallchildobj* nur die Nachfolger eines in der Konfiguration enthaltenen Objekts, die der gleichen Konfiguration angehören.

1.1.1 Konfigurationsspezifische Attribute

Wenn eine Konfiguration zusammengestellt wird, ist es häufig wünschenswert, die darin verwendeten Objekte um zusätzliche Attribute zu erweitern. Beispiele für diese sogenannten *konfigurationsspezifischen Attribute* sind: Tag der Auslieferung eines Systems, Name und Anschrift des Kunden und Prozessor- oder Gerätenummern.

Die Festlegung der konfigurationsspezifischen Attribute eines Objekts erfolgt im Rahmen der Definition des Konfigurationstyps. Es ist anzugeben, welcher Objekttyp um welche Attribute erweitert werden soll (siehe TDL-Syntax in Kap. 8). Wenn ein Objekttyp in mehreren Konfigurationstypen verwendet wird, sind unterschiedliche Erweiterungen möglich.

Das folgende Beispiel zeigt die Erweiterung des Objekttyps SYSTEM um konfigurationsspezifische Attribute:

```
typedef configuration { {
        DATE        Auslieferung;
        ADRESSE     Kunde;
    } SYSTEM;
} LIEFERUNG;
```

Für die Sichtbarkeit der konfigurationsspezifischen Attribute gilt:

- Falls die Sicht nicht auf eine Konfiguration eingestellt ist, sind lediglich die in der Definition des Objekttyps angeführten Attribute sichtbar, also keine konfigurationsspezifischen Attribute.
- Falls die Sicht dagegen auf eine Konfiguration eingestellt ist, sind zusätzlich die konfigurationsspezifischen Attribute sichtbar. Die Werte der Objektattribute sind identisch für alle Konfigurationen, in denen dieses Objekt verwendet wird. Die Werte der konfigurationsspezifischen Attribute können in jeder Konfiguration anders sein.

1.1.2 Auswahlregeln

Bei der Zusammenstellung der Objekte einer Konfiguration müssen Regeln eingehalten werden, die zuvor bei der Definition des Konfigurationstyps angegeben wurden. Diese Regeln legen fest,

- welche Objekttypen und
- welche jeweiligen Nachfolgertypen

in der Konfiguration zulässig sind (siehe TDL-Syntax in Kap. 8).

Ausgehend von den Objekttypdefinitionen

typedef object {successors T_1 or T_2 or T_3 or T_4;} T_0;

typedef object {successors T_5 and T_6;} T_1;

typedef object {successors T_7 xor T_8;} T_2;

wird beispielsweise in der folgenden Definition eines Konfigurationstyps festgelegt, daß nur Objekte des Typs T_0, T_1, T_2, T_5 und T_8 in Konfigurationen des Typs K_1 zugelassen sind. Die möglichen Nachfolgertypen von T_0 werden eingeschränkt auf T_1 und T_2, die möglichen Nachfolgertypen von T_1 werden eingeschränkt auf T_5, die möglichen Nachfolgertypen von T_2 werden eingeschränkt auf T_8.

```
typedef configuration {
    { selection T1 and T2;} T0;
    { selection T5;} T1;
    { selection T8;} T2;
} K1;
```

Der erste Objekttyp, der in der Definition des Konfigurationstyps aufgeführt wird, legt den Typ der Anfangsobjekte der später erzeugten Konfigurationen fest. Alle weiteren Typen, für die eine selection-Klausel oder eine konfigurationsspezifische Attributerweiterung definiert wird, müssen ihrerseits zuvor in einer selection-Klausel genannt werden. Auf diese Art wird der Konfigurationstyp sukzessiv aufgebaut. Der wesentliche Unterschied zur Objekttypbeschreibung besteht darin, daß bei der Definition des Typs eines strukturierten Objekts die Struktur neu festgelegt wird, während bei der Definition des Konfigurationstyps lediglich aus dieser zuvor festgelegten Struktur ausgewählt werden kann.

1.1.3 Vollständigkeit

Der Vollständigkeitsbegriff für Konfigurationen wird analog zum Vollständigkeitsbegriff für strukturierte Objekte definiert (vgl. Kap. 1.0.3). Eine Konfiguration heißt *vollständig*, wenn jedes einfache Objekt, das in der Konfiguration enthalten ist, zusammen mit seinen direkten Nachfolgern, die in der gleichen Konfiguration enthalten sind, eine Konstellation bildet, die mit der selection-Klausel der Definition des Konfigurationstyps konform geht.

Der Vollständigkeitsstatus wird vom System überwacht und kann jederzeit abgefragt werden.

1.1.4 Beispiel

An dieser Stelle wird wieder das Beispiel aus Kap. 1.0.4 aufgegriffen. Das dort vorgestellte strukturierte Objekt beschreibt die für den Aufbau eines Systems zur Prozeßautomatisierung verfügbaren Hard- und Softwarekomponenten. Die Aufgabe besteht nun darin, aus den gegebenen Möglichkeiten für verschiedene Kunden eine den jeweiligen Wünschen entsprechende konkrete Hardware-/Softwarekonfiguration zusammenzustellen und auszuliefern.

In einer geeigneten Schemadefinition (siehe Abb. 1.1-0) wird zunächst angegeben, daß Objekte des Typs SYSTEM, HARDWARE, RECHNER, DRUCKER, TERMINAL und SOFTWARE in die Konfiguration übernommen werden sollen.

```
configuration type {
    {
        DATE            Auslieferung;
        ADRESSE         Kunde;
        selection       1 HARDWARE and 1 SOFTWARE;
    } SYSTEM;

    {
        selection       1 RECHNER;
    } HARDWARE ;

    {
        int             Gerätenummer;
        int             Kaufpreis;
        int             V24_Schnittstelle;
        int             Hauptspeicher;
        int             Plattenspeicher;
        selection       DRUCKER or TERMINAL;
    } RECHNER;

    {
        int             Gerätenummer;
        int             Kaufpreis;
        BOOLEAN         Schallgeschützt;
    } DRUCKER;

    {
        int             Gerätenummer;
        int             Kaufpreis;
        BOOLEAN         BDE_Tastatur;
    } TERMINAL;

    {
        selection       1 PROGRAMM;
    } SOFTWARE;

} LIEFERUNG;
```

Abb. 1.1-0. Schemadefinition der Konfiguration LIEFERUNG

Die für die verschiedenen Lieferungen notwendigen Informationen wie z.B. Auslieferungsdatum und Kundenadresse werden in konfigurationsspezifischen Attributen festgehalten.

Das strukturierte Objekt beschreibt die einsetzbaren Rechner- und Gerätemodelle. Bei der Lieferung werden dagegen reale Geräte eingesetzt, deren Charakteristika (wie z.B. Gerätenummer oder Kaufpreis) ebenfalls mit konfigurationsspezifischen Attributen beschrieben werden.

Die Generierung einer Konfiguration dieses Typs in der Datenbank "db" erfolgt mit Hilfe der in Abb. 1.1-1 dargestellten Operationsfolge.

```
pom_createconf       ("db", "LIEFERUNG", "Instandhaltung", &KeyLieferung);

pom_insertintoconf   (KeyLieferung,   KeySystemProzeßautomatisierung);
pom_insertintoconf   (KeyLieferung,   KeyHardwareProzeßautomatisierung);
pom_insertintoconf   (KeyLieferung,   KeyRechnerPC16_20);
pom_insertintoconf   (KeyLieferung,   KeyTerminalDS36F);
pom_insertintoconf   (KeyLieferung,   KeyDruckerPT88_89);
pom_insertintoconf   (KeyLieferung,   KeySoftwareProzeßautomatisierung);
pom_insertintoconf   (KeyLieferung,   KeyProgrammInstandhaltung);
```

Abb. 1.1-1. Generierung einer Konfiguration vom Typ LIEFERUNG

Am Ende dieser Operationsfolge ist eine vollständige Konfiguration erzeugt worden. Im Anschluß an die Operation *pom_focusconf (KeyLieferung)* sind nur die zuvor in die Konfiguration eingefügten Objekte sichtbar (siehe Abb. 1.1-2). Zusätzlich sind jetzt auch die konfigurationsspezifischen Objektattribute sichtbar geworden.

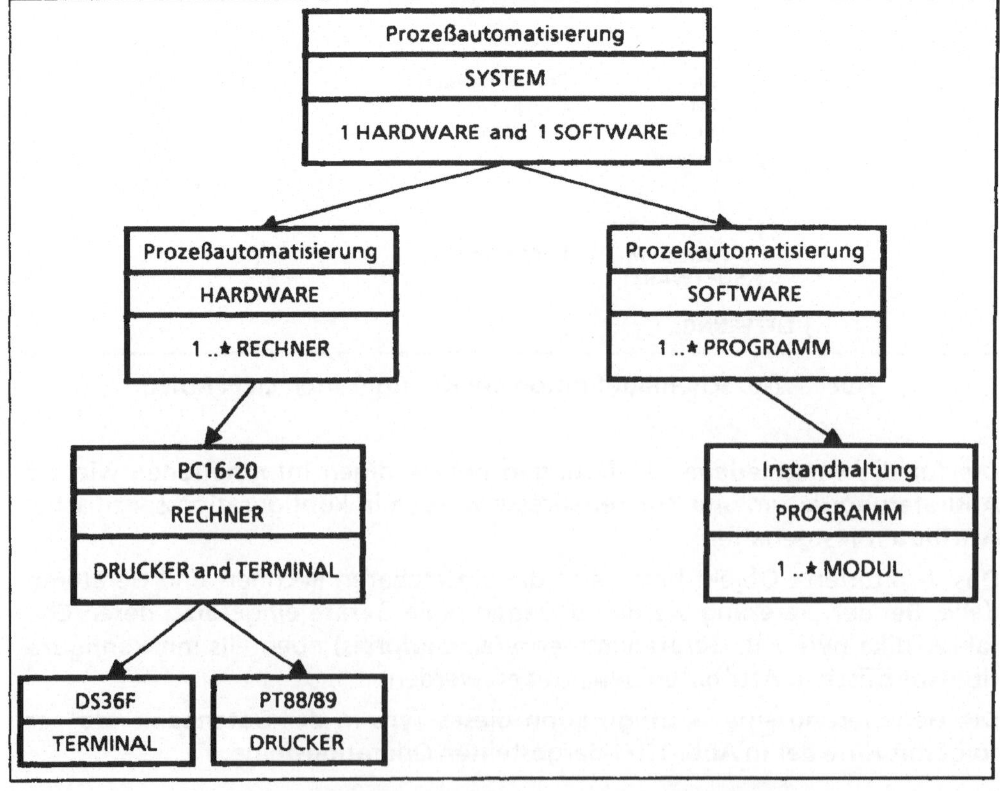

Abb. 1.1-2. Eine Konfiguration vom Typ LIEFERUNG

Daher ist es nunmehr möglich, mit Hilfe der Operation *pom_updateattr* die in der Typdefinition festgelegten konfigurationsspezifischen Attribute wie Kundenadresse, Auslieferungsdatum, Gerätenummer sowie die gerätespezifischen Eigenschaften mit den jeweiligen Werten zu belegen.

Für weitere Kunden können entsprechend weitere Konfigurationen des gleichen Konfigurationstyps erzeugt werden, wobei die konfigurationsspezifischen Objektattribute in jeder Konfiguration andere Werte haben (z.B. verschiedene Gerätenummern, verschiedene Kaufpreise, verschiedene Auslieferungsdaten). Die Operation *pom_getallconf* ermöglicht es dann z.B. festzustellen, in welchen Konfigurationen ein Rechner vom Typ "PC16-20" benutzt wird oder in welchen Konfigurationen das Programm "Instandhaltung" eingesetzt wird.

1.2 Versionen

1.2.0 Einführung

Im Laufe eines Entwicklungsprozesses entsteht erfahrungsgemäß eine Vielzahl unterschiedlicher Versionen eines Objekts. Zur Verwaltung dieser Versionsvielfalt stellt *PRODAT* ein in das Datenbanksystem integriertes Versionskonzept zur Verfügung (vgl. [Batz-87], [RHK-86]).

Der Begriff *Version* wird in der Literatur in unterschiedlichen Bedeutungen gebraucht. Eine Definition des Versionsbegriffs ordnet die Versionen in der zeitlichen Reihenfolge ihrer Entstehung [HäRe-85], [Mits-85], [MSW-83], [Weik-83].

In einer anderen, auch von *PRODAT* übernommenen Definition dienen Versionen zur Modellierung der Entwicklungsgeschichte eines Objekts [MePe-86], [Tich-85].

In *PRODAT* werden Versionen nicht automatisch bei der Modifikation eines Objekts erzeugt. Es bedarf eines expliziten Aufrufs der Operation *pom_createvers*. Diese Vorgehensweise begrenzt die Anzahl der Versionen und stellt sicher, daß der Versionsgraph nur relevante Zwischenergebnisse repräsentiert.

Eine notwendige Voraussetzung für das Erzeugen einer neuen Version ist die vorherige ***Freigabe*** des zugrundeliegenden Objekts mit Hilfe der Operation *pom_releaseobj*. Neu erzeugte Objekte (*pom_createobj*) und neu erzeugte Versionen von Objekten (*pom_createvers*) sind zunächst ***nicht freigegeben***.

Versionen eines Objekts sind ihrerseits wieder Objekte, so daß Operationen, die für Objekte definiert sind, auch für die Versionen eines Objekts definiert sind. Die Operation *pom_createvers* kann mehrfach auf das gleiche Objekt angewandt werden, so daß eine baumartige Entwicklungsgeschichte eines Objekts modelliert werden kann.

Das Zusammenführen von verschiedenen Versionen wird in *PRODAT* nicht unterstützt. Dies ist eine manuelle Tätigkeit, da nur ein Entwerfer weiß, welche Teile aus welcher Version zu übernehmen sind (vgl. [KSUW-85]).

Zum Wiederauffinden von Versionen gibt es die Operationen *pom_getsonvers*, *pom_getfathervers*, *pom_getsuccvers*, *pom_getpredvers*, die es ermöglichen, auf dem Versionsgraphen zu navigieren.

Das Versionskonzept von *PRODAT* erlaubt die Versionsbildung sowohl von einfachen Objekten als auch von strukturierten Objekten. Die Integration des Versionskonzepts in das Datenbanksystem ermöglicht die Implementierung von speicherplatzeffizienten Lösungen zur Verwaltung verschiedener Versionen.

1.2.1 Versionen und einfache Objekte

Die Versionsbildung von einfachen Objekten, die notwendigerweise vorher freigegeben sein müssen (*pom_releaseobj*), erfolgt mit Hilfe der Operation *pom_createvers*. Diese Operation dupliziert ein Objekt und trägt das neue Objekt als Nachfolger des Originals in einen sogenannten *Versionsbaum* ein. Die Operation *pom_getsonvers*, angewandt auf das Original, liefert das abgeleitete Duplikat. Die Operation *pom_getfathervers*, angewandt auf das Duplikat, liefert das Original.

Wird die Operation *pom_createvers* ein weiteres Mal auf das Original angewandt, entsteht ein zweites Duplikat, das ebenfalls als Nachfolger des Originals eingetragen wird. Die Operation *pom_getsonvers*, angewandt auf das Original, liefert nun zwei Objekte.

Die Operation *pom_getsuccvers*, angewandt auf das erste Duplikat, liefert das zweite Duplikat. Die Operation *pom_getpredvers*, angewandt auf das zweite Duplikat, liefert das erste Duplikat. Solange die Anwendung nicht die Attribute oder den Inhalt einer Version ändert, bleibt die Version identisch mit dem Original.

Die aus einem Objekt abgeleitete Version hat den gleichen Namen wie das Objekt selbst. *PRODAT* vergibt automatisch eine *Extension*, um das Objekt für den Anwender auch namentlich wieder eindeutig ansprechbar zu machen (vgl. Kap. 1.4). Es ist zu beachten, daß diese Extension in keiner Weise die Versionshistorie eines Objekts beschreibt. Der Anwender kann anschließend mit Hilfe der Operation *pom_rename* den Namen beliebig modifizieren. Dementsprechend hat auch der Name, genau wie die Extension, keinen Bezug zur Versionshistorie eines Objekts. Allerdings ist es natürlich ohne weiteres möglich, daß der Anwender seinerseits die Namen so wählt, daß die Versionshistorie ausgedrückt wird.

Die Operationsfolge in Abb. 1.2-0 beschreibt die Entwicklungsgeschichte des einfachen Objekts "Signalerfassung" vom Typ QUELLE. Im Kommentar ist jeweils der Grund für die Versionsbildung angegeben.

```
/* Umstellung einer Datenstruktur */
pom_createvers (KeyQuelleSignalerfassung, SIMPLE_OBJ, WITHOUT_REL, &KeyVersion1);

/* Verbesserung des Algorithmus */
pom_createvers (KeyVersion1, SIMPLE_OBJ, WITHOUT_REL, &KeyVersion2);

/* Modifikation einer Prozedur */
pom_createvers (KeyQuelleSignalerfassung, SIMPLE_OBJ, WITHOUT_REL, &KeyVersion3);

/* Einfügen einer neuen Prozedur */
pom_createvers (KeyVersion3, SIMPLE_OBJ, WITHOUT_REL, &KeyVersion4);

/* Änderung einer Prozedurschnittstelle */
pom_createvers (KeyVersion1, SIMPLE_OBJ, WITHOUT_REL, &KeyVersion5);
```

Abb. 1.2-0. Entwicklungsgeschichte eines einfachen Objekts

Das Ergebnis dieser Operationsfolge zeigt die graphische Darstellung in Abb. 1.2-1. Die von *PRODAT* vergebenen Extensions sind jeweils durch einen Punkt abgetrennt.

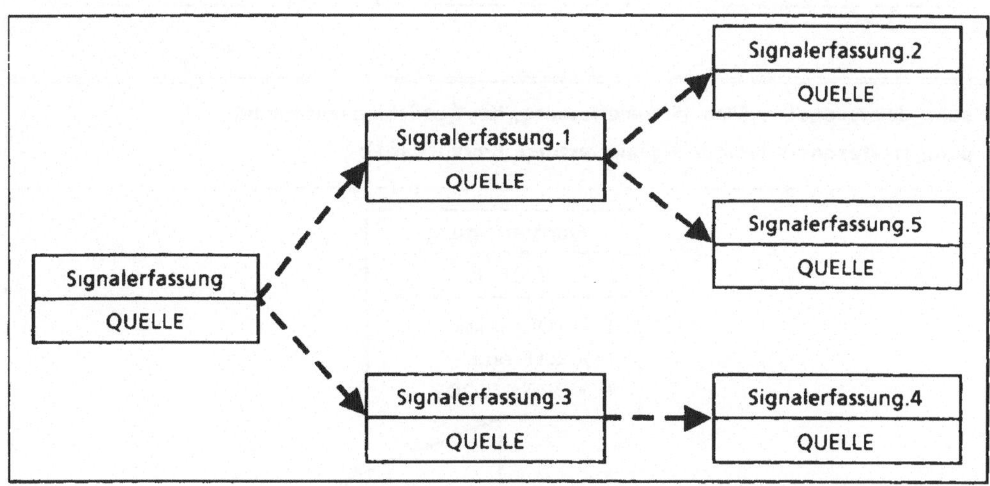

Abb. 1.2-1. Versionsbaum

1.2.2 Versionen und strukturierte Objekte

Bei der Ableitung von Versionen einfacher Objekte wird das strukturierte Objekt, dessen Teil das einfache Objekt ist, nicht verändert. Gewünschte typkonforme strukturelle Veränderungen kann der Anwender wie gewohnt mit Hilfe der entsprechenden *PRODAT*-Operationen durchführen. Die graphische Darstellung in Abb. 1.2-2 soll dies verdeutlichen.

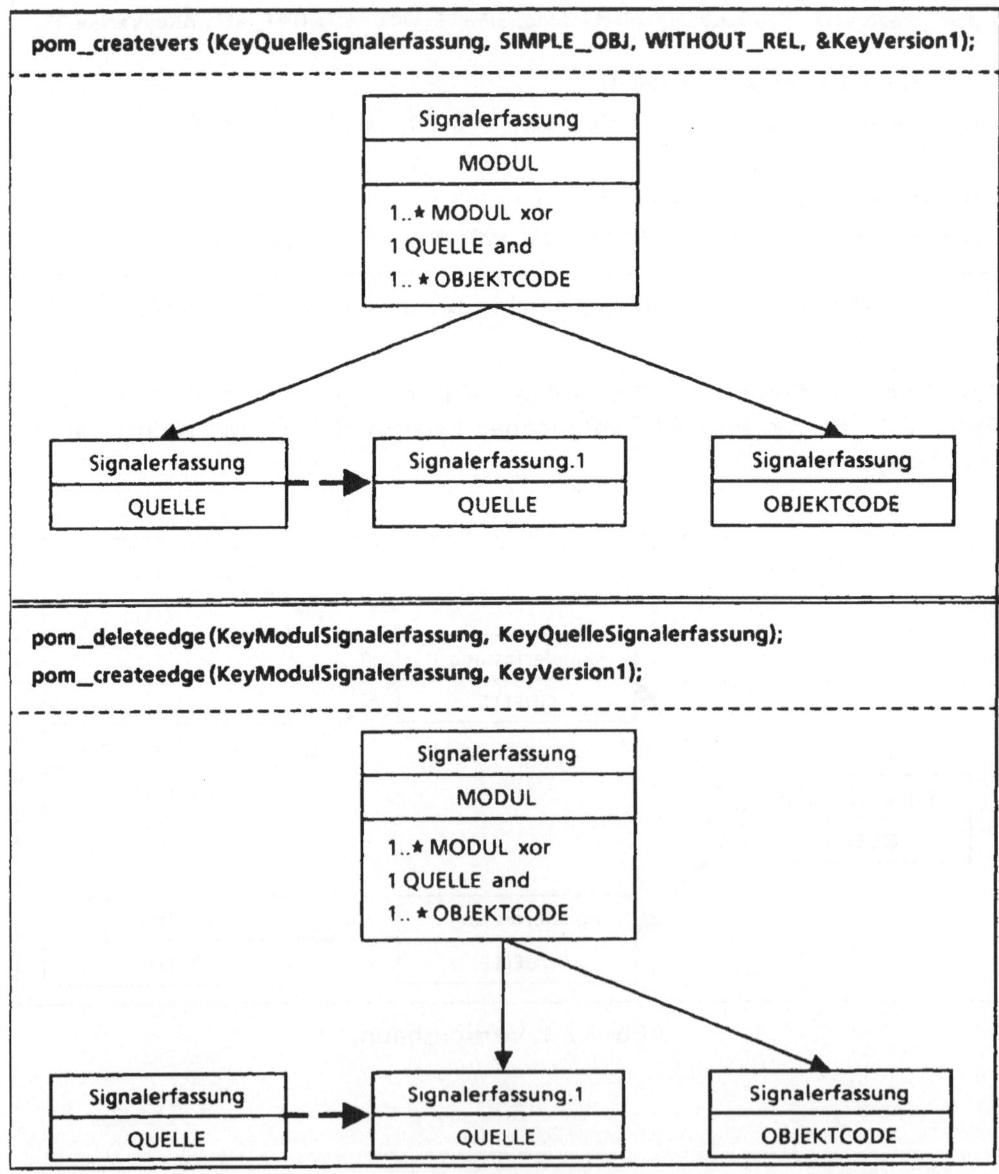

Abb. 1.2-2. Versionen einfacher Objekte in strukturierten Objekten

Im Anschluß an die Erzeugung der Version "Signalerfassung.1" vom Typ QUELLE ist dieses neue Objekt nicht Teil des strukturierten Objekts "Signalerfassung" vom Typ MODUL. Soll die neue Version in dem strukturierten Objekt verwendet werden, ist zunächst die Kante zur "Signalerfassung" vom Typ QUELLE zu löschen und eine neue Kante zur "Signalerfassung.1" vom Typ QUELLE festzulegen.

Die Operation *pom_createvers* ist ebenfalls für freigegebene *strukturierte* Objekte definiert. Sie erzeugt eine Kopie des strukturierten Objekts und hängt alle betroffenen einfachen Objekte, wie bereits oben beschrieben, in ihren jeweiligen Versionsbaum ein. Zusätzlich kann der Anwender beim Aufruf darüber entscheiden, ob Benutzerrelationen ebenfalls in die neue Version des strukturierten Objekts übernommen werden sollen.

Das gleiche Ergebnis kann erreicht werden mit einer Folge von Operationen zur Erzeugung von Versionen einfacher Objekte verbunden mit der Erzeugung von Kanten und der Kopie von Benutzerrelationen.

Die Abb. 1.2-3 veranschaulicht das Ergebnis der Operation *pom_createvers*, angewandt auf das Objekt "Signalerfassung" vom Typ MODUL.

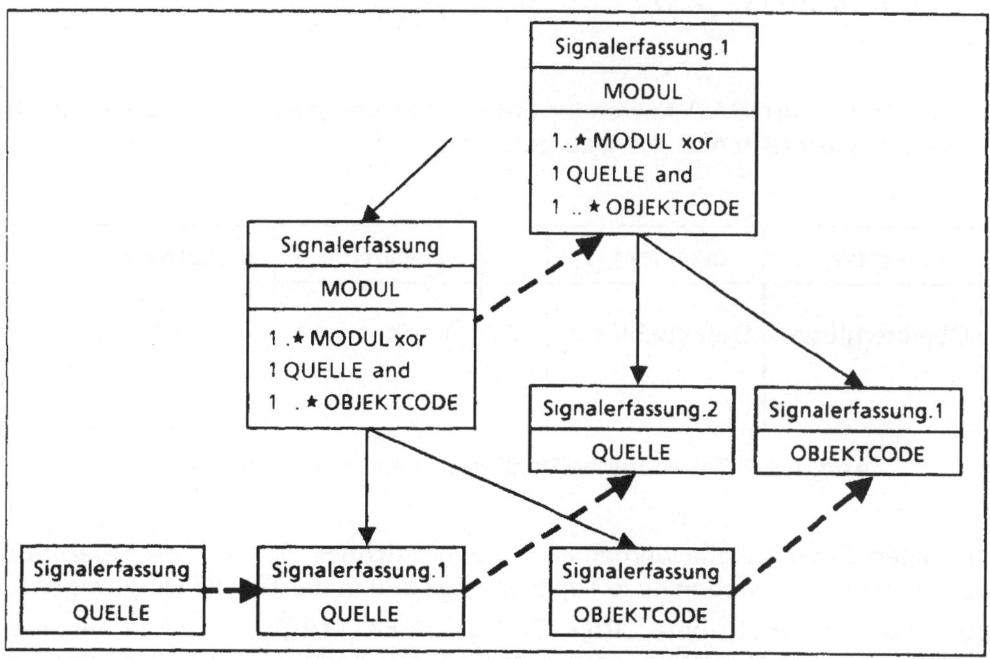

Abb. 1.2-3. Versionen von strukturierten Objekten

1.3 Benutzerrelationen

Der *PRODAT* Anwender hat die Möglichkeit, Abhängigkeiten zwischen einfachen Objekten mit Hilfe von Benutzerrelationen zu beschreiben.

Benutzerrelationen erlauben damit die Festlegung von Beziehungen, die der *PRODAT* Anwender nicht mit Hilfe der strukturdefinierenden Beziehungen modellieren will.

Benutzerrelationen besitzen einen Typ, der in der Schemadefinition zu beschreiben ist (siehe TDL-Syntax in Kap. 8). Im Rahmen der Definition des Relationstyps wird festgelegt

- der Typ der Objekte, zwischen denen die Beziehung besteht
- der Typ der relationsspezifischen Attribute.

Benutzerrelationen werden mit Hilfe der Operation *pom_createrel* erzeugt. Ausgehend von der Typdefinition

```
typedef relation of OBJEKTTYP_1, OBJEKTTYP_2, ... {
    ATTRIBUTTYP_1 a1;
    ATTRIBUTTYP_2 a2;
    ...
} R;
```

kann sich der *PRODAT* Anwender unter einer Benutzerrelation eine Tabelle vorstellen, die wie in Abb. 1.3-0 aufgebaut ist.

OBJEKTTYP_1	OBJEKTTYP_2	...	ATTRIBUTTYP_1	ATTRIBUTTYP_2	...
Objektschlüssel	Objektschlüssel	...	Attributwert	Attributwert	...
...	...	...	...	...	...

Abb. 1.3-0. Tabellarische Darstellung einer Benutzerrelation

Die Zeilen dieser Tabelle werden als Tupel bezeichnet. Mit Hilfe der Operation *pom_createtuple* werden neue Tupel erzeugt und in die Tabelle eingetragen.

Über die Schlüsselattribute OBJEKTTYP_1, OBJEKTTYP_2, ... können anschließend mittels der Operation *pom_gettuples* Anfragen an die Inhalte der Benutzerrelationen formuliert werden.

Die Beziehungen, die aufgrund von Eintragungen in Benutzerrelationen bestehen, werden von den Operationen, die auf strukturierten Objekten definiert sind, berücksichtigt (z.B. *pom_copyobj, pom_deleteobj*). In diesem Zusammenhang ist zu unterscheiden zwischen Tupeln einer Benutzerrelation, die innerhalb, und Tupeln, die teilweise innerhalb eines strukturierten Objekts liegen. Ein Tupel einer Benutzerrelation liegt *innerhalb* eines strukturierten Objekts, wenn alle angesprochenen einfachen Objekte zu dem strukturierten Objekt

```
                /* Definition des Relationstyps AUSFUEHRBAR */
typedef relation of RECHNER, PROGRAMM {
    PERSON Systembetreuer;
    } AUSFUEHRBAR;

        /* Typvereinbarung und Deklaration einer C-Variablen in einem PRODAT- */
  /* Anwendungsprogramm, die ein Tupel des Relationstyps AUSFUEHRBAR repraesentiert */
typedef struct {                              /* Typvereinbarung */
    KEY       Rechner;
    KEY       Programm;
    PERSON    Systembetreuer;
} AUSFUEHRBAR;

AUSFUEHRBAR tupel;                            /* Variablendeklaration */
```

Abb. 1.3-1. Relationstyp und C-Repräsentation

```
pom_createrel         ("db", "AUSFUEHRBAR", "Ausfuehrbar", &KeyAusfuehrbar);

tupel.Rechner     =   KeyRechnerPC16_20;
tupel.Programm    =   KeyProgrammInstandhaltung;
pom_createtuple       (KeyAusfuehrbar, &tupel, &KeyTupel);
init                  (&tupel.Systembetreuer, "Mueller", "Hans");
pom_updatetupleattr   (KeyTupel, &tupel);

tupel.Programm    =   KeyProgrammLeitsystem;
pom_createtuple       (KeyAusfuehrbar, &tupel, &KeyTupel);
pom_updatetupleattr   (KeyTupel, &tupel);

tupel.Programm    =   KeyProgrammProduktionsplanung;
pom_createtuple       (KeyAusfuehrbar, &tupel, &KeyTupel);
init                  (&tupel.Systembetreuer, "Meyer", "Peter");
pom_updatetupleattr   (KeyTupel, &tupel);

tupel.Rechner     =   KeyRechnerPS/2;
tupel.Programm    =   KeyProgrammLeitsystem;
pom_createtuple       (KeyAusfuehrbar, &tupel, &KeyTupel);
pom_updatetupleattr   (KeyTupel, &tupel);

tupel.Programm    =   KeyProgrammQualitaetssicherung;
pom_createtuple       (KeyAusfuehrbar, &tupel, &KeyTupel);
init                  (&tupel.Systembetreuer, "Mueller", "Hans");
pom_updatetupleattr   (KeyTupel, &tupel);

tupel.Programm    =   KeyProgrammProduktionsplanung;
pom_createtuple       (KeyAusfuehrbar, &tupel, &KeyTupel);
init                  (&tupel.Systembetreuer, "Meyer", "Peter");
pom_updatetupleattr   (KeyTupel, &tupel);
```

Abb. 1.3-2. Erzeugung von Tupeln einer Benutzerrelation

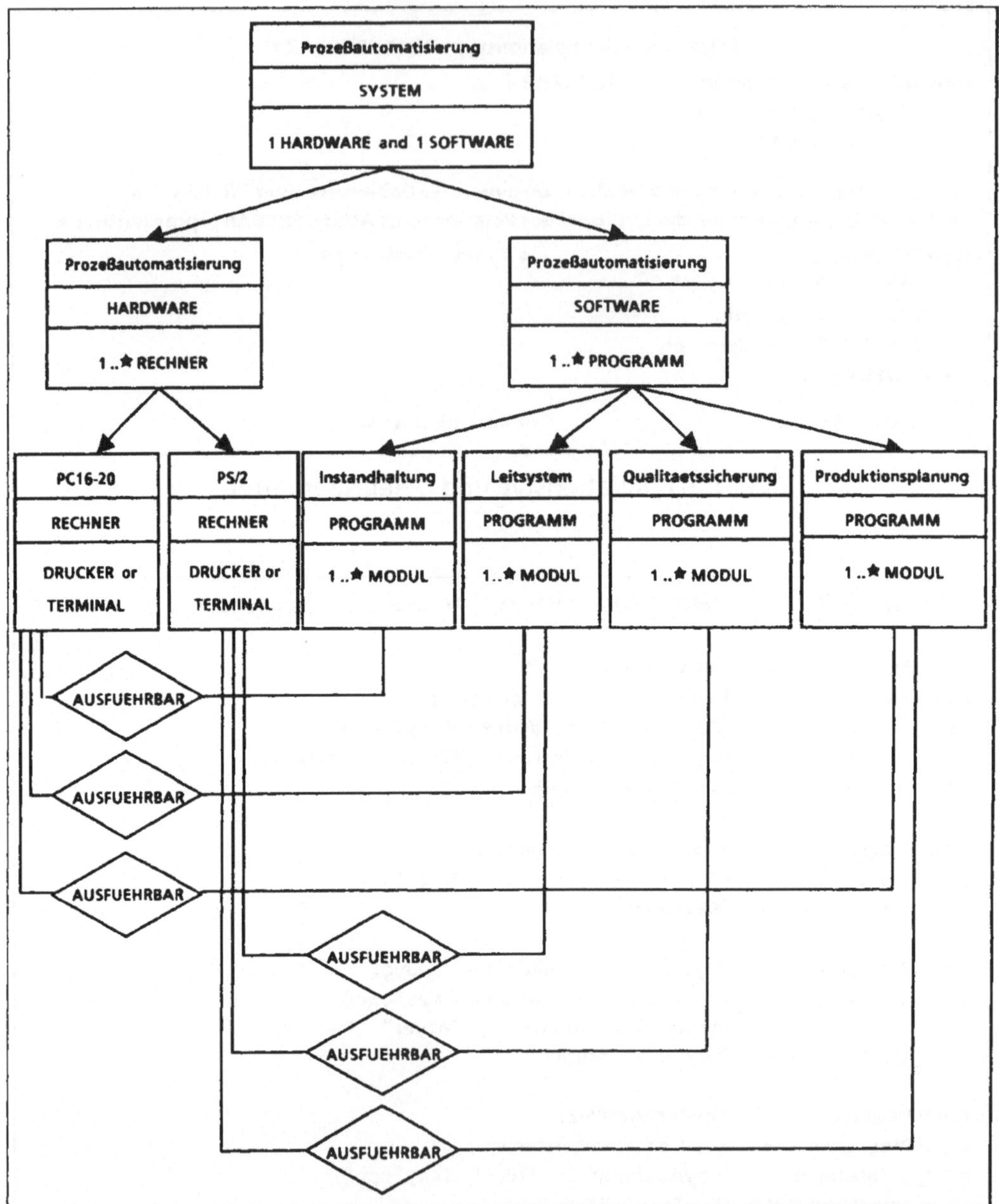

Abb. 1.3-3. Das strukturierte Objekt "Prozeßautomatisierung" mit einer Benutzerrelation

gehören. Ein Tupel einer Benutzerrelation liegt *teilweise innerhalb* eines strukturierten Objekts, wenn mindestens ein angesprochenes Objekt zu dem strukturierten Objekt und mindestens ein angesprochenes Objekt nicht zu dem strukturierten Objekt gehört.

Beim Kopieren werden nur die Tupel kopiert, die innerhalb des zu kopierenden Objekts liegen. Beim Löschen werden sowohl die innerhalb als auch die teilweise innerhalb liegenden Tupel gelöscht.

Das folgende Beispiel bezieht sich wieder auf das in Kap. 1.0.4 eingeführte strukturierte Objekt.

Neben den bereits bekannten Objekten "Instandhaltung" und "Leitsystem" vom Typ PROGRAMM werden zusätzlich die Objekte "Qualitaetssicherung" und "Produktionsplanung" eingeführt, ebenfalls vom Typ PROGRAMM.

Die Situation ist nun so, daß bestimmte Programme nur auf bestimmten Rechnern ablauffähig sind. Dieser Umstand soll mit Hilfe einer Benutzerrelation beschrieben werden. Zunächst ist eine geeignete Definition des Relationstyps anzugeben (siehe Abb. 1.3-1).

Die Tupel der Relation werden im Anwendungsprogramm durch eine Datenstruktur repräsentiert, wie sie ebenfalls in Abb. 1.3-1 dargestellt wird.

Im Anschluß an die Generierung der Relation können konkrete Beziehungen – repräsentiert durch verschiedenwertige Tupel – in die Relation eingetragen werden (siehe Abb. 1.3-2).

Das strukturierte Objekt "Prozeßautomatisierung" einschließlich der Benutzerrelation, die beschreibt, welche Programme auf welchen Rechnern ablauffähig sind, ist in Abb. 1.3-3 dargestellt.

Die Benutzerrelation in Tabellenform ist in Abb. 1.3-4 dargestellt.

RECHNER	PROGRAMM	SYSTEMBETREUER	
KeyRechnerPC16_20	KeyProgrammInstandhaltung	Mueller	Hans
KeyRechnerPC16_20	KeyProgrammLeitsystem	Mueller	Hans
KeyRechnerPC16_20	KeyProgrammProduktionsplanung	Meyer	Peter
KeyRechnerPS_2	KeyProgrammLeitsystem	Meyer	Peter
KeyRechnerPS_2	KeyProgrammQualitaetssicherung	Mueller	Hans
KeyRechnerPS_2	KeyProgrammProduktionsplanung	Meyer	Peter

Abb. 1.3-4. Tabellarische Darstellung der Relation "AUSFUEHRBAR"

Anfragen an die Benutzerrelation lassen sich über die Schlüsselattribute formulieren (siehe Abb. 1.3-5).

```
/* Bestimme alle Rechner, auf denen die "Instandhaltung" ausfuehrbar ist: */
tupel.Rechner      =   KEY_UNDEF;
tupel.Programm     =   KeyProgrammInstandhaltung;
pom_gettuples      (KeyAusfuehrbar, &tupel, &tupelkeylist);

/* Bestimme alle Programme, die auf dem "PC16-20" ausfuehrbar sind: */
tupel.Rechner      =   KeyRechnerPC16_20;
tupel.Programm     =   KEY_UNDEF;
pom_gettuples      (KeyAusfuehrbar, &tupel, &tupelkeylist);
```

Abb. 1.3-5. Anfragen an die Benutzerrelation

1.4 Schlüssel

Der *PRODAT*-Anwender spricht Objekte, Konfigurationen und Relationen über eine lesbare Bezeichnung an, die aus der Kombination

- Datenbasisname
- Typname
- Objekt-, Konfigurations- oder Relationsname
- Extension

gebildet wird.

Sämtliche Datenbasisnamen sowie sämtliche Typnamen einer Datenbasis müssen paarweise verschieden sein. Die Namen von Objekten, Konfigurationen oder Relationen des gleichen Typs können dagegen gleich sein. *PRODAT* sorgt automatisch durch die Vergabe entsprechender Extensions dafür, daß die lesbare Bezeichnung immer eindeutig bleibt.

Bei der Erzeugung eines Objekts, einer Konfiguration oder einer Relation wird diese lesbare Bezeichnung auf einen eindeutigen internen Schlüssel abgebildet, dessen programmiertechnische Realisierung dem *PRODAT*-Anwender nicht bekannt ist. Ausschließlich dieser Schlüssel kann anschließend zur direkten Ansprache des Objekts, der Konfiguration oder der Relation verwendet werden.

Zur Abbildung von Schlüsseln auf lesbare Bezeichnungen und umgekehrt sowie zur Umbenennung stehen entsprechende *PRODAT*-Operationen zur Verfügung.

Die Operation *pom_nametokey* liefert bei einer unvollständigen Qualifikation der lesbaren Bezeichnung eine Liste passender Schlüssel zurück und kann damit benutzt werden, um beispielsweise alle Objekte eines bestimmten Typs oder alle Objekte mit einem bestimmten Namen aufzufinden.

2 Datenbasen

2.0 *Begriff und Zweck*

Eine Datenbasis wird in *PRODAT* als eine Menge von Anfangsobjekten definiert. Datenbasen stellen die größten logischen Einheiten innerhalb von *PRODAT* dar. Sie dienen dazu, logisch zusammengehörende Daten zusammenzufassen und gemeinsam zu verwalten. So können alle Daten, die ein bestimmtes Projekt betreffen, in einer Datenbasis abgelegt oder auch Bibliotheken in Datenbasen zusammengefaßt werden.

PRODAT kann mehrere Datenbasen gleichzeitig verwalten, diese werden über ihren Namen, der systemweit eindeutig ist, identifiziert.

Es wird zwischen ***globalen Datenbasen*** und ***Arbeitsdatenbasen*** unterschieden. Eine Arbeitsdatenbasis stellt einen Auszug aus globalen Datenbasen dar. Alle Typen der globalen Datenbasen sind in der Arbeitsdatenbasis bekannt. Es ist nicht zulässig in einer Arbeitsdatenbasis neue Typen zu definieren.

Es ist möglich, Beziehungen zwischen Objekten über Datenbasisgrenzen hinweg einzurichten. Grundsätzlich gilt hierbei allerdings, daß referentielle Integrität beim Eintragen von Beziehungen über Datenbasisgrenzen hinweg nicht gewährleistet wird. Dies bedeutet beispielsweise, daß die Beziehung zu einem Objekt in einer anderen Datenbasis fälschlicherweise noch erhalten bleiben kann, auch wenn es bereits gelöscht wurde.

Beziehungen über Datenbasisgrenzen hinweg können mit Hilfe der Operation *pom_createedge* sowie *pom_createobj* eingerichtet und mit Hilfe der Operation *pom_deleteedge* und *pom_deleteobjforce* wieder gelöscht werden. Ansonsten gilt jedoch der Grundsatz, daß alle Operationen datenbasislokal wirken.

2.1 *Transferieren von Objekten zwischen Datenbasen*

Objekte können mit Hilfe der Operationen *pom_checkout, pom_checkin* und *pom_copyobj* zwischen verschiedenen Datenbasen transferiert werden.

Mit Hilfe der Operation *pom_copyobj* kann ein Objekt von einer globalen Datenbasis in eine andere globale Datenbasis kopiert werden. Original und Kopie werden aus der Sicht von *PRODAT* als eigenständige Objekte betrachtet und können somit auch eigenständig manipuliert werden.

Die Operation *pom_checkout* bewirkt ein Auslagern von Objekten aus einer globalen Datenbasis in eine Arbeitsdatenbasis. *pom_checkout* kann mit Schreib- oder Leseanforderung aufgerufen werden. Bei *pom_checkout* mit Schreibanforderung wird das Objekt in der globalen Datenbasis gegen alle Änderungsoperationen gesperrt – es kann somit nur noch lesend in der globalen Datenbasis darauf zugegriffen werden.

Die Operation *pom_checkin* bewirkt den Rücktransfer von Objekten aus einer Arbeitsdatenbasis in die betreffende globale Datenbasis. Wurde das Objekt bei *pom_checkout* mit Schreibanforderung ausgelagert, werden Änderungen, die in der Arbeitsdatenbasis erfolgten, in die globale Datenbasis eingebracht. Die Operation *pom_checkin* wird in der globalen Datenbasis mit anderen Zugriffen auf die betreffenden Objekte synchronisiert.

3 Archivierung

3.0 Zielsetzung

Die großen Mengen von Daten, die speziell beim Entwurfsprozeß anfallen – man denke nur an die zahlreichen Versionen –, lassen die Integration einer Archivierungskomponente in die Datenhaltung ratsam erscheinen. So verwenden z.B. Katz und Lehman in [KaLe-84] ein Archiv, um Versionen automatisch zu archivieren. Sie setzen das Archiv als Speichererweiterung auf der physikalischen Ebene ein. In *PRODAT* hingegen wird das Archiv als ein Speicher mit speziellen Eigenschaften gesehen und ist daher für den Anwender sichtbar und manipulierbar. Folgende Anforderungen an die Archivierungskomponente wurden in Betracht gezogen:

- **Integration**: Das Archiv soll sich harmonisch in die Gesamtfunktionalität des Systems einfügen. Dazu gehört beispielsweise, daß in Einheiten des zugrundeliegenden Objektmodells archiviert wird (im Gegensatz zu einem bloßen Dump der Datenbank-Dateien) und daß die normalen Zugriffsoperationen auf das Archiv anwendbar sind.
- **Datenaustausch zwischen Rechnern**: Die Archive sollen nicht nur auf dem Rechner, auf dem sie erstellt wurden, verarbeitbar sein.
- **Langfristige Aufbewahrung**: Auf dem Archivmedium darf auch bei langfristiger Lagerung (z.B. einige Jahrzehnte) kein Datenverlust auftreten.
- **Datensicherheit und Datenschutz**: Die Daten werden durch die Offline-Ablage an einem vom Rechner getrennten Ort sowohl vor illegalem Zugriff als auch vor physikalischer Zerstörung beispielsweise bei einem Brand am Rechner geschützt.
- **Speichererweiterung**: Durch die Auslagerung von Daten aus dem Sekundärspeicher erhöht sich die Gesamtkapazität des Systems. Die Daten sollen jedoch weiterhin online verfügbar, schnell zugreifbar und änderbar sein. Um den zusätzlichen Verwaltungsaufwand zu rechtfertigen, sollte der Zusatzspeicher mindestens von der Größenordnung des schon vorhandenen Sekundärspeichers sein.
- **Preisgünstiges Medium**: Die Anschaffungs- und Aufbewahrungskosten sollen möglichst niedrig sein. Letzteres bedeutet vor allem kleine Abmessungen und mechanische Robustheit.

Leider sind diese Anforderungen nicht nur schwer vereinbar, manche widersprechen einander sogar. So erwartet man von einer Speichererweiterung, daß sich der Zugriff auf Objekte nicht nennenswert verlangsamt – wogegen ein Archivmedium bei Offline-Ablage unter Umständen erst von Hand ins Gerät eingelegt werden muß. Es gilt daher, die verschiedenen Forderungen zu gewichten und einen vernünftigen Kompromiß zu finden.

Im Konzept der *PRODAT*-Archivierung wird größter Wert auf den Integrationsaspekt gelegt. Das bedeutet, daß die normalen *PRODAT*-Operationen bei eingebundenem Archivmedium ohne Einschränkungen auf archivierte Objekte anwendbar sind. Aber auch bei nicht eingebundenem Archiv können gewisse Informationen noch abgefragt werden.

Dem Datenaustausch wird nur deswegen Rechnung getragen, weil zumindest bei einem Rechnerausfall die Archive auf ein anderes System übertragbar sein müssen. Ansonsten bedeutet Archivierung eine *Entnahme* von Daten aus dem System, während beim Datenaustausch im allgemeinen ein *Kopieren* der Daten erwünscht ist. Ein allgemeiner Datenaustausch ist daher nicht Aufgabe der Archivierung. Auch das Archivieren auf Datenträgern, die nicht vom eigenen System stammen, wird nicht zugelassen.

Die Forderung nach langfristiger Konservierung der Daten betrifft die Archivierungs-Hardware. Magnetische Datenträger haben den Nachteil, daß nach ungefähr eineinhalb Jahren ein Wiederauffrischen der gespeicherten Daten nötig ist. Nun gibt es seit einiger Zeit optische Speichersysteme auf dem Markt [AWV-88], [BCL-86], die sich unter anderem durch eine sehr lange Lebensdauer der gespeicherten Daten auszeichnen (Persistenz mindestens 30 Jahre). Aus diesem Grund ist für die *PRODAT*-Archivierung – unbeschadet einer geräteunabhängigen Implementierung – die optische Platte als Archivmedium vorgesehen. Als zusätzliche Vorteile bietet sie eine sehr hohe Speicherkapazität (1 Gigabyte pro Plattenseite) und eine stark verringerte mechanische Empfindlichkeit bei einem sehr günstigen Preis. Die gegenwärtig verfügbaren optischen Platten erlauben allerdings nur einmaliges Beschreiben (*WORM* – write once, read many).

Aus den Eigenschaften optischer Datenträger ergibt sich auch, daß der Aspekt der Speichererweiterung von der optischen Platte gut abgedeckt wird: die Auslagerung von Daten aus dem Sekundärspeicher in ein Archiv, das pro einliegendem Datenträger 1 Gigabyte Fassungsvermögen besitzt, bedeutet eine signifikante Speicherentlastung.

Bezüglich Datenschutz und Datensicherheit werden keine weitergehenden Mechanismen angeboten, als die Offline-Lagerung an sich schon darstellt.

3.1 Organisation des Archivs

Das Archiv besteht aus beliebig vielen Datenträgern (z.B. optischen Platten), auf die mittels beliebig vieler Geräte (hier: Plattenlaufwerke) zugegriffen werden kann. Jeder Datenträger wird durch einen systemweit eindeutigen Namen, sein Label, identifiziert. Das Label wird bei der Initialisierung des Datenträgers vom Anwender festgelegt; danach kann es – bei einliegendem Datenträger – jederzeit abgefragt werden. Zweck des Labels ist es, den Datenträger zu bezeichnen, auf dem ein Objekt archiviert ist.

Vor einem Zugriff auf ein Offline-Medium muß dieses mit einem eigenen *PRODAT*-Aufruf *pom_mountarchive* ins System eingebunden werden; nach dem Lösen des Archivmediums aus dem System mittels *pom_unmountarchive* ist bis auf die weiter unten beschriebenen Ausnahmen kein Zugriff mehr möglich.

Änderungen an bereits archivierten Objekten sind nicht mehr zugelassen. Allerdings sind Ergänzungen möglich. Ein Grund für diese Einschränkung liegt darin, daß Daten auf optischen Platten nicht mehr änderbar sind. Eine Simulation von Änderbarkeit per Software wurde als zu aufwendig erachtet. Darüberhinaus dient das Archiv bestimmungsgemäß dem Konservieren eines erreichten Entwicklungszustands; Ändern im Archiv widerspricht dieser Philosophie.

Bei Archiven, die auf anderen Rechnern erstellt wurden, kann es zu Namensgleichheiten bei Label und Datenbasisnamen mit eigenen Archiven kommen. Um eine derartige Situation zu erkennen, wird dem Label eine vor dem Benutzer verborgene eindeutige Kennung angefügt.

Fremdarchive können wie die eigenen gelesen werden, solange keine Namenskonflikte bei den Datenbasen auftreten. Erkennt *PRODAT*, daß ein Fremdarchiv einliegt, dann liefert es bei der Operation *pom_getallarchives* anstelle des Labels einen Alias-Namen, und zwar den Namen des betreffenden Geräts, in dem der Datenträger einliegt. Der Alias-Name wird anstelle des eigentlichen Labels verwendet; auf letzteres ist kein Zugriff möglich.

Des weiteren kann bei einem Fremdarchiv eine Namensgleichheit mit eigenen Datenbasen auftreten. In diesem Fall benutzt *PRODAT* anstelle des fremden Namens, der wiederum verborgen bleibt, einen leicht abgeänderten und stellt so wieder Eindeutigkeit her.

3.2 Archivierungs-Einheiten

3.2.0 Allgemeines

In diesem Kapitel werden die Einheiten der Archivierung näher betrachtet. Dies sind im wesentlichen die Einheiten des Objektmodells, also einfache Objekte, strukturierte Objekte, Versionen, Konfigurationen und Datenbasen. Benutzerrelationen werden nur mit Datenbasen archiviert.

Objekte im Archiv müssen in jedem Fall freigegeben sein. Damit soll erstens ein bestimmtes Benutzerverhalten erzwungen werden (Archivieren von nicht mehr so häufig gebrauchten Daten, soweit möglich in größeren Einheiten); zum anderen wird damit auf konzeptueller Ebene plausibel gemacht, daß Änderungen im Archiv nicht zugelassen werden.

Ein weiterer zentraler Punkt ist die Vollständigkeit der Daten im Archiv (nicht zu verwechseln mit der Entwurfsvollständigkeit eines Objekts). Darunter ist zu verstehen, daß mit einem Objekt die gesamte Information abgelegt wird, die es in der Datenbasis beschreibt. Die Vollständigkeit ist zwingende Voraussetzung dafür, daß Archive zwischen Rechnern austauschbar sind.

Ein wichtiger Gedanke hinter dem gesamten Vorgehen ist die *inkrementelle Archivierung*: Strukturierte Objekte können stückweise archiviert und später im Archiv ergänzt werden; trotzdem bilden sie im Archiv immer eine logische Einheit. Dasselbe gilt für Datenbasen. Auch wenn ihre Objekte einzeln archiviert wurden (was der Regelfall sein dürfte), liegt die Datenbasis nach ihrer Archivierung als Ganzes auf dem Archivmedium.

Die folgenden Abschnitte behandeln die Archivierungseinheiten im einzelnen.

3.2.1 Archivierung von einfachen und strukturierten Objekten

Mit der Operation *pom_archiveobj* wird ein einfaches oder strukturiertes Objekt ins Archiv geschrieben.

Zuerst soll die Archivierung einfacher Objekte erläutert werden.

In das Archiv kommen alle relevanten Daten:

- Der Objektschlüssel,
- der vollständige Name bestehend aus Datenbasis-, Objekttyp-, Objektname und Extension,
- alle Attribute sowie der Inhalt (falls vorhanden),
- jede zu diesem Objekt führende Beziehung, falls der zugehörige Vorgänger bereits archiviert ist,
- jede von diesem Objekt ausgehende Beziehung, falls der zugehörige Nachfolger bereits archiviert ist,
- jede dieses Objekt referenzierende Versionsbeziehung, falls die zugehörige andere Version bereits archiviert ist,
- alle Statusinformationen (z.B. Zeitpunkt der letzten Änderung, Versionsstatus),
- alle benötigten Typdefinitionen.

In der Datenbasis bleiben die Typdefinitionen, alle Beziehungen und Versionsbeziehungen sowie eine "Hülle" des einfachen Objekts erhalten. Die Hülle dient unter anderem dazu, die Traversierung zu eventuell noch nicht archivierten Nachfolgern zu ermöglichen. Sie enthält nur noch den Objektschlüssel, den anwendervergebenen Objektnamen, den Archivierungsstatus sowie das Label des Datenträgers, auf dem das Objekt archiviert ist.

Welche Auswirkungen hat diese Redundanz auf die Entwurfsvollständigkeit? In der Datenbasis keine, da hier Beziehungen zwischen Objekten erhalten bleiben, womit die Vollständigkeitsaussage weiterhin gültig bleibt. Im Archiv kann die Nachfolgermenge eines Objekts unvollständig sein, obwohl das Objekt selbst freigegeben, also eigentlich vollständig ist. Allerdings merkt der Anwender beim Zugriff auf das Objekt nichts, da *PRODAT* aus Datenbasis und Archiv eine einheitliche Sicht erzeugt. In Erscheinung tritt die Entwurfs-Unvollständigkeit erst, wenn das Archiv auf einem Fremdrechner gelesen wird. Diese Einschränkung wird bewußt in Kauf genommen, da – wie am Anfang erläutert – der Datenaustausch nicht Aufgabe der Archivierung ist.

Die Archivierung strukturierter Objekte ist äquivalent zur schrittweisen Archivierung aller einfachen Objekte, die Bestandteil des strukturierten Objekts sind.

3.2.2 Archivierung von Versionen

Es gibt keine eigene Funktion zur Archivierung von Versionen, da jede Version gleichzeitig ein normales Objekt ist und daher auch als solches archiviert werden kann.

Auch die Versionsbeziehungen werfen keine neuen Probleme auf. Sie werden genau wie die normalen Beziehungen in der Datenbasis redundant gehalten, um den Zusammenhang des Versionsgraphen zu wahren. Damit ist sichergestellt, daß die entsprechenden Traversierungsoperationen immer anwendbar sind.

3.2.3 Archivierung von Konfigurationen

Konfigurationen setzen sich aus Referenzen auf Teile eines strukturierten Objekts und zusätzlichen konfigurationsspezifischen Informationen zusammen. Letztere bestehen aus

- dem Konfigurationsschlüssel,
- dem vom Anwender vergebenen Namen, bestehend aus Datenbasis-, Konfigurationstyp-, Konfigurationsname und Extension,
- den konfigurationsspezifischen Attributen,
- allen relevanten Statusinformationen sowie
- allen benötigten Typdefinitionen.

Die Archivierung von Konfigurationen ist konzeptuell aufwendiger [BaKö-88], da Konfigurationen aus logischer Sicht Objekte referenzieren, aber nicht tatsächlich enthalten. Es kann daher vorkommen, daß ein Objekt Bestandteil mehrerer Konfigurationen ist. Einerseits müssen die Objekte einer Konfiguration archiviert werden (sonst wäre das Archiv unvollständig), andererseits müssen sie auch in der Datenbasis weiterhin verfügbar sein, falls nicht-archivierte Konfigurationen auf sie Bezug nehmen (sonst wäre die Datenbasis unvollständig). Aus diesem Grund legt das System bei der Archivierung von Konfigurationen die betroffenen Objekte redundant ab: Sowohl im Archiv als auch in der Datenbasis sind alle benötigten Objekte präsent. Wenn *pom_focusconf* aktiv ist, sind die betroffenen Objekte aus Sicht des Anwenders mit dem Status *is_archived* versehen; andernfalls ist der Status *is_archived* nicht gesetzt, so daß nur die konfigurationsspezifischen Informationen archiviert erscheinen. Das hat den Vorteil, daß dieses Teilobjekt auch noch mit anderen Konfigurationen und auf anderen Medien archiviert werden kann. Die Redundanz ist unkritisch, da keines der beteiligten Objekte noch geändert werden darf. Beim Löschen des Teilobjekts im Sekundärspeicher bleibt das Archiv unbeeinflußt, so daß danach nur noch die archivierte Instanz existiert.

3.2.4 Archivierung von Datenbasen

Die Archivierung von Datenbasen wird definiert als die Archivierung sämtlicher darin enthaltener Datenelemente. Als Folge ergibt sich, daß eine Datenbasis nur dann archiviert werden kann, wenn sämtliche Objekte in ihr freigegeben sind. Die Datenbasis ist anschließend "eingefroren", d.h. es können weder neue Typen definiert noch neue Objekte eingebracht werden.

Im Sekundärspeicher ist danach nur noch der Name der Datenbasis und das Label des entsprechenden Archivmediums verfügbar.

Arbeitsdatenbasen sind grundsätzlich nicht archivierbar, da sie nur einen temporären Charakter haben.

3.3 Zugriff auf das Archiv

3.3.0 Statusinformationen

Der Status *is_archived* kennzeichnet den Archivierungsstatus von einfachen Objekten und Konfigurationen. Dieser Status kann jederzeit abgefragt werden.

Ist das zugehörige Archivmedium im Moment nicht eingebunden, dann ist auch nur eingeschränkter Zugriff möglich (siehe weiter unten); andernfalls sind alle Operationen möglich, die auf normalen freigegebenen Objekten auch zulässig sind.

Das Systemattribut, das den Zeitpunkt des letzten Zugriffs auf ein Objekt angibt, erhält im Kontext der Archivierung eine etwas geänderte Bedeutung: Es enthält für archivierte Objekte den Zeitpunkt, zu dem sie ins Archiv übernommen wurden. Der Grund für diese etwas geänderte Interpretation liegt darin, daß im Archiv auch an den Statusattributen der Objekte keine Änderungen mehr möglich sind.

3.3.1 Zugriff bei eingebundenem Archiv

Nachdem ein Archivmedium eingebunden worden ist, können alle diejenigen *PRODAT*-Operationen auf die archivierten Objekte angewandt werden, die nur Lesezugriffe auf die Daten erfordern. Dabei entscheidet *PRODAT* selbständig, ob die Daten aus dem Archiv oder aus der Datenbasis zu lesen sind

– Archiv und Datenbasis bilden aus der Sicht der Leseoperationen einen einzigen Speicherbereich.

Änderungen an Archivobjekten sind nur über die Erzeugung neuer Versionen möglich; diese liegen im Sekundärspeicher und sind zunächst nicht freigegeben, können also beliebig manipuliert werden.

Selbstverständlich ist der Zugriff auf archivierte Objekte entsprechend verlangsamt. Wird großer Wert auf Performance gelegt, so muß das Objekt mittels *pom_checkout* (und *read*-Sperre!) in eine Arbeitsdatenbasis übertragen werden.

3.3.2 Zugriff bei nicht eingebundenem Archiv

Einige Informationen über archivierte Objekte werden im Sekundärspeicher redundant gehalten und sind daher jederzeit verfügbar:

- Die Label der im System bekannten Archivmedien.
- Die Namen aller vollständig archivierten Datenbasen mit dem Label des zugehörigen Archivdatenträgers.
- Zu allen vollständig archivierten Datenbasen die Hüllen (vgl. Kap. 3.2.1) aller Anfangsobjekte sowie aller Einstiegsobjekte zu anderen Datenbasen.
- Zu jeder nicht vollständig archivierten Datenbasis die Hüllen, Beziehungen und Versionsbeziehungen aller archivierten Objekte und Konfigurationen.

4 Zugriffsrechte

Zugriffsrechte dienen dem Schutz von Daten des Datenhaltungssystems. Sie sollen verhindern, daß Daten unbeabsichtigt zerstört – d.h. gelöscht oder überschrieben – und durch nicht autorisierte Benutzer bearbeitet werden. Zugriffsrechte regeln, in welcher Weise der einzelne Benutzer auf in *PRODAT* gespeicherte Objekte zugreifen darf.

In *PRODAT* wird ein *positives Schutzsystem* realisiert, d.h. alles, was nicht explizit erlaubt ist, ist verboten.

Ziel eines Schutzsystems für ein Datenbanksystem muß es sein, die selektive Benutzung gemeinsamer Daten zu gestatten und dabei gleichzeitig durch abgestufte Zugriffsrechte die Benutzung und Manipulation dieser Daten zu beschränken. Das Schutzkonzept soll dem Benutzer nur Zugriff zu solchen Daten mit den notwendigen Verfügungsrechten erlauben, die er zur Lösung seiner konkreten Anwendung benötigt. Dieses "need-to-know"-Prinzip erfordert als zu schützende Objekte hinreichend kleine Datengranulate. Deshalb werden als Datengranulate auch keine Dateien, sondern *PRODAT*-Objekte verwendet. Dadurch wird der Schutz der *logischen* und nicht der *physikalischen* Objekte erreicht.

Als weitere grundsätzliche Entscheidung wird ein *wertunabhängiges Zugriffskontrollverfahren* realisiert, d.h. der Zugriff auf Objekte ist – ohne die Zugriffsrechte zu verändern – entweder immer möglich oder immer unmöglich.

Ein wertabhängiges Verfahren erscheint für ein Datenhaltungssystem in einem Entwurfs- und Softwareproduktionssystem nicht notwendig. Wertabhängig heißt, die Zugriffsrechte an Objekten müssen immer anhand von Werten bestimmter Attribute geprüft werden (beispielsweise darf ein Mitarbeiter nur Informationen über Projekte lesen, wenn deren Budget kleiner als 200.000 DM ist). Damit kann ein Benutzer zeitweise Rechte an einem Objekt haben und – ohne daß seine Zugriffsrechte verändert wurden – durch Veränderungen von Attributwerten plötzlich keine Zugriffsrechte mehr haben.

Das Schutzverfahren soll weiterhin ein *dynamisches Autorisierungsschema* realisieren, d.h. der Besitzer eines Objekts kann Rechte weitergeben und sie auch wieder entziehen.

Festzulegen ist noch, welche "Rechte" an einem Objekt existieren sollen. Eine Beschränkung der verfügbaren Zugriffsrechte auf "read", "write", "delete" und "execute" ist dem *PRODAT*-Datenmodell nicht angemessen. Die Menge der Operationen, die gleichzeitig erlaubt würden, wäre zu groß. Die Vergabe eines Rechtes für jede Operation wäre wiederum zu detailliert und damit zu aufwendig. Deshalb ist zwischen beiden Möglichkeiten ein vernünftiger Kompromiß zu finden. Bei *PRODAT* werden daher die Operationen zu Gruppen zusammengefaßt und Rechte für diese Gruppen vergeben.

Ferner soll unterschieden werden zwischen Rechten, die jeder Besitzer an seinen Objekten hat, und Rechten (z.B. zur Durchführung der Archivierungsoperation oder der Freigabeoperation), die – da sie den Gesamtsystemzustand betreffen – nur einer ausgezeichneten Institution, z.B. dem Systemverwalter oder der Qualitätssicherungsgruppe, zur Verfügung stehen sollten.

Die Operation *pom_getrights* ermöglicht es festzustellen, welche Rechte ein Benutzer an einem Objekt hat.

Unterschieden werden sollen folgende Arten von Zugriffsrechten:

- Generierungsrecht
- Leserecht
- Schreibrecht
- Löschrecht
- Wiederverwendungsrecht
- Freigaberecht
- Transferrecht (Übertragen in andere Datenbasen und in das Filesystem)
- Recht zum Lesen der Strukturinformation (Navigieren)
- Archivierungsrecht.

Diese Zugriffsrechte stehen untereinander wieder auf unterschiedlichen Ebenen. Einige Rechte implizieren weitere Rechte. Die Tabelle in Abb. 4-0 gibt Aufschluß darüber, welches Recht welche weiteren Rechte einschließt.

Zugriffsrechte

hat Recht / impliziert	Generierung	Lesen	Schreiben	Löschen	Wiederverw	Freigeben	Transfer	Navigieren	Archivierung
Generierung	★			★					
Lesen	★	★	★	★	★	★	★		★
Schreiben	★		★	★			★		
Löschen				★					
Wiederverwendung	★		★		★		★		
Freigeben						★			
Transfer							★		
Navigieren	★	★	★	★	★	★	★	★	★
Archivierung									★

Abb. 4-0. Verträglichkeitsmatrix für Zugriffsrechte

5 Transaktionsverwaltung

5.0 Allgemeines

Die Bearbeitung von *PRODAT*-Objekten im Multiuser/Multitasking-Betrieb ist durch die Transaktionsverwaltung des Datenhaltungssystems sichergestellt. Eine Transaktion wird als Einheit für Recovery (Sicherungsmaßnahmen) und Synchronisation von parallelen Zugriffen betrachtet.

Der Begriff der Transaktion wurde in konventionellen Datenbanksystemen eingeführt (vgl. [Eswa-76], [Gray-78]), um eine Zustandstransformation zu umschreiben. Diese Zustandstransformation besitzt vier in der Literatur gemeinhin anerkannte Eigenschaften:

- **Konsistenz**: Die Transaktion überführt einen als gültig definierten Zustand der Datenbank in einen neuen gültigen Zustand. Ob ein Zustand gültig ist, legen die vorher definierten Integritätsbedingungen fest, die sich zum einen aus der Semantik der abgebildeten Miniwelt und zum anderen aus der Datenkonsistenz (Wertebereichdefinition) ergeben.
- **Atomarität**: Eine Transaktion soll atomar, d.h. vollständig oder garnicht, ablaufen.
- **Persistenz** ist die Forderung nach Beständigkeit. Die Änderungen einer einmal abgeschlossenen Transaktion dürfen nicht verloren gehen.
- **Isolation** schließlich fordert ein paralleles Arbeiten ohne gegenseitige Beeinflussung.

Diese vier Anforderungen soll die Transaktionsverwaltung herkömmlicher Datenbanksysteme durch die drei Komponenten Synchronisation, Recovery und Konsistenzsicherung erfüllen.

PRODAT ist ein Non-Standard-Datenbanksystem, das vor allem Konzepte für Entwicklungsdatenbanken integriert. Daraus resultieren andere, weitergehende Anforderungen an die Transaktionsverwaltung. Ausgehend von diesen Anforderungen wird zunächst die Verwaltung von Mehrbenutzerzugriffen erläutert. Die Transaktionsverwaltung von *PRODAT* ist durch ein Zwei-Schichtenkonzept organisiert. Für die Synchronisation werden auf der Basis des Objektmodells das Sperrprotokoll, die Sperrmodi und die Einheiten für Sperren erklärt. Dynamisch verwaltete Sperren müssen intern mit den statischen Zugriffsrechten an Objekten verträglich sein. Zum Abschluß dieses Kapitels werden dann noch einige Grundprinzipien der *PRODAT* Recoverymaßnahmen vorgestellt. Weitere Einzelheiten zur Sperrenverwaltung sind in [Tönd-88] zu finden.

5.1 Die Transaktionsverwaltung in Entwicklungsdatenbanken

Die Anforderungen an die Transaktionsverwaltung in Entwicklungsdatenbanken unterscheiden sich ganz erheblich von den Anforderungen, die an herkömmliche Datenbanken, wie z.B. Bibliotheksdatenbanken, zu stellen sind. Der Hauptunterschied ist in der Natur des Entwicklungsprozesses begründet, der zum Teil lange und nur schwer automatisch unterbrechbare Zugriffe auf in der Entwicklung befindliche Objekte notwendig macht. Der Begriff der klassischen Transaktion eignet sich daher nicht für ein Basiskonzept in Entwurfsdatenbanksystemen. Einige Transaktionskonzepte aus der Literatur ([Gray-81a], [HaLo-82], [KSUW-85], [NeHo-82]) beinhalten interessante Ansätze für den Einsatz in Entwurfsumgebungen.

Die von der herkömmlichen Transaktion abweichenden Eigenschaften werden im folgenden kurz aufgeführt. Die Transaktion in Entwurfsumgebungen

- ist von langer Dauer. Sie dauert länger als nur Sekunden, sie kann sich sogar über mehrere Terminalsitzungen erstrecken.
- ist nicht atomar. Während einer Transaktion gibt es Zwischenzustände, die in jedem Fall gesichert werden müssen.
- bearbeitet große Datenmengen und komplexe Objekte.
- muß unterbrechbar sein. Diese Unterbrechung ist dann kein *break* mit *undo*-Operation als Folge. Eine *undo*-Operationen würde die seit Transaktionsbeginn durchgeführten Operationen rückgängig machen und überführt die Datenbank wieder in einen konsistenten Zustand. Státtdessen ist die Unterbrechung wie ein *stop* mit späterem *continue* zu verstehen. Während der Unterbrechung können sich die von der Transaktion benutzten Objekte in undefinierten Zuständen befinden.
- fordert mehr bzgl. der Konsistenz als z.B. serielle Ausführung der Aktionen (vgl. Kap. 6).

Entwicklungsprozesse verlaufen zumeist iterativ. Aus der Sicht einer Anwendung/eines Werkzeugs kann es konsistente Zwischenzustände geben, die aus globaler Sicht aber inkonsistent sind. Der Anspruch auf Überführung der Datenbank von einem konsistenten Zustand in den nächsten durch eine einzige Transaktion muß also zu Gunsten des iterativen Entwicklungsprozesses aufgegeben werden. Deshalb ist die Komponente der Konsistenzerhaltung in *PRODAT* nicht mehr der Transaktionsverwaltung unterstellt, sondern ihr gleichgestellt. So gilt z.B. für die Bearbeitung von Bibliotheksobjekten, daß der Abschluß einer Transaktion nicht mehr von dem positiven Ausgang einer Konsistenzprüfung abhängig ist. Allerdings sollte nach der Bearbeitung eines Objekts der Bibliotheksdatenbank eine automatische Konsistenzprüfung vorgenommen werden. Diese hat das Ziel festzustellen, ob eine vom Benutzer definierte Konsistenzeigenschaft noch zutrifft.

5.2 Die Unterscheidung in zwei Transaktionsarten

Die Arbeit der Transaktionsverwaltung wird durch frühzeitige Information über die Möglichkeit eines langen, nicht unterbrechbaren Zugriffs erheblich vereinfacht. Zum einen kann sie mit diesem zusätzlichen Wissen die Synchronisation effizienter gestalten, und zum anderen besteht die Möglichkeit, diese Information den Benutzern zur Verfügung zu stellen.

Da eine Transaktion eine Folge von Datenbankaufträgen ist, die durch Klammern zusammengefaßt werden, liegt es nahe, durch diese Klammerung der Transaktionsverwaltung mitzuteilen, um welche Art der Transaktion es sich im folgenden handelt. Deshalb wird in *PRODAT* zwischen der Klammerung *pom_begintrans* (Begin of Transaction) und *pom_endtrans* (End of Transaction) für herkömmliche Transaktionen und *pom_checkout* und *pom_checkin* für Entwicklungstransaktionen unterschieden.

Die *pom_checkout*-Operation eines Objekts hat dabei eine andere Wirkung als ein *pom_begintrans*. Der Unterschied wird wieder deutlich, wenn man sich den Entwicklungsprozeß vergegenwärtigt. Zumeist ist das kreative Arbeiten mit dem zu bearbeitenden Objekt ein iterativer Prozeß und wird das Objekt entsprechend lang für Zugriffe anderer Benutzer unzugänglich machen. Um dem kreativ arbeitenden Benutzer einen möglichst engen Kontakt zu *seinem* Objekt durch optimale Antwortzeiten zu bieten und die Datenbank zu Gunsten der anderen Benutzer zu entlasten, wird das zu bearbeitende Objekt in eine Arbeitsdatenbasis ausgelagert. Nach der Bearbeitung wird es durch den Befehl *pom_checkin* wieder in die Datenbank zurückgeschrieben.

Beiden Klammerungen gemeinsam ist das Aufheben der Verwaltungsinformationen nach Transaktionsende.

5.3 Das Zwei-Schichtenkonzept

Die Zweischichtigkeit des Konzeptes ist für den Benutzer direkt nicht sichtbar. Die erste Schicht ist diejenige der POM-Operationen, die atomar, also nach dem "Alles-Oder-Nichts"-Prinzip ablaufen. Die zweite Schicht bilden die durch die Klammerungen des Benutzers definierten Transaktionen, die ihrerseits eine Einheit sind (zur Mehrschichten-Transaktionsverwaltung siehe [Weik-87]).

Eine weitere Schichtung oder Schachtelung ist in *PRODAT* nicht vorgesehen. Unter Schachtelung wird hier das verstanden, was in der Literatur gemeinhin als *Nested Transaction* (siehe [Gray-81b], [Kim-83], [Moss-82]) bezeichnet wird, d.h. aus einer Transaktion heraus dürfen weitere Transaktionen gestartet werden. Also hat ein Prozeß immer maximal eine laufende Transaktion zu einem Zeitpunkt. Sequentielle Transaktionen eines Prozesses sind zulässig, genau wie parallele Transaktionen verschiedener Prozesse (Multitasking).

Die einzige Ausnahme bilden hier die beiden unterschiedlich geklammerten Transaktionsarten. Innerhalb einer durch *pom_begintrans* und *pom_endtrans* geklammerten Transaktion ist es zulässig, eine durch *pom_checkout* und *pom_checkin* geklammerte Transaktion zu starten, die selbst aber nicht geschachtelt werden darf. Dieser Aufruf wird als eine parallele Ausführung angesehen und stellt insofern keine Schachtelung dar, da beide Transaktionsarten voneinander unabhängig sind.

5.4 Synchronisation

5.4.0 Allgemeines

In der *PROSYT*-Entwicklungsumgebung arbeiten die Benutzer im Multiuser/Multitasking-Betrieb. Hieraus ergeben sich zwei Anforderungen, die an die Synchronisationskomponente der Transaktionsverwaltung gestellt werden. Zum einen besteht die Notwendigkeit, die parallelen Datenbankaufträge zu serialisieren und zum anderen kann nicht jedem Benutzer das Recht zugestanden werden, auf alle Objekte der Datenbank zuzugreifen. Diese Aufgaben werden durch ein Sperrprotokoll und eine Zugriffsrechteverwaltung bewältigt.

Innerhalb der Zugriffsverwaltung wird zwischen statischen und dynamischen Zugriffsrechten unterschieden. Dabei werden die dynamischen Zugriffsrechte allgemein als Sperren bezeichnet. Die Unterscheidung kommt durch die Art der Rechtevergabe zustande. Dynamische Zugriffsrechte werden vom System für die Dauer des Zugriffs gewährt, während der Systemverwalter die statischen Zugriffsrechte bis zu ihrer Aufhebung festlegt.

5.4.1 Das Sperrprotokoll

Durch das Sperrprotokoll sollen Konfliktsituationen aufgelöst werden. Eine Konfliktsituation zwischen zwei Transaktionen kann formal wie folgt beschrieben werden:

Die Aktion a auf dem Objekt o der Transaktion t sei durch das Tripel (t,a,o) beschrieben.

Zwei Aktionen (t_1,a_1,o_1) und (t_2,a_2,o_2) sind im Konflikt, wenn $t_1 \neq t_2$, und $o_1 = o_2$, und a_1 oder a_2 eine Schreiboperation ist.

Das Sperrprotokoll bringt die Aktionen der verschiedenen Transaktionen in eine Reihenfolge, die eine überlappte, also parallele, und doch isolierte, d.h. störungsfreie (beeinflussungsfreie) Ausführung ermöglicht.

Das Sperrprotokoll teilt sich in einen statischen Anforderungsteil und einen dynamischen Anforderungs- und Freigabeteil.

Die Bearbeitung eines Objekts der Datenbank setzt sich damit aus drei Teilen zusammen: Anforderung – Bearbeitung – Freigabe. Als erstes wird die Berechtigung des Benutzers durch die Zugriffsrechteverwaltung überprüft, worauf sich bei positivem Ausgang die dynamische Prüfung durch die Sperrenverwaltung anschließt. Nach der Bearbeitung wird es schließlich wieder freigegeben, d.h. alle dynamisch erworbenen Rechte an dem Objekt werden der Sperrenverwaltung zurückgegeben.

Das Sperrprotokoll wird gemäß dem strikten 2-Phase-Locking-Protokoll (2PL) durchgeführt (vgl. [Eswa-76]). Das 2PL-Protokoll schreibt vor, daß, sobald ein Recht an einem Objekt zurückgegeben wurde, kein weiteres mehr angefordert werden kann. Strikt ist das Protokoll, wenn die Aufhebung der Rechte bei Ende der Transaktion erfolgt. Es ist also nicht möglich, eine Sperre vorzeitig aufzuheben.

Der Vorteil des strikten 2PL-Protokolls liegt in der Vermeidung des kaskadierenden Rücksetzens. Dies tritt dann ein, wenn eine Transaktion T_1, auf deren Ergebnissen andere noch aktive Transaktionen T_2 bis T_n aufbauen, abgebrochen wird. In diesem Fall müssen auch die Transaktionen T_2 bis T_n zurückgesetzt werden. In *PRODAT* gibt es daher keine vorzeitige Freigabe, die jedoch den Nachteil einer verminderten Parallelität hat, da bei parallelem Zugriff das Ende der Sperreninhaber-Transaktion abgewartet werden muß.

5.4.2 Die Sperrmodi

Alle Aktionen auf einer Datenbank können auf Lese- und Schreiboperationen zurückgeführt werden. Insofern liegt es nahe, von Lese- und Schreibsperren als den Basissperren zu sprechen.

In *PRODAT* setzen sich die Sperren aus diesen Basissperren und jeweils einem Status zusammen. Die Sperren werden ausnahmslos bei Transaktionsende aufgehoben, während der Status bestehen bleiben kann.

Die Basissperren in *PRODAT* heißen für Leser Shared (S) und für Schreiber Exclusive (X). Die Status werden unterschieden in

- 'normal' (N),
- 'is_readcopy' (L),
- 'is_transferred' (C),
- 'is_archived' (A).

Die Status werden immer in der globalen Datenbasis gesetzt, in der der Zugriff stattfindet, und von einer gemeinsamen, übergreifenden Verwaltung kontrolliert.

Die Sperren, die sich daraus zusammensetzen, sind in Abb. 5.4-0 dargestellt, dabei bedeuten:

- S ist die allgemeine, bei Transaktionsende aufzuhebende Lesesperre;
- X ist die allgemeine, bei Transaktionsende aufzuhebende Schreibsperre;

- LS ist die Sperre, mit der z.B. freigegebene Objekte zum lesenden checkout gesperrt werden;
- LX wird zur Sperrung der ausgecheckten (zu verändernden) Objekte verwendet, wobei der Status über diesen Sachverhalt Auskunft gibt; denn (inkonsistente) Lesezugriffe, nicht aber weiteres auschecken oder Versionen ableiten sind erlaubt;
- AS sperrt archivierte Objekte, von denen z.B. Versionen abgeleitet werden dürfen.

PRODAT-Sperre	Bedeutung	Basissperre	Status
S	Shared	S	N
X	Exclusive	X	N
LS	Long Shared	S	L
LX	Long Exclusive	X	C
AS	Archive Shared	S	A

Abb. 5.4-0. Zusammensetzung der Sperren in *PRODAT*

Der Hauptunterschied zwischen den S- und X- und den LS-, LX- und AS-Sperren wirkt sich in der völlig verschiedenen Konfliktlösung aus. So kann eine automatisch ablaufende Transaktion nicht für unbestimmte Zeit auf die Aufgabe einer langen Sperre warten, d.h. es werden für diese Konflikte flexiblere Lösungen vorgeschlagen und realisiert.

Als Beispiel für eine flexible Lösung mag eine einfache Behandlungsvariante dienen. Diese besteht aus der Rückmeldung des Sperrzustands des Objekts, der Informationen, wie z.B. den Sperrmodus, das Datum und die Zeit der Auslagerung, den Namen des jetzigen Besitzers usw. enthält. Diese Informationen können abgefragt werden und für Absprachen innerhalb eines Teams nutzbar sein. Der Teamarbeit entsprechend kann eine Absprache beispielsweise darin bestehen, das ausgecheckte Objekt wieder einzuchecken und als Version wieder herauszukopieren. Damit wäre es dem Teamkollegen möglich, ebenfalls eine Version zu erzeugen und mit dieser zu arbeiten. Grundsätzlich wird für lange Sperren keine automatische, sondern eine benutzergesteuerte Konfliktauflösung bevorzugt.

Der Benutzer kennt selbstverständlich nur die *PRODAT*-Sperren, nicht aber deren interne Zusammensetzung und Behandlung des Systems im Detail.

Die zugehörige Kompatibilitätstabelle (Abb. 5.4-1) macht eine Aussage über die Verträglichkeit einer bereits vergebenen Sperre mit einer neu angeforderten. Bei Verträglichkeit wird der Zugriff zugelassen und wird in der Tabelle mit der gewährten Sperre markiert.

Anforderungen \ Besitz	S	X	LS	LX	AS
S	★		★	★	★
X			★		
LS	★		★	★	★
LX	★				
AS	★		★		★

Abb. 5.4-1. Kompatibilitätstabelle für Sperren

Die Sperren werden entweder implizit vom System durch Aufruf einer normalen Operation oder explizit vom Benutzer durch die Operation *pom_requestexpl* angefordert.

Das Sperrkonzept basiert auf dem *PRODAT*-Objektmodell. Es unterscheidet Zugriffe auf einfache Objekte (Einheit N) und auf strukturierte Objekte (Einheit O).

Zur Klassifizierung der Operationen in Lese- und Schreiboperationen auf den genannten Einheiten wird eine Einteilung in erzeugende Operationen, Manipulationsoperationen und Lese- und Traversierungsoperationen u.s.w. vorgenommen. So wird beispielsweise bei der Operation *pom_createobj* das Vorgängerobjekt mit einer X-Sperre im Modus 'O' belegt, da diese Generierungsoperation eine verändernde Wirkung hat.

5.4.3 Die statischen Zugriffsberechtigungen

Für die Entscheidung über die Gewährung des Zugriffes wird die Abbildung:

statisches Recht → Sperre (dynamisches Recht)

vorgenommen. Die Verträglichkeitsmatrix sieht dabei wie Abb. 5.4-2 aus.

Weiteres über die Zugriffsrechte ist in Kap. 4 zu finden.

Sperre erfordert / Recht auf	S	X	LS	LX	AS
Generierung		★		★	
Lesen	★		★		★
Schreiben		★		★	
Löschen		★		★	
Wiederverwendung		★		★	
Freigeben					
Transfer			★	★	
Navigieren	★		★		
Archivierung					★

Abb. 5.4-2. Verträglichkeit und Zugriffsrechte für Sperren

5.4.4 Die Verwaltungsoperationen

Die Operationen *pom_begintrans, pom_endtrans, pom_aborttrans* und *pom_checkout, pom_checkin, pom_nocheckin* sowie *pom_requestexpl* und *pom_releaseexpl* sind Aufträge an die Transaktionsverwaltung.

pom_begintrans baut die zur Verwaltung der Transaktion notwendigen Verwaltungsstrukturen durch z.B. Tabelleneinträge auf. Durch *pom_endtrans* werden diese wieder abgebaut, bis auf die Sperrstatus. *pom_aborttrans* bricht die Transaktion vorzeitig ab.

pom_checkout bewirkt neben dem Aufbau der Verwaltungsstruktur noch das Kopieren des auszucheckenden Objekts in die Arbeitsdatenbasis. Durch *pom_checkin* werden wie bei *pom_endtrans* die Verwaltungsstrukturen wieder abgebaut und das Objekt wieder in die Datenbank zurückkopiert. *pom_nocheckin* bricht die lange Bearbeitung in der Arbeitsdatenbasis ab. Die

Verwaltungsinformationen und das Objekt in der Arbeitsdatenbasis werden gelöscht.

pom_requestexpl (Request Explicitly) fordert explizit eine Sperre bei der Sperrenverwaltung an. Diese nimmt die entsprechenden Eintragungen vor und setzt den Zugriffsmodus auf *explizit*. *pom_releaseexpl* (Release Explicitly) gibt die Rechte an dem Objekt an die Sperrverwaltung zurück.

5.5 Die Sicherungsmaßnahmen des Recovery-Konzepts

Der *PRODAT*-Anwender möchte sicher sein, daß seine Änderungen an *PRODAT*-Objekten auch garantiert und vollständig in das Datenhaltungssystem eingebracht werden. Um diese Sicherheit zu gewährleisten, muß die Recovery-Komponente von *PRODAT* für jede Transaktion die durchgeführten Änderungen protokollieren (Logfile). Dadurch hat der Anwender außerdem die Möglichkeit, durch die spezielle Operation *pom_aborttrans* den Abbruch einer Transaktion zu erzwingen und damit alle seit dem Start der Transaktion durchgeführten Änderungen wieder rückgängig zu machen.

Das Zurücksetzen von auf Arbeitsdatenbasen durchgeführten Änderungen nach einem checkout wird über die Operation *pom_nocheckin* erreicht, die den Abbruch der langen Bearbeitung bewirkt. Zurücksetzen kann auch systemgesteuert erfolgen, falls es zum ungewollten Abbruch einer Anwendung (z.B. Programmabsturz) kommt.

Nach dem normalen Ende (*pom_endtrans*) einer Transaktion bzw. nach *pom_checkin* wird der Logfile dieser Transaktion gelöscht.

Durch die genannten Recoverymaßnahmen kann es nicht vorkommen, daß die in Bearbeitung befindlichen und deshalb inkonsistenten Objekte nach einem Abbruch einer Transaktion für andere Anwendungen sichtbar in die Datenbasis eingebracht werden. Aus Sicht der transaktionsinhabenden Anwendung ist es jedoch gerade bei langen Bearbeitungen im *PROSYT*-Entwurf wünschenswert, innerhalb einer Transaktion erreichte zwischenkonsistente Zustände von Objekten zu sichern. Um einen benutzergesteuerten Sicherungspunkt setzen zu können, bietet *PRODAT* die Operation *pom_setsavepoint* an.

Durch das Setzen von Sicherungspunkten ist es möglich, nach einem benutzer- oder systemgesteuerten Abbruch einer Transaktion oder langen Bearbeitung wieder auf einem Sicherungspunkt aufzusetzen, damit nicht alle langwierig erzeugten Objekte und Änderungen verloren gehen. Außerdem wird dem Anwender mit *pom_rollback* die Möglichkeit gegeben, gezielt auf einem zurückliegenden Sicherungspunkt wieder aufzusetzen. Diese Operation unterstützt insbesondere den Entwurfsprozeß, da es bei langen Operationsfolgen sehr nützlich ist, diese in Teilfolgen durch Sicherungspunkte zu zerlegen und dann ein *rollback* auf Teilfolgen auszuführen.

6 Konsistenz

PRODAT verwaltet strukturierte, komplexe Objekte. Zwischen den *PRODAT*-Objekten bestehen i.a. vom Anwender definierte Abhängigkeiten. Man kann von einem konsistenten Entwurf sprechen, wenn der Aufbau der Objekte im Sinne der Anwendersemantik korrekt ist und die Abhängigkeiten innerhalb eines Entwurfs eingehalten werden.

Der Begriff der Konsistenz im Datenhaltungssystem bezeichnet die logische Korrektheit der über das Modell abgebildeten Anwendersemantik. In Entwurfsumgebungen ist die Konsistenz sehr komplex und muß daher weiter differenziert werden. In *PRODAT* sollen mindestens drei verschiedene Arten der Konsistenz unterschieden werden.

- **Typkonsistenz:** Alle Objekte besitzen einen vordefinierten Typ, der bei Eintragungen und Änderungen des Objekts auf der Exemplarebene eingehalten werden muß.
- **Strukturkonsistenz:** Die auf der Typebene festgelegten Struktureigenschaften für strukturierte Objekte sind beim Entwurf zu garantieren. Über die successors-Klausel in der Typdefinition sind z.B. verschiedene Regeln für direkte Subobjekte festgelegt, die vom Datenhaltungssystem geprüft werden.
- **Zustandskonsistenz:** Haben Objekte durch eine bestimmte Bearbeitung einen definierten Zustand erreicht, spricht man von zustandskonsistenten Objekten.

Um im Sinne des Anwenders korrekte Entwürfe zu erstellen, soll *PRODAT* Konsistenz gewährleisten. Die Datenhaltung komplexer Anwendungen mit Werkzeugen wie in *PROSYT* kann die Konsistenz zwar nicht alleine garantieren, sie kann und muß jedoch die Einhaltung bestimmter Integritätsbedingungen bzw. Konsistenzregeln unterstützen. Das Datenhaltungssystem soll Möglichkeiten zur Eingabe von schemaabhängigen und anwendungsspezifischen Integritätsbedingungen bieten.

In verschiedenen Phasen des Entwurfs ist die Konsistenz unterschiedlich. Sie kann nicht automatisch vom Datenhaltungssystem überprüft und garantiert werden, sondern nur halbautomatisch mit Hilfe des Benutzers. Für Entwurfsobjekte müssen bestimmte Zustände festgelegt werden, die in Abhängigkeit von der Bearbeitungsphase erreicht werden können. Da der Benutzer meist mit Werkzeugen arbeitet, soll hier von ***werkzeugkonsistenten Zuständen*** gesprochen werden. Die Prüfung, ob ein Entwurfsobjekt werkzeugkonsistent ist, kann dann vom Benutzer z.B. durch Aufrufe eines Spezialwerkzeugs (*Checker*) angestoßen werden, bevor die nächste Bearbeitungsphase begonnen wird. Dem Datenhaltungssystem sind somit bestimmte Kombinationen von Zuständen bekannt, und es werden bei nicht definierten Zustandsfolgen Meldungen an den Benutzer abgesetzt.

Weiterhin ist zwischen *lokaler* und *globaler Konsistenz* zu unterscheiden [Neum-83]. Der Entwerfer arbeitet meist lokal mit einer bestimmten Sicht eines Objekts und seiner Versionen in einer privaten Arbeitsdatenbasis. Ist dieser Entwurf innerhalb der Sicht konsistent, spricht man von lokaler Konsistenz. Nur lokal konsistente Objekte und Versionen sollten für den globalen Bereich freigegeben werden. Globale Konsistenz eines Entwurfs ist gegeben, wenn Teilentwürfe jeweils für sich lokal konsistent sind und diese zusammen den alles umfassenden globalen Gesamtentwurf bilden. Diese Konsistenz kann in jedem Fall nur global in der gemeinsamen Datenbasis am Ende des Entwurfsprozesses erreicht und geprüft werden. Sie erfordert jedoch die Festlegung fester Abhängigkeiten zwischen verschiedenen Teilen des Entwurfs. Außerdem sind zur Unterstützung der Konsistenzüberwachung dem Datenhaltungssystem noch weitere Bedingungen mitzuteilen.

Die Konsistenz-Komponente hat die Aufgabe, für die verschiedenen Arten der Konsistenz folgende Fragen zu beantworten und hierfür geeignete Konzepte und Mechanismen zur Verfügung zu stellen.

- **Wie wird Konsistenz geprüft?** Ein bekannter Mechanisus ist z.B. das Triggerkonzept [DKM-85], bei dem Sprachkonstrukte in der DDL/DML angeboten werden, um Konsistenzbedingungen, Ereignisse, Aktionen und Trigger vom Anwender zu definieren.
- **Wer prüft Konsistenz?** Kann die Konsistenz nach Eingabe von Regeln automatisch von *PRODAT* geprüft werden oder muß dabei der Benutzer bzw. die Anwendung eingreifen? Dabei können Spezialwerkzeuge zur Konsistenzerhaltung eingesetzt werden.
- **Wann wird Konsistenz geprüft?** Der Zeitpunkt, wann Konsistenzprüfungen stattfinden sollen, ist zu bestimmen bzw. benutzergesteuert dynamisch festzusetzen. Wird Konsistenz z.B. nur am Ende einer Transaktion und bei der Operation *pom_checkin* geprüft?

Um ein leistungsfähiges, modernes Datenhaltungssystem zu garantieren, muß *PRODAT* die aufgeführten Konsistenzarten beim Entwurfsprozeß gewährleisten bzw. so unterstützen, daß geeignete Check-Werkzeuge integrierbar sind. Solche Unterstützung gibt *PRODAT* einerseits durch die semantischen Integritätsbedingungen, die in der Typdefinition für strukturierte Objekte in der successor-Klausel definierbar sind. Sie legen bereits eine modellinhärente Konsistenz fest, die vom System vordefiniert ist und automatisch geprüft wird. Darüberhinausgehende Konsistenzeigenschaften, die nicht die strukturellen Merkmale von Objektschemata betreffen, sollen flexibel und benutzerspezifisch festlegbar sein.

7 Objektstatus

Jedes Objekt besitzt einen Zustand, der durch eine Reihe von Statusattributen beschrieben wird. Die Werte der Statusattribute können mit Hilfe folgender Operationen ermittelt werden.

- *pom_getcreationdate* (Datum der Generierung des Objekts),
- *pom_getchangedate* (Datum des letzten modifizierenden Zugriffs auf ein Objekt),
- *pom_getaccessdate* (Datum des letzten Zugriffs auf ein Objekt),
- *pom_getstate*. Diese Funktion liefert folgende Statusattribute, die jeweils den Wert SET und NOTSET haben können:
  - Das Statusattribut *is_complete*. Ist das Objekt entwurfsvollständig (vgl. Kap. 1.0.3), erhält *is_complete* den Wert SET, andernfalls den Wert NOTSET.

    Falls zum Zeitpunkt der Statusabfrage die Sicht auf eine Konfiguration eingeschränkt ist (vgl. *pom_focusconf*), beschreibt *is_complete* die Konfigurationsvollständigkeit (vgl. Kap. 1.1.3) in Bezug auf diese Konfiguration.
  - Das Statusattribut *is_released*. Dieses Attribut kennzeichnet den Freigabestatus eines Objekts. Bei der Generierung wird er mit NOTSET initialisiert. Bei der Freigabe (vgl. *pom_releaseobj*) wechselt der Wert von *is_released* auf SET. Ein freigegebenes Objekt kann nicht mehr modifiziert, jedoch noch gelöscht werden. Insbesondere kann der Wert von *is_released* nicht mehr auf NOTSET zurückgesetzt werden.

    Falls zum Zeitpunkt der Freigabe die Sicht auf eine Konfiguration eingeschränkt ist, gelten die obigen Aussagen im Kontext der eingestellten Konfiguration.
  - Das Statusattribut *is_archived*. Ein freigegebenes Objekt kann archiviert werden (vgl. Kap. 3). Bei der Archivierung wechselt der Wert von *is_archived* vom Initialwert NOTSET auf SET.

    Falls zum Zeitpunkt der Archivierung die Sicht auf eine Konfiguration eingeschränkt ist, gelten die obigen Aussagen im Kontext dieser Konfiguration.
  - Das Statusattribut *is_readcopy*. Das Objekt ist mit einer durch *pom_checkout* vergebenen Lesesperre belegt, wenn das Attribut den Wert SET hat. NOTSET bedeutet, daß keine Lesesperre vorliegt.

    Falls zum Zeitpunkt der Statusabfrage die Sicht auf eine Konfiguration eingeschränkt ist, gelten die obigen Aussagen im Kontext dieser Konfiguration.

- Das Statusattribut *is_transferred.* Ist das Objekt mit einer Schreibsperre durch *pom_checkout* belegt, dann hat das Attribut *is_transferred* den Wert SET, andernfalls den Wert NOTSET.

  Falls zum Zeitpunkt der Statusabfrage die Sicht auf eine Konfiguration eingeschränkt ist, gelten die obigen Aussagen im Kontext dieser Konfiguration.

8 Die *PRODAT* Type Definition Language (TDL)

8.0 Allgemeines

In diesem Kapitel wird eine Grammatik für die TDL (Type Definition Language) angegeben. Die Aufschreibung erfolgt in der üblichen Notation. Um die Übersicht zu erhöhen, sind die Syntaxteile den jeweiligen Einheiten des Datenmodells entsprechend gruppiert.

Von Attributtypen sind keine Exemplare erzeugbar. Attributtypen dienen nur als Bausteine für die Definition von Attributen in Objekt-, Konfigurations- und Benutzerrelationstypen.

```
Typdefinition        ::=   Attributtypdefinition
                           | Objekttypdefinition
                           | Konfigurationstypdefinition
                           | Benutzerrelationstypdefinition
```

8.1 Attribute

```
Attributtypdefinition  ::=   'typedef' Attributdefinition
Attributdefinition     ::=   Attributtyp Attributname Bereichsliste ';'
Attributtyp            ::=   Typname | Basistyp | Aufzählungstyp
                             | Strukturtyp
Basistyp               ::=   charTyp | intTyp | unsignedTyp | floatTyp
                             | 'BOOLEAN' | 'DATE' | 'KEY'
charTyp                ::=   'char'
intTyp                 ::=   'int' | 'short' | 'short' 'int' | 'long' | 'long' 'int'
unsignedTyp            ::=   'unsigned' charTyp | 'unsigned' intTyp
floatTyp               ::=   'float' | 'long' 'float' | 'double'
Aufzählungstyp         ::=   'enum' '{' Aufzählung '}'
Aufzählung             ::=   Name ',' Aufzählung | Name
Strukturtyp            ::=   'struct' '{' Attributliste '}'
Attributliste          ::=   Attributdefinition Attributliste
                             | Attributdefinition
Bereichsliste          ::=   '[' Zahl ']' Bereichsliste | leer
Attribute              ::=   Attributliste | leer
```

8.2 Objekte

```
Objekttypdefinition      ::=  'typedef' 'object' '{'
                                 Attribute Contents Nachfolgerdefinition
                              '}' Typname ';'
Contents                 ::=  'contents' ';' | leer
Nachfolgerdefinition     ::=  'successors' Ausdruck ';'
                              | 'successors' Kard 'any' ';'
                              | 'successors' 'any' ';'
                              | leer
Ausdruck                 ::=  Ausdruck 'xor' Term1 | Term1
Term1                    ::=  Term1 'or' Term | Term
Term                     ::=  Term 'and' Faktor | Faktor
Faktor                   ::=  '(' Ausdruck ')' | Kard Nachfolger | Nachfolger
Kard                     ::=  einfacheKard ',' Kard | einfacheKard
einfacheKard             ::=  Zahl '..' Zahl1 | Zahl
Zahl1                    ::=  Zahl | '*'
```

8.3 Konfigurationen

```
Konfigurationstypdefinition ::=  'typedef' 'configuration' '{'
                                     Teileliste
                                 '}' Typname ';'
Teileliste               ::=  Teil Teileliste | Teil
Teil                     ::=  '{' Attribute Auswahlregel '}' Typname ';'
Auswahlregel             ::=  'selection' Ausdruck ';' | leer
```

8.4 Benutzerrelationen

```
Benutzerrelationstypdefinition ::=  'typedef' 'relation' 'of' Spaltenliste '{'
                                        Attribute
                                    '}' Typname ';'
Spaltenliste             ::=  Typname ',' Spaltenliste | Typname
```

8.5 Sonstiges

```
Attributname      ::=   Name
Nachfolger        ::=   Typname | Externtypname
Typname           ::=   Name
Externtypname     ::=   Datenbasisname '.' Typname
Datenbasisname    ::=   Name
Zahl              ::=   '0' | '1' | '2' | ...
Name              ::=   Buchstabe BuZiUFolge
BuZiUFolge        ::=   BuZiU BuZiUFolge | leer
BuZiU             ::=   Buchstabe | Ziffer | '_'
Buchstabe         ::=   'a' | ... | 'z' | 'A' | ... | 'Z'
Ziffer            ::=   '0' | ... | '9'
leer              ::=
```

9 Interaktive Bedienungsschnittstellen

9.0 PQL – *PRODAT* Query Language

Dieses Kapitel enthält einen kurzen Überblick über PQL. Es handelt sich dabei um einen Interpreter für die *PRODAT*-Operationen, der 1:1 die Funktionen der C-Schnittstelle realisiert. Es wird vorausgesetzt, daß der Leser eine Vorstellung von der Funktionalität der *PRODAT* C-Schnittstelle hat.

PQL versteht sich als Hilfe für den Werkzeugprogrammierer, der zur Einarbeitung *PRODAT*-Operationen "ausprobieren" will oder für einfache Sequenzen von *PRODAT*-Aufrufen nicht gleich ein C-Programm schreiben möchte. Es ist *nicht* gedacht als ein Werkzeug für den Endbenutzer; dafür ist POE, der *PRODAT*-Objekt-Editor, vorgesehen.

Neben Darstellungen für die Basistypen der Attribute (natürliche und ganze Zahlen, Zeichenketten usw.) kennt PQL Repräsentationen für Inhalte, Schlüssellisten und alle in der C-Schnittstelle definierten Aufzählungstypen. Ein Variablenkonzept unterstützt die Kommandodateien, womit für den Anwender eine Tippfehlerquelle, speziell bei der Angabe von Objektschlüsseln, entfällt.

Der syntaktische Aufbau der Operationen gliedert sich in Funktionsnamen und Parameterliste. Variablen können sowohl als Eingabe- wie als Ausgabeparameter auftreten; im letzten Fall weist PQL der angegebenen Variablen den entsprechenden Resultatwert und -typ zu. Grundsätzlich wird der von *PRODAT* an PQL zurückgegebene Wert angezeigt.

```
PQL> set $db, meine_db;          /* PQL gibt den erkannten Variablentyp aus */
NAME
PQL> getallstartobj $db, ;       /* suche alle Anfangsobjekte */
(800, 1792, 1960)
RCPOM_OK
PQL> keytoname 800, , , $objname, $ext, ;
meine_db , KROENUNG, karl_der_grosse , 0,U_OBJECT
RCPOM_OK
PQL> get $objname;
karl_der_grosse
RCPOM_OK
PQL>
```

Abb. 9-0. Beispiel für eine PQL-Sitzung

Ein selbsterklärender Ausschnitt aus einer PQL-Sitzung (siehe Abb. 9-0) zeigt die besprochenen und einige weitere nützliche Merkmale von PQL, wobei Benutzereingaben fettgedruckt sind.

9.1 POE – *PRODAT* Objekteditor

Die Forderung nach benutzerfreundlichen Schnittstellen für Datenbanksysteme ist unbestritten. Graphische Benutzungsoberflächen stellen für Anwender eine natürliche Art dar, die Inhalte der Datenbank abzufragen und zu manipulieren. Moderne Graphik-Dialogkonzepte und Techniken wie Windowmanager, integriert in Benutzungsoberflächen (*PRODIA* und THESEUS [HLMM-87]) haben die Anforderungen an Datenbank-Schnittstellen ebenso beeinflußt wie die Entwicklung neuer Datenmodelle (insbesondere erweiterte Entity-Relationship-Modelle [Neum-83], [FZI-88] und semantische Datenmodelle [Daya-87], [Lame-85]). Komplexe Objekte benötigen, wie die Beispiele in Kap. 1 zeigen, eine graphische Darstellung.

In diesem Kapitel soll daher auf die Konzeption des Objekteditors eingegangen werden. Er wurde zur Repräsentation und Manipulation von *PRODAT*-Einheiten entwickelt und dient damit zum einen als Auskunftsystem für Datenbankbestände, die durch komplexe Werkzeugaufrufe in die Datenbank eingespeist wurden. Zum anderen können durch ihn sehr schnell und anschaulich Daten direkt geändert und erweitert werden. Bei der Konzeption des Objekteditors als Spezialwerkzeug auf der Datenbasis ist die Nutzung einer modernen Benutzungsoberfläche (*PRODIA*) stark berücksichtigt worden. Durch die Abstimmung mit *PRODIA* ist sichergestellt, daß die nachfolgend als Anforderungen postulierten Aussagen bzgl. Dialogtechniken und Ablauf voll erfüllt werden.

Die Darstellung oder Ausgabe auf dem Graphik-Bildschirm ist die minimale Funktionalität des Objekteditors, während in zweiter Linie die Manipulation dargestellter Objekte verlangt wird. Um einen Überblick über die graphische interaktive Schnittstelle zu geben, werden nachfolgend die zu repräsentierenden Einheiten und Informationen aufgeführt.

- **Objekte und Beziehungen**: Strukturierte Objekte werden als azyklischer gerichteter Graph mit Kanten und Knoten dargestellt, wobei die Knoten den Objekten und die Kanten den Beziehungen zwischen den Objekten entsprechen. Die Darstellung muß übersichtlich und eindeutig sein, was eine automatische Entflechtung (siehe z.B. [STT-81]) des "Kantengewirrs" erfordert.
- **Attribute und Inhalt**: Die wegen der Fülle an Informationen symbolisch dargestellten Objekte werden in der Datenbank durch Attribute beschrieben. Sie erscheinen durch Maus-Pick (graphische Identifikation) des Symbols für Attribute und des gewünschten Objekts in Form einer Tabelle. Der Inhalt wird vom Datenbanksystem nicht interpretiert und kann daher

auch nicht zur Ausgabe aufbereitet werden. Sofern diese Daten jedoch mit einem weiteren Basiswerkzeug (z.B. Texteditor) darstellbar sind, wird dieses, nach Picken des Symbols für Inhalte, in einem anderen, neueröffneten Fenster gestartet.

- **Versionen und Konfigurationen:** Da ein Objekt in mehreren Versionen existieren kann, sollte seine Entwicklungsgeschichte mit den entstandenen Abhängigkeiten in einem bestimmten Modus der graphischen Ausgabe darstellbar sein. Die Versionen innerhalb eines Versionsgraphen sind unter Umständen selbst wieder Subobjekte in verschiedenen strukturierten Objekten. Daher ist es nicht sinnvoll, alle Versionen eines Objekts mit allen versionsbehafteten Subobjekten gleichzeitig anzuzeigen. Hier muß die Dialog-Benutzerführung der Logik des Modells angepaßt sein; beispielsweise sollte ausgehend von einem Objekt der zugehörige Versionsgraph in einem anderen Fenster dargestellt werden.

  Konfigurationen entstehen im Systemlebenszyklus bei der Zusammenstellung von Objekten zur Auslieferung und Wartung von Produkten. Sie können in ihrer graphischen Repräsentation ähnlich wie Versionen behandelt werden, wobei allerdings der bereits vorgestellte Auswahlmechanismus für Konfigurationen graphisch unterstützt werden soll. Ein Beispiel dafür ist das Picken und Markieren von ausgewählten Objekten.

- **Datenbanksystem-Informationen:** Während der Kommunikation mit der Datenbank über die graphische Schnittstelle kann es wichtige Informationen geben, die vom Datenbanksystem an den Benutzer abgesetzt werden (z.B. Fehlerrückmeldung und Erklärungstext, Informationen über gesetzte Sperren). Diese Informationen sind häufig nicht graphisch darstellbar, sollten jedoch vom Graphik-Dialog so aufbereitet sein, daß der Benutzer genau weiß woher die jeweilige Nachricht kommt und darauf angemessen reagieren kann. Weiterhin sollen solche Ereignisse so an der Oberfläche erscheinen, daß sie sowohl in ihrer Form als auch zeitlich in den normalen Dialogablauf integriert sind, d.h. unter anderem auch einheitlich zu lesen und zu bedienen sind. Die Unterstützung solcher nicht graphischer Informationen durch Orientierungshilfen graphischer Art (z.B. Blinken von Objektknoten) ist eine sehr wünschenswerte und sinnvolle Kombination von Informationsdarstellung. Sie erfordert jedoch eine intensive Kommunikation zwischen Benutzungsoberfläche und Datenbanksystem.

- **Datenbanksystem-unabhängige Informationen:** Unter diese Kategorie von Informationen fallen alle ausschließlich vom Dialogsystem abgesetzten Informationen, wie z.B. Erklärungstexte von Hilfefunktionen zur Ablaufsteuerung des Dialogs. Für sie gilt bzgl. Integration und Einheitlichkeit das gleiche wie oben dargestellt, jedoch sollten sie auch deutlich als Informationen zur Benutzerführung gekennzeichnet sein (z.B. durch die Art und Position der Darstellung). Solche anwendungsunabhängigen Dialogfunktionen, graphische und textuelle "Wegweiser" sollten für den Objekteditor unter besonderer Berücksichtigung ergonomischer Gesichtspunkte gestaltet werden.

Die Abb. 9-1 zeigt einige Symbole für Einheiten des Datenbanksystems.

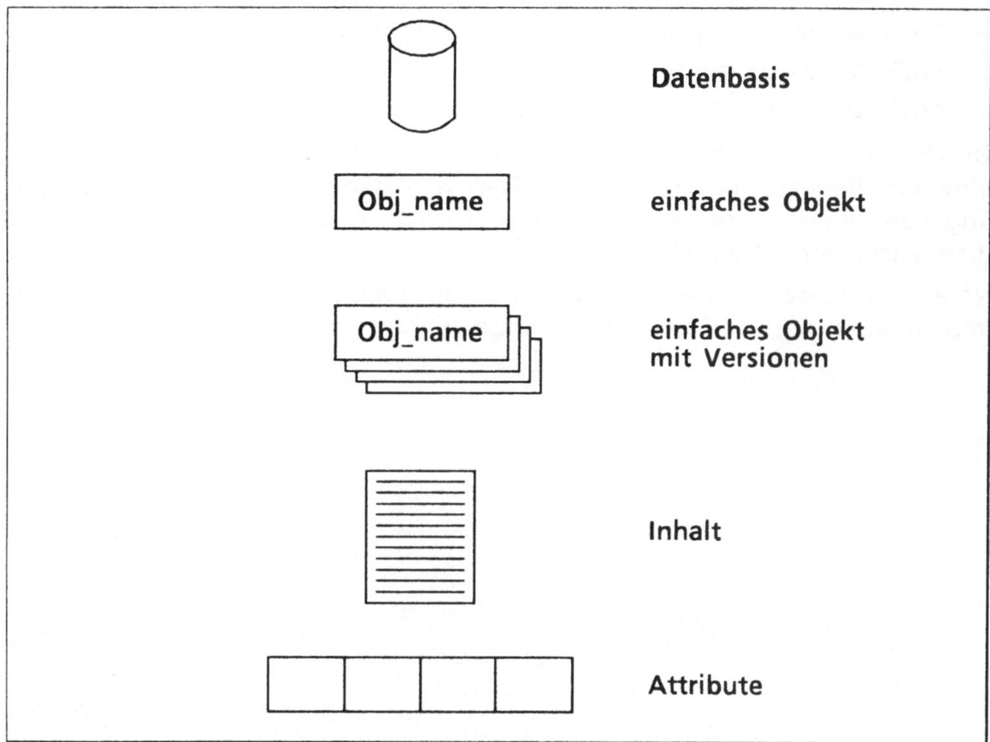

Abb. 9-1. Symbole für Einheiten

Zusammenfassend betrachten wir noch einige Details zum Ablauf und zu den Dialogtechniken der graphischen Schnittstelle von *PRODAT*:

Als wesentliche Grundtechniken zur Darstellung und Manipulation verwendet der Objekteditor moderne Fenstertechniken (Multiwindowing) und die graphische Eingabe (Pick). Der Bildschirm ist in verschiedene Fenster aufgeteilt, u.a. das Arbeitsfenster und das Menüfenster. Das Arbeitsfenster dient zur Visualisierung und zum Picken von Einheiten und stellt somit das eigentliche Graphik-Window dar. Erklärende Texte oder Parameter zum Arbeitsfenster werden in einem anderen Bereich extra dargestellt. Im Fenster für Menüs befinden sich die "globalen Funktionen" (z.B. Hilfe, Ende) und eventuell lokale, die durch Picken ausgewählt werden können. Gemeinsam mit den Fenstern für Erklärungstexte und Informationen zeigt dieser Bereich den jeweiligen Kontext zu einer Graphik im Arbeitsfenster an.

Der Objekteditor führt einen mehrstufigen interaktiven Dialog mit dem Benutzer, wobei folgende "Wege" möglich sind:

- Stufe 1: Anzeigen und Picken von Datenbasen
- Stufe 2: Anzeigen und Picken von Anfangsobjekten strukturierter Objekte
- Stufe 3: Darstellung eines strukturierten Objekts ausgehend von einem in Stufe 2 gewählten Anfangsobjekt. Dann sind entweder Manipulationsfunktionen im Menüfenster anwählbar, z.B. Einfügen, Löschen von einfachen Objekten, oder eine Funktion, die zu den nächsten Stufen führt.

- Stufe 4a: Inhalt und Attribute eines einfachen Objekts
- Stufe 4b: Versionsgraph eines Objekts
- Stufe 4c: Konfigurationen eines Objekts

Durch die mehrstufig aufgebauten Menüs soll bei wechselnder Umgebung eine gute Benutzerführung gewährleistet sein, damit auch der ungeübte Neuling den Objekteditor bedienen kann. Zusätzlich ist eine Hilfefunktion mit differenziertem Hilfegrad einstellbar.

Nähere Einzelheiten über zu verwendende Techniken, Dialoggestaltung und Implementierung des Objekteditors finden sich in [JaSch-88].

Anhang

C-Schnittstelle von *PRODAT*

Inhaltsverzeichnis

0 Allgemeines über Operationen

Sämtliche Operationen beziehen sich – soweit nicht ausdrücklich darauf hingewiesen wird – immer nur auf Objekte einer Datenbasis.

Die Notwendigkeit, im Besitz der zur Ausführung der Operation nötigen Zugriffsrechte zu sein, wird bei der Beschreibung der einzelnen Operationen nicht mehr gesondert erwähnt.

Die Returncodes informieren häufig über erforderliche Voraussetzungen, die bei der Beschreibung der Operation aber nicht speziell erwähnt werden.

1 Für die Operationen benötigte Deklarationen

Die folgenden Konstanten und Typen werden für die Beschreibung der *PRODAT*-Schnittstelle in C benötigt.

```
                        /* Konstanten */
#define EXTENSION_UNDEF            -1
#define KEY_UNDEF                  0L
#define MAX_DATE_LENGTH            26
#define MAX_NAME_LENGTH            50
#define SET                        1
#define NOTSET                     0

                 /* allgemein verfügbare Typen */
typedef long                       DATE;
typedef enum { FALSE, TRUE }       BOOLEAN;
```

```
                    /* Sperrmodi */
typedef enum {
    LOCK_UNDEF,
    LOCK_S,
    LOCK_X
} LOCK;

              /* Eröffnungsmodi für Inhalte */
typedef enum {
    O_UNDEF,
    O_READ,
    O_WRITE,
    O_UPDATE
} OPENMODE;

                  /* Objektstatus */
typedef struct {
    unsigned    is_complete:    1;
    unsigned    is_released:    1;
    unsigned    is_archived:    1;
    unsigned    is_readcopy:    1;
    unsigned    is_transferred: 1;
} STATE;

                /* Objektschlüssel */
typedef unsigned long KEY;
typedef char *KEYLIST;

                /* Art eines Objekts */
#define SIMPLE_OBJ          FALSE
#define STRUCTURED_OBJ      TRUE

          /* Behandlung von Benutzerrelationen */
#define WITHOUT_REL         FALSE
#define WITH_REL            TRUE
```

```
                        /* Zugriffsrechte */
typedef struct {
    unsigned        generate:  1;
    unsigned        erase:     1;
    unsigned        write:     1;
    unsigned        transfer:  1;
    unsigned        archive:   1;
    unsigned        reuse:     1;
    unsigned        read:      1;
    unsigned        traverse:  1;
    unsigned        release:   1;
} ACCESS;

typedef enum {
    V_UNDEF,
    V_GRANT,
    V_REVOKE
} VOTE;

                        /* Art einer Einheit */
typedef enum {
    U_UNDEF,
    U_OBJECT,
    U_CONF,
    U_REL
} UNIT;

                        /* Schleifenbearbeitung */
#define FIRST       FALSE
#define NEXT        TRUE
```

2 Operationen auf Schlüsseln

2.0 *pom_keytoname* – *convert key to name*

– liefert zu einem Schlüssel den zugehörigen Namen.

Schnittstelle:

RCPOM *pom_keytoname (key, databasename, typename, name, extension, unit)*

```
KEY    key;            /* in */
char   *databasename;  /* out */
char   *typename;      /* out */
char   *name;          /* out */
short  *extension;     /* out */
UNIT   *unit;          /* out */
```

Wirkung:

Der Schlüssel eines Objekts/einer Konfiguration/einer Relation wird auf die komplette lesbare Bezeichnung, kombiniert aus Datenbasisname, Typname, Objekt-/Konfigurations-/Relationsname und Extension abgebildet. Der Parameter *unit* gibt an, ob es sich um ein Objekt, eine Konfiguration oder eine Benutzerrelation handelt. Der Speicherplatz für die Namen und die Extension muß im Anwendungsprogramm bereitgestellt werden.

Returncodes:

RCPOM_OK, RCPOM_INTERNAL_ERROR, RCPOM_SYSTEM_ERROR

RCPOM_DB_NOT_OPEN – Die Datenbasis ist nicht geöffnet.

RCPOM_NO_KEY – Der als Schlüssel angegebene Wert ist kein gültiger Schlüssel.

RCPOM_OBJECT_NOT_VISIBLE – Das Objekt ist nicht sichtbar.

RCPOM_CONF_NOT_VISIBLE – Die Konfiguration ist nicht sichtbar.

RCPOM_NO_RIGHT – Der Benutzer besitzt nicht das zur Ausführung der Operation nötige Zugriffsrecht.

RCPOM_LOCK_CONFLICT – Konflikt mit einer bestehenden Sperre.

2.1 *pom_nametokey* – *convert name to key*

– liefert zu einem Namen die zugehörigen Schlüssel.

Schnittstelle:

RCPOM *pom_nametokey (databasename, typename, name, extension, unit, keylist)*

```
char      *databasename;   /* in */
char      *typename;       /* in */
char      *name;           /* in */
short     extension;       /* in */
UNIT      unit;            /* in */
KEYLIST   *keylist;        /* out */
```

Wirkung:

Die lesbare Bezeichnung, kombiniert aus Datenbasisname, Typname, Objekt-/ Konfigurations-/Relationsname und Extension wird auf eine Liste der dieser Kombination entsprechenden Schlüssel abgebildet. Werden für einen oder mehrere Namen Leerstrings ("") angegeben, so werden diese über alle verfügbaren Werte expandiert. Wird für die Extension der Wert EXTENSION_UNDEF angegeben, so wird über alle bisher vergebenen Extensions expandiert.

Der Parameter *unit* gibt an, ob es sich um ein Objekt, eine Konfiguration oder eine Benutzerrelation handelt.

Falls die Sicht zum Zeitpunkt der Ausführung dieser Operation auf eine Konfiguration eingeschränkt ist, werden nur Objekte dieser Konfiguration geliefert.

Returncodes:

RCPOM_OK, RCPOM_INTERNAL_ERROR, RCPOM_SYSTEM_ERROR

RCPOM_DB_NOT_OPEN – Die Datenbasis ist nicht geöffnet.

RCPOM_ALLOCATE_FAILED – Bei der dynamischen Speicherplatzallokation ist ein Fehler aufgetreten.

RCPOM_DB_UNKNOWN – Die Datenbasis existiert nicht.

RCPOM_TYPE_UNKNOWN – Der Typ existiert nicht.

RCPOM_NAME_UNKNOWN – Es existiert kein Objekt/keine Konfiguration/ keine Benutzerrelation mit dem angegebenen Namen.

RCPOM_NO_RIGHT – Der Benutzer besitzt nicht das zur Ausführung der Operation nötige Zugriffsrecht.

RCPOM_LOCK_CONFLICT – Konflikt mit einer bestehenden Sperre.

2.2 *pom_rename* - *rename unit*

- vergibt einen neuen Namen.

Schnittstelle:

RCPOM *pom_rename (key, name)*

```
    KEY    key;       /* in */
    char   *name;     /* in */
```

Wirkung:

Das Objekt/die Konfiguration/die Benutzerrelation mit dem Schlüssel *key* erhält den neuen Namen *name* und ist anschließend nur noch unter dem neuen Namen ansprechbar.

Returncodes:

RCPOM_OK, RCPOM_INTERNAL_ERROR, RCPOM_SYSTEM_ERROR

RCPOM_DB_NOT_OPEN - Die Datenbasis ist nicht geöffnet.

RCPOM_NO_KEY - Der als Schlüssel angegebene Wert ist kein gültiger Schlüssel.

RCPOM_OBJECT_RELEASED - Das Objekt ist freigegeben.

RCPOM_OBJECT_NOT_VISIBLE - Das Objekt ist nicht sichtbar.

RCPOM_CONF_NOT_VISIBLE - Die Konfiguration ist nicht sichtbar.

RCPOM_NO_RIGHT - Der Benutzer besitzt nicht das zur Ausführung der Operation nötige Zugriffsrecht.

RCPOM_LOCK_CONFLICT - Konflikt mit einer bestehenden Sperre.

3 Operationen auf Objekten

3.0 Generierungs- und Manipulationsoperationen

3.0.0 *pom_createobj* – *create object*

– generiert ein Objekt.

Schnittstelle:

RCPOM *pom_createobj (databasename, objecttypename, objectname, parentkey, objectkey)*

```
char  *databasename;    /* in */
char  *objecttypename;  /* in */
char  *objectname;      /* in */
KEY   parentkey;        /* in */
KEY   *objectkey;       /* out */
```

Wirkung:

Es wird ein neues Objekt in die angegebene Datenbasis eingefügt. Das neue Objekt erhält den vom System vergebenen Schlüssel *objectkey*. Eine ebenfalls vom System vergebene Extension sorgt dafür, daß die lesbare Bezeichnung kombiniert aus Datenbasis-, Objekttyp-, Objektname und Extension eindeutig ist. Bei Angabe eines Vorgängerobjekts wird das neue Objekt als weiterer Nachfolger eingetragen und verändert ggf. das Vollständigkeitsattribut (*is_complete*) der Vorgänger, andernfalls wird das neue Objekt ein Anfangsobjekt in der Datenbasis.

Es ist erlaubt, daß Vorgänger und Nachfolger in verschiedenen Datenbasen liegen.

Returncodes:

RCPOM_OK, RCPOM_INTERNAL_ERROR, RCPOM_SYSTEM_ERROR

RCPOM_DB_NOT_OPEN – Die Datenbasis ist nicht geöffnet.

RCPOM_STRUCTURE_VIOLATION – Die Konsistenzregeln werden durch die Operation verletzt.

RCPOM_DB_ARCHIVED – Die Datenbasis ist offline archiviert.

RCPOM_KEY_OVERFLOW – Es ist kein neuer Schlüssel generierbar.

RCPOM_DB_UNKNOWN – Die Datenbasis existiert nicht.

RCPOM_OBJECT_UNKNOWN – Der als Schlüssel angegebene Wert ist kein gültiger Objektschlüssel.

RCPOM_NO_SPACE – Die Freispeicherkapazität auf der Platte reicht zur Durchführung der Operation nicht aus.

RCPOM_TYPE_UNKNOWN – Der Typ existiert nicht.

RCPOM_OBJECT_RELEASED – Das Objekt ist freigegeben.

RCPOM_FOCUS – Die Sicht ist auf eine Konfiguration eingeschränkt.

RCPOM_NO_RIGHT – Der Benutzer besitzt nicht das zur Ausführung der Operation nötige Zugriffsrecht.

RCPOM_LOCK_CONFLICT – Konflikt mit einer bestehenden Sperre.

3.0.1 *pom_deleteobj* – *delete object*

– löscht ein strukturiertes Objekt.

Schnittstelle:

RCPOM *pom_deleteobj (objectkey, objectkind)*

```
    KEY          objectkey     /* in */
    BOOLEAN      objectkind;   /* in */
```

Wirkung:

Das durch *objectkey* bezeichnete Objekt muß Anfangsobjekt sein.

Hat *objectkind* den Wert SIMPLE_OBJ, so wird das einfache Objekt zusammen mit allen von ihm ausgehenden Kanten gelöscht. Alle direkten Nachfolger, auf die dann nicht mehr verwiesen wird, werden Anfangsobjekte.

Hat *objectkind* den Wert STRUCTURED_OBJ, werden zusätzlich alle Subobjekte gelöscht, auf die nicht von außen verwiesen wird.

Alle Tupel von Benutzerrelationen, die sich auf ein gelöschtes Objekt beziehen, werden gelöscht. Gelöschte Objekte werden auch aus allen Versionsgraphen entfernt.

Returncodes:

RCPOM_OK, RCPOM_INTERNAL_ERROR, RCPOM_SYSTEM_ERROR

RCPOM_DB_NOT_OPEN – Die Datenbasis ist nicht geöffnet.

RCPOM_NO_LINEAR_VERSIONGRAPH – Der von dem Objekt ausgehende Versionsgraph ist nicht linear.

RCPOM_OBJECT_UNKNOWN – Der als Schlüssel angegebene Wert ist kein gültiger Objektschlüssel.

RCPOM_USED_IN_CONF – Das Objekt wird in einer Konfiguration benutzt.
RCPOM_FOCUS – Die Sicht ist auf eine Konfiguration eingeschränkt.

RCPOM_OBJECT_ARCHIVED – Das Objekt ist offline archiviert.

RCPOM_NO_RIGHT – Der Benutzer besitzt nicht das zur Ausführung der Operation nötige Zugriffsrecht.

RCPOM_LOCK_CONFLICT – Konflikt mit einer bestehenden Sperre.

3.0.2 *pom_deleteobjforce* – *delete object by force*

– löscht ein strukturiertes Objekt.

Schnittstelle:

RCPOM *pom_deleteobjforce (objectkey, objectkind)*

```
    KEY          objectkey;     /* in */
    BOOLEAN      objectkind;    /* in */
```

Wirkung:

Mit dieser Operation wird das Objekt *objectkey* gelöscht, sofern nicht von außerhalb von strukturell freigegebenen Objekten auf dieses Objekt verwiesen wird.

Hat *objectkind* den Wert SIMPLE_OBJ, wird das einfache Objekt zusammen mit allen Kanten, in denen es benutzt wird, gelöscht. Alle direkten Nachfolger, auf die dann nicht mehr verwiesen wird, werden Anfangsobjekte. Hat *objectkind* den Wert STRUCTURED_OBJ, wird das gesamte strukturierte Objekt und alle Kanten, die von außen darauf verweisen, gelöscht. Alle Objekte, die nach dem Löschen keine Nachfolger mehr haben, werden Endobjekte.

Alle Tupel von Benutzerrelationen, die sich auf ein gelöschtes Objekt beziehen, werden ebenfalls gelöscht.

Gelöschte Objekte werden außerdem aus allen Versionsgraphen entfernt.
Das Vollständigkeitsattribut der Vorgänger von *objectkey* wird ggf. geändert.

Returncodes:

RCPOM_OK, RCPOM_INTERNAL_ERROR, RCPOM_SYSTEM_ERROR

RCPOM_DB_NOT_OPEN – Die Datenbasis ist nicht geöffnet.

RCPOM_NO_LINEAR_VERSIONGRAPH – Der von dem Objekt ausgehende Versionsgraph ist nicht linear.

RCPOM_OBJECT_UNKNOWN – Der als Schlüssel angegebene Wert ist kein gültiger Objektschlüssel.

RCPOM_USED_IN_CONF – Das Objekt wird in einer Konfiguration benutzt.

RCPOM_FOCUS – Die Sicht ist auf eine Konfiguration eingeschränkt.

RCPOM_OBJECT_ARCHIVED – Das Objekt ist offline archiviert.

RCPOM_OBJECT_RELEASED – Das Objekt ist freigegeben.

RCPOM_NO_RIGHT – Der Benutzer besitzt nicht das zur Ausführung der Operation nötige Zugriffsrecht.

RCPOM_LOCK_CONFLICT – Konflikt mit einer bestehenden Sperre.

3.0.3 *pom_copyobj* - *copy object*

– kopiert ein Objekt.

Schnittstelle:

RCPOM *pom_copyobj (objectkey, parentkey, objectkind, selection, newobjectkey)*

```
KEY         objectkey;      /* in */
KEY         parentkey;      /* in */
BOOLEAN     objectkind;     /* in */
BOOLEAN     selection;      /* in */
KEY         *newobjectkey;  /* out */
```

Wirkung:

Hat *objectkind* den SIMPLE_OBJ, wird das einfache Objekt *objectkey* kopiert. Besitzt *objectkind* den Wert STRUCTURED_OBJ, wird das strukturierte Objekt *objectkey* kopiert. Hat *selection* den Wert WITH_REL werden alle die Tupel von Benutzerrelationen mitkopiert, die innerhalb des Objekts liegen. Hat *selection* den Wert WITHOUT_REL, bleiben Benutzerrelationen völlig unberücksichtigt.

Beziehungen, die von außen auf das Objekt verweisen, werden nicht mit übernommen.

Für die neu erzeugten Kopien aller beteiligten einfachen Objekte vergibt das System eine Extension, so daß die Kombination aus Datenbasisname, Objekttypname, Objektname und Extension eindeutig ist.

Das neu erzeugte Objekt mit dem vom System vergebenen Schlüssel *newobjectkey* wird als Nachfolger des Objekts *parentkey* eingetragen und liegt in der gleichen Datenbasis wie *parentkey*. Das Vollständigkeitsattribut (*is_complete*) der Vorgänger wird ggf. geändert. Wird das Vorgängerobjekt nicht angegeben (KEY_UNDEF), so bildet das neue Objekt ein Anfangsobjekt der Datenbasis, in der *objectkey* liegt.

Returncodes:

RCPOM_OK, RCPOM_INTERNAL_ERROR, RCPOM_SYSTEM_ERROR

RCPOM_DB_NOT_OPEN – Die Datenbasis ist nicht geöffnet.

RCPOM_STRUCTURE_VIOLATION – Die Konsistenzregeln werden durch die Operation verletzt.

RCPOM_CYCLE_VIOLATION – Die einzufügende Kante würde einen Zyklus in der Objekthierarchie verursachen.

RCPOM_KEY_OVERFLOW – Es ist kein neuer Schlüssel generierbar.

RCPOM_OBJECT_UNKNOWN – Der als Schlüssel angegebene Wert ist kein gültiger Objektschlüssel.

RCPOM_NO_SPACE – Die Freispeicherkapazität auf der Platte reicht zur Durchführung der Operation nicht aus.

RCPOM_OBJECT_OFFLINE – Das Objekt liegt auf einem momentan nicht eingebundenen Archiv.

RCPOM_OBJECT_RELEASED – Das Objekt ist freigegeben.

RCPOM_FOCUS – Die Sicht ist auf eine Konfiguration eingeschränkt.

RCPOM_NO_RIGHT – Der Benutzer besitzt nicht das zur Ausführung der Operation nötige Zugriffsrecht.

RCPOM_LOCK_CONFLICT – Konflikt mit einer bestehenden Sperre.

3.0.4 *pom_releaseobj* – *release object*

– gibt ein Objekt frei.

Schnittstelle:

RCPOM *pom_releaseobj (objectkey, objectkind)*

```
    KEY          objectkey;     /* in */
    BOOLEAN      objectkind;    /* in */
```

Wirkung:

Hat *objectkind* den Wert SIMPLE_OBJ, werden Attribute und Inhalt des einfachen Objekts freigegeben. Hat *objectkind* den Wert STRUCTURED_OBJ, wird die Struktur des gesamten strukturierten Objekts freigegeben sowie Attribute und Inhalte aller darin enthaltenen einfachen Objekte.

Falls die Sicht auf eine Konfiguration eingestellt ist und *objectkind* den Wert SIMPLE_OBJ hat, werden die konfigurationsspezifischen Attribute des einfachen Objekts freigegeben (Voraussetzung ist, daß das einfache Objekt bereits konfigurationsunabhängig freigegeben wurde). Falls die Sicht auf eine Konfiguration eingestellt ist und *objectkind* den Wert STRUCTURED_OBJ hat, wird die Struktur bzgl. der eingestellten Konfiguration freigegeben, einschließlich der konfigurationsspezifischen Attribute aller in der Konfiguration sichtbaren einfachen Objekte des strukturierten Objekts (Voraussetzung ist, daß das strukturierte Objekt bereits konfigurationsunabhängig freigegeben wurde).

Der Wert SET des Statusattributs *is_released* (vgl. *pom_getstate*) zeigt an, daß ein Objekt freigegeben ist.

Returncodes:

RCPOM_OK, RCPOM_INTERNAL_ERROR, RCPOM_SYSTEM_ERROR

RCPOM_DB_NOT_OPEN – Die Datenbasis ist nicht geöffnet.

RCPOM _OBJECT_UNKNOWN – Der als Schlüssel angegebene Wert ist kein gültiger Objektschlüssel.

RCPOM_OBJECT_NOT_RELEASED – Das Objekt ist nicht freigegeben.

RCPOM_OBJECT_INCOMPLETE – Das Objekt ist nicht vollständig.

RCPOM_NO_RIGHT – Der Benutzer besitzt nicht das zur Ausführung der Operation nötige Zugriffsrecht.

RCPOM_LOCK_CONFLICT – Konflikt mit einer bestehenden Sperre.

RCPOM_OBJECT_NOT_VISIBLE – Das Objekt ist nicht sichtbar.

3.0.5 *pom_createedge* – *create edge*

– erzeugt eine neue Kante zwischen zwei Objekten.

Schnittstelle:

RCPOM *pom_createedge (parentkey, childkey)*

```
    KEY    parentkey;      /* in */
    KEY    childkey;       /* in */
```

Wirkung:

Der Nachfolger wird an den Vorgänger angehängt. Das Vollständigkeitsattribut (*is_complete*) der Vorgänger wird ggf. geändert. Es ist erlaubt, daß Vorgänger und Nachfolger in verschiedenen Datenbasen liegen.

Returncodes:

RCPOM_OK, RCPOM_INTERNAL_ERROR, RCPOM_SYSTEM_ERROR

RCPOM_DB_NOT_OPEN – Die Datenbasis ist nicht geöffnet.

RCPOM_STRUCTURE_VIOLATION – Die Konsistenzregeln werden durch die Operation verletzt.

RCPOM_CYCLE_VIOLATION – Die einzufügende Kante würde einen Zyklus in der Objekthierarchie verursachen.

RCPOM_EDGE_EXISTS – Die Kante existiert bereits.

RCPOM_OBJECT_UNKNOWN – Der als Schlüssel angegebene Wert ist kein gültiger Objektschlüssel.

RCPOM_NO_SPACE – Die Freispeicherkapazität auf der Platte reicht zur Durchführung der Operation nicht aus.

RCPOM_OBJECT_RELEASED – Das Objekt ist freigegeben.

RCPOM_FOCUS – Die Sicht ist auf eine Konfiguration eingeschränkt.

RCPOM_NO_RIGHT – Der Benutzer besitzt nicht das zur Ausführung der Operation nötige Zugriffsrecht.

RCPOM_LOCK_CONFLICT – Konflikt mit einer bestehenden Sperre.

3.0.6 *pom_deleteedge* – *delete edge*

– löscht eine Kante zwischen zwei Objekten.

Schnittstelle:

RCPOM *pom_deleteedge (parentkey, childkey)*

```
KEY    parentkey;    /* in */
KEY    childkey;     /* in */
```

Wirkung:

Die Kante zwischen den Objekten wird gelöscht.

Falls der Nachfolger nicht mehr Subobjekt irgendeines anderen Objekts ist, wird er Anfangsobjekt in der Datenbasis.

Das Vollständigkeitsattribut (*is_complete*) der Vorgänger wird ggf. geändert.

Returncodes:

RCPOM_OK, RCPOM_INTERNAL_ERROR, RCPOM_SYSTEM_ERROR

RCPOM_DB_NOT_OPEN – Die Datenbasis ist nicht geöffnet.

RCPOM_NO_EDGE – Die Kante ist nicht vorhanden.

RCPOM_OBJECT_UNKNOWN – Der als Schlüssel angegebene Wert ist kein gültiger Objektschlüssel.

RCPOM_OBJECT_RELEASED – Das Objekt ist freigegeben.

RCPOM_FOCUS – Die Sicht ist auf eine Konfiguration eingeschränkt.

RCPOM_NO_RIGHT – Der Benutzer besitzt nicht das zur Ausführung der Operation nötige Zugriffsrecht.

RCPOM_LOCK_CONFLICT – Konflikt mit einer bestehenden Sperre.

3.1 Operationen auf Attributen

3.1.0 *pom_getattr* – *get attributes*

– liest die Attributwerte eines Objekts.

Schnittstelle:

RCPOM *pom_getattr (objectkey, attributerecord)*

```
KEY   objectkey;         /* in */
char  *attributerecord;  /* out */
```

Wirkung:

Die Attribute des Objekts werden in den Speicher eingelesen, auf den *attributerecord* verweist. Falls der im Anwendungsprogramm reservierte Speicher zu klein ist, werden die anschließenden Datenbereiche überschrieben. Die Länge des benötigten Speichers wird bestimmt durch den Typ des Objekts.

Ist die Sicht auf eine Konfiguration eingestellt, werden auch die konfigurationsspezifischen Attribute eingelesen. Der durch *attributerecord* bezeichnete Puffer muß diese Attribute zusätzlich aufnehmen können.

Das Zugriffsdatum wird aktualisiert (*pom_getaccessdate*).

Returncodes:

RCPOM_OK, RCPOM_INTERNAL_ERROR, RCPOM_SYSTEM_ERROR

RCPOM_DB_NOT_OPEN – Die Datenbasis ist nicht geöffnet.

RCPOM_OBJECT_UNKNOWN – Der als Schlüssel angegebene Wert ist kein gültiger Objektschlüssel.

RCPOM_OBJECT_OFFLINE – Das Objekt liegt auf einem momentan nicht eingebundenen Archiv.

RCPOM_OBJECT_NOT_VISIBLE – Das Objekt ist nicht sichtbar.

RCPOM_NO_RIGHT – Der Benutzer besitzt nicht das zur Ausführung der Operation nötige Zugriffsrecht.

RCPOM_LOCK_CONFLICT – Konflikt mit einer bestehenden Sperre.

3.1.1 *pom_updateattr* – *update attributes*

– ändert die Attributwerte eines Objekts.

Schnittstelle:

RCPOM *pom_updateattr (objectkey, attributerecord)*

```
KEY     objectkey;         /* in */
char    *attributerecord;  /* in */
```

Wirkung:

Der Inhalt des Speichers, auf den *attributerecord* verweist, wird auf die Attribute des Objekts übertragen. Maßgeblich für die Länge der Übertragung ist der Typ des Objekts. Ist das Objekt freigegeben, wird die Operation abgewiesen.

Falls die Sicht auf eine Konfiguration eingestellt ist, werden auch die konfigurationsspezifischen Attribute übertragen. Dementsprechend muß der Anwenderpuffer diese Attribute zusätzlich zur Verfügung stellen. Sind die konfigurationsunabhängigen Attribute freigegeben, werden nur die konfigurationsspezifischen Attribute übernommen. Sind zusätzlich auch die konfigurationsspezifischen Attribute freigegeben, wird die Operation abgewiesen.

Das Zugriffs- und Änderungsdatum wird aktualisiert (*pom_getaccessdate* bzw. *pom_getchangedate*).

Returncodes:

RCPOM_OK, RCPOM_INTERNAL_ERROR, RCPOM_SYSTEM_ERROR

RCPOM_DB_NOT_OPEN – Die Datenbasis ist nicht geöffnet.

RCPOM_OBJECT_UNKNOWN – Der als Schlüssel angegebene Wert ist kein gültiger Objektschlüssel.

RCPOM_OBJECT_RELEASED – Das Objekt ist freigegeben.

RCPOM_OBJECT_NOT_VISIBLE – Das Objekt ist nicht sichtbar.

RCPOM_NO_RIGHT – Der Benutzer besitzt nicht das zur Ausführung der Operation nötige Zugriffsrecht.

RCPOM_LOCK_CONFLICT – Konflikt mit einer bestehenden Sperre.

3.2 Operationen auf dem Inhalt

3.2.0 *pom_opencont* - *open contents*

- öffnet den Inhalt eines Objekts zur Bearbeitung.

Schnittstelle:

RCPOM *pom_opencont (objectkey, openmode)*

```
KEY          objectkey;    /* in */
OPENMODE     openmode;     /* in */
```

Wirkung:

Der Inhalt des Objekts wird zum Lesen (O_READ), Schreiben (O_WRITE) oder Ändern (O_UPDATE) (Lesen und Schreiben) geöffnet. Wird der Inhalt mit O_WRITE eröffnet, geht der alte Inhalt verloren, andernfalls bleibt der alte Inhalt erhalten.

Returncodes:

RCPOM_OK, RCPOM_INTERNAL_ERROR, RCPOM_SYSTEM_ERROR

RCPOM_DB_NOT_OPEN – Die Datenbasis ist nicht geöffnet.

RCPOM_CONTENTS_IN_USE – Der Inhalt des Objekts wird schon benutzt.

RCPOM_OBJECT_UNKNOWN – Der als Schlüssel angegebene Wert ist kein gültiger Objektschlüssel.

RCPOM_OBJECT_RELEASED – Das Objekt ist freigegeben.

RCPOM_OBJECT_NOT_VISIBLE – Das Objekt ist nicht sichtbar.

RCPOM_NO_CONTENTS – Das Objekt besitzt keinen Inhalt.

RCPOM_OBJECT_OFFLINE – Das Objekt liegt auf einem momentan nicht eingebundenen Archiv.

RCPOM_NO_RIGHT – Der Benutzer besitzt nicht das zur Ausführung der Operation nötige Zugriffsrecht.

RCPOM_LOCK_CONFLICT – Konflikt mit einer bestehenden Sperre.

3.2.1 *pom_getcont* - *get contents*

- liest den Inhalt eines Objekts.

Schnittstelle:

RCPOM *pom_getcont (objectkey, position, maxlength, length, buffer)*

```
KEY             objectkey;    /* in */
unsigned long   position;     /* in */
unsigned long   maxlength;    /* in */
unsigned long   *length;      /* out */
char            *buffer;      /* out */
```

Wirkung:

Der Inhalt des Objekts wird ab der angegebenen *position* in der Länge *maxlength* in den Puffer eingelesen, auf den *buffer* verweist. Die Zählung der Position erfolgt in Bytes, beginnend bei 0. Es wird maximal bis zum Ende des Inhalts gelesen. In *length* wird die tatsächlich gelesene Anzahl Bytes übergeben.

Returncodes:

RCPOM_OK, RCPOM_INTERNAL_ERROR, RCPOM_SYSTEM_ERROR

RCPOM_DB_NOT_OPEN – Die Datenbasis ist nicht geöffnet.

RCPOM_CONTENTS_NOT_OPEN – Der Inhalt ist nicht geöffnet.

RCPOM_END_OF_CONTENTS – Das Ende des Inhalts ist erreicht.

RCPOM_OBJECT_UNKNOWN – Der als Schlüssel angegebene Wert ist kein gültiger Objektschlüssel.

RCPOM_WRONG_OPENMODE – Der Inhalt des Objekts wurde falsch eröffnet (Eröffnung zum Lesen oder Ändern erforderlich).

3.2.2 *pom_getcontseq* - *get contents sequential*

- liest den Inhalt eines Objekts sequentiell.

Schnittstelle:

RCPOM *pom_getcontseq (objectkey, maxlength, length, buffer)*

KEY	*objectkey*;	/* in */
unsigned long	*maxlength*;	/* in */
unsigned long	**length*;	/* out */
char	**buffer*;	/* out */

Wirkung:

Der Inhalt des Objekts wird in der angegebenen Länge *maxlength* in den Puffer, auf den *buffer* verweist, eingelesen. Beim ersten Aufruf der Funktion wird ab Beginn des Inhalts gelesen, bei allen weiteren Aufrufen wird jeweils um die angegebene Länge *maxlength* innerhalb des Inhalts für den nächsten Aufruf weiterpositioniert. Ein Zurücksetzen auf den Beginn erfolgt erst durch Schließen des Inhalts. Es wird maximal bis zum Ende des Inhalts gelesen. In *length* wird die tatsächlich gelesene Anzahl Bytes übergeben.

Returncodes:

RCPOM_OK, RCPOM_INTERNAL_ERROR, RCPOM_SYSTEM_ERROR

RCPOM_DB_NOT_OPEN - Die Datenbasis ist nicht geöffnet.

RCPOM_CONTENTS_NOT_OPEN - Der Inhalt ist nicht geöffnet.

RCPOM_END_OF_CONTENTS - Das Ende des Inhalts ist erreicht.

RCPOM_OBJECT_UNKNOWN - Der als Schlüssel angegebene Wert ist kein gültiger Objektschlüssel.

RCPOM_WRONG_OPENMODE - Der Inhalt des Objekts wurde falsch eröffnet (Eröffnung zum Lesen oder Ändern erforderlich).

3.2.3 *pom_updatecont* - *update contents*

– modifiziert den Inhalt eines Objekts.

Schnittstelle:

RCPOM *pom_updatecont (objectkey, position, length, buffer)*

```
KEY              objectkey;     /* in */
unsigned long    position;      /* in */
unsigned long    length;        /* in */
char             *buffer;       /* in */
```

Wirkung:

Der Inhalt des Objekts wird ab der angegebenen *position* in der angegebenen *length* mit den Werten des Puffers, auf den *buffer* verweist, überschrieben. Die Zählung der Position erfolgt in Bytes, beginnend bei 0. Es darf über das Ende des Inhalts hinausgeschrieben werden.

Returncodes:

RCPOM_OK, RCPOM_INTERNAL_ERROR, RCPOM_SYSTEM_ERROR

RCPOM_DB_NOT_OPEN – Die Datenbasis ist nicht geöffnet.

RCPOM_CONTENTS_NOT_OPEN – Der Inhalt ist nicht geöffnet.

RCPOM_OBJECT_UNKNOWN – Der als Schlüssel angegebene Wert ist kein gültiger Objektschlüssel.

RCPOM_WRONG_OPENMODE – Der Inhalt des Objekts wurde falsch eröffnet (Eröffnung zum Ändern oder Schreiben erforderlich).

RCPOM_NO_SPACE – Die Freispeicherkapazität auf der Platte reicht zur Durchführung der Operration nicht aus.

3.2.4 *pom_updatecontseq* – *update contents sequential*
– modifiziert den Inhalt eines Objekts sequentiell.

Schnittstelle:

RCPOM *pom_updatecontseq (objectkey, length, buffer)*

KEY	*objectkey;*	/* in */
unsigned long	*length;*	/* in */
char	**buffer;*	/* in */

Wirkung:

Der Inhalt des Objekts wird in der angegebenen *length* mit den Werten des Puffers, auf den *buffer* verweist, überschrieben.

Beim ersten Aufruf der Funktion wird ab Beginn des Inhalts geschrieben, bei allen weiteren Aufrufen wird jeweils um die angegebene Länge innerhalb des Inhalts für den nächsten Aufruf weiterpositioniert. Ein Zurücksetzen auf den Beginn erfolgt erst durch Schließen des Inhalts.

Returncodes:

RCPOM_OK, RCPOM_INTERNAL_ERROR, RCPOM_SYSTEM_ERROR

RCPOM_DB_NOT_OPEN – Die Datenbasis ist nicht geöffnet.

RCPOM_CONTENTS_NOT_OPEN – Der Inhalt ist nicht geöffnet.

RCPOM_OBJECT_UNKNOWN – Der als Schlüssel angegebene Wert ist kein gültiger Objektschlüssel.

RCPOM_WRONG_OPENMODE – Der Inhalt des Objekts wurde falsch eröffnet (Eröffnung zum Schreiben oder Ändern erforderlich).

3.2.5 *pom_closecont* - *close contents*

- schließt den Inhalt eines Objekts.

Schnittstelle:

RCPOM *pom_closecont (objectkey)*

KEY *objectkey*; /* in */

Wirkung:

Der Inhalt des Objekts wird geschlossen. Das Zugriffs- und/oder das Änderungsdatum wird aktualisiert.

Returncodes:

RCPOM_OK, RCPOM_INTERNAL_ERROR, RCPOM_SYSTEM_ERROR

RCPOM_DB_NOT_OPEN - Die Datenbasis ist nicht geöffnet.

RCPOM_CONTENTS_NOT_OPEN - Der Inhalt ist nicht geöffnet.

RCPOM_OBJECT_UNKNOWN - Der als Schlüssel angegebene Wert ist kein gültiger Objektschlüssel.

RCPOM_NO_RIGHT - Der Benutzer besitzt nicht das zur Ausführung der Operation nötige Zugriffsrecht.

RCPOM_LOCK_CONFLICT - Konflikt mit einer bestehenden Sperre.

3.2.6 *pom_getcontlen* – *get contents length*

– liefert die Länge des Inhalts eines Objekts.

Schnittstelle:

RCPOM *pom_getcontlen (objectkey, length)*

```
    KEY             objectkey;    /* in */
    unsigned long   *length;      /* out */
```

Wirkung:

Die Länge des Inhalts in Bytes wird in *length* übergeben.

Returncodes:

RCPOM_OK, RCPOM_INTERNAL_ERROR, RCPOM_SYSTEM_ERROR

RCPOM_DB_NOT_OPEN – Die Datenbasis ist nicht geöffnet.

RCPOM_CONTENTS_IN_USE – Der Inhalt des Objekts wird schon benutzt.

RCPOM_OBJECT_UNKNOWN – Der als Schlüssel angegebene Wert ist kein gültiger Objektschlüssel.

RCPOM_OBJECT_OFFLINE – Das Objekt liegt auf einem momentan nicht eingebundenen Archiv.

RCPOM_NO_CONTENTS – Das Objekt besitzt keinen Inhalt.

RCPOM_OBJECT_NOT_VISIBLE – Das Objekt ist nicht sichtbar.

RCPOM_NO_RIGHT – Der Benutzer besitzt nicht das zur Ausführung der Operation nötige Zugriffsrecht.

RCPOM_LOCK_CONFLICT – Konflikt mit einer bestehenden Sperre.

3.3 Retrievaloperationen

3.3.0 *pom_getallparobj* - *get all parent objects*

– liefert die Schlüssel aller Vorgänger eines Objekts.

Schnittstelle:

RCPOM *pom_getallparobj (objectkey, parentkeylist)*

```
    KEY        objectkey;        /* in */
    KEYLIST    *parentkeylist;   /* out */
```

Wirkung:

Es wird eine Liste der Schlüssel der Vorgänger des Objekts zurückgeliefert. Falls die Sicht zum Zeitpunkt der Ausführung dieser Operation auf eine Konfiguration eingeschränkt ist, werden nur Objekte dieser Konfiguration berücksichtigt.

Returncodes:

RCPOM_OK, RCPOM_INTERNAL_ERROR, RCPOM_SYSTEM_ERROR

RCPOM_DB_NOT_OPEN – Die Datenbasis ist nicht geöffnet.

RCPOM_ALLOCATE_FAILED – Bei der dynamischen Speicherplatzallokation ist ein Fehler aufgetreten.

RCPOM_OBJECT_UNKNOWN – Der als Schlüssel angegebene Wert ist kein gültiger Objektschlüssel.

RCPOM_OBJECT_NOT_VISIBLE – Das Objekt ist nicht sichtbar.

RCPOM_NO_RIGHT – Der Benutzer besitzt nicht das zur Ausführung der Operation nötige Zugriffsrecht.

RCPOM_LOCK_CONFLICT – Konflikt mit einer bestehenden Sperre.

3.3.1 *pom_getallchildobj - get all children objects*

- liefert die Schlüssel aller Nachfolger eines Objekts.

Schnittstelle:

RCPOM *pom_getallchildobj (objectkey, childkeylist)*

```
KEY        objectkey;     /* in */
KEYLIST    *childkeylist; /* out */
```

Wirkung:

Es wird eine Liste der Schlüssel aller Nachfolger dieses Objekts zurückgeliefert. Falls die Sicht zum Zeitpunkt der Ausführung dieser Operation auf eine Konfiguration eingeschränkt ist, werden nur Objekte dieser Konfiguration berücksichtigt.

Returncodes:

RCPOM_OK, RCPOM_INTERNAL_ERROR, RCPOM_SYSTEM_ERROR

RCPOM_DB_NOT_OPEN – Die Datenbasis ist nicht geöffnet.

RCPOM_ALLOCATE_FAILED – Bei der dynamischen Speicherplatzallokation ist ein Fehler aufgetreten.

RCPOM_OBJECT_UNKNOWN – Der als Schlüssel angegebene Wert ist kein gültiger Objektschlüssel.

RCPOM_OBJECT_NOT_VISIBLE – Das Objekt ist nicht sichtbar.

RCPOM_NO_RIGHT – Der Benutzer besitzt nicht das zur Ausführung der Operation nötige Zugriffsrecht.

RCPOM_LOCK_CONFLICT – Konflikt mit einer bestehenden Sperre.

3.3.2 *pom_getallstartobj* - *get all starting objects of object*

- liefert die Schlüssel aller Anfangsobjekte eines Objekts.

Schnittstelle:

RCPOM *pom_getallstartobj (objectkey, startingobjectkeylist)*

KEY	*objectkey;*	/* in */
KEYLIST	**startingobjectkeylist;*	/* out */

Wirkung:

Es wird eine Liste der Schlüssel aller Anfangsobjekte, die das Objekt als Subobjekt beinhalten, zurückgeliefert. Falls die Sicht zum Zeitpunkt der Ausführung dieser Operation auf eine Konfiguration beschränkt ist, werden nur Objekte dieser Konfiguration berücksichtigt.

Returncodes:

RCPOM_OK, RCPOM_INTERNAL_ERROR, RCPOM_SYSTEM_ERROR

RCPOM_DB_NOT_OPEN – Die Datenbasis ist nicht geöffnet.

RCPOM_ALLOCATE_FAILED – Bei der dynamischen Speicherplatzallokation ist ein Fehler aufgetreten.

RCPOM_OBJECT_UNKNOWN – Der als Schlüssel angegebene Wert ist kein gültiger Objektschlüssel.

RCPOM_OBJECT_NOT_VISIBLE – Das Objekt ist nicht sichtbar.

RCPOM_NO_RIGHT – Der Benutzer besitzt nicht das zur Ausführung der Operation nötige Zugriffsrecht.

RCPOM_LOCK_CONFLICT – Konflikt mit einer bestehenden Sperre.

3.3.3 *pom_getallstartdb* – *get all starting objects in a database*

– liefert die Schlüssel aller Anfangsobjekte einer Datenbasis.

Schnittstelle:

RCPOM *pom_getallstartdb (databasename, startingobjectkeylist)*

```
    char       *databasename;            /* in */
    KEYLIST    *startingobjectkeylist;   /* out */
```

Wirkung:

Es wird eine Liste der Schlüssel sämtlicher in der angegebenen Datenbasis vorhandenen Anfangsobjekte zurückgeliefert. Falls die Sicht zum Zeitpunkt der Ausführung dieser Operation auf eine Konfiguration beschränkt ist, werden nur Objekte dieser Konfiguration berücksichtigt.

Returncodes:

RCPOM_OK, RCPOM_INTERNAL_ERROR, RCPOM_SYSTEM_ERROR

RCPOM_DB_NOT_OPEN – Die Datenbasis ist nicht geöffnet.

RCPOM_DB_UNKNOWN – Die Datenbasis existiert nicht.

RCPOM_ALLOCATE_FAILED – Bei der dynamischen Speicherplatzallokation ist ein Fehler aufgetreten.

RCPOM_NO_RIGHT – Der Benutzer besitzt nicht das zur Ausführung der Operation nötige Zugriffsrecht.

RCPOM_LOCK_CONFLICT – Konflikt mit einer bestehenden Sperre.

3.4 Statusoperationen

3.4.0 *pom_getstate* - *get state*

- liefert den Status eines Objekts.

Schnittstelle:

RCPOM *pom_getstate (objectkey, objectkind, state)*

```
KEY         objectkey;    /* in */
BOOLEAN     objectkind;   /* in */
STATE       *state;       /* out */
```

Wirkung:

Der Status des Objekts wird in den Speicher übertragen, auf den *state* verweist. Der Status setzt sich folgendermaßen zusammen (die Erläuterung gilt, wenn die entsprechende Komponente den Wert SET hat):

- is_complete: das Objekt ist vollständig
- is_released: das Objekt ist freigegeben
- is_archived: das Objekt ist archiviert
- is_readcopy: es läuft eine lange Transaktion (vgl. *pom_checkout*), die dieses Objekt mit einer Lesesperre belegt hat
- is_transferred: es läuft eine lange Transaktion (vgl. *pom_checkout*), die dieses Objekt mit einer Schreibsperre belegt hat

Hat ***objectkind*** den Wert SIMPLE_OBJ, so gilt die Statusaussage für das einfache Objekt, ansonsten für das strukturierte Objekt.

Wenn das Objekt in einer Konfiguration benutzt wird und diese Konfiguration sichtbar ist (*pom_focusconf*), sind die Attribute *is_complete*, *is_released* und *is_archived* konfigurationsspezifisch zu interpretieren.

Returncodes:

RCPOM_OK, RCPOM_INTERNAL_ERROR, RCPOM_SYSTEM_ERROR

RCPOM_DB_NOT_OPEN – Die Datenbasis ist nicht geöffnet.

RCPOM_OBJECT_UNKNOWN – Der als Schlüssel angegebene Wert ist kein gültiger Objektschlüssel.

RCPOM_OBJECT_NOT_VISIBLE – Das Objekt ist nicht sichtbar.

RCPOM_NO_RIGHT – Der Benutzer besitzt nicht das zur Ausführung der Operation nötige Zugriffsrecht.

RCPOM_LOCK_CONFLICT – Konflikt mit einer bestehenden Sperre.

3.4.1 *pom_getcreationdate* – *get creation date*

– liefert das Erstellungsdatum eines einfachen Objekts.

Schnittstelle:

RCPOM *pom_getcreationdate (objectkey, creationdate)*

```
KEY   objectkey;       /* in */
DATE  *creationdate;   /* out */
```

Wirkung:

Das Erstellungsdatum des einfachen Objekts wird zurückgeliefert.

Returncodes:

RCPOM_OK, RCPOM_INTERNAL_ERROR, RCPOM_SYSTEM_ERROR

RCPOM_DB_NOT_OPEN – Die Datenbasis ist nicht geöffnet.

RCPOM_OBJECT_UNKNOWN – Der als Schlüssel angegebene Wert ist kein gültiger Objektschlüssel.

RCPOM_OBJECT_NOT_VISIBLE – Das Objekt ist nicht sichtbar.

RCPOM_NO_RIGHT – Der Benutzer besitzt nicht das zur Ausführung der Operation nötige Zugriffsrecht.

RCPOM_LOCK_CONFLICT – Konflikt mit einer bestehenden Sperre.

3.4.2 *pom_getaccessdate* - *get date of last access*

- liefert das Datum des letzten Zugriffs auf ein einfaches Objekt.

Schnittstelle:

RCPOM *pom_getaccessdate (objectkey, accessdate)*

```
KEY   objectkey;     /* in */
DATE  *accessdate;   /* out */
```

Wirkung:

Das Datum des letzten Zugriffs auf Attribute oder Inhalt des einfachen Objekts wird zurückgeliefert.

Returncodes:

RCPOM_OK, RCPOM_INTERNAL_ERROR, RCPOM_SYSTEM_ERROR

RCPOM_DB_NOT_OPEN - Die Datenbasis ist nicht geöffnet.

RCPOM_OBJECT_UNKNOWN - Der als Schlüssel angegebene Wert ist kein gültiger Objektschlüssel.

RCPOM_OBJECT_NOT_VISIBLE - Das Objekt ist nicht sichtbar.

RCPOM_NO_RIGHT - Der Benutzer besitzt nicht das zur Ausführung der Operation nötige Zugriffsrecht.

RCPOM_LOCK_CONFLICT - Konflikt mit einer bestehenden Sperre.

3.4.3 *pom_getchangedate* - *get date of last change*

- liefert das Datum der letzten Änderung eines einfachen Objekts.

Schnittstelle:

RCPOM *pom_getchangedate (objectkey, changedate)*

```
KEY   objectkey;     /* in */
DATE  *changedate;   /* out */
```

Wirkung:

Das Datum der letzten Änderung von Attributen oder Inhalt des einfachen Objekts wird zurückgeliefert.

Returncodes:

RCPOM_OK, RCPOM_INTERNAL_ERROR, RCPOM_SYSTEM_ERROR

RCPOM_DB_NOT_OPEN – Die Datenbasis ist nicht geöffnet.

RCPOM_OBJECT_UNKNOWN – Der als Schlüssel angegebene Wert ist kein gültiger Objektschlüssel.

RCPOM_OBJECT_NOT_VISIBLE – Das Objekt ist nicht sichtbar.

RCPOM_NO_RIGHT – Der Benutzer besitzt nicht das zur Ausführung der Operation nötige Zugriffsrecht.

RCPOM_LOCK_CONFLICT – Konflikt mit einer bestehenden Sperre.

3.5 *Operationen zum Transfer zwischen Datenbasis und Dateisystem*

3.5.0 *pom_inputobj* – *input object*

– kopiert ein einfaches Objekt aus Betriebssystemdateien in die *PRODAT*-Datenbasis.

Schnittstelle:

RCPOM *pom_inputobj (contentfile, attributefile, objectkey)*

```
char  *contentfile;    /* in */
char  *attributefile;  /* in */
KEY   objectkey;       /* in */
```

Wirkung:

Die Parameter *contentfile* und *attributefile* bezeichnen Betriebssystemdateien. Die Attribute aus dem *attributefile* und der Inhalt aus dem *contentfile* werden in das Objekt übernommen. Besitzt das Objekt keinen Inhalt oder keine Attribute, muß in dem jeweiligen Fall ein Leerstring ("") als Parameter angegeben werden. Das gleiche gilt, falls der Inhalt oder die Attribute des Objekts nicht überschrieben werden sollen.

Das Zugriffs- und Änderungsdatum wird aktualisiert.

Returncodes:

RCPOM_OK, RCPOM_INTERNAL_ERROR, RCPOM_SYSTEM_ERROR

RCPOM_DB_NOT_OPEN – Die Datenbasis ist nicht geöffnet.

RCPOM_NO_ATTRIBUTEFILE – Die Attributdatei existiert nicht.

RCPOM_NO_ATTRIBUTES – Das Objekt besitzt keine Attribute.

RCPOM_NO_CONTENTSFILE – Die Inhaltsdatei existiert nicht.

RCPOM_NO_CONTENTS – Das Objekt besitzt keinen Inhalt.

RCPOM_CONTENTS_IN_USE – Der Inhalt des Objekts wird schon benutzt.

RCPOM_NO_SPACE – Die Freispeicherkapazität auf der Platte reicht zur Durchführung der Operation nicht aus.

RCPOM_OBJECT_UNKNOWN – Der als Schlüssel angegebene Wert ist kein gültiger Objektschlüssel.

RCPOM_OBJECT_RELEASED – Das Objekt ist freigegeben.

RCPOM_OBJECT_NOT_VISIBLE – Das Objekt ist nicht sichtbar.

RCPOM_NO_RIGHT – Der Benutzer besitzt nicht das zur Ausführung der Operation nötige Zugriffsrecht.

RCPOM_LOCK_CONFLICT – Konflikt mit einer bestehenden Sperre.

3.5.1 *pom_outputobj* – *output object*

– kopiert ein einfaches Objekt aus der *PRODAT*-Datenbasis in Betriebssystemdateien.

Schnittstelle:

RCPOM *pom_outputobj (objectkey, contentfile, attributefile)*

```
KEY   objectkey;      /* in */
char  *contentfile;   /* in */
char  *attributefile; /* in */
```

Wirkung:

Die Parameter *contentfile* und *attributefile* bezeichnen Betriebssystemdateien. Der Inhalt wird in die Datei *contentfile* ausgelagert, die Attribute werden als Binärdump nach *attributefile* kopiert. Besitzt das Objekt keinen Inhalt oder keine Attribute, muß in dem jeweiligen Fall ein Leerstring ("") als Parameter angegeben werden. Das gleiche gilt, falls der Inhalt oder die Attribute nicht ausgelagert werden sollen.

Das Zugriffsdatum wird aktualisiert.

Returncodes:

RCPOM_OK, RCPOM_INTERNAL_ERROR, RCPOM_SYSTEM_ERROR

RCPOM_DB_NOT_OPEN – Die Datenbasis ist nicht geöffnet.

RCPOM_NO_ATTRIBUTES – Das Objekt besitzt keine Attribute.

RCPOM_NO_CONTENTS – Das Objekt besitzt keinen Inhalt.

RCPOM_CONTENTS_IN_USE – Der Inhalt des Objekts wird schon benutzt.

RCPOM_OBJECT_UNKNOWN – Der als Schlüssel angegebene Wert ist kein gültiger Objektschlüssel.

RCPOM_OBJECT_OFFLINE – Das Objekt liegt auf einem momentan nicht eingebundenen Archiv.

RCPOM_OBJECT_NOT_VISIBLE – Das Objekt ist nicht sichtbar.

RCPOM_NO_RIGHT – Der Benutzer besitzt nicht das zur Ausführung der Operation nötige Zugriffsrecht.

RCPOM_LOCK_CONFLICT – Konflikt mit einer bestehenden Sperre.

4 Operationen auf Konfigurationen

4.0 *pom_createconf - create configuration*

- generiert eine neue Konfiguration.

Schnittstelle:

RCPOM *pom_createconf (databasename, configurationtypename, configurationname, configurationkey)*

```
char  *databasename;           /* in */
char  *configurationtypename;  /* in */
char  *configurationname;      /* in */
KEY   *configurationkey;       /* out */
```

Wirkung:

Es wird eine neue Konfiguration mit dem Namen *configurationname* in der angegebenen Datenbasis angelegt. Die neue Konfiguration erhält den systemvergebenen Schlüssel *configurationkey*. Eine ebenfalls vom System vergebene Extension sorgt dafür, daß die lesbare Bezeichnung, kombiniert aus Datenbasis-, Konfigurationstyp-, Konfigurationsname und Extension eindeutig ist.

Returncodes:

RCPOM_OK, RCPOM_INTERNAL_ERROR, RCPOM_SYSTEM_ERROR

RCPOM_DB_NOT_OPEN – Die Datenbasis ist nicht geöffnet.

RCPOM_KEY_OVERFLOW – Es ist kein neuer Schlüssel generierbar.

RCPOM_TYPE_UNKNOWN – Der Typ existiert nicht.

RCPOM_DB_UNKNOWN – Die Datenbasis existiert nicht.

RCPOM_DB_ARCHIVED – Die Datenbasis ist offline archiviert.

RCPOM_FOCUS – Die Sicht ist auf eine Konfiguration eingeschränkt.

RCPOM_NO_SPACE – Die Freispeicherkapazität auf der Platte reicht zur Durchführung der Operation nicht aus.

RCPOM_NO_RIGHT – Der Benutzer besitzt nicht das zur Ausführung der Operation nötige Zugriffsrecht.

RCPOM_LOCK_CONFLICT – Konflikt mit einer bestehenden Sperre.

4.1 *pom_insertintoconf* - *insert object into configuration*

– fügt ein einfaches Objekt in eine Konfiguration ein.

Schnittstelle:

RCPOM *pom_insertintoconf (configurationkey, objectkey)*

```
    KEY    configurationkey;  /* in */
    KEY    objectkey;         /* in */
```

Wirkung:

Das einfache Objekt ***objectkey*** wird in die Konfiguration ***configurationkey*** übernommen und ggf. um die konfigurationsspezifischen Attribute erweitert. Sind Vorgänger oder Nachfolger des Objekts bereits in der Konfiguration enthalten, so sind die entsprechenden Kanten auch in der Konfiguration verfügbar.

Returncodes:

RCPOM_OK, RCPOM_INTERNAL_ERROR, RCPOM_SYSTEM_ERROR

RCPOM_DB_NOT_OPEN – Die Datenbasis ist nicht geöffnet.

RCPOM_CONF_ARCHIVED – Die Konfiguration ist archiviert und daher nicht mehr veränderbar.

RCPOM_STRUCTURE_VIOLATION – Die Konsistenzregeln werden durch die Operation verletzt.

RCPOM_OBJECT_ARCHIVED – Das Objekt ist offline archiviert.

RCPOM_CONF_UNKNOWN – Der als Schlüssel angegebene Wert ist kein gültiger Konfigurationsschlüssel.

RCPOM_OBJECT_UNKNOWN – Der als Schlüssel angegebene Wert ist kein gültiger Objektschlüssel.

RCPOM_OBJECT_EXISTS_IN_CONF – Das Objekt ist bereits in der Konfiguration enthalten.

RCPOM_FOCUS – Die Sicht ist auf eine Konfiguration eingeschränkt.

RCPOM_NO_SPACE – Die Freispeicherkapazität auf der Platte reicht zur Durchführung der Operation nicht aus.

RCPOM_NO_RIGHT – Der Benutzer besitzt nicht das zur Ausführung der Operation nötige Zugriffsrecht.

RCPOM_LOCK_CONFLICT – Konflikt mit einer bestehenden Sperre.

4.2 *pom_removefromconf* - *remove object from configuration*
- entfernt ein Objekt aus einer Konfiguration.

Schnittstelle:

RCPOM *pom_removefromconf (objectkey)*

KEY *objectkey;* /* in */

Wirkung:

Das einfache Objekt *objectkey* wird aus der durch *pom_focusconf* eingestellten Konfiguration entfernt. Die evtl. vorhandenen konfigurationsspezifischen Attribute werden gelöscht. Die zu dem Objekt führenden und von dem Objekt ausgehenden Kanten sind in der Konfiguration nicht mehr verfügbar.

Returncodes:

RCPOM_OK, RCPOM_INTERNAL_ERROR, RCPOM_SYSTEM_ERROR

RCPOM_DB_NOT_OPEN - Die Datenbasis ist nicht geöffnet.

RCPOM_CONF_ARCHIVED - Die Konfiguration ist archiviert und daher nicht mehr veränderbar.

RCPOM_OBJECT_UNKNOWN - Der als Schlüssel angegebene Wert ist kein gültiger Objektschlüssel.

RCPOM_OBJECT_NOT_VISIBLE - Das Objekt ist nicht sichtbar.

RCPOM_NO_FOCUS - Die Sicht ist nicht auf eine Konfiguration beschränkt.

RCPOM_NO_RIGHT - Der Benutzer besitzt nicht das zur Ausführung der Operation nötige Zugriffsrecht.

RCPOM_LOCK_CONFLICT - Konflikt mit einer bestehenden Sperre.

4.3 *pom_focusconf* - *focus configuration*

- beschränkt die Sicht auf die Objekte einer Konfiguration.

Schnittstelle:

RCPOM *pom_focusconf (configurationkey)*
KEY *configurationkey*; /* in */

Wirkung:

Nach Ausführung dieser Operation sind nur noch die Objekte (erweitert um die konfigurationsspezifischen Attribute) sichtbar, die zu der angegebenen Konfiguration gehören. Alle anschließend durchgeführten Operationen (z.B. *pom_getallchildobj*) beziehen sich ausschließlich auf die sichtbaren Objekte.

Returncodes:

RCPOM_OK, RCPOM_INTERNAL_ERROR, RCPOM_SYSTEM_ERROR

RCPOM_DB_NOT_OPEN – Die Datenbasis ist nicht geöffnet.

RCPOM_CONF_UNKNOWN – Der als Schlüssel angegebene Wert ist kein gültiger Konfigurationsschlüssel.

RCPOM_CONF_OFFLINE – Die Konfiguration liegt auf einem momentan nicht eingebundenen Archiv.

RCPOM_NO_CHANGE_FOCUS – Es darf keine andere Konfiguration eingestellt werden.

RCPOM_NO_RIGHT – Der Benutzer besitzt nicht das zur Ausführung der Operation nötige Zugriffsrecht.

RCPOM_LOCK_CONFLICT – Konflikt mit einer bestehenden Sperre.

4.4 *pom_unfocusconf* – *unfocus configuration*

– hebt die Sicht auf eine Konfiguration auf.

Schnittstelle:

RCPOM *pom_unfocusconf ( )*

Wirkung:

Die eingeschränkte Sicht auf die Objekte einer Konfiguration wird aufgehoben, so daß wieder sämtliche Objekte sichtbar sind. Die konfigurationsspezifischen Attribute der Objekte werden wieder ausgeblendet.

Returncodes:

RCPOM_OK, RCPOM_INTERNAL_ERROR, RCPOM_SYSTEM_ERROR

RCPOM_DB_NOT_OPEN – Die Datenbasis ist nicht geöffnet.

RCPOM_NO_RIGHT – Der Benutzer besitzt nicht das zur Ausführung der Operation nötige Zugriffsrecht.

RCPOM_LOCK_CONFLICT – Konflikt mit einer bestehenden Sperre.

4.5 *pom_deleteconf* – *delete configuration*

– löscht eine Konfiguration.

Schnittstelle:

RCPOM *pom_deleteconf ( )*

Wirkung:

Alle Objekte werden aus der durch *pom_focus* eingestellten Konfiguration entfernt. Alle konfigurationsspezifischen Attribute der Objekte werden gelöscht. Die Konfiguration existiert anschließend nicht mehr.

Returncodes:

RCPOM_OK, RCPOM_INTERNAL_ERROR, RCPOM_SYSTEM_ERROR

RCPOM_DB_NOT_OPEN – Die Datenbasis ist nicht geöffnet.

RCPOM_CONF_ARCHIVED – Die Konfiguration ist archiviert und daher nicht mehr veränderbar.

RCPOM_NO_FOCUS – Die Sicht ist nicht auf eine Konfiguration beschränkt.

RCPOM_NO_RIGHT – Der Benutzer besitzt nicht das zur Ausführung der Operation nötige Zugriffsrecht.

RCPOM_LOCK_CONFLICT – Konflikt mit einer bestehenden Sperre.

4.6 *pom_getallconf* – *get all configurations*

– liefert alle Konfigurationen, in denen ein Objekt verwendet wird.

Schnittstelle:

RCPOM *pom_getallconf (objectkey, configurationkeylist)*

```
    KEY       objectkey;                 /* in */
    KEYLIST   *configurationkeylist;     /* out */
```

Wirkung:

Es wird eine Liste der Schlüssel aller Konfigurationen geliefert, in denen das angegebene Objekt verwendet wird.

Returncodes:

RCPOM_OK, RCPOM_INTERNAL_ERROR, RCPOM_SYSTEM_ERROR

RCPOM_DB_NOT_OPEN – Die Datenbasis ist nicht geöffnet.

RCPOM_ALLOCATE_FAILED – Bei der dynamischen Speicherplatzallokation ist ein Fehler aufgetreten.

RCPOM_OBJECT_UNKNOWN – Der als Schlüssel angegebene Wert ist kein gültiger Objektschlüssel.

RCPOM_FOCUS – Die Sicht ist auf eine Konfiguration eingeschränkt.

RCPOM_NO_RIGHT – Der Benutzer besitzt nicht das zur Ausführung der Operation nötige Zugriffsrecht.

RCPOM_LOCK_CONFLICT – Konflikt mit einer bestehenden Sperre.

5 Operationen auf Benutzerrelationen

5.0 *pom_createrel* - *create userrelation*

– generiert eine neue Benutzerrelation.

Schnittstelle:

RCPOM *pom_createrel (databasename, relationtypename, relationname,relationkey)*

```
char  *databasename;      /* in */
char  *relationtypename;  /* in */
char  *relationname;      /* in */
KEY   *relationkey;       /* out */
```

Wirkung:

Es wird eine neue Benutzerrelation mit dem Namen *relationname* in der angegebenen Datenbasis angelegt. Die neue Benutzerrelation erhält den vom System vergebenen Schlüssel *relationkey*. Eine ebenfalls vom System vergebene Extension sorgt dafür, daß die lesbare Bezeichnung, kombiniert aus Datenbasis-, Relationstyp-, Relationsname und Extension eindeutig ist.

Returncodes:

RCPOM_OK, RCPOM_INTERNAL_ERROR, RCPOM_SYSTEM_ERROR

RCPOM_DB_NOT_OPEN – Die Datenbasis ist nicht geöffnet.

RCPOM_DB_UNKNOWN – Die Datenbasis existiert nicht.

RCPOM_TYPE_UNKNOWN – Der Typ existiert nicht.

RCPOM_DB_ARCHIVED – Die Datenbasis ist offline archiviert.

RCPOM_KEY_OVERFLOW – Es ist kein neuer Schlüssel generierbar.

RCPOM_NO_RIGHT – Der Benutzer besitzt nicht das zur Ausführung der Operation nötige Zugriffsrecht.

RCPOM_LOCK_CONFLICT – Konflikt mit einer bestehenden Sperre.

RCPOM_FOCUS – Die Sicht ist auf eine Konfiguration eingeschränkt.

RCPOM_NO_SPACE – Die Freispeicherkapazität auf der Platte reicht zur Durchführung der Operation nicht aus.

5.1 *pom_deleterel* - *delete user relation*

– löscht eine Benutzerrelation.

Schnittstelle:

RCPOM *pom_deleterel (relationkey)*

```
KEY    relationkey;    /* in */
```

Wirkung:

Alle Tupel werden aus der Benutzerrelation entfernt. Die Benutzerrelation existiert anschließend nicht mehr.

Returncodes:

RCPOM_OK, RCPOM_INTERNAL_ERROR, RCPOM_SYSTEM_ERROR

RCPOM_DB_NOT_OPEN – Die Datenbasis ist nicht geöffnet.

RCPOM_DB_ARCHIVED – Die Datenbasis ist offline archiviert.

RCPOM_REL_UNKNOWN – Der als Schlüssel angegebene Wert ist kein gültiger Relationsschlüssel.

RCPOM_NO_RIGHT – Der Benutzer besitzt nicht das zur Ausführung der Operation nötige Zugriffsrecht.

RCPOM_LOCK_CONFLICT – Konflikt mit einer bestehenden Sperre.

RCPOM_FOCUS – Die Sicht ist auf eine Konfiguration eingeschränkt.

5.2 *pom_createtuple* - *create tuple*

– trägt ein neues Tupel in die Benutzerrelation ein.

Schnittstelle:

RCPOM *pom_createtuple (relationkey, tuple, tuplekey)*

```
KEY    relationkey;    /* in */
char   *tuple;         /* in */
KEY    *tuplekey;      /* out */
```

Wirkung:

Ein neues Tupel wird in die angegebene Benutzerrelation eingetragen und erhält den vom System vergebenen Schlüssel *tuplekey*.

Returncodes:

RCPOM_OK, RCPOM_INTERNAL_ERROR, RCPOM_SYSTEM_ERROR

RCPOM_DB_NOT_OPEN – Die Datenbasis ist nicht geöffnet.

RCPOM_DB_ARCHIVED – Die Datenbasis ist offline archiviert.

RCPOM_REL_UNKNOWN – Der als Schlüssel angegebene Wert ist kein gültiger Relationsschlüssel.

RCPOM_NO_SPACE – Die Freispeicherkapazität auf der Platte reicht zur Durchführung der Operation nicht aus.

RCPOM_TUPLE_EXISTS – Das Tupel existiert bereits.

RCPOM_TYPE_MISMATCH – Der Objekttyp paßt nicht zur Definition der Benutzerrelation.

RCPOM_KEY_OVERFLOW – Es ist kein neuer Schlüssel generierbar.

RCPOM_OBJECT_UNKNOWN – Der als Schlüssel angegebene Wert ist kein gültiger Objektschlüssel.

RCPOM_NO_RIGHT – Der Benutzer besitzt nicht das zur Ausführung der Operation nötige Zugriffsrecht.

RCPOM_LOCK_CONFLICT – Konflikt mit einer bestehenden Sperre.

RCPOM_FOCUS – Die Sicht ist auf eine Konfiguration eingeschränkt.

5.3 *pom_gettupleattr* – *get tuple attributes*

– liest ein Tupel.

Schnittstelle:

RCPOM *pom_gettupleattr (tupelkey, tuple)*

```
KEY     tupelkey;   /* in */
char    *tuple;     /* out */
```

Wirkung:

Die Objektschlüssel und die Attribute des Tupels werden in den Anwenderpuffer übertragen, auf den *tuple* verweist. Dieser Puffer muß die laut Typdefinition vorgeschriebene Größe haben.

Returncodes:

RCPOM_OK, RCPOM_INTERNAL_ERROR, RCPOM_SYSTEM_ERROR

RCPOM_DB_NOT_OPEN – Die Datenbasis ist nicht geöffnet.

RCPOM_TUPLE_UNKNOWN – Der als Schlüssel angegebene Wert ist kein gültiger Objektschlüssel.

RCPOM_NO_RIGHT – Der Benutzer besitzt nicht das zur Ausführung der Operation nötige Zugriffsrecht.

RCPOM_LOCK_CONFLICT – Konflikt mit einer bestehenden Sperre.

RCPOM_FOCUS – Die Sicht ist auf eine Konfiguration eingeschränkt.

5.4 *pom_updatetupleattr* – *update tuple attributes*

– ändert die Attributwerte eines Tupels.

Schnittstelle:

RCPOM *pom__updatetupleattr (tuplekey, tuple)*

```
    KEY     tuplekey;   /* in */
    char    *tuple;     /* in */
```

Wirkung:

Die Attributwerte des Tupels ***tuplekey*** werden mit den Werten des Speichers überschrieben, auf die ***tuple*** verweist.

Die in *tuple* enthaltenen Objektschlüssel werden nicht mitübernommen.

Returncodes:

RCPOM_OK, RCPOM_INTERNAL_ERROR, RCPOM_SYSTEM_ERROR

RCPOM_DB_NOT_OPEN – Die Datenbasis ist nicht geöffnet.

RCPOM_TUPLE_UNKNOWN – Der als Schlüssel angegebene Wert ist kein gültiger Objektschlüssel.

RCPOM_DB_ARCHIVED – Die Datenbasis ist offline archiviert.

RCPOM_NO_RIGHT – Der Benutzer besitzt nicht das zur Ausführung der Operation nötige Zugriffsrecht.

RCPOM_LOCK_CONFLICT – Konflikt mit einer bestehenden Sperre.

RCPOM_FOCUS – Die Sicht ist auf eine Konfiguration eingeschränkt.

5.5 ***pom_gettuples*** - *get tuples*

- liefert die Schlüssel von Tupeln einer Benutzerrelation.

Schnittstelle:

RCPOM *pom_gettuples (relationkey, tuple,tuplekeylist)*

```
    KEY       relationkey;    /* in */
    char      *tuple;         /* in */
    KEYLIST   *tuplekeylist;  /* out */
```

Wirkung:

In der Benutzerrelation *relationkey* werden alle Tupel bestimmt, die genau die Objektschlüsselwerte besitzen, mit denen der Parameter *tuple* vorbelegt ist. Undefinierte Objektschlüssel (KEY_UNDEF) stimmen mit jedem Schlüsselwert überein. Falls die Sicht zum Zeitpunkt der Ausführung dieser Operation auf eine Konfiguration beschränkt ist, werden nur die Tupel geliefert, bei denen alle referenzierten Objekte in der Konfiguration enthalten sind.

Returncodes:

RCPOM_OK, RCPOM_INTERNAL_ERROR, RCPOM_SYSTEM_ERROR

RCPOM_DB_NOT_OPEN - Die Datenbasis ist nicht geöffnet.

RCPOM_REL_UNKNOWN - Der als Schlüssel angegebene Wert ist kein gültiger Relationsschlüssel.

RCPOM_OBJECT_UNKNOWN - Der als Schlüssel angegebene Wert ist kein gültiger Objektschlüssel.

RCPOM_TYPE_MISMATCH - Der Objekttyp paßt nicht zur Definition der Benutzerrelation.

RCPOM_OBJECT_NOT_VISIBLE - Das Objekt ist nicht sichtbar.

RCPOM_NO_RIGHT - Der Benutzer besitzt nicht das zur Ausführung der Operation nötige Zugriffsrecht.

RCPOM_LOCK_CONFLICT - Konflikt mit einer bestehenden Sperre.

5.6 *pom_deletetuple* – *delete tuple*

– löscht ein Tupel.

Schnittstelle:

RCPOM *pom_deletetuple (tuplekey)*

```
    KEY      tuplekey;   /* in */
```

Wirkung:

Das Tupel *tuplekey* wird gelöscht.

Returncodes:

RCPOM_OK, RCPOM_INTERNAL_ERROR, RCPOM_SYSTEM_ERROR

RCPOM_DB_NOT_OPEN – Die Datenbasis ist nicht geöffnet.

RCPOM_TUPLE_UNKNOWN – Der als Schlüssel angegebene Wert ist kein gültiger Tupelschlüssel.

RCPOM_DB_ARCHIVED – Die Datenbasis ist offline archiviert.

RCPOM_NO_RIGHT – Der Benutzer besitzt nicht das zur Ausführung der Operation nötige Zugriffsrecht.

RCPOM_LOCK_CONFLICT – Konflikt mit einer bestehenden Sperre.

RCPOM_FOCUS – Die Sicht ist auf eine Konfiguration beschränkt.

5.7 *pom_getallrelkeys* – *get all relation keys*

– liefert alle Relationen, in denen ein Objekt verwendet wird.

Schnittstelle:

RCPOM *pom_getallrelkeys (objectkey, relationkeylist)*

```
    KEY        objectkey;          /* in */
    KEYLIST    *relationkeylist;   /* out */
```

Wirkung:

Es wird eine Liste der Schlüssel aller Relationen geliefert, in denen das angegebene Objekt verwendet wird.

Returncodes:

RCPOM_OK, RCPOM_INTERNAL_ERROR, RCPOM_SYSTEM_ERROR

RCPOM_DB_NOT_OPEN – Die Datenbasis ist nicht geöffnet.

RCPOM_ALLOCATE_FAILED – Bei der dynamischen Speicherplatzallokation ist ein Fehler aufgetreten.

RCPOM_OBJECT_UNKNOWN – Der als Schlüssel angegebene Wert ist kein gültiger Objektschlüssel.

RCPOM_NO_RIGHT – Der Benutzer besitzt nicht das zur Ausführung der Operation nötige Zugriffsrecht.

RCPOM_LOCK_CONFLICT – Konflikt mit einer bestehenden Sperre.

RCPOM_FOCUS – Die Sicht ist auf eine Konfiguration beschränkt.

6 Operationen auf Versionen

6.0 *pom_createvers* – *create version*

– erzeugt eine neue Version von einem Objekt.

Schnittstelle:

RCPOM *pom_createvers (objectkey, objectkind, selection, versionkey)*

```
    KEY         objectkey;      /* in */
    BOOLEAN     objectkind;     /* in */
    BOOLEAN     selection;      /* in */
    KEY         *versionkey;    /* out */
```

Wirkung:

Hat *objectkind* den Wert SIMPLE_OBJ, wird eine Version des einfachen Objekts angelegt. Hat *objectkind* den Wert STRUCTURED_OBJ, wird eine Version des strukturierten Objekts *objectkey* erzeugt. Hat *selection* den Wert WITH_REL, werden alle diejenigen Tupel von Benutzerrelationen kopiert, die sich ausschließlich auf das strukturierte Objekt beziehen. Hat *selection* den Wert WITHOUT_REL, bleiben Benutzerrelationen völlig unberücksichtigt.

Beziehungen, die von außen auf das – einfache oder strukturierte – Objekt verweisen, werden nicht mitübernommen.

Für die neu erzeugten Versionen aller beteiligten einfachen Objekte vergibt das System eine Extension, so daß die Kombination aus Datenbasisname, Objekttypname, Objektname und Extension eindeutig ist.

Die neu erzeugte Version erhält den vom System vergebenen Schlüssel *versionkey*.

Returncodes:

RCPOM_OK, RCPOM_INTERNAL_ERROR, RCPOM_SYSTEM_ERROR

RCPOM_DB_NOT_OPEN – Die Datenbasis ist nicht geöffnet.

RCPOM_OBJEKT_OFFLINE – Das Objekt liegt auf einem momentan nicht eingebundenem Archiv.

RCPOM_OBJECT_UNKNOWN – Der als Schlüssel angegebene Wert ist kein gültiger Objektschlüssel.

RCPOM_OBJECT_NOT_RELEASED – Das Objekt ist nicht freigegeben.

RCPOM_FOCUS – Die Sicht ist auf eine Konfiguration eingeschränkt.

RCPOM_NO_RIGHT – Der Benutzer besitzt nicht das zur Ausführung der Operation nötige Zugriffsrecht.

RCPOM_LOCK_CONFLICT – Konflikt mit einer bestehenden Sperre

RCPOM_NO_SPACE – Die Freispeicherkapazität auf der Platte reicht zur Durchführung der Operation nicht aus.

6.1 *pom_getsonvers* – *get son versions*

– liefert die Versionen eines Objekts.

Schnittstelle:

RCPOM *pom_getsonvers (objectkey, sonversionkeylist)*

```
    KEY        objectkey;          /* in */
    KEYLIST    *sonversionkeylist; /* out */
```

Wirkung:

In *sonversionkeylist* werden die Schlüssel sämtlicher Versionen zurückgegeben, die aus dem Objekt mit Schlüssel *objectkey* mittels *pom_createvers* erzeugt wurden.

Returncodes:

RCPOM_OK, RCPOM_INTERNAL_ERROR, RCPOM_SYSTEM_ERROR

RCPOM_DB_NOT_OPEN – Die Datenbasis ist nicht geöffnet.

RCPOM_OBJECT_UNKNOWN – Der als Schlüssel angegebene Wert ist kein gültiger Objektschlüssel.

RCPOM_ALLOCATE_FAILED – Bei der dynamischen Speicherplatzallokation ist ein Fehler aufgetreten.

RCPOM_NO_RIGHT – Der Benutzer besitzt nicht das zur Ausführung der Operation nötige Zugriffsrecht.

RCPOM_LOCK_CONFLICT – Konflikt mit einer bestehenden Sperre.

RCPOM_FOCUS – Die Sicht ist auf eine Konfiguration beschränkt.

6.2 *pom_getfathervers* - *get father version*

- liefert das Objekt, aus dem eine Version entstanden ist.

Schnittstelle:

RCPOM _*getfathervers (objectkey, fatherversionkey)*

```
    KEY    objectkey;            /* in */
    KEY    *fatherversionkey;    /* out */
```

Wirkung:

Ausgehend von dem Objekt mit dem Schlüssel *objectkey* wird die Version gesucht, aus der dieses Objekt entstanden ist. Der Schlüssel dieser Vaterversion wird als Parameter *fatherversionkey* zurückgegeben.

Wenn keine Vaterversion existiert, wird der Wert KEY_UNDEF zurückgeliefert.

Returncodes:

RCPOM_OK, RCPOM_INTERNAL_ERROR, RCPOM_SYSTEM_ERROR

RCPOM_DB_NOT_OPEN – Die Datenbasis ist nicht geöffnet.

RCPOM_OBJECT_UNKNOWN – Der als Schlüssel angegebene Wert ist kein gültiger Objektschlüssel.

RCPOM_NO_RIGHT – Der Benutzer besitzt nicht das zur Ausführung der Operation nötige Zugriffsrecht.

RCPOM_LOCK_CONFLICT – Konflikt mit einer bestehenden Sperre.

RCPOM_FOCUS – Die Sicht ist auf eine Konfiguration beschränkt.

6.3 *pom_getsuccvers* – *get successing version*

– liefert die Version eines Objekts, welche zeitlich als nächste nach dieser Version aus demselben Vaterobjekt entstanden ist.

Schnittstelle:

RCPOM *pom_getsuccvers (objectkey, successingversionkey)*

```
    KEY     objectkey;                /* in */
    KEY     *successingversionkey;    /* out */
```

Wirkung:

Zum Objekt mit dem Schlüssel *objectkey* wird die Version gesucht, die als zeitlich nächste aus demselben Vater entstanden ist. Deren Schlüssel wird als Parameter *successingversionkey* zurückgegeben.

Wenn *objectkey* selbst schon die jüngste Version ist, wird der Wert KEY_UNDEF zurückgeliefert.

Returncodes:

RCPOM_OK, RCPOM_INTERNAL_ERROR, RCPOM_SYSTEM_ERROR

RCPOM_DB_NOT_OPEN – Die Datenbasis ist nicht geöffnet.

RCPOM_OBJECT_UNKNOWN – Der als Schlüssel angegebene Wert ist kein gültiger Objektschlüssel.

RCPOM_NO_RIGHT – Der Benutzer besitzt nicht das zur Ausführung der Operation nötige Zugriffsrecht.

RCPOM_LOCK_CONFLICT – Konflikt mit einer bestehenden Sperre.

RCPOM_FOCUS – Die Sicht ist auf eine Konfiguration beschränkt.

6.4 *pom_getpredvers* – *get predecessing version*

– liefert die Version eines Objekts, welche zeitlich als letzte vor dieser Version aus demselben Vaterobjekt entstanden ist.

Schnittstelle:

RCPOM *pom_getpredvers (objectkey, predecessingversionkey)*

```
    KEY    objectkey;                  /* in */
    KEY    *predecessingversionkey;    /* out */
```

Wirkung:

Zum Objekt mit dem Schlüssel *objectkey* wird die Version gesucht, die als zeitlich letzte vor der betrachteten aus demselben Vater entstanden ist. Deren Schlüssel wird als Parameter *predecessingversionkey* zurückgegeben.

Wenn *objectkey* selbst schon die älteste Version ist, wird der Wert KEY_UNDEF zurückgeliefert.

Returncodes:

RCPOM_OK, RCPOM_INTERNAL_ERROR, RCPOM_SYSTEM_ERROR

RCPOM_DB_NOT_OPEN – Die Datenbasis ist nicht geöffnet.

RCPOM_OBJECT_UNKNOWN – Der als Schlüssel angegebene Wert ist kein gültiger Objektschlüssel.

RCPOM_NO_RIGHT – Der Benutzer besitzt nicht das zur Ausführung der Operation nötige Zugriffsrecht.

RCPOM_LOCK_CONFLICT – Konflikt mit einer bestehenden Sperre.

RCPOM_FOCUS – Die Sicht ist auf eine Konfiguration beschränkt.

6.5 *pom_getlastvers* – *get last version*

– liefert die neueste Version eines Objekts.

Schnittstelle:

RCPOM *pom_getlastvers (objectkey, lastversionkey)*

KEY *objectkey;* /* in */
KEY **lastversionkey;* /* out */

Wirkung:

Es wird die neueste Version des Objekts mit dem Schlüssel *objectkey* gesucht. Deren Schlüssel wird als Parameter *lastversionkey* zurückgegeben.

Die neueste Version ist nur definiert, wenn der von *objectkey* ausgehende Versionsgraph linear ist.

Wenn *objectkey* selbst die neueste Version ist, wird der Wert *objectkey* zurückgliefert.

Returncodes:

RCPOM_OK, RCPOM_INTERNAL_ERROR, RCPOM_SYSTEM_ERROR

RCPOM_DB_NOT_OPEN – Die Datenbasis ist nicht geöffnet.

RCPOM_NO_LINEAR_VERSIONGRAPH – Der von dem Objekt ausgehende Versionsgraph ist nicht linear.

RCPOM_OBJECT_UNKNOWN – Der als Schlüssel angegebene Wert ist kein gültiger Objektschlüssel.

RCPOM_NO_RIGHT – Der Benutzer besitzt nicht das zur Ausführung der Operation nötige Zugriffsrecht.

RCPOM_LOCK_CONFLICT – Konflikt mit einer bestehenden Sperre.

RCPOM_FOCUS – Die Sicht ist auf eine Konfiguration beschränkt.

6.6 *pom_getlastrelvers* – *get last released version*

– liefert die letzte freigegebene Version eines Objekts.

Schnittstelle:

RCPOM *pom_getlastrelvers (objectkey, lastreleasedversionkey)*

```
KEY   objectkey;                /* in */
KEY   *lastreleasedversionkey;  /* out */
```

Wirkung:

Die letzte freigegebene Version zu einem Objekt wird gesucht. Deren Schlüssel wird als Parameter *lastreleasedversionkey* zurückgegeben.

Die letzte freigegebene Version ist nur definiert, wenn der Versionsgraph linear ist. Wenn *objectkey* selbst die letzte freigegebene Version ist, wird der Wert *objectkey* zurückgeliefert.

Wenn keine Version freigegeben ist, wird der Wert KEY_UNDEF zurückgeliefert.

Returncodes:

RCPOM_OK, RCPOM_INTERNAL_ERROR, RCPOM_SYSTEM_ERROR

RCPOM_DB_NOT_OPEN – Die Datenbasis ist nicht geöffnet.

RCPOM_OBJECT_UNKNOWN – Der als Schlüssel angegebene Wert ist kein gültiger Objektschlüssel.

RCPOM_NO_LINEAR_VERSIONGRAPH – Der von dem Objekt ausgehende Versionsgraph ist nicht linear.

RCPOM_NO_RIGHT – Der Benutzer besitzt nicht das zur Ausführung der Operation nötige Zugriffsrecht.

RCPOM_LOCK_CONFLICT – Konflikt mit einer bestehenden Sperre.

RCPOM_FOCUS – Die Sicht ist auf eine Konfiguration beschränkt.

7 Operationen auf Datenbasen

7.0 *pom_opendb* – *open database*

– öffnet eine Datenbasis zur Bearbeitung.

Schnittstelle:

RCPOM *pom_opendb (databasename)*

char **databasename;* /* in */

Wirkung:

Die Datenbasis mit dem Namen *databasename* wird zur Bearbeitung geöffnet. Anschließend kann mit den Objekten dieser Datenbasis gearbeitet werden.

Returncodes:

RCPOM_OK, RCPOM_INTERNAL_ERROR, RCPOM_SYSTEM_ERROR

RCPOM_DB_NOT_OPEN – Die Datenbasis ist nicht geöffnet.

RCPOM_DB_OFFLINE – Die Datenbasis liegt auf einem momentan nicht eingebundenen Archiv.

RCPOM_DB_OPEN – Die Datenbasis ist bereits geöffnet.

RCPOM_DB_UNKNOWN – Die Datenbasis existiert nicht.

RCPOM_NO_RIGHT – Der Benutzer besitzt nicht das zur Ausführung der Operation nötige Zugriffsrecht.

RCPOM_LOCK_CONFLICT – Konflikt mit einer bestehenden Sperre.

7.1 *pom_closedb* – *close database*

– schließt eine Datenbasis.

Schnittstelle:

RCPOM *pom_closedb (databasename)*

```
    char    *databasename;    /* in */
```

Wirkung:

Die Datenbasis mit dem Namen *databasename* wird geschlossen. Die in ihr enthaltenen Objekte sind nicht mehr ansprechbar.

Returncodes:

RCPOM_OK, RCPOM_INTERNAL_ERROR, RCPOM_SYSTEM_ERROR

RCPOM_DB_NOT_OPEN – Die Datenbasis ist nicht geöffnet.

RCPOM_DB_UNKNOWN – Die Datenbasis existiert nicht.

7.2 *pom_getalldbnames* – *get all database names*

– liefert alle Datenbasisnamen.

Schnittstelle:

RCPOM *pom_getalldbnames (start, databasename, found)*

```
    BOOLEAN  start;          /* in */
    char     *databasename;  /* out */
    BOOLEAN  *found;         /* out */
```

Wirkung:

Es werden der Reihe nach die Namen aller eingerichteten Datenbasen geliefert. Hat *start* den Wert FIRST, wird der erste Name zurückgegeben, während bei dem Wert *NEXT* der nächste Name geliefert wird. Hat der Parameter *found* den Wert TRUE, so enthält *databasename* einen gültigen Namen. Andernfalls ist die Aufzählung beendet.

Returncodes:

RCPOM_OK, RCPOM_INTERNAL_ERROR, RCPOM_SYSTEM_ERROR

RCPOM_NO_RIGHT – Der Benutzer besitzt nicht das zur Ausführung der Operation nötige Zugriffsrecht.

8 Operationen zur Archivierung

8.0 *pom_initarchive* – *initialize archive medium*

– initialisiert ein Archivmedium.

Schnittstelle:

RCPOM *pom_initarchive (label,device)*

```
    char   *label;    /* in */
    char   *device;   /* in */
```

Wirkung:

Das im Gerät *device* einliegende Archivmedium wird für die Archivierung initialisiert. Es erhält das angegebene Label, das systemweit eindeutig sein muß. Danach gilt das Medium als eingelegt (mounted) und es sind alle in diesem Zustand erlaubten Operationen anwendbar.

Returncodes:

RCPOM_OK, RCPOM_INTERNAL_ERROR, RCPOM_SYSTEM_ERROR

RCPOM_DEVICE_ERROR – Das angegebene Gerät ist nicht ansprechbar.

RCPOM_LABEL_EXISTS – Es gibt bereits ein Archivmedium mit dem angegebenen Label.

RCPOM_IS_INIT – Das im Gerät einliegende Medium ist bereits initialisiert.

RCPOM_NO_RIGHT – Der Benutzer besitzt nicht das zur Ausführung der Operation nötige Zugriffsrecht.

8.1 *pom_mountarchive* – *mount archiving medium*

– bindet ein Archivmedium in *PRODAT* ein.

Schnittstelle:

RCPOM *pom_mountarchive (device)*

```
char    *device;    /* in */
```

Wirkung:

Das im Gerät *device* einliegende Archivmedium wird in *PRODAT* eingebunden. Danach erscheinen die Objekte dieses Mediums aus logischer Sicht als Bestandteil der Datenbank, sind allerdings nicht lösch- und änderbar. Das Statusattribut *is_archived* hat weiterhin den Wert SET.

Falls von der Hardware her möglich, wird das Laufwerk verriegelt, um ein versehentliches Wechseln des Datenträgers zu verhindern.

Die Zuordnung bleibt bis zum nächsten Aufruf von *pom_unmountarchive* erhalten.

Returncodes:

RCPOM_OK, RCPOM_INTERNAL_ERROR, RCPOM_SYSTEM_ERROR

RCPOM_DEVICE_ERROR – Das angegebene Gerät ist nicht ansprechbar.

RCPOM_NO_ARCHIVE – Das Medium enthält kein *PRODAT*-Archiv bzw. ist nicht initialisiert.

RCPOM_ALREADY_MOUNTED – Das Archiv ist bereits eingebunden.

RCPOM_NO_RIGHT – Der Benutzer besitzt nicht das zur Ausführung der Operation nötige Zugriffsrecht.

8.2 *pom_unmountarchive* – *unmount archiving medium*

– löst die Verbindung zwischen Archivmedium und Gerät.

Schnittstelle:

RCPOM *pom_unmountarchive (device)*

```
    char    *device;        /* in */
```

Wirkung:

Die durch einen vorhergehenden *pom_mountarchive*-Aufruf erfolgte Zuordnung des einliegenden Archivs zu dem Gerät *device* wird aufgehoben. Falls das Gerät mechanisch verriegelt war, wird die Verriegelung gelöst. Der Inhalt des Archivs ist nicht mehr ansprechbar.

Anschließend ist außer einem erneuten *pom_mountarchive* keine Operation auf dem angegebenen Archiv mehr möglich. Auf dem Gerät ist wieder ein *pom_initarchive* mit einem nicht initialisierten Medium zulässig.

Returncodes:

RCPOM_OK, RCPOM_INTERNAL_ERROR, RCPOM_SYSTEM_ERROR

RCPOM_NOT_MOUNTED – Das Archiv mit dem angegebenen Label ist nicht eingebunden.

RCPOM_DEVICE_ERROR – Das angegebene Gerät ist nicht ansprechbar.

RCPOM_ARCHIVE_IN_USE – Das Archivmedium wird gerade bearbeitet.

RCPOM_NO_RIGHT – Der Benutzer besitzt nicht das zur Ausführung der Operation nötige Zugriffsrecht.

8.3 *pom_archiveobj* - *archive object*

– archiviert ein einfaches oder strukturiertes Objekt.

Schnittstelle:

RCPOM *pom_archiveobj (objectkey, label, objectkind)*

```
KEY          objectkey;     /* in */
char         *label;        /* in */
BOOLEAN      objectkind;    /* in */
```

Wirkung:

Das angegebene Objekt wird zusammen mit seiner Typdefinition auf dem bezeichneten Medium archiviert. Hat *obkectkind* den Wert SIMPLE_OBJ, wird das einfache Objekt archiviert; beim Wert STRUCTURED_OBJ wird das strukturierte Objekt archiviert. Das Statusattribut *is_archived* aller archivierten einfachen Objekte erhält den Wert SET. Bei nicht eingebundenem Archiv sind nur noch der Objektschlüssel, der Name und das zugehörige Label in der Datenbasis verfügbar. Das Label des Archivs kann mit *pom_getobjarchive* erfragt werden. Das Objekt kann aus dem Archiv nicht mehr gelöscht werden.

Beziehungen und Versionsbeziehungen zwischen zwei Objekten werden mitarchiviert, wenn beide Objekte im Archiv sind.

Returncodes:

RCPOM_OK, RCPOM_INTERNAL_ERROR, RCPOM_SYSTEM_ERROR

RCPOM_DB_NOT_OPEN – Die Datenbasis ist nicht geöffnet.

RCPOM_ARCHIVE_FULL – Die Archivierung des Objekts benötigt mehr Platz als noch vorhanden ist.

RCPOM_OBJECT_NOT_RELEASED – Das Objekt ist nicht freigegeben.

RCPOM_OBJEKT_UNKNOWN – Der als Schlüssel angegebene Wert ist kein gültiger Objektschlüssel.

RCPOM_NOT_MOUNTED – Das Archiv mit dem angegebenen Label ist nicht eingebunden.

RCPOM_OBJECT_ARCHIVED – Das Objekt ist archiviert.

RCPOM_FOCUS – Die Sicht ist auf eine Konfiguration eingeschränkt.

RCPOM_NO_RIGHT – Der Benutzer besitzt nicht das zur Ausführung der Operation nötige Zugriffsrecht.

RCPOM_LOCK_CONFLICT – Konflikt mit einer bestehenden Sperre.

8.4 *pom_archiveconf* - *archive configuration*

– archiviert eine Konfiguration.

Schnittstelle:

RCPOM *pom_archiveconf (label)*

    char *label; /* in */

Wirkung:

Die eingestellte Konfiguration wird auf dem bezeichneten Medium archiviert. Dazu wird der Konfigurationsname und -schlüssel, das in der Konfiguration enthaltene strukturierte Objekt, die konfigurationsspezifischen Attribute sowie alle verwendeten Typdefinitionen ins Archiv genommen.

Damit sind nach einem *pom_unmountarchive* nur noch der Konfigurationsschlüssel, der Name und das zugehörige Label verfügbar. Das Label des Archivs kann mit *pom_getconfarchive* erfragt werden. Die Konfiguration kann aus dem Archiv nicht mehr gelöscht werden.

Das strukturierte Objekt bleibt unverändert in der Datenbasis. Insbesondere erhält sein Statusattribut *is_archived* nicht den Wert SET und kann in der Datenbasis noch gelöscht werden.

Returncodes:

RCPOM_OK, RCPOM_INTERNAL_ERROR, RCPOM_SYSTEM_ERROR

RCPOM_DB_NOT_OPEN – Die Datenbasis ist nicht geöffnet.

RCPOM_ARCHIVE_FULL – Die Archivierung des Objekts benötigt mehr Platz als noch vorhanden ist.

RCPOM_NOT_MOUNTED – Das Archiv mit dem angegebenen Label ist nicht eingebunden.

RCPOM_CONF_ARCHIVED – Die Konfiguration ist archiviert und daher nicht mehr veränderbar.

RCPOM_NO_FOCUS – Die Sicht ist nicht auf eine Konfiguration beschränkt.

RCPOM_NO_RIGHT – Der Benutzer besitzt nicht das zur Ausführung der Operation nötige Zugriffsrecht.

RCPOM_LOCK_CONFLICT – Konflikt mit einer bestehenden Sperre.

8.5 *pom_archivedb* – *archive database*

– archiviert eine Datenbasis.

Schnittstelle:

RCPOM *pom_archivedb (databaseneame, label)*

```
char    *databasename;    /* in */
char    *label;           /* in */
```

Wirkung:

Die angegebene Datenbasis wird vollständig auf dem bezeicheten Medium archiviert, d.h. mit sämtlichen Objekten, Versionen, Konfigurationen, Benutzerrelationen und Typdefinitionen.

Anschließend ist bei nicht eingebundenem Archiv nur noch der Name der Datenbasis bekannt. Das Label des Archivs kann mit *pom_getdbarchive* erfragt werden.

Returncodes:

RCPOM_OK, RCPOM_INTERNAL_ERROR, RCPOM_SYSTEM_ERROR

RCPOM_DB_NOT_OPEN – Die Datenbasis ist nicht geöffnet.

RCPOM_ARCHIVE_FULL – Die Archivierung des Objekts benötigt mehr Platz als noch vorhanden ist.

RCPOM_NOT_MOUNTED – Das Archiv mit dem angegebenen Label ist nicht eingebunden.

RCPOM_DB_ARCHIVED – Die Datenbasis ist archiviert.

RCPOM_FOCUS – Die Sicht ist auf eine Konfiguration eingeschränkt.

RCPOM_NO_RIGHT – Der Benutzer besitzt nicht das zur Ausführung der Operation nötige Zugriffsrecht.

RCPOM_LOCK_CONFLICT – Konflikt mit einer bestehenden Sperre.

8.6 *pom_getobjarchive* – *get archive label of archived object*

– liefert das Label des Archivmediums, auf dem ein Objekt liegt.

Schnittstelle:

RCPOM *pom_getobjarchive (objectkey, label)*

```
KEY     objectkey;     /* in */
char    *label;        /* out */
```

Wirkung:

Es wird das Label des Archivmediums geliefert, auf dem das angegebene einfache Objekt archiviert ist.

Für diese Operation ist kein *pom_mountarchive*-Aufruf nötig!

Returncodes:

RCPOM_OK, RCPOM_INTERNAL_ERROR, RCPOM_SYSTEM_ERROR

RCPOM_DB_NOT_OPEN – Die Datenbasis ist nicht geöffnet.

RCPOM_OBJECT_UNKNOWN – Der als Schlüssel angegebene Wert ist kein gültiger Objektschlüssel.

RCPOM_NOT_ARCHIVED – Das angeforderte Objekt ist nicht archiviert.

RCPOM_FOCUS – Die Sicht ist auf eine Konfiguration beschränkt.

RCPOM_NO_RIGHT – Der Benutzer besitzt nicht das zur Ausführung der Operation nötige Zugriffsrecht.

8.7 *pom_getconfarchive* – *get archive label of archived configuration*

– liefert das Label des Archivmediums, auf dem eine Konfiguration liegt.

Schnittstelle:

RCPOM *pom_getconfarchive (label)*

```
char    *label;        /* out */
```

Wirkung:

Es wird das Label des Archivmediums geliefert, auf dem die eingestellte Konfiguration archiviert ist.

Für diese Operation ist kein *pom_mountarchive* nötig!

Returncodes:

RCPOM_OK, RCPOM_INTERNAL_ERROR, RCPOM_SYSTEM_ERROR

RCPOM_DB_NOT_OPEN – Die Datenbasis ist nicht geöffnet.

RCPOM_NOT_ARCHIVED – Das angeforderte Objekt ist nicht archiviert.

RCPOM_NO_FOCUS – Die Sicht ist nicht auf eine Konfiguration beschränkt.

RCPOM_NO_RIGHT – Der Benutzer besitzt nicht das zur Ausführung der Operation nötige Zugriffsrecht.

8.8 *pom_getdbarchive* – *get archive label of archived database*

– liefert das Label des Archivmediums, auf dem eine Datenbasis liegt.

Schnittstelle:

RC *pom_getdbarchive (databasename, label)*

```
char    *databasename;    /* in */
char    *label;           /* out */
```

Wirkung:

Es wird das Label des Archivmediums geliefert, auf dem die angegebene Datenbasis archiviert ist.

Für diese Operation ist kein *pom_mountarchive* nötig!

Returncodes:

RCPOM_OK, RCPOM_INTERNAL_ERROR, RCPOM_SYSTEM_ERROR

RCPOM_DB_NOT_OPEN – Die Datenbasis ist nicht geöffnet.

RCPOM_DB _UNKNOWN – Die Datenbasis existiert nicht.

RCPOM_NOT_ARCHIVED – Das angeforderte Objekt ist nicht archiviert.

RCPOM_FOCUS – Die Sicht ist auf eine Konfiguration eingeschränkt.

RCPOM_NO_RIGHT – Der Benutzer besitzt nicht das zur Ausführung der Operation nötige Zugriffsrecht.

8.9 *pom_getobjsize* - *get object size when archived*

- liefert den Platz, den ein Objekt im Archiv belegen würde.

Schnittstelle:

RCPOM *pom_getobjsize (objectkey, objectkind, size)*

```
KEY             objectkey;    /* in */
BOOLEAN         objectkind;   /* in */
unsigned long   *size;        /* out */
```

Wirkung:

Es wird die Anzahl der Bytes zurückgeliefert, die das Objekt im Archiv belegt. Die Operation ist unabhängig davon anwendbar, ob das Objekt bereits archiviert ist oder nicht.

Returncodes:

RCPOM_OK, RCPOM_INTERNAL_ERROR, RCPOM_SYSTEM_ERROR

RCPOM_DB_NOT_OPEN - Die Datenbasis ist nicht geöffnet.

RCPOM_OBJECT_UNKNOWN - Der als Schlüssel angegebene Wert ist kein gültiger Objektschlüssel.

RCPOM_FOCUS - Die Sicht ist auf eine Konfiguration eingeschränkt.

RCPOM_OBJECT_OFFLINE - Das Objekt liegt auf einem momentan nicht eingebundenen Archiv.

RCPOM_NO_RIGHT - Der Benutzer besitzt nicht das zur Ausführung der Operation nötige Zugriffsrecht.

RCPOM_LOCK_CONFLICT - Konflikt mit einer bestehenden Sperre.

8.10 *pom_getconfsize* – *get configuration size when archived*

– liefert den Platz, den eine Konfiguration im Archiv belegen würde.

Schnittstelle:

RCPOM *pom_getconfsize (size)*

```
    unsigned long *size;  /* out */
```

Wirkung:

Es wird in *size* die Anzahl Bytes zurückgegeben, die die eingestellte Konfiguration im Archiv belegt. Die Operation ist unabhängig davon anwendbar, ob die Konfiguration bereits archiviert ist oder nicht.

Returncodes:

RCPOM_OK, RCPOM_INTERNAL_ERROR, RCPOM_SYSTEM_ERROR

RCPOM_DB_NOT_OPEN – Die Datenbasis ist nicht geöffnet.

RCPOM_NO_FOCUS – Die Sicht ist nicht auf eine Konfiguration beschränkt.

RCPOM_CONF_OFFLINE – Die Konfiguration liegt auf einem momentan nicht eingebundenen Archiv.

RCPOM_NO_RIGHT – Der Benutzer besitzt nicht das zur Ausführung der Operation nötige Zugriffsrecht.

RCPOM_LOCK_CONFLICT – Konflikt mit einer bestehenden Sperre.

8.11 *pom_getdbsize* – *get database size when archived*

– liefert den Platz, den eine Datenbasis im Archiv belegen würde.

Schnittstelle:

RCPOM *pom_getdbsize (databasename, size)*

```
    char           *databasename;   /* in */
    unsigned long  *size;           /* out */
```

Wirkung:

Es wird in *size* die Anzahl Bytes zurückgegeben, den die Datenbasis im Archiv belegt. Die Operation ist unabhängig davon anwendbar, ob die Datenbasis bereits archiviert ist oder nicht.

Returncodes:

RCPOM_OK, RCPOM_INTERNAL_ERROR, RCPOM_SYSTEM_ERROR

RCPOM_DB_NOT_OPEN – Die Datenbasis ist nicht geöffnet.

RCPOM_DB_UNKNOWN – Die Datenbasis existiert nicht.

RCPOM_FOCUS – Die Sicht ist auf eine Konfiguration eingeschränkt.

RCPOM_NO_RIGHT – Der Benutzer besitzt nicht das zur Ausführung der Operation nötige Zugriffsrecht.

RCPOM_LOCK_CONFLICT – Konflikt mit einer bestehenden Sperre.

8.12 *pom_getarchivespace* – *get free archive space*

– liefert die Größe des freien Archivspeichers.

Schnittstelle:

RCPOM *pom_getarchivespace (label, freespace)*

```
char            *label;       /* in */
unsigned long   *freespace;   /* out */
```

Wirkung:

Es wird der noch verfügbare Platz in Bytes auf dem Medium zurückgeliefert.

Returncodes:

RCPOM_OK, RCPOM_INTERNAL_ERROR, RCPOM_SYSTEM_ERROR

RCPOM_NOT_MOUNTED – Das Archiv mit dem angegebenen Label ist nicht eingebunden.

RCPOM_NO_RIGHT – Der Benutzer besitzt nicht das zur Ausführung der Operation nötige Zugriffsrecht.

8.13 *pom_getallarchives* – *get labels of all known archives*

– liefert die Label aller dem System bekannten Archivmedien.

Schnittstelle:

RCPOM *pom_getallarchives (start, found, label, mounted, device, foreign)*

```
BOOLEAN  start;      /* in */
BOOLEAN  *found;     /* out */
char     *label;     /* out */
BOOLEAN  *mounted;   /* out */
char     *device;    /* out */
BOOLEAN  *foreign;   /* out */
```

Wirkung:

Es wird eine Liste aller dem System bekannten Archivlabel zurückgeliefert. Mit jedem Aufruf wird ein Name geliefert, solange der *found*-Parameter den Wert TRUE hat. Andernfalls existiert kein weiteres Label, und die Ausgabeparameter sind undefiniert.

Der Parameter *start* dient zur Steuerung der Labelsuche. Der Wert FIRST gibt an, daß eine Liste von Labeln erstellt werden soll; zurückgegeben wird der erste gefundene Name (falls vorhanden). Hat *start* den Wert NEXT, wird ein weiteres Label aus der Liste geliefert. Man beachte, daß nur beim Wert FIRST eine Suche stattfindet. Beim Wert NEXT wird nur die vorher erstellte Liste abgearbeitet.

mounted gibt an, ob das Archivmedium gerade eingebunden ist, wenn dies der Fall ist, dann enthält *device* den zugeordneten Gerätenamen.

foreign zeigt an, ob ein Archivmedium auf einem Fremdrechner erstellt worden ist. Fremdarchive erscheinen nur dann in der Liste, wenn sie gerade eingebunden sind.

Returncodes:

RCPOM_OK, RCPOM_INTERNAL_ERROR, RCPOM_SYSTEM_ERROR

RCPOM_NO_RIGHT – Der Benutzer besitzt nicht das zur Ausführung der Operation nötige Zugriffsrecht.

RCPOM_SCAN_INTERRUPTED – Die abzuarbeitende Liste wurde verändert.

9 Operationen zur Transaktionsverwaltung

9.0 *pom_begintrans* – *begin of transaction*

– startet eine Transaktion.

Schnittstelle:

RCPOM *pom_begintrans ( )*

Wirkung:

Es wird eine Transaktion gestartet.

Returncodes:

RCPOM_OK, RCPOM_INTERNAL_ERROR, RCPOM_SYSTEM_ERROR
RCPOM_TRANS_EXISTS – Es existiert bereits eine Transaktion.

9.1 *pom_endtrans* – *end of transaction*

– beendet eine Transaktion.

Schnittstelle:

RCPOM *pom_endtrans ( )*

Wirkung:

Die laufende Transaktion wird beendet. Alle von ihr gehaltenen Sperren werden aufgehoben und die gesperrten Objekte freigegeben. Die von der betreffenden Transaktion durchgeführten Änderungen werden in die jeweiligen Datenbasen durchgeschrieben. Alle Recovery-Aktionen der Transaktion werden beendet.

Returncodes:

RCPOM_OK, RCPOM_INTERNAL_ERROR, RCPOM_SYSTEM_ERROR

RCPOM_NO_TRANS – Es existiert keine Transaktion.

9.2 *pom_aborttrans – abort transaction*

– bricht eine Transaktion ab.

Schnittstelle:

RCPOM *pom_aborttrans ( )*

Wirkung:

Die laufende Transaktion wird abgebrochen. Alle von ihr gehaltenen Sperren werden aufgehoben und die gesperrten Objekte freigegeben. Die von der betreffenden Transaktion durchgeführten Änderungen werden rückgängig gemacht und werden damit ungültig. Alle Recovery-Aktionen der Transaktion werden beendet.

Returncodes:

RCPOM_OK, RCPOM_INTERNAL_ERROR, RCPOM_SYSTEM_ERROR

RCPOM_NO_TRANS – Es existiert keine Transaktion.

9.3 *pom_requestexpl – request explicitly*

– fordert explizit eine Sperre an.

Schnittstelle:

RCPOM *pom_requestexpl (objectkey, objectkind, lock)*

```
    KEY      objectkey;     /* in */
    BOOLEAN  objectkind;    /* in */
    LOCK     lock;          /* in */
```

Wirkung:

Das Objekt wird mit der Sperre *lock* belegt (also entweder LOCK_S oder LOCK_X), falls die Sperre mit bereits existierenden Sperren auf dem Objekt verträglich ist. Je nach *objectkind* wird dabei entweder das einfache Objekt oder das komplette strukturierte Objekt mit Sperren belegt.

Returncodes:

RCPOM_OK, RCPOM_INTERNAL_ERROR, RCPOM_SYSTEM_ERROR

RCPOM_DB_NOT_OPEN – Die Datenbasis ist nicht geöffnet.

RCPOM_OBJECT_UNKNOWN – Der als Schlüssel angegebene Wert ist kein gültiger Objektschlüssel.

RCPOM_NO_RIGHT – Der Benutzer besitzt nicht das zur Ausführung der Operation nötige Zugriffsrecht.

RCPOM_LOCK_CONFLICT – Konflikt mit einer bestehenden Sperre.

RCPOM_OBJECT_NOT_VISIBLE – Das Objekt ist nicht sichtbar.

9.4 *pom_releaseexpl* – *release explicitly*

– gibt explizit ein gesperrtes Objekt frei.

Schnittstelle:

RCPOM *pom_releaseexpl (objectkey)*

  KEY *objectkey;* /* in */

Wirkung:

Die zuvor gesetzte Sperre auf das Objekt wird aufgehoben.

Returncodes:

RCPOM_OK, RCPOM_INTERNAL_ERROR, RCPOM_SYSTEM_ERROR

RCPOM_DB_NOT_OPEN – Die Datenbasis ist nicht geöffnet.

RCPOM_NO_LOCK – Das Objekt ist nicht gesperrt.

RCPOM_OBJECT_UNKNOWN – Der als Schlüssel angegebene Wert ist kein gültiger Objektschlüssel.

RCPOM_OBJECT_NOT_VISIBLE – Das Objekt ist nicht sichtbar.

9.5 *pom_checkout* - *check out*

– veranlaßt den checkout eines Objekts in eine Arbeitsdatenbasis.

Schnittstelle:

RCPOM *pom_checkout (objectkey, objectkind, lock, workingdatabasename)*

```
KEY       objectkey;              /* in */
BOOLEAN   objectkind;             /* in */
LOCK      lock;                   /* in */
char      *workingdatabasename;   /* in */
```

Wirkung:

Das Objekt wird für alle anderen Prozesse in der Ausgangsdatenbasis entsprechend dem Wert von *lock* gesperrt, falls die Sperre mit bereits existierenden Sperren auf dem Objekt verträglich ist. Je nach dem Wert von *objectkind* wird dabei entweder das einfache Objekt oder das strukturierte Objekt mit Sperren belegt. Gleichzeitig wird das Objekt in die Arbeitsdatenbasis *workingdatabasename* zur exklusiven Bearbeitung kopiert.

Returncodes:

RCPOM_OK, RCPOM_INTERNAL_ERROR, RCPOM_SYSTEM_ERROR

RCPOM_DB_NOT_OPEN – Die Datenbasis ist nicht geöffnet.

RCPOM_OBJECT_UNKNOWN – Der als Schlüssel angegebene Wert ist kein gültiger Objektschlüssel.

RCPOM_FOCUS – Die Sicht ist auf eine Konfiguration eingeschränkt.

RCPOM_CHECKOUT_EXISTS – Es existiert bereits ein checkout des Anwenders auf das Objekt.

RCPOM_NO_RIGHT – Der Benutzer besitzt nicht das zur Ausführung der Operation nötige Zugriffsrecht.

RCPOM_LOCK_CONFLICT – Konflikt mit einer bestehenden Sperre.

9.6 *pom_checkin* - *check in*

- veranlaßt den checkin aus einer Arbeitsdatenbasis in die Ausgangsdatenbasis.

Schnittstelle:

RCPOM *pom_checkin (objectkey)*

KEY *objectkey;* /* in */

Wirkung:

Das Objekt wird in die Ausgangsdatenbasis zurück eingelagert. Alle durch die vorherige checkout-Operation gesetzten Sperren werden gelöscht. Somit sind alle Änderungen des Objekts in die Ausgangsdatenbasis eingebracht.

Returncodes:

RCPOM_OK, RCPOM_INTERNAL_ERROR, RCPOM_SYSTEM_ERROR

RCPOM_DB_NOT_OPEN - Die Datenbasis ist nicht geöffnet.

RCPOM_NO_CHECKOUT - Es existiert kein checkout für das Objekt und den Anwenderprozeß.

9.7 *pom_nocheckin* - *no check in*

- bricht eine lange Bearbeitung in einer Arbeitsdatenbasis ab.

Schnittstelle:

RCPOM *pom_nocheckin (objectkey)*

KEY *objectkey;* /* in */

Wirkung:

Die laufende durch checkout gestartete Bearbeitung eines Objekts in einer Arbeitsdatenbasis wird abgebrochen. Das Objekt in der Arbeitsdatenbasis und die in der Ausgangsdatenbasis durch den checkout gesetzten Sperren werden gelöscht . Alle Recovery-Aktionen der langen Bearbeitung werden beendet.

Returncodes:

RCPOM_OK, RCPOM_INTERNAL_ERROR, RCPOM_SYSTEM_ERROR

RCPOM_DB_NOT_OPEN – Die Datenbasis ist nicht geöffnet.

RCPOM_NO_CHECKOUT – Es existiert kein checkout für das Objekt und den Anwenderprozeß.

9.8 *pom_setsavepoint* – *set savepoint*

– setzt einen Sicherungspunkt während einer Transaktion oder einer checkout-Bearbeitung.

Schnittstelle:

RCPOM *pom_setsavepoint (databasename, savepointnumber)*

char	**databasename*;	/* in */
unsigned short	**savepointnumber*;	/* out */

Wirkung:

Der momentane Zustand der gerade laufenden Transaktion in der Datenbasis *databasename* wird gesichert; durch *pom_rollback* mit der von *pom_setsavepoint* zurückgelieferten *savepointnumber* kann dieser Zustand wiederhergestellt werden. Die Sicherung bleibt solange erhalten, bis entweder die Transaktion beendet (*pom_endtrans, pom_aborttrans, pom_checkin, pom_nocheckin*) oder auf einen früheren Sicherungspunkt zurückgesetzt wird.

Returncodes:

RCPOM_OK, RCPOM_INTERNAL_ERROR, RCPOM_SYSTEM_ERROR

RCPOM_DB_NOT_OPEN – Die Datenbasis ist nicht geöffnet.

RCPOM_DB_UNKNOWN – Die Datenbasis existiert nicht.

RCPOM_NO_CHECKOUT – Es existiert kein checkout für das Objekt und den Anwenderprozeß.

RCPOM_NO_TRANS – Es existiert keine Transaktion.

9.9 *pom_rollback* – *rollback to savepoint*

– setzt auf einen zuvor gesetzten Sicherungspunkt zurück.

Schnittstelle:

RCPOM *pom_rollback (databasename, savepointnumber)*

```
char            *databasename;    /* in */
unsigned short  savepointnumber;  /* in */
```

Wirkung:

Es wird auf den Sicherungspunkt *savepointnumber* zurückgesetzt. Alle seit dem Sicherungspunkt *savepointnumber* durchgeführten Änderungen (einschließlich aller späteren Sicherungspunkte) werden damit rückgängig gemacht und gehen verloren. Außerhalb der Transaktion hat diese Operation keine Auswirkung.

Returncodes:

RCPOM_OK, RCPOM_INTERNAL_ERROR, RCPOM_SYSTEM_ERROR

RCPOM_DB_NOT_OPEN – Die Datenbasis ist nicht geöffnet.

RCPOM_DB_UNKNOWN – Die Datenbasis existiert nicht.

RCPOM_NO_SAVE – Es existiert kein Sicherungspunkt mit der angegebenen Nummer.

10 Operationen zur Zugriffsrechtsverwaltung

10.0 *pom_changerights* – *change access rights*

– verändert die Rechte an einer Einheit.

Schnittstelle:

RCPOM *pom_changerights (key, user, unit, access, vote)*

```
KEY       key;      /* in */
char      *user;    /* in */
UNIT      unit;     /* in */
ACCESS    access;   /* in */
VOTE      vote;     /* in */
```

Wirkung:

Die Rechte des Benutzers *user* an dem Objekt/der Konfiguration/der Benutzerrelation werden geändert. *Access* gibt die zu ändernden Rechte an: Alle Komponenten, die den Wert SET haben, sind von der Änderung betroffen. Falls *vote* den Wert V_GRANT hat, wird das Recht eingeräumt, bei V_REVOKE wird es entzogen.

Der Parameter *unit* gibt an, ob es sich um ein Objekt, eine Konfiguration oder eine Benutzerrelation handelt. Falls die Sicht zum Zeitpunkt der Ausführung dieser Operation auf eine Konfiguration eingeschränkt ist und *unit* den Wert U_OBJECT hat, wird das angegebene Recht für die konfigurationsspezifischen Attribute des Objekts vergeben.

Returncodes:

RCPOM_OK, RCPOM_INTERNAL_ERROR, RCPOM_SYSTEM_ERROR

RCPOM_DB_NOT_OPEN – Die Datenbasis ist nicht geöffnet.

RCPOM_NO_KEY – Der als Schlüssel angegebene Wert ist kein gültiger Schlüssel.

RCPOM_NO_RIGHT – Der Benutzer besitzt nicht das zur Ausführung der Operation nötige Zugriffsrecht.

RCPOM_NO_USER – Der angegebene Benutzer ist dem System nicht bekannt.

RCPOM_CONF_NOT_VISIBLE – Die Konfiguration ist nicht sichtbar.

RCPOM_OBJEKT_NOT_VISIBLE – Das Objekt ist nicht sichtbar.

10.1 *pom_getrights* – *get access rights*

– liefert die Rechte an einer Einheit.

Schnittstelle:

RCPOM *pom_getrights (key, user, unit, access)*

```
KEY       key;       /* in */
char      *user;     /* in */
UNIT      unit;      /* in */
ACCESS    *access;   /* out */
```

Wirkung:

In *access* werden die Rechte des Benutzers *user* an dem Objekt/der Konfiguration/der Benutzerrelation. zurückgegeben. Hat eine Komponente den Wert SET, so ist der Benutzer im Besitz des entsprechenden Rechts; beim Wert NOTSET besitzt er das Recht nicht.

Der Parameter *unit* gibt an, ob es sich um ein Objekt, eine Konfiguration oder eine Benutzerrelation handelt. Falls die Sicht zum Zeitpunkt der Ausführung dieser Operation auf eine Konfiguration eingeschränkt ist und *unit* den Wert U_OBJECT hat, wird das angegebene Recht für die konfigurationsspezifischen Attribute des Objekts zurückgegeben.

Returncodes:

RCPOM_OK, RCPOM_INTERNAL_ERROR, RCPOM_SYSTEM_ERROR

RCPOM_DB_NOT_OPEN – Die Datenbasis ist nicht geöffnet.

RCPOM_NO_KEY – Der als Schlüssel angegebene Wert ist kein gültiger Schlüssel.

RCPOM_NO_USER – Der angegebene Benutzer ist dem System nicht bekannt.

RCPOM_CONF_NOT_VISIBLE – Die Konfiguration ist nicht sichtbar.

RCPOM_OBJEKT_NOT_VISIBLE – Das Objekt ist nicht sichtbar.

11 Allgemeine Operationen

11.0 *pom_getdate* – *get date*

– liefert eine Kodierung des aktuellen Datums.

Schnittstelle:

RCPOM *pom_getdate (date)*

DATE **date*; /* out */

Wirkung:

Eine Kodierung des aktuellen Datums wird in dem Parameter *date* zur Verfügung gestellt. Das aktuelle Datum umfaßt Jahr, Monat, Tag, Stunde, Minute und Sekunde.

Returncodes:

RCPOM_OK, RCPOM_INTERNAL_ERROR, RCPOM_SYSTEM_ERROR

11.1 *pom_datetostring* – *convert date to datestring*

– konvertiert ein Datum in eine Zeichenkette.

Schnittestelle:

RCPOM *pom_convertdate (date, datestring)*

DATE *date*; /* in */
char **datestring*; /* out */

Wirkung:

Ein kodiertes Datum wird in eine Zeichenkette umgewandelt, die folgendermaßen aufgebaut ist:

ddd mmm dd hh:mm:ss yyyy\n\0

Hier bedeutet:

ddd	Wochentag	(3 Zeichen)
mmm	Monat	(3 Zeichen)
dd	Tagesdatum	(2 Zeichen)
hh	Stunde	(2 Zeichen)
mm	Minute	(2 Zeichen)
ss	Sekunde	(2 Zeichen)
yyyy	Jahr	(4 Zeichen)

Beispiel:

Fri Sep 12 10:35:57 1988

Der Speicherplatz für *datestring* wird vom Anwenderprogramm bereitgestellt, wobei mindestens MAX_DATE_LENGTH Bytes vorzusehen sind.

Returncodes:

RCPOM_OK, RCPOM_INTERNAL_ERROR, RCPOM_SYSTEM_ERROR

11.2 *pom_stringtodate* – *convert datestring to date*

– konvertiert eine Zeichenkette in ein Datum.

Schnittestelle:

RCPOM *pom_stringtodate (datestring, date)*

```
char  *datestring;   /* in */
DATE  *date;         /* out */
```

Wirkung:

Die Zeichenkette *datestring* wird in ein codiertes Datum umgewandelt.
Datestring muß folgendermaßen aufgebaut sein:

ddd mmm dd hh:mm:ss yyyy\n\0

Hier bedeutet:

ddd	Wochentag	(Mon, Tue, Wed, Thu, Fri, Sat, Sun)
mmm	Monat	(Jan, Feb, Mar, Apr, May, Jun, Jul, Aug, Sep, Oct, Nov, Dec)
dd	Tagesdatum	(1..31)
hh	Stunde	(0..23)

mm	Minute	(0..59)
ss	Sekunde	(0..59)
yyyy	Jahr	(> = 1970)

Returncodes:

RCPOM_OK, RCPOM_INTERNAL_ERROR, RCPOM_SYSTEM_ERROR

RCPOM_ILLEGAL_DATESTRING – Das Format des Datumsstrings genügt nicht der Spezifikation.

11.3 *pom_getrctext* – *get error text from return code*

– liefert einen Fehlertext.

Schnittstelle:

RCPOM *pom_getrctext (returncode, errortext)*

```
RC      returncode;      /* in */
char    **errortext;     /* out */
```

Wirkung:

Es wird ein Verweis auf den Fehlertext zurückgeliefert, der den *returncode* erläutert.

Returncodes:

RCPOM_OK, RCPOM_INTERNAL_ERROR, RCPOM_SYSTEM_ERROR

RCPOM_NO_RETURNCODE – Der eingegebene Returnwert ist nicht gültig.

12 Operationen auf Schlüssellisten

12.0 *pom_initkeylist* – *initialize keylist*

– initialisiert eine Schlüsselliste.

Schnittstelle:

RCPOM *pom_initkeylist (keylist)*
KEYLIST **keylist;* /* inout */

Wirkung:

Die Schlüsselliste wird initialisiert; anschließend ist sie leer. Diese Operation muß auf jede Schlüsselliste angewandt werden, bevor diese in irgendeiner anderen Operation verwendet wird. Sollen bereits gefüllte Schlüssellisten wiederverwandt werden, ist vorher die Operation *pom_clearkeylist* anzuwenden.

Returncodes:

RCPOM_OK, RCPOM_INTERNAL_ERROR, RCPOM_SYSTEM_ERROR

12.1 *pom_clearkeylist* – *clear keylist*

– löscht eine Schlüsselliste.

Schnittstelle:

RCPOM *pom clearkeylist (keylist)*
KEYLIST **keylist;* /* inout */

Wirkung:

Alle Schlüssel werden aus der Schlüsselliste entfernt. Diese Operation sollte vor Verlassen einer Prozedur auf alle prozedurlokalen Schlüssellisten angewandt werden.

Returncodes:

RCPOM_OK, RCPOM_INTERNAL_ERROR, RCPOM_SYSTEM_ERROR

RCPOM_FREE_FAILED – Bei der Freigabe von dynamisch angefordertem Speicherplatz ist ein Fehler aufgetreten.

RCPOM_NOT_INITIALIZED – Die Schlüsselliste wurde nicht initialisiert.

12.2 *pom_insertkey* – *insert key into keylist*

– fügt einen Schlüssel in eine Schlüsselliste ein.

Schnittstelle:

RCPOM *pom_insertkey (keylist, key)*

```
KEYLIST   *keylist;   /* inout */
KEY       key;        /* in */
```

Wirkung:

Der Schlüssel *key* wird in die Schlüsselliste *keylist* eingefügt. Ist der Schlüssel bereits in der Schlüsselliste enthalten, hat die Operation keine Auswirkungen.

Returncodes:

RCPOM_OK, RCPOM_INTERNAL_ERROR, RCPOM_SYSTEM_ERROR

RCPOM_ALLOCATE_FAILED – Bei der dynamischen Speicherplatzallokation ist ein Fehler aufgetreten.

RCPOM_NOT_INITIALIZED – Die Schlüsselliste wurde nicht initialisiert.

12.3 *pom_removekey* – *remove key from keylist*

– löscht einen Schlüssel in einer Liste.

Schnittstelle:

RCPOM *pom_removekey (keylist, key)*

```
    KEYLIST    *keylist;    /* inout */
    KEY        key;         /* in */
```

Wirkung:

Der Schlüssel *key* wird aus der Schlüsselliste *keylist* entfernt. Ist der Schlüssel nicht in der Liste enthalten, hat die Operation keine Auswirkungen.

Returncodes:

RCPOM_OK, RCPOM_INTERNAL_ERROR, RCPOM_SYSTEM_ERROR

RCPOM_NOT_INITIALIZED – Die Schlüsselliste wurde nicht initialisiert.

RCPOM_FREE_FAILED – Bei der Freigabe von dynamisch angefordertem Speicherplatz ist ein Fehler aufgetreten.

12.4 *pom_containskey* – *search key in keylist*

– stellt fest, ob der Schlüssel in einer Liste enthalten ist.

Schnittstelle:

BOOLEAN *pom_containskey (keylist, key)*

```
    KEYLIST    *keylist;    /* in */
    KEY        key;         /* in */
```

Wirkung:

Wenn die Schlüsselliste *keylist* den angegebenen Schlüssel *key* enthält, wird der Wert TRUE zurückgeliefert, andernfalls der Wert FALSE.

Returncodes:

TRUE, FALSE

12.5 *pom_getfirstkey* – *get first key from keylist*

– liefert den ersten Schlüssel einer Liste.

Schnittstelle:

```
RCPOM pom_getfirstkey (keylist, key)
    KEYLIST   *keylist;   /* in */
    KEY       *key;       /* out */
```

Wirkung:

In *key* wird der erste Schlüssel der Schlüsselliste *keylist* zurückgegeben. Ist die Schlüsselliste leer , bekommt *key* den Wert KEY_UNDEF.

Returncodes:

RCPOM_OK, RCPOM_INTERNAL_ERROR, RCPOM_SYSTEM_ERROR

RCPOM_NOT_INITIALIZED – Die Schlüsselliste wurde nicht initialisiert.

12.6 *pom_getnextkey* – *get next key from keylist*

– liefert den nächsten Schlüssel einer Liste.

Schnittstelle:

```
RCPOM pom_getnextkey ( key list, key)
    KEYLIST   *keylist;   /* in */
    KEY       *key;       /* out */
```

Wirkung:

Es wird der nächste Schlüssel der Schlüsselliste *keylist* in *key* zurückgegeben. Ist kein weiterer Schlüssel vorhanden, bekommt *key* den Wert KEY_UNDEF.

Returncodes:

RCPOM_OK, RCPOM_INTERNAL_ERROR, RCPOM_SYSTEM_ERROR

RCPOM_NOT_INITIALIZED – Die Schlüsselliste wurde nicht initialisiert.

RCPOM_SCAN_INTERRUPTED – Die abzuarbeitende Liste wurde verändert.

13 Alphabetisches Verzeichnis der Operationen

14 Alphabetisches Verzeichnis der Returncodes

RCPOM_ALLOCATE_FAILED – Bei der dynamischen Speicherplatzallokation ist ein Fehler aufgetreten.

RCPOM_ALREADY_MOUNTED – Das Archiv ist bereits eingebunden.

RCPOM_ARCHIVE_FULL – Die Archivierung benötigt mehr Platz als noch vorhanden ist.

RCPOM_ARCHIVE_IN_USE – Das Archivmedium wird gerade bearbeitet.

RCPOM_CHECKOUT_EXISTS – Es existiert bereits ein checkout des Anwenders auf das Objekt.

RCPOM_CONF_ARCHIVED – Die Konfiguration ist archiviert und daher nicht mehr veränderbar.

RCPOM_CONF_NOT_VISIBLE – Die Konfiguration ist nicht sichtbar.

RCPOM_CONF_OFFLINE – Die Konfiguration liegt auf einem momentan nicht eingebunden Archiv.

RCPOM_CONF_UNKNOWN – Der als Schlüssel angegebene Wert ist kein gültiger Konfigurationsschlüssel.

RCPOM_CONTENTS_IN_USE – Der Inhalt des Objekts wird schon benutzt.

RCPOM_CONTENTS_NOT_OPEN – Der Inhalt ist nicht geöffnet.

RCPOM_CYCLE_VIOLATION – Die einzufügende Kante würde einen Zyklus in der Objekthierarchie verursachen.

RCPOM_DB_ARCHIVED – Die Datenbasis ist archiviert.

RCPOM_DB_NOT_OPEN – Die Datenbasis ist nicht geöffnet.

RCPOM_DB_OFFLINE – Die Datenbasis liegt auf einem momentan nicht eingebundenen Archiv.

RCPOM_DB_OPEN – Die Datenbasis ist bereits geöffnet.

RCPOM_DB_UNKNOWN – Die Datenbasis existiert nicht.

RCPOM_DEVICE_ERROR – Das angegebene Gerät ist nicht ansprechbar.

RCPOM_EDGE_EXISTS – Die Kante existiert bereits.

RCPOM_END_OF_CONTENTS – Das Ende des Inhalts ist erreicht.

RCPOM_FOCUS – Die Sicht ist auf eine Konfiguration eingeschränkt.

RCPOM_FREE_FAILED – Bei der Freigabe von dynamisch angefordertem Speicherplatz ist ein Fehler aufgetreten.

RCPOM_ILLEGAL_DATESTRING – Das Format des Datumsstrings genügt nicht der Spezifikation.

RCPOM_INTERNAL_ERROR – Es ist ein interner Fehler aufgetreten.

RCPOM_IS_INIT – Das im Gerät einliegende Medium ist bereits initialisiert.

RCPOM_KEY_OVERFLOW – Es ist kein neuer Schlüssel generierbar.

RCPOM_LABEL_EXISTS – Es gibt bereits ein Archivmedium mit dem angegebenen Label.

RCPOM_LOCK_CONFLICT – Konflikt mit einer bestehenden Sperre.

RCPOM_NAME_UNKNOWN – Es existiert kein Objekt/keine Konfiguration/keine Benutzerrelation mit dem angegebenen Namen.

RCPOM_NO_ARCHIVE – Das Medium enthält kein *PRODAT*-Archiv bzw. ist nicht initialisiert.

RCPOM_NO_ATTRIBUTEFILE – Die Attributdatei existiert nicht.

RCPOM_NO_ATTRIBUTES – Das Objekt besitzt keine Attribute.

RCPOM_NO_CHANGE_FOCUS – Es darf keine andere Konfiguration eingestellt werden.

RCPOM_NO_CHECKOUT – Es existiert kein checkout für das Objekt.

RCPOM_NO_CONTENTS – Das Objekt besitzt keinen Inhalt.

RCPOM_NO_CONTENTSFILE – Die Inhaltsdatei existiert nicht.

RCPOM_NO_EDGE – Die Kante ist nicht vorhanden.

RCPOM_NO_FOCUS – Die Sicht ist nicht auf eine Konfiguration eingestellt.

RCPOM_NO_KEY – Der als Schlüssel angegebene Wert ist kein gültiger Schlüssel.

RCPOM_NO_LINEAR_VERSIONGRAPH – Der von dem Objekt ausgehende Versionsgraph ist nicht linear.

RCPOM_NO_LOCK – Das Objekt ist nicht gesperrt.

RCPOM_NO_RETURNCODE – Der eingegebene Returnwert ist nicht gültig.

RCPOM_NO_RIGHT – Der Benutzer besitzt nicht das zur Ausführung der Operation nötige Zugriffsrecht.

RCPOM_NO_SAVE – Es existiert kein Sicherungspunkt mit der angegebenen Nummer.

RCPOM_NO_SPACE – Die Freispeicherkapazität auf der Platte reicht zur Durchführung der Operation nicht aus.

RCPOM_NO_TRANS – Es existiert keine Transaktion.

RCPOM_NO_USER – Der angegebene Benutzer ist dem System nicht bekannt.

RCPOM_NOT_INITIALIZED – Die Schlüsselliste wurde nicht initialisiert.

RCPOM_NOT_MOUNTED – Das Archiv mit dem angegebenen Label ist nicht eingebunden.

RCPOM_OBJECT_ARCHIVED – Das Objekt ist archiviert.

RCPOM_OBJECT_EXISTS_IN_CONF – Das Objekt ist bereits in der Konfiguration enthalten.

RCPOM_OBJECT_INCOMPLETE – Das Objekt ist nicht vollständig.

RCPOM_OBJECT_NOT_RELEASED – Das Objekt ist nicht freigegeben.

RCPOM_OBJECT_NOT_VISIBLE – Das Objekt ist nicht sichtbar.

RCPOM_OBJECT_OFFLINE – Das Objekt liegt auf einem momentan nicht eingebundenen Archiv.

RCPOM_OBJECT_RELEASED – Das Objekt ist freigegeben.

RCPOM_OBJECT_UNKNOWN – Der als Schlüssel angegebene Wert ist kein gültiger Objektschlüssel.

RCPOM_OK – Die Operation konnte korrekt durchgeführt werden.

RCPOM_REL_UNKNOWN – Der als Schlüssel angegebene Wert ist kein gültiger Relationsschlüssel.

RCPOM_SCAN_INTERRUPTED – Die abzuarbeitende Liste wurde verändert.

RCPOM_STRUCTURE_VIOLATION – Die Konsistenzregeln werden durch die Operation verletzt.

RCPOM_SYSTEM_ERROR – Es ist ein Fehler vom Betriebssystem gemeldet worden.

RCPOM_TRANS_EXISTS – Es existiert bereits eine Transaktion.

RCPOM_TUPLE_EXISTS – Das Tupel existiert bereits.

RCPOM_TUPLE_UNKNOWN – Der als Schlüssel angegebene Wert ist kein gültiger Tupelschlüssel.

RCPOM_TYPE_MISMATCH – Der Objekttyp paßt nicht zur Definition der Benutzerrelation.

RCPOM_TYPE_UNKNOWN – Der Typ existiert nicht.

RCPOM_USED_IN_CONF – Das Objekt wird in einer Konfiguration benutzt.

RCPOM_WRONG_OPENMODE – Der Inhalt des Objekts wurde falsch eröffnet.

Literaturverzeichnis

[Abbe-86] Abbenhardt, H. et al: Software-Engineering-Verbundprojekte: Ein längeres Leben für Software-Produkte, in: Computer-Magazin 10/86, S. 67-78.

[AWV-88] N. N.: Marktübersicht Optische Speicherplattensysteme. Internes Arbeitspapier des AWV (Arbeitskreis Wirtschaftliche Verwaltung), 1988. (Wird voraussichtlich 1988 veröffentlicht).

[BaBu-84] Batory, D.S.; Buchanan, A.P.: Molecular Objects, Abstract Data Types and Data Models: A Framework, in: Proceedings 10th VLDB Conference, Singapore, 1984, pp. 172-184.

[BaKö-88] Baumann, P.; Köhler, D.: Archiving Versions and Configurations in a Database System for System Engineering Environments, in: J. Winkler (ed): Proceedings of the International Workshop on Software Version and Configuration Control, Grassau, Germany, Jan. 1988., Teubner-Verlag, 1988, pp. 313-325.

[Batz-87] Batz, T.: Versionsverwaltung im Datenhaltungssystem PRODAT des Systementwicklungssystems PROSYT. GI-Softwaretrends, Mitteilungen der Fachgruppe Software-Engineering, Heft 7-21, Okt. 1987, S. 22-50.

[Baum-89] Baumann, P.: A General Formalism for the Description of Relationships, FhG-Bericht (in Vorbereitung), FhG-AGD, Darmstadt, 1989.

[BBK-88] Batz, T.; Baumann, P.; Köhler, D.: A Data Model supporting System Engineering, in: IEEE Proceedings of the Twelfth Annual International Computer Software & Applications Conference COMPSAC 88, Chicago, 1988.

[BCL-86] Buck-Emden, R.; Cordes, R.; Langendörfer, H.: Einsatz optischer Plattenspeichertechnologien für Ablage und Archiv in modernen Bürosystemen, in: Proc. EuroSoftware '86, Hamburg, 1986.

[CAIS-87] Rationale for the DoD Requirements and Design Criteria for the Common APSE Interface Set (CAIS), Ada Joint Program Office, Washington DC, 1987.

[Chea-80] Cheatham, T.E.: Comparing Programming Support Environments, in: Proceedings of the Symposium, June 16-20, 1980, Lahnstein, Hünke, H., North-Holland Publishing Company.

[Chen-76] Chen, P.: The Entity-Relationship Model – Toward a Unified View of Data, in: ACM Transactions on Database Systems, Vol. 1, No. 1, March 1976, pp 9-36.

[Daya-87] Dayal, U. et al: Simplifying Complex Objects: The PROBE Approach to Modelling and Querying Them, in: Schek, H.-J.; Schlageter, G. (eds.): Datenbank-Systeme für Büro, Technik und Wissenschaft, Informatik-Fachberichte, Bd. 136, Darmstadt 1987, Springer-Verlag, Berlin/Heidelberg, S. 17-37.

[DIN-86] Deutsches Institut für Normung, DIN 66 234, Teil 8, Bildschirmarbeitsplätze, Vorlage für die Norm, Jan. 1986.

[DKM-85] Dittrich, K.R.; Kotz, A.M.; Mülle, J.A.: Basismechanismen für Konsistenzprobleme in Entwurfsdatenbanken, in: Blaser, A.; Pistor, P. (eds.): Datenbank-Systeme für Büro, Technik und Wissenschaft, Informatik-Fachberichte, Bd. 94, Springer-Verlag, Berlin/Heidelberg, 1985, S. 73-90.

[Dzid-83] Dzida, W.: Das IFIP-Modell für Benutzerschnittstellen, Office Management, Sonderheft, 1983, S. 6-8.

[Eswa-76] Eswaran, K.P. et al: The Notions of Consistency and Predicate Locks in a Database System, in: Communications of the ACM, Vol. 9, No. 11, Nov. 1976, pp. 624-633.

[FäZi-85] Fähnrich, K.P.; Ziegler, J.: Direkte Manipulation als Interaktionsform an Arbeitsplatzrechnern, in: Bullinger, H.-J. (ed.): Software-Ergonomie '85, Mensch-Computer-Interaktion, Proceedings, Berichte des German Chapter of the ACM, Bd 24, Teubner Verlag, Stuttgart, 1985, S. 75-85.

[FZI-88] Gotthard, W. et al.: DAMOKLES – Database Management Systems for Design Applications, Reference Manual, Release 2.0 Forschungszentrum Informatik, Karlsruhe, 1988.

[GKS-86] Deutsches Institut für Normung DIN 66 252, Graphisches Kernsystem (GKS), Beuth-Verlag Berlin, 1986.

[GNF-86] Gettys, J.; Newman, R.; Della Fera, T.: Xlib-C Language Interface, Protocol Version 10, MIT, 1986.

[Gray-78] Gray, J.: Notes on Database Operating Systems, in: Lecture Notes on Computer Science, Bd. 60, Springer-Verlag, 1978.

[Gray-81a] Gray, J.:The Transaction Concept: Virtues and Limitations, International Conference on Very Large Data Bases, 1981.

[Gray-81b] Gray, J. et al: The Recovery Manager of the System R, ACM Computing Surveys, Vol. 13, No. 2, 1981.

[HaLo-82] Haskin, R.L.; Lorie, R.A.: On Extending the Functions of a Relational Database System, Proceedings of the ACM SIGMOD, June 1982, pp. 207-212.

[HäRe-85] Härder, T.; Reuter, A.: Architektur von Datenbanksystemen für Non-Standard-Anwendungen, in: Blaser, A.; Pistor, P. (eds.): Datenbank-Systeme für Büro, Technik und Wissenschaft, Informatik-Fachberichte, Bd. 94, Springer-Verlag Berlin/Heidelberg, 1985, S. 253-286.

[Herc-86] Herczeg, M.: Modulare anwendungsneutrale Benutzerschnittstellen, in: Fischer, G.; Gunzenhäuser, R.(eds.): Methoden und Werkzeuge zur Gestaltung benutzergerechter Computersysteme, Berlin, 1986, S. 73-99.

[Hind-80] Hinderer, W.: Rekonfiguration und Wiederanlauf in fehlertoleranten Systemen, FhG-Berichte 2-80, München, 1980, S. 41-45.

[Hind-82] Hinderer, W.: Transfer of graph constructs in Goguen's paper to net constructs, in: Girault, C., W. Reisig: Application and Theory of Petri Nets, Informatik-Fachberichte, Bd. 52, Springer-Verlag Berlin/Heidelberg, 1982, pp. 142-150.

[Hind-87] Hinderer, W.: Das Dialogsystem PRODIA: Formular oder Interview, FhG-Berichte 4-87, München, 1987, S. 16-21.

[HKMSS-86] Hinderer, W.; Krömker, D.; Meisel, K.-.H.; Steusloff, H.; Subel, H.-P.: Konstruktion und Betrieb von technischen Realzeitsystemen: Werkzeuge und ihre Schnittstellen, FhG-Berichte 3/4 '86, München, 1986.

[HMMS-87] Härder, T.; Meyer-Wegener, K.; Mitschang, B.; Sikeler, A.: PRIMA – a DBMS Prototype Supporting Engineering Design Applications, in: Proceedings of the 13th International Conference on Very Large Data Bases, Brighton, 1987.

[Hopg-86] Hopgood, B.: A Graphics Standard View of Screen Management, in: Hopgood, F.R.A.; Duce, D.A.; Fielding, E.V.C.; Robinson, K.; Williams, A.S. (Eds.): Methodology of Window Management, Springer-Verlag, Berlin/Heidelberg, 1986.

[HSL-85] Hayes, J.P.; Szekely, P.A.; Lerner, R.A.: Design Alternatives for User Interface Management Systems Based von Experience with COUSIN, in: Curtes, B., J. Borman (Eds.): Human Factors in Computing Systems, Proceedings, Special issue of the ACM-SIGCHI bulletin, 1985, pp. 169 - 175.

[JaSch-88] Jasnoch, U.; Schmidt, R.: Erstellung eines graphisch-interaktiven Objekt-Editors zur Darstellung und Manipulation von Datenbankeinheiten im Systementwurf, Studienarbeit an der TH Darmstadt, in Vorbereitung, 1988.

[KaCh-87] Katz, R.; Chang, E.: Managing Change in a CAD Database, in: Proceedings of the 13th International Conference on Very Large Data Bases, Brighton, 1987.

[KaLe-84] Katz, R.H.; Lehman, T.J.: Database Support for Versions and Alternatives of Large Design Files, in: IEEE Transactions on Software Engineering 10, March 1984, pp. 191.

[Katz-85] Katz, R.H.: Information Management for Engineering Design, Springer-Verlag, Berlin/Heidelberg, 1985.

[KBB-88] Köhler, D.; Batz, T.; Baumann, P.: Modellierung graphischer Datenstrukturen in PRODAT (Modeling Graphic Datastructures in PRODAT), GI-Fachgespräch "Non-Standard Datenbanken für Anwendungen der graphischen Datenverarbeitung", Dortmund, FRG, March 1988.

[KeRi-83] Kernighan, B.W.; Ritchie, D.M.: Programmieren in C, Hanser-Verlag, 1983.

[Kim-83] Kim, W. et al: Nested Transactions for engineering Design Databases, IBM Res. Rep. RJ 3934, 6/23/83.

[KSUW-85] Klahold, P.; Schlageter, G.; Unland, R.; Wilkes, W.: Ein Transaktionskonzept zur Unterstützung komplexer Anwendungen in integrierten Systemen, in: Blaser, A.; Pistor, P. (eds.): Datenbank-Systeme für Büro, Technik und Wissenschaft, Informatik-Fachberichte, Bd. 94, Springer-Verlag, Berlin/Heidelberg, 1985, S. 309-335.

[KSW-86] Klahold, P.; Schlageter, G.; Wilkes, W.: A General Model for Version Management in Database, in: Proceedings of the 12th International Conference on Very Large Data Bases, Kyoto, Aug. 1986.

[Lame-85] Lamersdorf, W.: Semantische Repräsentation komplexer Objektstrukturen, Dissertation an der Uni Hamburg, Informatik-Fachberichte, Bd. 100, Springer-Verlag, Berlin/Heidelberg, 1985.

[LHG-80] Lang, K.; Hertlin, I.; Grimm, R.: Programmproduktion statt Programmhandwerk: Wege zum Softwareengineering. FhG-Berichte 2-80, 1980, S. 51-58.

[Lock-85] Lockemann, P.C. et al: Anforderungen technischer Anwendungen an Datenbanksysteme, in: Blaser, A.; Pistor, P. (eds.): Datenbank-Systeme für Büro, Technik und Wissenschaft, Informatik-Fachberichte, Bd. 94, Springer-Verlag, Berlin/Heidelberg, 1985, S. 1-26.

[Lori-82] Lorie, R.A.: Issues in Databases for Design Applications, in: Encarnacao, J.; Krause, F.L. (eds.): File Structures and Databases for CAD, North-Holland Publishing, IFIP, 1982.

[McLSm-80] McLeod, D.; Smith, J.M.: Abstraction in Databases, Workshop on Data Abstraction, Databases and Conceptual Modeling, Pingree Park, Colorado, 1980.

[MePe-86] Meier, A.; Petry, E.: Versionenkontrolle geometrischer Daten, in: Hommel, G.; Schindler, S. (eds.): Informatik-Anwendungen: Trends und Perspektiven, Bd. 1, Proc. GI-Fachgespräch: Erarbeitung und Verwaltung geometrischer Daten, Informatik-Fachberichte, Bd. 126, Springer-Verlag Berlin/Heidelberg, 1986, S. 483-497.

[Mits-85] Mitschang, B.: Charakteristiken des Komplex-Objekt-Begriffs und Ansätze zu dessen Realisierung, in: Blaser, A.; Pistor, P. (eds.): Datenbanksysteme für Büro, Technik und Wissenschaft,

Informatik-Fachberichte, Bd. 94, Springer-Verlag, Berlin/Heidelberg, 1985, S. 382-400.

[Mits-86] Mitschang, B.: MAD – Ein Modell zur Verwaltung von komplexen Objekten, Universität Kaiserslautern, Fachbereich Informatik, SFB 124, Report Nr. 20/85 in seiner überarbeiteten Form vom Sommer 1986.

[Moss-82] Moss, J.E.B.: Nested Transactions and Reliable Distributed Computing, in: Proc. 2nd IEEE Symposium on Reliability of distributed Software and Database Systems, 1982.

[MSW-83] Müller, T.; Steinbauer, D.; Wedekind, H.: Control of Versions of Database Applications, IBM Germany, Heidelberg Scientific Center, TR.83.09.003, Sep. 1983.

[NeHo-82] Neumann, T.; Hornung, C.: Consistency and Transactions in CAD Databases, in: International Conference on Very Large Data Bases , 1982.

[Neum-83] Neumann, T.: Konzepte zur Erweiterung von Datenbanksystemen für die Unterstützung von CAD/CAM-Anwendungen, Dissertation im FG Graphisch-Interakt. Systeme, TH Darmstadt, 1983.

[NRAC-87] Draft NATO Requirements and Design Criteria (NRAC) for the NATO Standard Interface Specification (NSIS) on Ada Programming Support Environments (APSEs) Version 1.0, Dec. 1987.

[Ober-79] Oberquelle, H.: Objektorientierte Informationsverarbeitung und benutzergerechtes Editieren, Universität Hamburg, Fachbereich Informatik, Bericht Nr. 62 und 63, 1979.

[OMS-86] PCTE: "Objekt Management System (OMS)" in: Bull Company et al.: PCTE – A Basis for a Portable Common Tool Environment, Functional Specifications, 4th Ed., Vol. 1, 1986.

[PCTE-86] Bull Company et al.: PCTE – A Basis for a Portable Common Tool Environment, Functional Specifications, 4th Ed., ESPRIT-Programme of the European Community, 1986.

[Pfaf-85] Pfaff, G.E. (ed.): User Interface Management Systems, Proceedings, Eurographicseminars, Springer-Verlag, 1985.

[RHK-86] Riedel-Heine, T.; Köhler, D.: A Version Management System for Design Environments. Proc. Eurographics, Lisbon 1986, North-Holland, 1986.

[SchG-86] Scheifler, R.W.; Gettys, J.: The X-Window System, in: ACM Transactions on Graphics, Vol. 5, No. 2, 1986.

[SS-83] Schek, H.J.; Scholl, M.H.: Die NF^2-Relationenalgebra zur einheitlichen Manipulation externer, konzeptueller und interner Datenstrukturen, in: Informatik-Fachberichte, Bd. 72, Springer-Verlag, Berlin/Heidelberg, 1983.

[Steu-83] Steusloff, H.: Rechnergestützter Entwurf von Automatisierungssystemen. Übersicht, Beispiele, Nutzbarkeit, INTERKAMA-

Kongreß 1983: Fortschritte durch digitale Meß- und Automatisierungstechnik, in: Fachberichte Messen, Steuern, Regeln, Springer-Verlag, Berlin/Heidelberg, 1983, S. 531-550.

[STT-81] Sugiyama, K.; Tagawa, S.; Toda M.: Methods for Visual Understanding of Hierarchical Systems Structures, IEEE Transactions on Sys. Man., and Cyb., SMC-11, 1981.

[Tich-85] Tichy, W.F.: RCS – A System for Version Control, Software – Practice and Experience, Vol. 15(7), Jul. 1985, pp. 637-654.

[Tönd-88] Tönder, R.: Konzeption der Transaktionsverwaltung eines Non-Standard-Datenbanksystems in Entwicklungsumgebungen, Studienarbeit, FB Informatik, TH Darmstadt, 1988.

[VDI-88] VDI/VDE: OBER (Object Based Language for Engineering Requirements), ROM (RASOP Object Model), RUIn (RASOP User-Interface), interne Papiere, VDI/VDE Technologiezentrum Informationstechnik GmbH, Berlin, 1988.

[VDMA-85] VDMA: POINTE – Die Software-Produktionsumgebung des VDMA, Maschinen-Bau-Verlag, 1985.

[Weik-83] Weikum, G.: Entwurfsüberlegungen für einen Versionenmanager zur Realisierung eines temporalen Datenbanksystems, Arbeitsbericht DVSI-1983-A1, TH Darmstadt, 1983.

[Weik-87] Weikum, G.: Transaktionsverwaltung in Datenbanksystemen mit Schichtenarchitektur, Dissertation, FB Informatik, TH Darmstadt, 1987.

[Wink-86] Winkler, J.F.H.: A Configuration Language to ADA (in German), Software Architecture and Modular Programming, H.-W. Wippermann (ed), in: Proceedings of the German Chapter of the ACM, Vol. 26, Conference I/1986 of the German Chapter of the ACM, Kaiserslautern, Feb. 1986.

[ZGDV-87] Hübner, W.; Lux-Mülders, G., Muth, M.: THESEUS – die Benutzungsoberfläche der UNIBASE-Softwareentwicklungsumgebung, Springer-Verlag, Berlin/Heidelberg, 1987.